陕西师范大学本科教材建设基金资助出版

中学教育基础

（第 2 版）

王鹏炜　司晓宏　主编

陕西师范大学出版总社　西安

图书代号　JC23N0580

图书在版编目(CIP)数据

中学教育基础/王鹏炜,司晓宏主编. —2版. —西安:陕西师范大学出版总社有限公司,2023.7(2025.2重印)
ISBN 978-7-5695-3485-6

Ⅰ.①中… Ⅱ.①王…②司… Ⅲ.①中学教育—教育学 Ⅳ.①G630

中国国家版本馆CIP数据核字(2023)第008076号

中学教育基础
ZHONGXUE JIAOYU JICHU

王鹏炜　司晓宏　主编

责任编辑	古　洁
责任校对	刘　筱
封面设计	金定华
出版发行	陕西师范大学出版总社
	(西安市长安南路199号　邮编 710062)
网　　址	http://www.snupg.com
经　　销	新华书店
印　　刷	西安市建明工贸有限责任公司
开　　本	720 mm×1020 mm　1/16
印　　张	24.5
字　　数	338千
版　　次	2023年7月第2版
印　　次	2025年2月第2次印刷
书　　号	ISBN 978-7-5695-3485-6
定　　价	67.00元

读者购书、书店添货或发现印装质量问题,请与本社高等教育出版中心联系。
电话:(029)85303622(传真)

序

　　建设教育强国是中华民族伟大复兴的基础工程,凝结着一代代教育人的梦想和夙愿。党的十八大以来,以习近平同志为核心的党中央,把教育作为国之大计、党之大计,坚持优先发展教育事业,擘画了建成教育强国的宏伟蓝图。党的二十大把教育、科技、人才作为全面建设社会主义现代化国家的基础性、战略性支撑,突出了建设教育强国、科技强国、人才强国的内在一致性和相互支撑性。首次把教育、科技、人才进行统筹安排和一体部署,充分体现了党和国家对教育事业的高度重视和教育在中国式现代化中的重要地位。

　　百年大计,教育为本;教育大计,教师为本。教师是教育高质量发展的第一资源,是建设高质量教育体系、实施高质量教育的根本力量,也是建设教育强国、建成社会主义现代化强国的坚实支撑。习近平总书记强调:"有高质量的教师,才会有高质量的教育。"2018年,中共中央、国务院出台的《关于全面深化新时代教师队伍建设改革的意见》中强调,"教师承担着传播知识、传播思想、传播真理的历史使命,肩负着塑造灵魂、塑造生命、塑造人的时代重任,是教育发展的第一资源,是国家富强、民族振兴、人民幸福的重要基石",从战略高度强调了教师工作的重要性。《中国教育现代化2035》提出,建设高素质专业化创新型教师队伍,坚持把教师队伍建设作为基础工作,为教育现代化提供人才支撑。

我校近年来以师范类专业认证为契机,充分发挥专业认证的示范带动作用,加大师范类专业的建设力度,不断加强专业内涵建设,全面推进"学生中心、产出导向、持续改进"理念的落实,深化教育教学改革。作为我校教师教育的重要力量,"中学教育基础"教学团队积极结合政策变化对《中学教育基础》教材进行了修订。本次修订将党的二十大精神融入教材,加强了课程思政的融入,在引导学生理解中国特色社会主义和坚定"四个自信"上做出了积极尝试。调整了章节结构,取消了"教育哲学"一章,将教育哲学思想有机融入各个教育学研究主题,使教育哲学思想与教育主题更加贴近,行文更加自然。增加了中国共产党百年教育思想和我国近当代一些具有代表性的教育思想、教育改革的介绍,启迪学生在建立中国特色教育理论基础上进行思考。增加了对师生关系的讨论。把教育功能、价值与教育目的,教育制度等单独成章。用学习理论代替了教学理论。为了内容的完整性,增加了"教师及其专业发展"一章。同时对其他各章内容进行补充、修订,使之更能体现教育学研究的前沿,实现知识性与研究性的进一步结合。在编写体例上,增加了思维导图,以方便广大读者学习回顾;借鉴历年教师资格考试题目编写了课后习题,尽量体现资格考试的命题方式与要点;更加注重教育学知识的学习和视野拓展。

我们深知,教材的编写与教学的需求之间仍存在着较大的差距。希望各位老师能给予我们及时反馈,使教材更好地服务于师范生的培养和教学质量的提高。

著者

2023 年 1 月

目 录

绪论 教育学及其价值 ……………………………………………… 1

第一章 教育概述 …………………………………………………… 7
    第一节 教育的含义和本质属性 ……………………………… 8
    第二节 教育的基本要素 ……………………………………… 15
    第三节 教育的基本形态 ……………………………………… 16
    第四节 教育的起源与历史发展 ……………………………… 20
    练习与思考 ……………………………………………………… 33

第二章 教育学及其发展历程 …………………………………… 36
    第一节 教育学的研究对象 …………………………………… 37
    第二节 教育学理论的发展 …………………………………… 38
    练习与思考 ……………………………………………………… 56

第三章 教育与人的发展 ………………………………………… 58
    第一节 教育在人发展中的作用分析 ………………………… 59
    第二节 人的发展规律对教育的制约作用 …………………… 64
    第三节 现代教育的学生观与人际关系 ……………………… 69
    练习与思考 ……………………………………………………… 76

第四章 教育与社会的发展 ……………………………………… 78
    第一节 教育与经济 …………………………………………… 79

第二节　教育与政治 ·· 85
第三节　教育与文化 ·· 88
第四节　教育与人口 ·· 94
第五节　教育的相对独立性 ······································ 96
练习与思考 ··· 97

第五章　教育功能、价值与教育目的 ···························· 99
第一节　教育功能概述 ·· 100
第二节　教育价值与价值观 ······································ 103
第三节　教育目的 ·· 105
第四节　教育方针 ·· 112
练习与思考 ··· 120

第六章　教育制度 ·· 121
第一节　教育制度概述 ·· 122
第二节　学校教育制度 ·· 127
第三节　我国现代学制的历史变迁 ···························· 131
练习与思考 ··· 135

第七章　课程 ·· 137
第一节　课程与课程理论概述 ··································· 138
第二节　课程的编制 ··· 152
第三节　课程计划与课程开发 ··································· 162
第四节　我国基础教育新课程改革 ···························· 171
练习与思考 ··· 177

第八章　教学(上) ·· 179
第一节　教学概述 ·· 180
第二节　学习理论及对教学的启示 ···························· 184

第三节　教学过程的规律与教学原则 …………………… 194
　　第四节　教学模式 ………………………………………… 203
　　练习与思考 ………………………………………………… 210

第九章　教学（下） ………………………………………… 212
　　第一节　教学组织形式 …………………………………… 213
　　第二节　教学的一般环节 ………………………………… 218
　　第三节　教学方法 ………………………………………… 227
　　第四节　教学评价 ………………………………………… 233
　　第五节　教学艺术 ………………………………………… 240
　　第六节　课堂管理 ………………………………………… 249
　　练习与思考 ………………………………………………… 258

第十章　德育 ………………………………………………… 260
　　第一节　学生的品德发展 ………………………………… 261
　　第二节　品德发展的理论 ………………………………… 276
　　第三节　德育概述 ………………………………………… 279
　　第四节　德育过程及规律 ………………………………… 288
　　第五节　德育的实施 ……………………………………… 291
　　第六节　"三生"教育 ……………………………………… 304
　　练习与思考 ………………………………………………… 308

第十一章　班主任工作 ……………………………………… 311
　　第一节　班主任工作概述 ………………………………… 313
　　第二节　班级管理 ………………………………………… 330
　　第三节　课外活动管理 …………………………………… 340
　　第四节　学生的权利与义务 ……………………………… 344
　　第五节　学校伤害事故及其防范 ………………………… 348

练习与思考 …………………………………………………… 356

第十二章　教师及其专业发展 ………………………………… 357
　　第一节　教师职业概述 ………………………………………… 358
　　第二节　教师的专业素养 ……………………………………… 365
　　第三节　教师专业发展 ………………………………………… 373
　　第四节　教师的权利和义务 …………………………………… 379
　　练习与思考 …………………………………………………… 382

主要参考书目 ……………………………………………………… 384

绪论　教育学及其价值

一、为什么要学习教育学？

教育是人类社会的重要现象。一个人从呱呱落地到人生谢幕,时时刻刻都身处教育环境之中,既受到别人教导,又教导别人;既主动吸纳外在经验,又被动适应社会要求。在这一过程中,人在不断地适应着外部世界的要求,又通过自身的经验建构改造着外部世界。

随着社会的发展,人类经验的积累使人逐渐从适应自然向改造自然转化,人类生产力水平的日益提升又不断推动着社会加速前进,并在自我沉淀中形成了人类文明,成就了人类社会的璀璨成就。进入现代社会后,在经济全球化深入发展、科技进步日新月异的时代背景下,知识越来越成为提高区域竞争力的决定性因素,人力资源越来越成为推动经济社会发展的战略性资源,教育越来越成为事关社会进步的先导工程、事关国家发展的基础工程和事关人民福祉的民心工程。习近平总书记指出,"教育兴则国家兴,教育强则国家强"[1],"教育决定着人类的今天,也决定着人类的未来。人类社会需要通过教育不断培养社会需要的人才,需要通过教育来传授已知、更新旧知、开掘新知、探索未知,从而使人们能够更好认识世界和改造世界、更好创造人类的美好未来"[2]。

---

[1] 习近平在北京大学师生座谈会上的讲话[N].人民日报,2018-05-03(2).
[2] 清华大学苏世民学者项目启动仪式在京举行 习近平奥巴马致贺信[N].人民日报,2013-04-22(1).

在这一背景下,每个人都面临着教育自己和教育他人的要求。从教育自己来说,面对瞬息万变的社会,要抢占时代先机,让自己始终能够适应甚至站在时代变革的前列,就要懂得自我教育,了解教育与社会发展、个人发展之间的规律性联系,以社会发展推动自我教育,以自我教育提高自身能力再反作用于社会发展,从而成为与时代发展和谐共进的有用人才。从教育他人的角度看,一个人在自己的生命历程中,都会经历正式或非正式的教育他人的过程。非正式的过程包括教给自己父母、朋友、孩子生活经验和技能,在非学校场景的正式或非正式场合进行宣讲、说服和沟通。正式的过程主要是指在学校场景中,以教育者的身份对学生进行知识传授、技能训练和品德培养等。无论是哪种场景,只要我们想要对他人的思想观念、知识经验、品德意识和行为等产生影响,就必须了解对方的基本心理状态,通过合乎规律的教育沟通方式,才能产生积极的效果,否则可能不仅没有效果,还会产生消极作用。

对于未来从事教育工作的师范生而言,学习教育学更有着不同于一般人的意义。习近平总书记曾指出,在学生眼里,老师"吐辞为经,举足为法",一言一行都给学生以极大影响,所以"要坚持教育者先受教育,让教师更好担当起学生健康成长指导者和引路人的责任"。从这一点来说,师范生学习教育学有以下几个方面的意义:

(1)有利于提高师范生对教育事业战略地位的认识,使其更加热爱教育工作。教育是培养人的事业。教育必须为社会主义建设服务,社会主义建设必须依靠教育。社会主义建设的成功关键在人才,而人才的培养要依靠教育。为此,党把教育事业放在社会主义经济建设的战略地位,要求全党全国人民必须重视教育事业,办好教育事业。学习教育学,有助于师范生从理论上认识教育与社会主义经济建设的关系,使其理解我国的教育目的,了解素质教育的基本精神,初步树立素质教育理念,自觉在教育工作中贯彻国家的教育方针,树立为党育人、为国育才的使命感和责任心。

(2)有利于师范生掌握教育规律,增强教学能力。教育既是一门科学,

绪论　教育学及其价值

又是一门艺术,是科学性与艺术性的统一。科学给人以知识真理;艺术增强感染与魅力,给人以思想指导。学习教育学,可以使师范生全面了解古今的教育历史,认识和掌握教育的基本规律、教学规律、德育规律和原则,知道什么是科学的学生观、知识观、教育观,了解教学课程的基本环节和班主任工作要点,提高教育素养,正确认识教育教学中存在的问题,准确把握原因,采取恰当方法,做好各项教育工作。

(3)有利于提高师范生的师德修养,自觉为人师表。教师是崇高的职业,又是艰苦的职业。教师工作的性质和特点决定了为人师者必须有高尚的道德情操和师德修养。它集中表现为忠于职守,敬业乐群;心地坦诚,光明磊落;热爱学生,甘心奉献;谦虚好学,诲人不倦;严于律己,以身作则;率先垂范,为人师表等。这是作为教师的首要条件,也是取得良好教育效果的根本保证。

二、教育学要学什么内容?

要成为一名优秀的教师,需要具备思想道德、知识、技能、身体等各方面的素质、素养。习近平总书记曾用"有理想信念、有道德情操、有扎实学识、有仁爱之心"的"四有"标准勉励广大教师。扎实学识就是指一位教师应该掌握所要讲授学科的系统知识(称为"本体性知识")、从事教育教学工作所应掌握的教育学、心理学知识(称为"条件性知识")和广博的文化学科知识。

教育学知识是条件性知识的重要内容。它主要讲授教育的内涵与本质、教育的历史发展、教育与人的发展和社会发展之间的相互作用、教育目的与国家教育方针、教育制度、课程与教学等多方面的内容,其目的在于通过学习,使广大教师正确把握教育本质特征,辨识和分析各种教育现象,掌握教育与人的发展和社会发展之间的关系,正确理解教育在促进个人发展和社会发展中的作用,理解教育目的和国家教育方针、教育制度的形成与发展,掌握教学的特点、规律,形成教育教学的基本技能。具体来说,主要包括：

（1）教育基本理论,包括教育及其历史演变,教育的概念和基本要素,教育的起源与历史发展,教育思想的历史演进,教育与人的发展、社会的发展的关系,教育价值与教育目的。这是教育学的理论基础,也是我们思考和研究教育问题的基本依据和出发点,需要重点掌握。

（2）教育制度的内涵及我国学校教育制度的形成与发展,包括教育制度的概念、类型以及我国学制的发展变迁等。教育制度是国家管理教育、实现依法治教的基本抓手,也是教育按照规律健康发展的保障。

（3）课程与教学,包括课程的内涵,课程编制与实施,我国基础教育课程改革,主要学习理论,教学过程及其规律、教学组织形式、教学原则、教学方法、教学评价与教学艺术等。

（4）德育与班主任工作等。立德树人是教育的根本任务,也是最终目标。针对学生的德育发展特点,通过德育工作和班级日常管理与教学有效结合,积极发挥学校、家庭、社会等多主体的作用,有效实现学生的全面发展,是每个教师都必须掌握的基本内容。

（5）教师。教师作为教育的主导者,其社会地位如何体现,而成为一名合格的教师应具有什么样的素养,如何实现自己的专业发展等都对教育教学过程及其质量有着重要影响。

只有通过对这些基本内容的学习,教师才能在更高层次上理解自己在教育事业中的使命,形成正确的教育理念和坚定的教育信念,掌握基本的教育教学技能,为成为优秀教师奠定基础。

三、怎么学好教育学？

教育学是研究教育现象及其规律的科学。教育现象无处不在,教育学所涉及的问题也随处可见,因此,不能把教育学的学习看作是简单的知识或技能学习,而是要处处留意观察,认真揣摩,将理论与实践相结合,在体悟、理解、融会贯通上下功夫,达到把教育学理论与教育教学实践相结合的学习目的。

(1) 坚持以马克思主义为指导,批判地继承和借鉴各种教育思想。随着人类教育事业的发展和人们对教育现象的研究思考,教育学理论的发展已经进入深化阶段,各种教育学理论层出不穷,从不同视角对教育现象、教育问题作出的分析和解释,往往让人耳目一新。但是,教育理论既具有某些能为不同社会不同阶级共同利用的科学性内容,也有基于意识形态的社会性、阶级性的内容;既有古今中外教育的共同性内容,又有本民族长期形成的特有文化传统的特殊性内容,因此,在教育学学习中,我们要科学分析所学习的相关理论,吸收继承人类一切优秀文化成果,古为今用,洋为中用,但绝对不能全盘照搬,否定自己,否定差异,甚至否定教育的阶级性。

(2) 善于理论结合实践。理论源于实践,又高于实践。理论是在人们大量观察和实践经验的基础上,经过整理、归纳、升华形成的,因而具有普遍性和一般指导意义,但也与实践之间存在着巨大的应用鸿沟。所以,要让教育理论发挥作用,就必须在学习的同时,积极观察、思考身边所发生的各种教育现象,从教育现象参与者的行为入手,分析教育现象参与者的心理状态、反应特点,进而通过场景因素的推断,思考教育现象参与者为什么会有这些行为,其影响因素是什么,如何让教育现象参与者出现我们希望的行为,我们应该对其施加什么样的影响。通过这样的练习,形成关注教育对象的意识和习惯,才会自觉地体现教育有目的、有计划的本质性特点,从而提高教育影响的针对性、准确性,实现教育影响人、培养人的最终目的。

(3) 提高思想水平,夯实立德树人的师德信念。古往今来,人们对教育的作用寄予厚望,给予极高的评价。但要真正实现教育的作用,教师必须做出远超想象的奉献。因此,想要成为一名优秀的教师,学习教育学的过程,也是明确我们的使命与担当、坚定奉献教育事业和成就学生发展信念的过程。只有夯实立德树人的师德信念,才能真正体会到教育理论的博大精深,才能真正肩负起教书育人的使命,同时又能蹲下身来对话,在师生交往中成就学生的发展,彰显教师和教育的价值。

(4)端正学习心态。教育学是关于人的学问,具有较强的主观性和应用的差异性。教育学知识是长期对教育理论与实践进行研究的结果凝练,是教育一般性规律的理论呈现,属于抽象的间接知识。教育学知识与实践之间往往有着较大差距,因而也往往导致学习者会感到所学的教育学知识在实践中没有多大作用。正是由于这种抽象性的特点,因此它不可能是灵丹妙药,更不是万能良药。所以学习教育学,不能抱着"一学就会,一用就灵"的想法,以为照搬照用就能解决教育问题,那样只能是"希望越大,失望越大",应当遵循抽象知识的学习规律,在观察、体悟和尝试解决问题中,努力将这种抽象性与实践的具体性相结合,发现、总结其与实践的对接点,逐渐养成理论联系实践的习惯,最终达到理论指导实践的目的,指导自己更好地开展教育教学工作。

第一章 教育概述

■ **关键问题**

1. 什么是教育？教育的本质属性有哪些？学校教育的基本特点是什么？
2. 教育的基本要素有哪些？
3. 教育的基本形态有哪些？
4. 教育的起源理论、代表人物及其观点。
5. 不同发展阶段教育的表现形式与特点。

■ **思维导图**

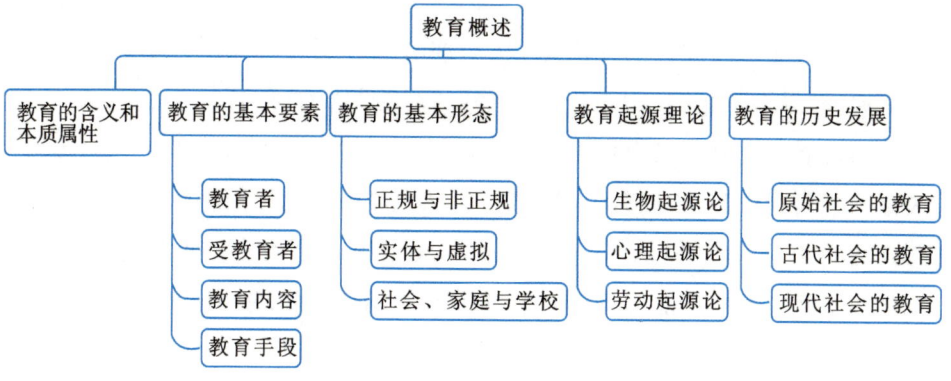

教育是重要的社会活动。人自出生便开始了受教育的人生历程。纵观人类历史，先贤们都对教育的作用予以充分认可。世界上最早的教育专著《学记》中就指出"建国君民，教学为先"，肯定了教育在国家治理中的作用。但教育到底是什么？它区别于其他社会现象的本质到底在哪里？这些问题不搞明白,我们的讨论就会陷入迷茫,问题的思考也就失去了准确的指向。

第一节 教育的含义和本质属性

关于什么是教育,历史上一直有着不同的解释。如《学记》中指出:"教也者,长善而救其失者也。"《中庸》中说"修道之谓教"。《荀子》中认为"以善先人者谓之教"。有学者考证提出《孟子·尽心上》篇中的"得天下英才而教育之"是"教育"一词的最早表述。[①] 东汉的许慎在《说文解字》中解释为:"教,上所施,下所效也""育,养子使作善也"。从这些解释可以看出,在古汉语中,教强调外在的影响,而育强调影响的结果。[②]

也有学者研究指出,教育的英文单词 education、德文单词 Erziehung 和意大利文单词 educazione,其词根都源自拉丁文"Educare"。"Educare"是由前缀"E"与词根"ducare"合成的,前缀"E"有"从……出"的意思,而词根"ducare"则有"带领"和"引导"的意思,二者合起来就是"引出"。也就是说,从词源上看,西文中的"教育",强调教育是一种顺其自然的内发活动,目的在于把人的潜能由内而外引导出来,从一种潜质转变为现实。[③] 因此,苏格拉底认为,教育不是灌输,而是点燃火焰。柏拉图认为,教育是使个人身心得到圆满发展。捷克著名教育家夸美纽斯说:"教育在发展健全的个人。"瑞士教育家裴斯泰洛齐认为,教育是"依照自然法则,发展儿童道德、智慧和身体各方面的能力"。卢梭认为,教育在于养成正当的习惯。裴斯泰洛齐认为,教育在于使人的各项能力得到自然的进步和均衡的发展。杜威认为教育即

[①]《孟子·尽心上》:"君子有三乐,而王天下不与存焉。父母俱存,兄弟无故,一乐也;仰不愧于天,俯不怍于人,二乐也;得天下英才而教育之,三乐也。"转引自司晓宏,张立昌.教育学教程[M].北京:高等教育出版社,2011:3.

[②] 关苏霞,李国庆.教育学[M].西安:陕西师范大学出版社,1996:23.

[③] 全国十二所重点师范大学联合编写.教育学基础(第3版)[M].北京:教育科学出版社,2014:2.

生活,即经验的继续改造。①

马克思主义者也对教育进行过研究。斯大林认为,教育是一种打击敌人的武器。加里宁则认为,教育是对受教育者心理所施加的正确的、有目的和系统的感化作用,以使在受教育者身上养成教育者希望的品质。

尽管这些观点与研究的着眼点和立场各不相同,反映着不同时代、不同阶级的要求,但他们的表述都集中在一个基本的共同点上,即把教育看作是感化、启发、引导人的活动,或传道、授业、解惑的过程,目的在于促使受教育者的身心得到发展,在知识、品格等方面适应社会的需要,实现新生个体的社会化,即教育是"培养人"的活动。可见,"培养人"是教育的本质规定性,是教育与其他社会活动相区别的特性,从而决定了教育这一概念的内涵和外延。

基于此,我们认为,教育是教育者按照特定的社会目的和要求,自觉、有目的、有计划地影响受教育者身心发展的社会活动。

要理解这一核心,需要把握以下几点:

(1)教育是人类特有的、有意识地传递社会经验的社会活动。这一限定强调,教育是人类社会特有的现象,而不是人作为动物的一类具有与动物一样的生存本能和个体活动。如,英国教育家沛西·能认为,教育从它的起源来说,是一个生物学的过程,教育是扎根于本能而不可避免的行为,因此生物的冲动是教育的主流,而人与动物没有根本的差别。也有学者认为,应该把教育的概念扩大到人类社会之前,比如古猿也有教育。

但从马克思主义的观点来看,动物的"教育"与人类社会的教育有着本质的区别:①人与动物活动的根本区别在于人的活动有意识性与社会性。动物的"教育"是一种基于亲子和生存本能的自发行为,其产生与动物的生理需求直接相关,正如马克思指出的那样,"动物不把自己同自己的生命活

---

① 王道俊,郭文安.教育学(第七版)[M].北京:人民教育出版社,2016:12-13.

动区别开来。它就是这种生命活动"①。人虽然也有自然的生物本能,但人类的教育是产生于个体在社会中生存和社会延续、发展的需要,一开始就具有社会性和意识性的活动。②人的教育是传递"类化社会经验"的过程。动物没有语言,不具备将"个体"经验"类"化,并将类经验积累起来向他者传递的能力,其信息传递只能停留在第一信号系统的水平,局限于动物个体与个体之间。但人可以通过语言和其他自己创造的物质形式(如工具、产品),把个体经验保存和积累起来,成为"类"经验,形成人类智慧,进而对人个体自身活动和社会发展产生巨大影响。③人类的教育在使受教育者适应环境的同时,更在于培养人进一步改造环境、参与社会生活、创造财富和推动社会发展、创造新经验的能力,与动物的"教育"结果只是适应环境、维持生命和独立生存完全不同。可见,教育是人类特有的活动,社会性是人的教育活动与动物的"教育"的本质区别。②

(2)教育是人类通过有意识地传递社会经验来培养人的过程。人是社会活动的主体,只要人参与到社会活动中,就可能受到活动参与者影响,获取知识或见解,但这不意味着所有社会活动都是教育。教育是以人的培养为直接目标的社会活动,它不同于以物质或精神产品为直接对象的活动,如生产家具的物质生产活动、写文学作品的精神生产活动等,不同于虽然以人为直接对象但不是以传授社会经验为主要内容的活动,也不同于虽然以人为对象主要传授信息和社会经验,但不是以培养人和促进人的发展为最终目的的活动,更不同于向人以外的对象传递社会经验的活动。

在教育实践中,根据教育活动的计划性、组织性和严密性,日常生活中的"教育"的概念通常在使用中分为广义与狭义两种。

广义的"教育"泛指一切有目的地影响人的身心发展的社会活动。这种

---

① 中共中央马克思恩格斯列宁斯大林著作编译局.马克思恩格斯全集:第1卷[M].2版.北京:人民出版社,2012:46.

② 叶澜.教育概论[M].北京:人民教育出版社,1991:5.

教育活动的形式是多样化的,包括家庭教育、社会教育和政治思想教育等;教育的对象是多层次的,既可以是青少年,也可以是成人;教育的方式和组织既可以是正规的,也可以是非正规的。

狭义的"教育"主要是指学校教育,即通过专门的培养人的社会组织机构——学校来实施的教育活动。学校教育和其他教育相比,不仅是有目的、有意识的,而且是有组织、有计划的。表现为以下特性:第一,学校是培养人的专门机构,有专职人员主持和管理,即通过教师和教育管理人员实施专门的教育活动。第二,学校教育的基本任务是培养和造就人才,发展人的素质。第三,学校教育是目的性、组织性、计划性最强的系统性教育活动。

■ **拓展资料**

1. 两种认识论路线下的教育本质观

追寻终极本原是人类的价值追求之一,但在人是否能够认识事物本原上,存在着本质主义和反本质主义两种不同观点。教育的本质主义论者强调教育本质的绝对普遍性、永恒不变性和确定性,否认其相对性和时代性,认为本质是永远不变的,变化的是现象而非本质,其研究意图在于揭示教育本质究竟应该是什么。持本质主义立场的人倾向于站在教育本质不变的角度来探寻唯一的教育本质真理,我国对教育本质问题的大讨论也是基于本质存在这一基本信念而展开的。反本质主义强调本质的变化性、相对普遍性和不确定性,否认其绝对普遍性、稳定性和确定性、不变性,认为事物的所有层面都在不断变化,因此没有本质及其现象之别。它更关注本质主义可能导致的"知识霸权"、教条主义等消极后果,把矛头指向本体信仰、符合论的语言观等诸多方面,认为教育作为极其复杂的人类实践活动,不可能存在一个"放之四海而皆准"且适合于时间长河任何一点的教育本质。但这种认识十分容易陷入不可知论和相对主义的泥沼。

(资料来源 郝文武,郭祥超,张旸主编《教育哲学概论》,高等教育出版社,2015,第45-46页。)

2.关于"教育本质"的争论

在阐明教育自身的根本特性问题上,中外教育家的回答各不相同。其观点主要有上层建筑说、生产力说、双重属性说、多质说和特殊范畴说等。

上层建筑说强调社会存在决定社会意识,生产关系作为社会生活中最基本最原始的关系,对整个社会生活特别是社会意识具有决定性作用;教育属于精神生活,是由经济基础决定的,表现为经济基础的性质决定了教育的性质,经济基础的变化决定了教育的变化;教育有阶级性;教育与生产关系的联系是直接的;教育通过培养人为社会服务,是一种属于意识形态范围的活动,因此教育是上层建筑。

生产力说认为教育是生产劳动,教育与社会生产之间存在本质的客观联系;教育既生产现实的劳动力,又生产科学技术;教育通过传递生产劳动经验,实现人的劳动能力再生产,并且劳动者是整个生产过程中起决定作用的因素,因而它是社会再生产的必要条件,是社会发展和延续的手段;教育的产品是使未来劳动者掌握现代生产知识和技术,从而可直接提高劳动生产率;用于教育的投资是一种生产性投资。因而,教育属于生产力。

双重属性说则认为教育本来具有上层建筑和生产力的双重性质,从来就有两种社会职能:一种是传授一定生产关系所要求的社会思想意识,具有明显的阶级性;另一种是传授与一定生产力发展水平相适应的劳动经验和生产知识,为发展生产力服务。所以教育本质既不能简单归为生产力,也不能完全归为上层建筑,它同时具有双重属性。

多质说,又称为多属性说或多因素说,认为教育是一种复杂的社会现象,教育本质也应是多质的、多层次的。教育本质是教育的社会性、生产性、阶级性、科学性、艺术性等各种属性的统一。教育作为培养人的活动,不仅与人的成长发展有直接联系,而且与上层建筑、生产关系(经济基础)和生产力有直接联系。

持特殊范畴说的学者认为,对教育本质的研究,应抓住教育的内在矛盾结构,寻找教育的特殊性,从而得出教育是独特的社会现象,是特殊的社会范畴的结论。这一观点,力图从教育本身的质的规定性,从教育不同于其他社会现象的特点,从教育的内部矛盾入手揭示教育本质。它试图突破人们已有的社会基本结构观念,不纠结教育属于什么,具有一定启示意义。

(资料来源 《教育学原理》编写组编写教育学原理,高等教育出版社,2019,第45-47页。)

3. 学习化社会的教育本质认识

美国人赫钦斯在1968年最早提出了"学习社会"的概念,经联合国教科文组织的大力推动,建立学习化社会已经成为国际上许多国家教育改革与发展的核心目标。学习化社会包含着以下几方面含义:①教育的功能不再"局限于按照某种预定的组织规划、需要和见解去训练未来社会的领袖,或想一劳永逸地培养一定规格的青年",而是要面向整个社会成员,培养正常完整意义上的人。②受教育的时间不再局限于"某一特定年龄",而是指向"个人的终身发展"。③教育活动超越学校范围,即"把教育功能扩展到整个社会的各个方面"。④这种持续不断的教育必将"成为一个协调的整体",这是学习化社会的一个显著特征。⑤在一个空前要求教育的时代,教育与学习过程的重点是"自学",而不是传统的课堂教学形式。

⑥人的主体作用得到极大重视和提升。由于学习化社会中学习的内容、时间和主体界限不断泛化,因此教育的主要形式将转向有意识、有目的、有计划和有组织的指导学习,更重视和强调国家、社会和教师在学生学习和发展中的作用,国家、社会、教师和学习者一起构成了学习的主体,任何一个主体都可能在其他主体的指导下开展学习。因为,学习化社会的教育本质是主体间指导学习。这就要求师生必须建立起相互尊重和平等交往的主体间关系,才可能有真正的师生对话、交流和指导学习,才可能有效提高师生主动性、自主性和创造性等主体性。

(资料来源　吕西忠《学习化社会的构建与教育改革》,中国成人教育,1998(06),第14-15页。)

4.教育概念的定义方式

下定义是把握事物特征和认识事物本质的一种方式。为了理解各种各样的教育定义,分析哲学家致力于对不同的定义方式进行分类。谢弗勒在其《教育的语言》一书中,运用分析哲学的方法,归纳出三种类型的教育定义:约定型定义、叙述型定义和计划型定义。

约定型定义是一种"创新"或"创制"的定义,或者说是由作者所赋予的定义。叙述型定义又称"描述型定义",即精准地叙述被界说的术语,或术语曾经被使用的方式、方法,着眼于"教育实际是怎样"。计划型定义又称"纲领型定义",这种定义涉及"应然"问题,实际上它包含着"是"和"应当"两种成分。谢弗勒认为,约定型定义利在沟通,即在促进讨论活动的进行;叙述型定义利在说明,即在厘清词语的正确用法;计划型定义利在行动,即促进行动计划的执行。无论是哪一种定义,都不完全是对教育行为的客观描述,而是渗透着下定义者对教育行为价值、目的、规范等的主观判断。

(资料来源　教育哲学编写组编写《教育哲学》,高等教育出版社,2019,第58页。)

第二节 教育的基本要素

所谓教育的基本要素,是指构成教育活动必不可少的因素。对此,学者们持有不同的看法,代表性的观点主要有教育者、受教育者和教育内容的"三因素说",还有加上教育手段构成的"四因素说",还有再加上教育环境或教育条件构成的"五因素说"等。目前,大家比较公认的是教育者、受教育者、教育内容、教育手段等四要素。

1. 教育者

教育者即教育活动中以"教"为职责的人。广义的教育者,包括一切有意识地对他人施加教育影响的人。狭义的教育者,主要指学校教育中的教师。教育者是教育教学活动的组织者、引领者、实施者,是教育活动中"教"的主体,在教育过程中居于领导、控制的地位,发挥着主导性的作用。其主要任务是受社会委托,以社会要求的体现者身份参与教育活动,以既定的目标、计划来调整、控制教育对象、教育影响乃至整个教育过程。离开了教育者及其有目的的活动,也就不存在教育活动。

2. 受教育者

受教育者是指在教育过程中以"学"为职责的人。广义上的学生指凡为提高自身素质而处于学习状态的人,狭义的学生仅指在学校教育中的学生。受教育者是教育的对象,是学习的主体,是构成教育活动不可或缺的基本要素。教育者的教育作用必须通过受教育者的主动响应、自觉接受和自我内化才能得以实现。

3. 教育内容

教育内容指教育者和受教育者共同的认识对象和客体。从广义上讲,教育内容泛指一切对受教育者的发展产生影响的因素。狭义的教育内容,一般指学校教育中传授给学生的、能对学生的身心发展产生影响的各种知识、经验、技能及社会规范等。教育内容会因不同时间、不同地域、不同对象而变化,但都受当时当地生产力发展水平、社会政治经济制度、文化传统、受教育者身心发展规律和水平等因素的制约。学校教育内容因其具有明确的目的性、充分的预定性、价值的全面性、广泛的信息量和严密的逻辑性等特点,在受教育者的发展中具有绝对优势。

4. 教育手段

教育手段是教育者将教育内容传授给学习者所借助的各种形式和条件的总和,主要包括物质手段和精神手段。物质手段指进行教育活动时所需要的一切物质条件,包括教育的活动场所和设施、教育媒体及教育辅助手段等。精神手段指进行教育活动时所运用的各种非实质性手段,包括教育方法、教育途径。[①]

第三节 教育的基本形态

教育形态指由教育者、学习者、教育内容和教育手段四个基本要素构成的教育系统在不同时空背景下的变化形式。依据教育活动的规范程度、存在形式和存在范围等,可以对教育进行不同的分类。[②]

一、正规教育和非正规教育

根据教育活动的规范程度,教育可分为正规教育和非正规教育。

正规教育一般指由国家教育部门认可的教育机构(学校)所提供的有目的、有组织、有计划,由专职人员承担的,以培养入学者的身心发展为直接目标的全面系统的训练和培养活动。正规教育有一定的入学条件和规定的毕业标准,特点是统一性、连续性、标准化和制度化。

非正规教育则指国家教育行政部门统一学制要求范围以外的各类教育

---

① 《教育学原理》编写组. 教育学原理[M]. 北京:高等教育出版社,2019:52.
② 《教育学原理》编写组. 教育学原理[M]. 北京:高等教育出版社,2019:53-58.

活动,如扫盲、文化技术培训、政治学习、业务训练、专题讲座、岗位培训和继续教育等。其特点是具有组织化的活动,但未充分制度化,一般不需要入学条件,也没有毕业要求,属于系统教育,但未完全常规化;结构较为松散,时间灵活,目标更直接,易于因地制宜。非正规教育能够满足个体的学习需求和社会均衡及发展需要,在学习型社会中起核心作用。正规教育和非正规教育合称正式教育。

此外还有非正式教育,即"在日常生活、工作中进行的不具有结构性或组织性的自主、偶发性学习活动"。

二、实体教育和虚拟教育

根据教育现象的时空存在形态,教育可分为实体教育和虚拟教育。

实体教育指在一定现实空间里,根据现实空间里的要求来规范人们行为的教育。其特点是,师生真实地面对面交流,教师的语言、动作、板书以及治学态度、处事原则、价值观、世界观等都会对学生产生影响,教育影响集中体现在"学高为师,行为世范"这一要求上。

虚拟教育与现代信息技术的发展密切相关,与实体教育相对,它指教育教学过程发生的场所是一系列虚拟化的教育环境,包括虚拟教室、虚拟实验室、虚拟校园、虚拟学社等。它打破了时空限制,能够为学生提供个性化的学习服务和学习进程,注重通过交互方式激发学生学习积极性,可以有效拓展学习内容,提高学习效率,但由于主要采用人机交互,所以重在知识的传递,技能形成,但缺乏积极的人际影响。

这两种教育形态在发挥各自优势、弥补对方不足的基础上,将相互渗透、整合发展。

三、社会教育、家庭教育和学校教育

根据教育活动的存在范围,可以将教育划分为社会教育、家庭教育和学校教育。

家庭教育是最早期的教育形态。由于父母与儿童之间存在着天然的亲缘关系，并且和子女接触的时间最多，父母的一言一行、一举一动、时时刻刻、潜移默化地影响着儿童，因而具有先导性、感染性、权威性、针对性和终身性等特点。家庭教育对儿童的发展有着重要意义：家庭教育具有奠基作用；家庭教育是学校教育的重要补充；家庭教育更能适应儿童个体的发展。其局限性主要表现为内容具有零散性，方式具有随意性。

广义的社会教育是指一切有目的有意识培养人、影响人的社会活动。狭义的社会教育，是指除去学校和家庭以外的其他社会机构、团体、组织等，对社会成员所施加的教育影响。社会教育具有开放性、群众性、多样性、补偿性、融合性等特点。社会教育的作用主要表现在以下几方面：①活动余地更为广阔，影响面更为广泛，更能有效地对整个社会产生积极作用；②具有广泛的适应面，不仅可以弥补学校教育的不足，满足成年人继续学习的需求，有效促进经济社会发展，还可以通过政治教育、法制教育和公民道德教育等促进社会稳定与进步；③没有制度化学校教育的严格约束，较少受阶级、阶层、行业、年龄、资历等因素的限制，形式灵活多样，能很好地体现出教育的民主性。

学校教育是一个国家教育体系中的主导教育形态。对每一个个体而言，学校教育也是人一生中最为重要的教育形态。学校教育具有职能的专门性、组织的严密性、作用的全面性、内容的系统性、手段的有效性及形式的稳定性等特点。基于这些特点，学校教育能够尊重个体的差异，因材施教，帮助不同的学生充分发挥其内在的潜力，形成自身的优势与特长；创造适合每一个学生的教育，最大限度发挥教育的引导功能，促进学生的主体意识和主体能力的形成；通过个性化的发展促进其自主性、独特性和创造性的形成。

学校教育也存在一定的局限性：从时空上来看，它只占个体活动的部分时间和空间，并只在个体成长过程的特定阶段产生影响；从活动特点来看，学生的学习和生活容易被制度化、组织化、非主体化以及符号化等。

第一章 教育概述

家庭教育、社会教育、学校教育有着各自的功能、作用和特点,同时彼此也都存在特定的局限性。如果能够有效整合这三种教育力量,既有利于教育在时空上相互衔接,也有利于教育在整体方向上保持一致,更有利于发挥彼此的互补作用,提高教育的整体效能和质量。

■ **现实思考**

随着学校负担的不断加重以及家长对学校教育质量的担心和失望,国内逐渐出现了家长不送小孩上学而在家自己教育的现象,从童话大王郑渊洁与儿子"合谋退学",到2006年上海"孟母堂"事件引起社会广泛讨论,再到2011年毕业于北大社会学系的张乔峰因为不满学校里的教学"一切围绕应试,内容贫乏、平庸、陈旧,品格、能力、素质培养普遍严重缺失"而开始试水家庭学校,和武汉7对父母放弃城市教育在乡下废弃学校中创建桃花源小学,自己教孩子诵经读典、练习书法,远离城市的喧嚣繁华,逃离升学和考试的压力……越来越多"在家上学"的案例出现。据21世纪研究院2013年调查,全国目前大约有1.8万人在家上学。然而,尽管这种放弃学校教育而选择与传统教育相违背的"在家上学"教育模式体现了当前这些家长对中国现行教育体制的不满与无声反抗,也试图提醒人们当前中国传统的教育模式已经不能满足人们的教育需求,这对于破解应试教育根深蒂固和唯分数的指挥棒下众家长和孩子被迫成为分数的"囚徒"的困局有一定的探索意义,但受制于实体法的规定,"在家上学"是违反现行《中华人民共和国义务教育法》的。准备从事教育事业的您,如何看待家庭教育与学校教育之间的关系以及"在家上学"这种现象?

(资料来源 丁洪先《"在家上学"引争议 涉嫌违法亟待法理上的厘清》,https://www.eol.cn/guangdong/guangdongnews/201109/t20110906_679869.shtml,2011-09-06.)

第四节　教育的起源与历史发展

关于教育的起源,历史上有许多不同的观点。其代表性的学说主要有教育的生物起源论、心理起源论和劳动起源论等。

一、教育起源理论

1. 生物起源论

生物起源论者认为,动物中存在着与人类相同的教育,因而可以从动物界中探讨教育的起源问题。这方面的突出代表是法国的利托尔诺和英国的沛西·能。

利托尔诺认为,教育不是人类所特有的现象,人类跟动物一样,为了保存、延续其种类的存在,会在衍生和进化的过程中形成一些适应环境的特有本能,并通过遗传将这种特有本能传授给下一代。人类只不过继承和改进了动物界业已存在的教育形式,使其获得了一些新的性质而已。因此,教育是任何动物所共有的活动。[①] 沛西·能也认为"教育从它的起源来说,是一个生物学的过程","生物的冲动是教育的主要动力"。[②] 这就是说,教育的产生完全来自人类动物化的生命本能,是人类种族发展的本能需要。

教育的生物起源论者把人类教育的起源归结于动物的本能行为的观点,忽视了人类活动的目的性和社会性特征,没能区分出人类教育行为与动物养育行为之间的本质差别,因而是错误的。

2. 心理起源论

美国心理学家孟禄从心理学观点出发,批判了生物起源论,指出生物起

[①] 柳海民.教育学概论[M].北京:北京师范大学出版集团,2015:34-35.
[②] 沛西·能.教育学基础[M].王承绪,等译.北京:人民教育出版社,1992:8.

源论没有区分人的心理和动物心理的本质不同,进而提出了教育的"心理起源论"。他认为,原始社会没有正规的学校,没有教师,没有教材,教育"普遍采用的方法是简单的无意识的模仿",所以儿童对年长成员的无意识模仿就是最初的教育。

教育的心理起源论避免了生物起源论的错误,肯定了人的教育与动物本能之间存在质的区别,提出"模仿是教育起源"的新说,具有其合理的一面,但其错误在于把全部教育都归之于无意识状态下产生的模仿行为,否认了人的教育行为的目的性和社会性。教育虽然有模仿的成分,但却是社会历史的产物,正是这种社会性,把人与动物区别开来,也使人不断朝着更高的水平跃进。

3. 劳动起源论

教育的劳动起源论是根据马克思主义历史唯物主义观点得出的论断。恩格斯指出:"劳动是整个人类生活的第一个基本条件","劳动创造了人本身","劳动是从创造工具开始的"。[①] 因而劳动在创造人本身的过程中,也为人类教育的产生创造了条件。这一理论认为:一方面,劳动为教育的产生提供了必要性。为了维持人类的生存与发展,年长的一代必须把在劳动过程中所积累起来的个体的知识经验以及在生产劳动过程中形成的以自然关系和社会关系为基础的习俗、礼仪、传统等传递给年轻的一代,以实现社会生产、生活经验和自身的延续与发展,这就使人在劳动中产生了对教育的需求和这种需求的意识。另一方面,劳动为教育的产生提供了现实可能。劳动创造了人类和人类社会,劳动促进了从猿到人的进化,有了人类的身体构造和大脑,产生了人类的意识和语言,尤其语言是精神生产的工具,是传递思想、交流意识的载体,这些都是教育产生的必要前提条件。因此,教育起源于人类的劳动。

---

① 中共中央马克思恩格斯列宁斯大林著作编译局.马克思恩格斯全集:第26卷[M].北京:人民出版社,2014:960.

■ 拓展资料

其他教育起源理论

1. 神话起源论

这种观点认为：教育乃神造之物，即教育与其他万事万物一样，都是由人格化的神（上帝或天）所创造的，教育的目的就是体现神或天的意志，使人皈依于神或顺从于天。这是人类关于教育起源的最古老、最神秘的观点，所有的宗教都持这种观点，各种神话传说都在向人们表达着这样的观点。这种观点是根本错误的，是非科学的。之所以如此，主要是因为人类社会受早期认识水平的局限，不能正确认识教育的起源。

2. 需要起源说

代表人物主要是杨贤江。杨贤江在翻译了恩格斯的《家族、私有财产及国家的起源》（署名李膺扬），又研究了摩尔根的《古代社会》和 Nathen Miller 的《The Child in Primitive Society》等著作之后，在自己的专著《教育史 ABC》和《新教育大纲》中论述了自己关于教育起源问题的见解。他的基本观点大致如下："自有人生，便有教育"；"教育的发生就植根于当时当地的人民实际生活的需要"；教育起源于实用，它是帮助人类社会生活的一种手段。自有人生，便有实际生活的需要，于是也就有教育的发生。

（资料来源 胡德海《教育起源问题刍议》，华东师范大学学报（教育科学版），1985.8(02)，第 67－74 页。）

二、教育的历史发展

根据不同时代社会生产力水平的差异以及劳动形式的变化，我们大致可以把教育划分为原始社会的教育、古代社会的教育和现代社会的教育三个基本阶段。

1. 原始社会的教育

在原始社会中,由于人类社会生产力水平极其低下,原始人必须依靠联合的力量,通过共同劳动,才能在改造自然界的活动中,获取食物,战胜猛兽,抵御灾害,维持生命,求得发展,进而结成原始的生产关系:人们共同劳动,共同享用劳动成果;人与人之间是平等的,享有同样的权利。与此相适应,形成了原始时期的教育特点。[①]

(1)教育目的一致,教育权利平等。人与人之间是平等的关系,决定了所有人都有同样的权利、机会施加或接受基本相同的以生存为目的的教育。

(2)教育同生产劳动与社会生活紧密结合在一起。这时还没有专门的教育机构和专职教育人员,经验的形成与传递是在人们的生产劳动过程和日常生活中进行的。

(3)教育方式简单,主要是长者的言传身教和年轻一代的观察模仿。由于文字尚未出现,也没有记录和广泛文化交流的工具,经验的传授主要靠口耳相传和实践观摩来实现。

(4)男女分工不同,教育内容不同。因男女生理、体质等差异,男性劳动侧重于狩猎、农耕、放牧等,而女性侧重于采集、种植、家务等。

(5)没有专门的场所和专职人员。由于教育还没有从生产、生活中分化出来,多数教育活动是分散进行的,随时随地可以开展教育活动,负责教育的是具有生产生活经验的长者,他们虽然传授知识经验,但不是从事教育的专职人员。

2. 古代社会的教育

古代社会的教育,一般是指奴隶和封建社会的教育。

在这一阶段,最重要的教育事件是奴隶社会早期学校的出现。学校的产生,意味着有了专门的教育者和受教育者,有了预先确定、相对稳定的教育目的、内容和方法,即培养人的活动专门化了。

[①] 孙培青.中国教育史(修订版)[M].上海:华东师范大学出版社,2000:10.

学校出现在奴隶社会早期并不是偶然的。第一，国家的出现为学校产生提供了现实要求。奴隶主为了维护自己的统治，需要有专门的人才来从事管理、作战和精神文化活动，这些人都需要经过一定训练才能培养出来，这是学校产生的主观条件。第二，奴隶社会的生产力发展到了足以使一部分人脱离生产劳动、专门从事脑力劳动的水平，脑力劳动和体力劳动的分工为学校的产生提供了人力条件，这是学校产生的客观条件。第三，体力劳动和脑力劳动分工也使奴隶主阶级有时间从事专门的文化教育活动，文字的产生使人类的知识经验能够以物化的形式保存和传递，极大扩展了文化积累的可能性，从而为学校的产生提供了物质基础。由此可见，学校是奴隶社会经济、政治、文化发展的综合产物，学校从一开始就被统治阶级垄断，成为阶级统治的工具，具有明显的阶级性。

在这一时期，古希腊的斯巴达、雅典产生了文法学校、弦琴学校、体操学校以及青年军训团等教育，埃及在古王国末期有了宫廷学校，中国出现了庠、序、校等教育机构。

(1) 中国古代社会的教育。

一般来讲，我国的奴隶社会主要指夏、商、西周时期。据《礼记》记载，我国西周时期，就有了包括大学（有辟雍、上庠、东序、瞽宗、成均、泮宫等名称）、小学的国学和地方的乡学等教育机构，教育内容主要为"六艺"，即礼、乐、射、御、书、数。教育目的是让奴隶主阶级的子弟学习礼仪等治人之术。这一时期，我国教育制度的特点主要是学在官府，其表现为：①官师合一，由掌握一定知识的国家官员担任各级学校的教师。②政教合一，学校既是施教的场所，又是进行政治活动的场所。清代章学诚曾说："理大物博，不可殚也，圣人为之立官分守，而文字亦从而纪焉。有官斯有法，故法具于官；有法斯有书，故官守其书；有书斯有学，故师传其学；有学斯有业，故弟子习其业；官守学业皆出于一，而天下以同文为治，故私门无著述文字。"进而形成了"惟官有书，而民无书；惟官有器，而民无器；惟官有学，而民无学"的社会现象。但应注意的是，奴隶社会的学校教育主要是奴隶主贵族的教育，广大奴隶和自由民的教育仍是原始社会的教育形式。

东周开始,周王朝的控制力日益衰微,王权衰落,礼制破坏,文化职官四处流散,于是出现了"天子失官,学在四夷"的"文化下移"现象,打破了"学在官府"的局面,促使私学开始兴起,形成了春秋时期"百家争鸣"的文化盛况。在这一时期,儒家、道家、法家、墨家等学派各显神通,纷纷提出了自己的学说与主张,并广收学生,极大地推动了教育的发展。

战国时期的稷下学宫以其官办而私人主持所形成的容纳百家、思想自由特色,在历史上留下了深远影响。

汉武帝时期,采纳董仲舒"罢黜百家,独尊儒术""兴太学以养士""重视选举,任贤使能"等建议,通过立五经博士、开设太学,建立"察举制"选士制度,既实现了思想的大一统,也促进了教育的进一步发展。

隋唐时期,科举制度的实施,打破了门阀统治,改善了用人制度,为一般读书人提供了可以通过竞争达到"学而优则仕"的通道,从而极大地促进了人们接受教育的积极性,也为教育的进一步发展奠定了基础。

宋朝建立以后,确立了"兴文教,抑武事"的国策,随后出现了"庆历兴学""熙宁兴学""崇宁兴学"三次著名的兴学运动,并出现了王安石、朱熹等一批有名的思想家。

明清时期,在教育上都重视人才的选拔和培养,强调学校教育对选拔人才的重要作用,中央官学和地方官学都很发达,科举制度日臻完善。但由于已经是封建集权发展到顶峰的时代,其各项政策实际上都以强化中央集权和思想控制为目的,又很大程度上束缚了教育的发展。这一时期,出现了王守仁、王夫之等思想家,对教育都有相应的论述,颜元则对传统的教育进行了深刻的批判。

教学内容上,自汉武帝实施"罢黜百家,独尊儒术"的文教政策后,儒家经典成为我国封建社会的主要学习内容,并在封建社会后期形成了以"四书五经"为代表的、较为系统的教学内容体系。

教育体系上,形成了官学、私学、书院三种各有特点的学校形式。官学又分中央官学和地方官学,中央官学以唐朝时的崇文馆、弘文馆、国子学、四门学、太学、书学、律学、算学等"六学二馆"最为著名。中央官学入学有严格的等级限制。地方官学唐时按行政区域又分为州、府、县学。私学又可分为蒙学、经学两种,蒙学以儿童识字启蒙为主,在内容上包括初步的道德行为训练和基本的文化知识技能学习两个方面,主要教学内容是《三字经》《百家姓》《千字文》《弟子规》等通俗易懂而又具有教化意义的教材;经学则以参加科举考试为目标,内容与官学基本相同。书院最早出现在唐朝,在宋时发展成集教育、教学和学术研究于一身的教育机构,再后来由朝廷赐敕额、书籍,并委派教官、调拨田亩和经费等,逐步变为半民半官性质的地方教育组织。历史上著名的书院有白鹿洞书院、岳麓书院、应天书院、石鼓书院、嵩阳书院等。

(2)外国古代社会的教育。

①古印度的教育。古印度早期的教育以婆罗门教的教条为指导思想,以婆罗门教的经典《吠陀》为教育内容,是婆罗门教神学的附庸。教育的目的在于破除尘俗,获得精神上的解脱,实现与梵天合一。早期印度教育中,家庭是唯一教育场所;学校出现后,家庭依然是重要的教育场所。公元前8世纪出现了"古儒",主要是一些对于经典略有研究的文人在家中对青少年进行教育。学习的内容主要有发音学、音韵学、语法学、字源学、天文学和祭祀等"六科"。古儒常以年长儿童为助手,助手先学习一步,然后去教其他儿童,是导生制(又叫贝尔-兰喀斯特制)的萌芽。5世纪末叶,印度社会中的学术讨论逐渐成风,并在此基础上形成了类似高等学校的学府。6世纪以后还出现了语法学校、法律学校、天文学校、哲学学校等,分科传授各种知识。

佛教教育是古印度教育的重要方面。佛教认为不只婆罗门、刹帝利和吠舍等再生种姓可以脱离轮回转生,达到解脱的境地,首陀罗同样能通过修行而登上彼岸。教育上,通过广设寺庙,使教育面向更多的群众。佛教要求教徒出家修行,以寺院为教育场所,形成了以那烂陀寺为代表的佛教学府。

该寺几乎每天举行学术讨论和讲演,涉及阐述教义和争议哲学、科学、艺术等世俗性的课题。为显示学术自由,该寺曾招收非佛教徒,奖励不同流派,这对印度学术发展起到了促进作用。

②古埃及的教育。古埃及在学校诞生以前,儿童的教育都由家庭负责,以父子传承的方式教授专业知识和技能。

在古王国末期,埃及开始有了法老教育皇子、皇孙和贵族子弟的宫廷学校,教育内容包括书写和计算以及政府实际业务锻炼。其后,又出现了大量职官学校,着重造就执行公务的官吏,招收贵族和官员子弟,兼负文化训练和业务训练等双重任务。之外,还有僧侣学校和文士学校,分别培养僧侣和文士。

③欧洲古代社会的教育[①]。欧洲早期的教育以古希腊教育为代表。古希腊的教育又以雅典和斯巴达两个城邦的教育为代表。雅典是一个商业、手工业和航海业都很发达的城邦国家,实施民主政治,其教育目的主要是让子弟们具有从事商业和政治活动的综合能力,因此学习内容除军事体操外,主要为读、写、算、音乐、文学、政治、哲学等方面的内容。雅典教育的显著特点是培养和谐发展的人。而斯巴达教育的目的主要是培养忠于统治阶级的强悍军人,强调军事体育训练和政治道德灌输,教育内容单一,主要是"赛跑、跳跃、角力、掷铁饼、投标枪",也称之为"五项竞技"。

公元前146年,古罗马完全征服古希腊后,大批的希腊学者涌入古罗马,成为古罗马最早的教师,但在罗马共和国晚期,才建立起包括拉丁文法学校、拉丁修辞学校、医学校等在内的较为完善的教育体系。随着帝国的建立,罗马出现了法律学校、哲学学校等职业学校,政府也加强对初级学校的监督和管理,将部分私立文法学校和修辞学校改为国立,实行官师合一的制度,教师也成为国家官僚体系的重要组成部分。

---

① 王天一,夏之莲,朱美玉.外国教育史(上册)[M].北京:北京师范大学出版社,1997:24-69.

随着基督教成为罗马帝国国教,基督教也开始对教育进行干预和监管,教会向世俗学校派遣牧师作为教师,用来排挤和取代世俗教师。教会还在教育内容中渗透宗教的精神,《圣经》开始逐步成为学校教育的主要内容。教会还创办了教会学校,教学内容具有浓厚的宗教气息,主要围绕《圣经》来开展和组织教学。

西罗马帝国灭亡后,欧洲社会进入了封建社会,史上又称为"黑暗的中世纪"。此时的教育分化为宗教教育和世俗教育。宗教教育的目的是培养僧侣及为宗教服务的专门人才,并向群众宣传宗教,其主要教育机构是教会学校,主要的教育内容是"三科四学",即文法、修辞、辩证法、算术、几何、天文、音乐。世俗教育主要通过"骑士学校"开展,其目的是培养皇室之外的贵族子弟成为保护封建主利益的武士,教育内容以"骑士七技"(骑马、游泳、投枪、击剑、打猎、下棋、吟诗)为主。

13至14世纪,由于手工业和商业的发展,城市中出现了手工业者联合会举办的行会学校和商人联合会举办的基尔特学校,着重学习生产和业务知识,为本行业培养人才。后来这两类学校合并成为城市学校,标志着新兴的市民教育的开始。城市学校的普遍兴起,促进了城市文化教育水平的提高,引起人们对古典艺术、古典哲学和研究罗马法的兴趣。这种新型学校不依靠教会,而是靠学生交纳学费维持学校的经费开支。校长和教师由行会和市政当局共同聘任。

在西欧某些城市学校和主教学校的基础上出现了大学。最早的大学中,具有代表性且影响较大的是意大利的萨莱诺大学、博洛尼亚大学和法国的巴黎大学。萨莱诺大学是欧洲最早的医科大学。11世纪末出现的博洛尼亚法律学校以研究法学著称,1158年得到神圣罗马帝国皇帝颁布敕令的保护,学生团体取得了一定的自由权利和特权地位,遂发展成为博洛尼亚大学。法国的巴黎大学始建于12世纪末,由原巴黎圣母院大教堂学校发展而来,1231年罗马教皇以敕令肯定该大学的自决权。继意大利和法国之后,英国创办了牛津大学和剑桥大学。14世纪德国建立了海德堡大学,捷克建立了布拉格大学,波兰创办了克拉科夫大学。到1500年,全欧已有80所大学。中世纪欧洲大学的出现和发展为欧洲文艺复兴、宗教改革运动作了准备,促进了各国文化和学术的发展,有利于城市的繁荣和工商业的进步,加速了国际间的文化和学术的交流,并对当时和后来的教育事业产生了重大影响。

14世纪中叶至16世纪末叶西欧发生文艺复兴运动,新兴的资产阶级和新的贵族阶层为谋取自身的经济利益和政治地位,以复兴古代希腊罗马文化的形式,掀起了反对封建文化、创造资产阶级新文化的运动。这时的进步思想家们,提倡反封建、反神学的人文主义文化,宣扬以"人"为中心,要求个性解放,重视现世生活,崇尚理性和知识,在一定程度上促进了西欧一些国家的宗教、经济、政治和教育的改革。他们要求以培养身心健康、知识广博、多才多艺的新人的教育理想进行教育革新,培养社会、政治、文艺、商业各方面的活动家、冒险家,从而冲击了封建教育制度,打破了教会对学校教育的独占,出现了多种类型的新学校,扩大了教育对象;体育重新受到重视,智育上提倡人文之学,自然科学开始受到注意,强调在教育和教学中注意儿童身心发展的特征,照顾儿童的个别差异,考虑儿童的兴趣,反对中世纪学校呆读死记的教学方法,主张发挥学生的主动性和积极性,发展学生的智力。

④阿拉伯人的早期教育。伊斯兰教产生前,尚处于蒙昧时代的阿拉伯半岛居民同外界联系很少,盛行偶像崇拜,崇尚战争和掠夺,还没有出现学校教育。610年,穆罕默德创立伊斯兰教后,吸引了大批处于氏族公社解体阶段的阿拉伯人,伊斯兰教开始成为一切事物的主宰。穆罕默德十分重视教育,积极号召广大穆斯林努力学习文化知识,同时也选派有文化的穆斯林奔赴各地传教。阿拉伯人的早期教育主要在相当于初级学校的库塔布和清真寺进行,学习内容以《古兰经》为主,同时还学习书法、圣训、语法、算术、诗歌等科目,以便加深对经文的理解。库塔布主要面对社会下层,是否交费视教师经济情况而定,有的教师将教育作为善行,不收学费;有的教师则以学

费或实物为生。清真寺学习的内容主要为背诵《古兰经》和相关的宗教知识、礼仪。

8世纪后,随着阿拉伯国家政治的稳定和经济的繁荣发展,清真寺开始承担起进行初、中、高三级教育的重任,而且教学内容也逐渐分科。著名的学者和文人纷纷在清真寺内设座讲学,传播各种知识,从而吸引了大批求知者。清真寺教育的基本形式是学习圈,即教师坐在讲台上,学生们以半圆形围绕教师而坐,课程和学习年限没有强制性规定,学生可以从一个学习圈转到另一个学习圈,甚至其他地区或者更高层的学校,直至完成学业。同时,统治者和社会上层更注重宫廷教育。倭马亚王朝的历任哈里发不仅从各地收集来大量图书,选聘最好的家庭教师给自己的后代讲授《古兰经》《圣训》、阿拉伯语、历史知识和治国之道,而且经常邀请学者、诗人在宫廷举办学术讨论会,以争鸣的方式讨论宗教、律法、哲学、历史等课题,有时哈里发亲自参加,并从物质和精神方面鼓励与会者。后来,贵族和富豪争相效仿,在府邸教育子弟、讨论学术成为社会上层的特殊教育方式。830年,阿拉伯人在巴格达建立了智慧宫,专供学者翻译研究以及进行高层教育所用。11世纪,阿拉伯世界第一所比较正规的宗教大学——尼采米亚大学诞生。此后,其他一些古老的大学也相继产生。这些高等学校一般都受到政府的承认和资助,学生享有奖学金并可在学校食宿,课程则以圣训为基础,同时讲授语言文学、哲学、逻辑学、天文和数学等内容。①

(3)古代学校教育的特征。

东西方的古代教育在形式和内容上存在很大差异,甚至在封建社会后期,也随着社会的发展有所革新和改变,但由于处于人类社会发展的同一阶段,生产发展的水平和统治水平的一致性决定了教育根本上的相对一致性。

---

① 郭永胜.伊斯兰教与阿拉伯人的早期教育[J].内蒙古师范大学学报(教育科学版),2001(6):78-81.

①具有鲜明的阶级性和等级性。在奴隶社会和封建社会,奴隶主和地主阶级占有生产资料,把持着国家政权和学校教育。其教育的唯一目的是把受教育者培养成为统治阶级所需要的官吏。学在官府、官师合一是这一时期教育阶级性的集中体现。

②学校教育与生产劳动相脱离与对立。奴隶社会和封建社会的教育是建立在脑力劳动与体力劳动分工与对立的基础之上的,即"农之恒为农,士之恒为士"。为了实现直接培养统治者的教育目的,学校教育重点传授"治人之术",与社会生产密切相关的劳动知识和劳动技能则被排除在教育内容之外。直接从事生产劳动的奴隶和农民也只能像原始社会时期一样,在社会生产实践中接受教育与影响。

③教育过程中注重专制和威权。教育的过程是管制和灌输的过程,通过教师传递专制的威严、通过考试传递政权的威力。学习方法刻板,强调机械模仿,死记硬背。

3. 现代社会的教育

现代教育是产生于以机器为主要生产工具的工业社会之后的教育。在社会发展性质上,包含资本主义时期、社会主义时期和当代社会的教育。在以机器为主要生产工具的工业社会,教育呈现出与以往各时期不同的特点。①

(1)教育与生产劳动密切结合是现代教育的基本特征。大机器工业生产的出现与发展,对教育所培养的人才提出了更高更多的要求,客观上要求直接从事生产的工人必须掌握一定的科学知识和技术,要求从事管理的阶层必须不断提高管理水平,也为教育同生产劳动相结合提供了可能。学校教育要实现这些目标,就必须使教育同生产劳动紧密结合,使学生将抽象理论与生产劳动的实际操作相联系,实现理论与实践的结合,同时在生产实践中不断总结经验,升华知识,获取创新灵感,才能真正内化

---

① 杨建华,陈鹏,等.现代教育学[M].北京:中国社会科学出版社,2003:49.

为学生自己的精神财富,实现培养大批熟练工人和现代生产的经营者和管理者的最终目标。

(2)教育广泛普及、义务教育年限逐渐延长。为了满足工业大生产对劳动力水平的要求,各国纷纷从法律上废除了封建教育的等级性,扩大和普及了学校教育,其中影响最为久远的莫过于义务教育的提出。义务教育,是国家依照法律的规定对适龄儿童和青少年实施的一定年限的强迫教育的制度,又称"强迫教育",其实质是国家以强制力要求适龄人口必须接受一定期限的教育。16世纪欧洲宗教改革运动中,新教国家为推行宗教教育,提倡广设教育。宗教领袖马丁·路德是最早提出义务教育概念的人,世界上最早颁布义务教育法的是德国。1619年的德意志魏玛公国,就率先公布了"义务教育规定",明确父母必须送6至12岁的儿童入学,否则政府将强迫其履行义务。1717年,当时的普鲁士帝国国王威廉一世签署了"普通义务教育"谕令,要求"普鲁士王国内,所有5至12岁的孩子,必须上学,接受学校教育,否则,家长将要被处罚"。此后,各资本主义国家相继实施义务教育。英国1870年颁布《初等教育法》,要求5~10岁的儿童必须入学;法国1882年通过《费里法案》,规定对7~13岁的儿童实行强迫初等教育;美国马萨诸塞州1852年颁布义务教育法令;日本1872年颁布《学制令》,开始普及小学教育。义务的含义包括父母与家庭有使学龄儿童就学的义务,国家有设校兴学以使国民享受教育的义务,以及全社会有排除阻碍学龄儿童身心健全发展的种种不良影响的义务。义务教育的提出和实施,有效地推动了教育的普及和劳动力水平的提高。随着社会的进步和科学技术的迅速发展,各国对义务教育的期限也一再延长。目前西方发达国家的义务教育年限最长为13年。

(3)教育形式多样化,教育制度日臻完善。随着现代生产的发展,与之相适应的现代教育呈现出多层次、多系统的特点。层次上,中学的出现,充分体现了知识的积累与分化,使教育层次与衔接更加合理;类型上,职业教育、技术教育成为面向官吏、文士的普通教育之外的新选择;形式上,在职学习、远距离函授、电视卫星,计算机网络教育等形式随着科学技术的发展纷纷出现;时间上,既有严格系统的长期教育,又有灵活多样的短期教育。如此众多、繁复的教育类型与形式,最终催生了现代教育制度的产生和完善。

(4)终身教育成为现代社会教育的共同特征。随着自然科学的迅猛发展,人类的知识更新周期变得越来越短。联合国教科文组织曾经做过一项研究认为,信息通信技术带来了人类知识更新速度的加速。在18世纪,知识更新周期为80~90年;19世纪到20世纪初,缩短为30年;二十世纪六七十年代,一般学科的知识更新周期为5~10年;而到了二十世纪八九十年代,许多学科的知识更新周期缩短为5年;进入21世纪时,许多学科的知识更新周期已缩短至2~3年。面对如此趋势,一个人不可能再仅仅依靠过去的知识就能适应社会的要求,而是必须学会学习,学会随时从自己与周围环境的交互中学习新知识、新技能,以解决新问题。这就要求一个人必须终身都在学习。

(5)教育内容、教育手段日益现代化。现代生产的发展和科学技术的进步,使人类的知识体系日益丰富和完善,新学科、新专业也纷纷出现,这就使教育内容得到了极大的丰富。与此同时,科技进步也引发了教学方法上的革命与创新,使教育教学的效能大大提高。

练习与思考

一、选择题

1.下列选项中,属于古代教育的特征的是( )。

A.民主性 B.平等性 C.体力劳动与脑力劳动分离 D.商品性

2.教育的基本要素中,起中介作用的是( )。

A.教育者 B.受教育者 C.教育影响 D.教育手段

3.包括工业社会和信息社会的教育是哪一个阶段的教育?( )

A.远古教育 B.古代教育 C.现代教育 D.二十一世纪教育

4. 人类的教育活动与动物的教育活动存在本质区别,这主要表现为人类的教育具有(　　)。

　　A.延续性　B.模仿性　C.社会性　D.永恒性

5. 制度化教育出现的标志是(　　)。

　　A.人类教育的产生　　　　B.古代学校的出现
　　C.近代学校系统的形成　　D.终身教育的出现

6. "修道之谓教"出自(　　)。

　　A.《中庸》　B.《学记》　C.《荀子》　D.《老子》

7. (多选)我国古代社会教育具有下列特点(　　)。

　　A.产生了专门的教育机构和执教人员
　　B.鲜明的阶级性和严格的等级性
　　C.教育与生产劳动的分离和对立
　　D.教育方法崇尚书本,呆读死记
　　E.官学、私学并行的教育体制

8. 每天,学校都在按事先制订好的作息时间表运行,老师们都认真备课、按时上课。在这一场景中不包含的特点是(　　)。

　　A.教育的计划性　　　　B.教育的组织性
　　C.教育的复杂性　　　　D.教育的目的性

9. 经常会有人用"一棵树摇动另一棵树,一朵云推动另一朵云,一个灵魂唤醒另一个灵魂"来比喻教育,主要希望说明教育的(　　)特点。

　　A.复杂性　　　　　　　B.计划性
　　C.目的性　　　　　　　D.潜在影响性

10. 教育者在教育过程中受社会委托,以(　　)身份参与到教育活动中。

　　A.社会要求的体现者　　B.父母的代理人
　　C.道德权威　　　　　　D.学生学习活动的监督者

第一章 教育概述

二、思考与练习

1. 根据教育的内涵,试举例说明教育的特殊性。

2. 请以生活中的几个现象为例,分析其属于何种形态的教育,并分析其教育者、受教育者等基本要素在其中的作用。

3. 请根据教育的历史发展阶段,查找某一阶段或某一地域的教育史料,分析其教育发展特点及局限性。

(选择题参考答案:1. C 2. C 3. C 4. C 5. B 6. A 7. ABCDE 8. C 9. D 10. A)

第二章　教育学及其发展历程

■ 关键问题

1. 什么是教育学？教育学的研究对象及其目的。
2. 教育学在不同发展阶段的表现特点、代表人物及其观点。

■ 思维导图

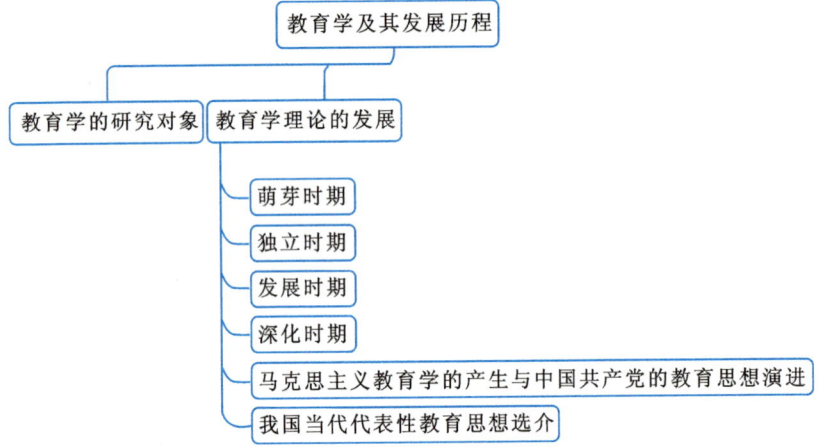

在长期的发展中，人们对教育的作用越重视，就越需要对教育中出现的各种问题进行解释和解决，以指导和改善教育教学过程，提高教育质量。在这些问题中，对一些基本问题的回答，如教育是什么，教育的功能是什么，教育与其他社会现象是什么关系；教育的目的是什么；为谁而教育，即教育的对象是谁；由谁来办教育；由谁来教；教什么，如课程、内容；

第二章 教育学及其发展历程

怎样教,包括教育的形式、途径、方法等①,就构成了教育学的研究,形成了教育学的研究体系。

第一节 教育学的研究对象

一般认为,教育学是一门研究教育现象和教育问题,探索教育规律的科学。

教育现象是以培养人为主体内容的社会实践活动的外在表现形式。教育现象有三个规定性:(1)教育现象是一种可以感知、可以认识的古今中外已经存在或正存在于现实的存在物。(2)教育现象是教育实践的表现物,或正从事着的教育实践,它包括各种形式、各种类型、各种模式的教育事实、教育活动、教育问题、教育理论研究等。(3)教育现象是以教与学为主体形式的客观存在,不以教与学为主体形式的活动不能称之为教育活动,与之相应,也就不能称其为教育现象。

教育问题则是人们对某些具体的教育现象所进行的思索。只有对教育现象的认识积累到一定的程度,并将其所具有的教育意义作为我们思考的对象被人们关注、评说时,才能成为要研究的教育问题。

教育规律指的是教育同其他社会现象之间以及教育内部诸因素之间的本质联系及其发展变化的必然趋势,它通常内隐于教育现象之中。因此,我们对教育现象和教育问题的研究并非是最根本目的,教育学研究的根本目的是通过对教育现象与教育问题的研究来揭示教育规律。教育内部诸因素指教师、学生、教材、设备、教学、德育等,其他社会现象指政治、经济、文化、人口等。

---

① 袁振国.当代教育学[M].北京:教育科学出版社,1999:15.

第二节 教育学理论的发展

教育学的产生和发展大体上经历了萌芽期、独立期、发展期和深化期四个基本的历史阶段。

一、教育学理论的萌芽时期

在这一阶段,由于科学文化发展水平低下,人们对教育实践产生了一点认识,但还主要停留在经验层面,缺乏理论思考和经验总结,还没有形成系统化的理性认识,因而这一时期教育学还未从哲学、伦理学、政治学中脱离出来而形成独立的学科,人们称这一时期为"教育学的萌芽时期"或"前教育学时期"。在这一阶段,人们对教育的认识成果主要体现在一些哲学家、思想家的言论和著作当中,主要代表著作和代表人物有:

1.《学记》

《学记》是古代中国典章制度专著《礼记》中的一篇文章,是世界历史上最早专门论述教育和教学问题的文献。一般认为是战国晚期思孟学派的作品,据郭沫若考证,作者是孟子的学生乐正克。文章阐明了教育的目的及作用,教育和教学的制度、原则和方法,教师的地位和作用,教育过程中的师生关系以及同学之间的关系,比较系统而全面地总结和概括了中国先秦时期的教育经验,提出了"化民成俗,其必由学""人不学,不知道""念终始典于学"等关于教育作用的论断;强调教与学之间的良性互动,"学然后知不足""教然后知困";重视"道而弗牵,强而弗抑,开而弗达"的启发式教学;重视教学的循序渐进,强调"不陵节而施之谓孙";强调激发学生内在的学习动机,培养学生学习的自觉性,重视因材施教;要求教师把握教育教学发展的规律和原则,"君子既知教之所由兴,又知教之所由废,然后可以为人师也。"

2.孔子

孔子是中国古代最伟大的教育家和思想家。他十分重视教育对社会

第二章　教育学及其发展历程

发展和人的发展的作用;他开办私学,改变了"学在官府"的局面,成为百家争鸣的先驱;实行"有教无类"的开放性办学方针,扩大了受教育范围;整理了六经,保存了古代文化;提出了"学思结合"的教学理论和启发教学、因材施教等教学原则;强调以"礼""仁"为主要内容的道德教育,主张通过培养德才兼备的君子实现政治的改良;要求教师具有学而不厌、以身作则等良好的职业道德。①

3. 苏格拉底

苏格拉底是古希腊著名的思想家、哲学家、教育家,他和他的学生柏拉图,以及柏拉图的学生亚里士多德被并称为"古希腊三贤"。

苏格拉底在教育上的贡献主要有:(1)在教育内容上,他主张首先要培养人的美德,教人学会做人,成为有德行的人;其次要教人学习广博而实用的知识;最后要教人锻炼身体。(2)在教学的方法上,通过长期的教学实践,他形成了自己独特的"产婆术"教学法,即在教学生获得某种概念时,不是把这种概念直接告诉学生,而是先向学生提出问题,让学生回答。如果学生回答错了,他也不直接纠正,而是提出另外的问题引导学生思考,从而一步一步得出正确的结论。在这一"诘问"过程中,以提问的方式揭露对方提出的各种命题、学说中的矛盾,以动摇对方论证的基础,指明对方的无知。这种方式一般被称为"苏格拉底反诘法",他本人则称之为"产婆术",比喻"产婆术"教学法是为思想接生,是要引导人们产生正确的思想。

4. 柏拉图

柏拉图的教育思想主要体现在他的代表作《理想国》中。他认为灵魂是人的本质,灵魂由理性、意志、情感三部分构成,其中理性是灵魂的基础,表现为智慧;意志表现为勇敢;情感表现为节制。根据这三种品质哪一种在人的德行中占主导地位,可以把人分为能够运用智慧管理国家的

---

① 孙培青.中国教育史(修订版)[M].上海:华东师范大学出版社,2000:48.

哲学家(又称"哲学王")、凭借勇敢精神保卫国家的军人、受情绪驱动的劳动者。但他也认为天赋固然重要,却只有在得到合适的教导后才会发挥出应有的作用。

基于这一认识,他的教育思想具体表现在:第一,强调教育应为国家培养哲学家和军人,主张国家控制教育。柏拉图认为,如果人们受到良好的教育,就能成为明辨事理的人,处理事情的时候就会遵循友爱的原则,社会中人与人的关系就会融洽,国家秩序就会稳定。同时,由于教育可以提高公民的素质,从而能提升国家的实力;此外,通过教育可以培养国家公民的正义、智慧、勇敢、节制的美德,从而可以保有国家良好的政治秩序。第二,重视早期教育及终身教育。柏拉图认为早期教育非常关键,"生物在幼小柔嫩的阶段,最容易接受陶冶,要把他塑成什么形式就能塑成什么形式",同时也认为教育要贯穿于人的一生。第三,提出了根据不同年龄段进行分段教育的思想。主张儿童3~6岁,接受游戏教育;7~17岁,接受文法教育、音乐教育、体育锻炼;18~20岁,接受军事教育;20~35岁,接受哲学教育;35~50岁,接受社会实践教育,而且男女要接受同样的教育。第四,音乐教育与体育的教育思想。柏拉图特别重视音乐和体育教育,认为教育就是训练身体、陶冶心灵,从而使学生的"心灵既温文而又勇敢"。

5.亚里士多德

亚里士多德是古希腊百科全书式的哲学家,他秉承了柏拉图的理性说,认为追求理性就是追求美德,就是教育的最高目的。他的教育观主要表现在其著作《政治学》中。他认为,教育应该是国家的,每个公民都属于城邦,全城邦应有一个共同目的,所有人都应该接受同样的教育;在历史上首次提出了"教育遵循自然"的原则,注意到了儿童心理发展的自然特点,主张按照儿童心理发展的规律对儿童进行分阶段教育。

6.昆体良

昆体良是古罗马教育家,其《论演说家的教育》(又译"雄辩术原理")被公认为是西方教育史上第一部系统阐述教育理论的著作。它从理论上系统地总结了罗马学校教育的实践经验,提出要重视对儿童的早期训练和环境教育,认为教学要根据儿童年龄特点因材施教和量力而行,要劳逸结合和给学生以奖励,反对惩罚等。

7. 托马斯·阿奎那

公元476年西罗马帝国灭亡后,西方进入中世纪时代。在长达一千年的时间里,文化教育完全被宗教所垄断,基督教会的思想成为欧洲主流,教育也成为宗教维持自身地位和统治的工具。这一时期的基督教教育中,托马斯·阿奎那是西欧中世纪著名的基督教神学家和经院哲学家,也是一位教育工作者和大学教师。他认为,教育的目的就是发展人的通往上帝神性的理智,因而他强调教育教学中要采用多样的方法,如正反论辩、开放调和、启发诱导等。

14世纪到16世纪的欧洲文艺复兴时期,进步的思想家们提倡反封建、反神学的人文主义文化,宣扬以"人"为中心,要求个性解放,重视现实生活,崇尚理性知识。维多里诺、伊拉斯谟、拉伯雷、蒙田等人纷纷著书发文,从资产阶级"人性论"出发,否认教会的"原罪说",反对封建教育对儿童本性的压抑,认为应通过教育使人类天赋的身心能力得到和谐发展。

二、教育学理论的独立时期

独立形态的教育学出现于17世纪至19世纪中叶,这一时期教育学的发展呈现出如下特点:①人们对教育现象与问题有了更为抽象、更为合乎科学规律的认识与理解,教育学的科学化、理论化水平有了显著提高。②人们对教育问题的论述,逐渐从现象描述过渡到了理论阐明,尤其是开始注重运用心理学的知识来论述教育问题。③确立了比较符合人的认识规律的教学理论,开始重视教育理论对教育实践,尤其是对教师教学工作的指导。总的来看,这一时期的教育学开始有了自己专门的研究领域,形成了自己专门的概念和范畴的体系,其研究方法和手段也走向了科学化,但是其研究还缺乏实证和实验方法的运用,因此整体上仍是经验为主。1623年,英国的培根在其

《论科学的价值与发展》,书中首次提出应将教育学作为一门独立的学科研究。其后,教育学理论研究大量涌现。代表性的人物主要有:

1. 夸美纽斯

捷克著名教育家,人称"教育学之父",代表作是1632年写成、1657年发表的《大教学论》。这本书标志着教育学成为独立的教育学科。

夸美纽斯的教育思想深受人文主义的影响,对人具有的智慧和创造力充满信心,主张通过教育使人获得和谐发展,希望通过教育改良社会,实现教派和民族的平等。具体表现在:第一,认为每个人都有接受教育的可能与权利,提出了泛智教育思想,主张实行"百科全书式"的教育。所谓"泛智"就是使所有的人通过接受教育而获得广泛、全面的知识,从而使智慧得到全面的发展,强调教育是"把一切知识教给一切人的全部艺术"。第二,提出教育要遵循自然的法则,总结出直观性原则、启发诱导原则、量力性原则、循序渐进原则、巩固性原则和因材施教原则等一系列教学原则,强调运用实物进行直观教学。第三,在教育制度上,总结了文艺复兴以来人文主义教育思想和自己长期的教育实践经验,最早从理论上详细阐述了班级授课制以及相关的学年制、学日制、考查、考试制度的必要性和可行性,提出了实行班级授课制的具体方法。

后世教育家对他评价非常高,在《大教学论》的扉页上有一句话,"倘若各时代的关于教育学的著作全给丢失了,只要留得'大教学论'在,后代人便可以把它作基础,重建教育的科学。"

2. 卢梭

法国启蒙时期思想家、哲学家、教育家、文学家,其教育思想主要体现在其教育学名著《爱弥儿》一书中,其理论核心是"归于自然"(Back To Nature),因此又称为"自然主义教育"。他认为,社会的文明特别是城市的文明使人性扭曲、罪恶丛生,因此只有"归于自然"、远离喧嚣城市社会的教育,才有利于保持儿童的善良天性。

基于这一认识,他提出:第一,教育要遵循儿童的自然天性,要让儿童在自身的教育和成长中取得主动地位,无须成人的灌输、压制、强迫,教师只需创造学习的环境、防范不良的影响,其作用是"消极教育"。第二,重视儿童的年龄特点和儿童天性的个体差异,分析了不同年龄段儿童的教育特点,提出要因材施教。第三,重视受教育者的实践行为,反对学生被动接受书本知识和教育者的口头训示,强调要让孩子在游戏活动中学习。第四,提出对儿童要仁慈,认为这是人的"头一个天职和唯一美德"。

卢梭的自然教育思想,旨在反对和控诉封建专制制度对儿童个性与自由的摧残和压制,反对经院主义教育强迫儿童呆读死记宗教教义及其严酷的纪律和体罚,具有反封建的革命进步意义。但他否定教师传授知识的能动性的作用,把人的才能看作是与生俱来的"本性",否定了文化学习的继承性,抹杀了学习系统知识的必要性。

3. 康德

德国哲学家,先是做了近十年的家庭教师,后来在哥尼斯堡大学任教。他在教育学上的贡献在于:第一,通过开设教育学讲座,首次将教育学列入大学课程。第二,十分重视教育的目的以及价值,认为"人完全是教育的结果"。第三,十分看重道德教育,试图通过教育建立一种主体性的道德原则,让人们服从"绝对命令",逐渐从"他律"走向"自律"。第四,肯定智育和体育的重要性,认为身体包括体育和心育两类,体育的目的是指导身体自然生长,使身体强壮有力,而心育的目的是发展心智,训练思维。

4. 裴斯泰洛齐

瑞士教育家,代表作是《林哈德和葛笃德》《葛笃德怎样教育她的子女》。他认为教育的目的在于按照自然的法则,全面、和谐地发展儿童的一切天赋力量;教育应该是智育、德育和体育的一体化过程,从而使人的头、心和手都得到发展;教育者的首要职责在于塑造完整的、富有个人特征的人,因此主张教育要遵循自然,教育者对儿童施加的影响,要与儿童的本性一致,使儿童自然发展,并把这种发展引向正确的道路。

5. 洛克

英国教育家,代表作是《教育漫话》。他提出"白板说",认为儿童的心灵如同白板,观念和知识都来自后天,天赋的智力人人平等,而"人类之所以千差万别,便是由于教育之故"。他主张人人都可以接受绅士教育,认为要把德行的教育放在首位,使学生既有贵族气派,又有资产阶级的创业精神和才干与健壮的身体,能够以理智克制欲望,确保个人的荣誉与利益,但他认为普通的学校集中了"教养不良、品行恶劣、成分复杂"的儿童,因此主张绅士教育在家庭中进行。

6. 赫尔巴特

德国教育家,他1806年出版的《普通教育学》被公认是第一部具有科学形态的教育学,因此赫尔巴特在西方教育史上也被誉为"科学教育学的奠基人",在世界教育史上被称为"教育科学之父""现代教育学之父"。

赫尔巴特的教育思想主要有:①提出要使教育学成为科学,就必须以伦理学和心理学为理论基础,伦理学基础为教育指明目的,心理学基础指明教育的途径、手段和障碍。②认为观念是人的全部心理活动的基础,人类道德的基础是内在自由、完美、善意、法律、正义等五种永恒不变的观念,人们用这些观念来调节个人意志和社会冲突,就能使自己成为服从既定法制的、有美德的人。教育所要达到的最高和最基本的目的,也就是要养成内心自由、完善、仁慈、正义和公平五种道德观念。③明确提出了"教育性教学"的概念。他认为,知识和道德具有直接的内在联系,人只有认识了道德规范,才能产生服从道德规范的意志,从而形成符合道德规范的行为,因此教育(道德教育)只有通过教学才能真正产生实际作用,教学是道德教育的基本途径。④认为儿童的兴趣包括经验的兴趣、思辨的兴趣、审美的兴趣、同情的兴趣、社会的兴趣、宗教的兴趣,根据这些兴趣可以设置相应的课程内容,但内容的选择必须与儿童的经验和兴趣相一致,只有与儿童经验相联系的内容,才能引起儿童的兴趣。⑤提出了基于儿童年龄分期的课程设计和开展课程活动的程序。⑥提出根据儿童的兴趣活动的注意、期待、要求和行动四个阶段,教学也应分为明了、联想、系统、方法四个步骤。⑦把教育分为管理、教学、德育三部分,管理部分的主要目的是纪律,纪律的本质就是约束儿童的意志,是进行教育的必要条件,威吓、监督、命令、禁止和惩罚等都是可用的管理方法。他的教学阶段思想,后来被发展为准备、提示、联想、概括和运用五阶段,为广大第一线的教师提供了一个更为容易理解、掌握和运用的教学模式。苏联教育学家凯洛夫则将其演变为复习、引入、讲解、总结和练习五步法。

三、教育学理论的发展时期

十九世纪末,大量学科日益兴起,教育学与这些学科之间相互借鉴与吸收,在学科内容和研究方法上取得了新的进展,把教育学的研究逐步引向深入。由于方法论和哲学观的差异,自19世纪50年代以来,世界上出现了各种不同的教育学流派和大量的教育学著作,形成了"教育学的发展时期"或"教育学的多样化时期"。

1. 实验教育学派

19世纪末20世纪初在欧美一些国家出现了一种以自然科学的实验法研究儿童发展及其与教育关系的理论。其代表人物是德国教育家梅伊曼和拉伊,代表著作主要有梅伊曼的《实验教育学纲要》及拉伊的《实验教育学》。主要观点认为,教育实验与心理实验的差别在于前者是在真正的学校环境中进行的,而后者在实验室中进行,他们主张用实验、统计的方法探索儿童心理发展过程的特点及其智力发展水平。实验教育学确立的定量研究的方法,成为20世纪教育学研究的一个基本范式。

2. 文化教育学流派

19世纪末出现于德国。其代表人物主要有狄尔泰和斯普朗格,代表作主要有狄尔泰的《关于普遍妥当的教育学的可能》,斯普朗格的《教育与文化》。这一流派的基本观点有:认为教育的过程是一种历史文化过程;对教育的研究必须采用精神科学或文化科学的方法进行;教育的目的就是要促进社会历史的客观文化向个体的主观文化转变,将个体的主观世界引向博大的客观文化世界,培养完整的人格;通过"陶冶"与"唤醒"来建构和谐对话的师生关系。文化教育学深刻影响了德国乃至整个世界20世纪的教育学发展,在教育的本质、目的、师生关系等诸方面都给人以新的启发。

3. 实用主义教育学

19世纪末20世纪初于美国出现的一种教育思潮。其代表人物为美国的杜威,代表性著作是杜威的《民主主义与教育》。实用主义教育学是在批判以赫尔巴特为代表的传统教育学的基础上而提出的,其基本观点是:第一,以实用主义哲学为主导,确立以儿童为中心,以经验为基础,以活动为主要手段的教育理念,提倡"教育即生活""教育即生长""教育即经验的改造"。第二,提出了针对"传统教育"的"现代教育"的"儿童中心""活动中心""经验中心"的新三中心论。第三,主张在做中学,在问题中学习,提出创设疑难情境、确定疑难所在、提出解决问题的种种假设、推断哪个假设能解决这个困难、验证这个假设的五步教学法。

4. 中国教育学的探索与实践

(1)陶行知的教育思想。陶行知先生是我国近代最具有影响力的教育家、教育思想家,他在批判杜威"教育即生活"的基础上,提出了"生活即教育""社会即学校""教学做合一"的主张,形成"生活即教育"的教育思想体系:第一,"生活即教育"的核心内容是"过什么生活便是受什么教育","生活"是包括整个自然界和人类社会生活的总体,是人类一切实践活动的总称,"生活即教育"就是教育的目的、内容、原则、方法均由生活决定;教育要通过生活来进行;整个的生活要有整个的教育;生活是发展的,教育也应随时代的前进而不断发展;教育改造生活是指教育不是被动地由生活制约,而是对生活有能动的促进作用。第二,把杜威的"学校即社会"修正为"社会即学校",指出在"学校即社会"的主张下,学校里的东西太少,不如反过来主张,其根本思想是反对脱离生活、脱离人民大众的"小众教育",主张用社会

第二章　教育学及其发展历程

各方面的力量,打通学校和社会的联系,创办人民所需要的学校,培养社会所需要的人才。第三,主张实行"教学做合一"。这是生活教育理论的教学论,即在人们的生活里,对事是做,对己之长进是学,对人之影响是教,教学做只是一种生活之三方面,不是三个各不相谋的过程,教与学都以做为中心,"做"建立在"行"的基础上。

陶行知特别重视生活教育的作用,他把生活教育当作改造中国教育、社会的唯一出路。在陶行知看来,有了生活教育就能打破"死读书、读死书、读书死"的传统旧教育;有了生活教育,就能"随手抓来都是学问,都是本领",接受了生活教育就能"增加自己的知识,增加自己的力量,增加自己的信仰"。他主张发挥学校辐射文明的作用,"以乡村学校为改造乡村生活之中心,乡村教员为改造乡村生活之灵魂",让学校是传播文明、创造文明的场所。此外,他还提出教师要敢当一流的教育家,要敢于探索未发现的真理,不怕辛苦,不怕失败,一心要把奥妙的新理一个一个地发现出来,要敢入未开化的边疆去教育每一个未受教育的人民,要改革教学方法,要改革考试制度,实施重视终身教育等思想。

(2)梁漱溟的教育思想。梁漱溟是我国现代著名思想家、哲学家和教育家。他认为,中国的教育就是一个治愚治穷的过程,中国大部分人都生活在乡村,而农民面临的最大问题便是愚、穷、弱、私的问题,教育就是要让人们认识到中国国民的劣根性,并且克服这个劣根性,要救中国就要从改良中国乡村教育做起。其次,他积极开展了乡村教育实践。1931年,他在山东邹平建立中国乡村建设研究院,专门研究乡村教育,培养乡村教育人才,开办乡农学校,开始探索乡村教育实践之路。在乡农学校里,梁漱溟一方面教授农民用得着且愿意接受的普通课程,比如唱歌、识字、讲普通话等;另一方面就是教授农民实用技术和社会实践能力,比如种植棉花、编织麻袋等,教会农民学以致用。他的乡村教育实验后来被证明产生了较好的效果,但从根本上看,仍属于改良主义思想。

(3)晏阳初的教育思想。晏阳初的教育思想,也是从解决中国农村问题入手的。他也认为,农村的问题虽然千头万绪,但最基本的问题仍是愚、穷、弱、私,要从根本上解决这四个基本问题,就要以文艺教育救愚,以生计教育求穷,以卫生教育救弱,以公民教育救私,从而使中国人特别是最大多数的农民成为富有知识力、生产力、强健力与团结力的新民。文艺教育主要是通过文学艺术的形式教农民识字;生计教育是从农业生产、农村经济、农村工业各方面着手,训练农民能接受最低限度的现代农业知识与技术;卫生教育,是要根据农村医药卫生的实际情况与人力、财力的可能,使农民能及时得到科学的医治,以保证他们最低限度的健康;公民教育,则是要"激起人民的道德观念,施以良好的公民训练,使他们有公共心、团结力,有最低限度的公民常识、政治道德,以立地方自治的基础"。为此,他提出了采用三大实施方式,即以青年为主要教育对象的学校式教育、面向一般群众及有组织的农民团体的社会式教育和对各家庭中不同地位的成员用横向联系的方法组织起来进行教育的家庭式教育。

四、教育学理论的深化时期

自20世纪50年代以来,科学技术的发展呈现出了前所未有的新局面,教育与科技发展、生产效率提高的关系引起世界各国的高度关注,于是一场世界范围内的教育改革被全面引发,这极大地促进了教育学的发展。与此同时,伴随着人类科学体系分化与综合并进趋势的加强,教育学迅速地出现了分化和发展,学科门类骤增,研究内容快速扩充和丰富,与其他学科相互渗透,联系也日益密切,整个学科发展出现了学派林立、学说纷纭的繁荣局面。

1. 这一时期的主要代表人物

(1)布鲁纳。布鲁纳是美国教育心理学家和教育改革家。他在《教育过程》一书中提出了"学科基本结构"的观点,强调对学科基本结构学习的重要性。他还特别重视对学生能力的培养,主张让学生尽早尽快地学习基本学科的重要知识,并且倡导"发现学习"的方法,主张启发学生"用自己的头脑亲自获得知识"。

(2)赞科夫。赞科夫是苏联心理学家、教育家。他在《教学与发展》一书中,对他在1957年到1974年从教17年所进行的教学改革实验做了总结,提出了"教学应走在学生发展的前面""促进学生发展"等观点,提出了高速度、高难度、理论知识起指导作用、使学生理解学习过程、使所有学生包括差生都得到发展等五项教学改革原则。

(3)瓦·根舍因。德国的瓦·根舍因创立了范例教学理论。范例方式教学是通过教材中典型事例的研究,使学生从个别到一般,掌握教材结构,获得基础性知识的一种教学模式,也称示例性教学、典型性教学、个案分析教学。该理论认为,在教学过程中,要解决知识多而杂、教材内容过于臃肿的问题,应大力提倡培养学生的自学能力,增强学生学习的主动性和创造性,让学生掌握学习方法。它要求教师在教学中,要分清内容上的主次,注意从学生日常生活和教学大纲中选择"范例",以便使教学内容更加典型化,让学生从"范例"的"个别"到"类",掌握知识结构,从而提高教学效率。范例教学理论与布鲁纳的课程结构理论、赞科夫的教学与发展理论一起,被称为20世纪最有影响的现代教学论三大流派。

(4)巴班斯基。巴班斯基提出了"教学过程最优化"的理论。他认为,应当把系统方法的基本原则即整体性原则、相互联系原则、有序化原则、动态原则等应用在教学过程之中,以促进教学过程的最优化。他主张将教学看作一个系统,从系统的整体与部分之间、部分与部分之间、部分与环境之间的相互联系和作用中去考察教学,达到最优处理教学问题的目的。巴班斯基将现代系统论的方法引入到对教学论的研究之中,开辟了教学论研究的新领域。

(5)布鲁姆。美国教育学家布鲁姆提出了"教育目标的分类系统"和"掌握学习"理论。他将学生的学习目标分为认知、情感、动作技能等三个领域,每个领域又从低到高排列为不同的层次。他提出,教育者要创设适当的教学条件,最大限度地拓展和促进每个学生的发展潜力,让每个学生努力学习,以掌握所教的内容,最终达到"掌握学习"的目的。

(6)保罗·朗格朗。法国人保罗·朗格朗提出了终身教育思想。终身教育思想是关于终身教育的一系列教育理念,它主张将教育贯穿于人的一生,利用现代社会中一切可利用的教育资源,满足一切学习需求。终身教育思想起源于成人教育的发展。第二次世界大战后,现代科技革命的兴起加速了科技更新,引起社会经济结构的巨大变化,也要求不同的劳动力能够迅速适应生产生活的变化,从而逐渐改变了人们传统上把人的一生在学校集中学习的职前和一心工作的职后两个阶段的观念,使人们认识到教育应是在任何时刻都能以最恰当的方式为任何人提供必要知识和技能的终身教育。1965年,国际成人教育促进委员会第三次会议上,朗格朗首次阐述了"终身教育"的基本原则,标志着"终身教育"思想的诞生。1972年,国际教育发展委员会主席埃德加·富尔主持撰写著名调查报告《学会生存——教育世界的今天和明天》,提出"活到老,学到老"应成为人们生存的现实原则,不断地学习应是人的基本生存方式之一,人们只有按照终身教育思想的原则"学会学习",才能"学会生存"。

(7)皮亚杰。瑞士教育家皮亚杰在20世纪60年代创立了"发生认识论",认为人的知识来源于动作,动作是感知的源泉和思维的基础。人认识周围世界的过程,就是人通过同化或顺应,使自己的认知图式与环境实现平衡的过程。人的认知发展阶段包括感知运动阶段、前运算阶段、具体运算阶段和形式运算阶段四个阶段。同时,他运用对偶故事法,提出了儿童品德发展阶段,即前道德阶段、他律道德阶段、自律道德阶段、公正道德阶段。

(8)苏霍姆林斯基。苏霍姆林斯基教育思想主要是个性全面和谐发展的教育观。他认为,使全体学生都得到全面和谐的发展是学校教育的理想和奋斗目标;要培养全面和谐发展的人,就必须深入改善整个教育活动,实施和谐的教育;要开展进行和谐的教育,应该从德智体美劳各方面相互渗透整体进行教育,贯穿全面与和谐不可分割、多方面教育的相互配合、个性发展与社会需要相适应、学生自由、尊重儿童、重视自我教育等教育原则。他的思想主要反映在《给教师的一百条建议》《把整个心灵献给孩子》《巴甫雷什中学》《公民的诞生》《失去的一天》等教育著作中。

此后,教育理论领域新成果的不断涌现,开创了人们对教育理论深入探究的新局面。

2. 新时期教育学特点[①]

(1)教育学与其他学科高度综合。教育是一种复杂的社会活动,要想深入地了解教育的基本规律,就需要使教育学朝综合化的方向发展。这种发展趋势使教育学与政治学、社会学、脑科学等多学科相互联系高度渗透,尤其是心理学中行为主义、认知主义代表人物如桑代克、斯金纳、奥苏贝尔、加涅等关于学习的研究,对教育学理论发展有着十分深远的影响,极大地提升了教育学的科学理论性。

(2)教育学的研究领域不断扩大。教育学的研究对象已由微观的学校教育扩展到了宏观的教育规划,已由对教育内部关系的研究扩展到了对教育外部关系的研究,已由对基础教育的研究扩展到了对高等教育的研究等。

(3)教育理论研究与教育实践的关系更加密切。实践导向原则成为教育研究的首要原则,各个国家的教育学家们在开展教育研究时,都会首选该国在教育实践中所面临的实际问题和矛盾。这种理论与实践紧密结合的趋势,为教育学的发展提供了强大的社会动力。

(4)教育学开始了对自身的反思,形成了元教育学。教育学的发展与对其自身的反思是分不开的,当代教育学发展的一个重要特征就是出现了自觉的教育学反思。教育学反思不同于对教育实践问题的研究,而是对教育研究本身的研究,即对教育的元研究。这种元研究的目的在于检讨教育研究活动本身的目的、性质、价值等,这极大地促进了科学的教育学观的形成。

---

① 司晓宏,张立昌.教育学教程[M].北京:高等教育出版社,2011:26.

五、马克思主义教育学的产生及中国共产党的教育思想演进①

随着马克思主义的诞生以及20世纪前期第一个社会主义政权在俄国的建立,以马克思主义的观点和方法阐明社会主义教育规律的教育学研究也相继出现,如克鲁普斯卡娅撰写出版了第一部用马克思主义观点指导的教育专著《国民教育和民主主义》。其后,凯洛夫主编的《教育学》以及我国第一本由杨贤江于1930年以李浩吾的化名出版的《新教育大纲》相继出现,标志着马克思主义教育学的形成。其基本观点包括:教育是一种社会历史现象,在阶级社会中教育具有阶级性;教育起源于社会生产劳动;现代教育的根本目的是促进人的全面发展;教育与生产劳动相结合是培养全面发展的人的唯一方法;教育与政治、经济、文化是一种相互作用的关系等。

中国共产党在领导中国进行伟大革命、伟大斗争、伟大建设的世纪征程中,将马克思主义理论与中国国情相结合,也形成了具有中国特色的社会主义教育发展思想。

五四运动前后,中国早期马克思主义者李大钊等人就开始运用马克思主义理论来思考和分析中国教育问题,在对各种教育思潮和传统教育的批判中,深刻揭示了旧教育灭亡、新教育建立的历史必然性,正确阐述了教育的本质、作用及其与政治经济之间的关系,强调中国教育必须与政治革命和经济建设相结合,服务于政治和经济需要,认识到教育具有阶级性和历史性,提倡教育平等,主张教育为人民大众服务,特别是为工农劳苦大众服务,彻底转变了教育的性质和方向。这些重要论断带来了教育思想、教育观念的更新,对党早期教育思想的形成发挥了重要的理论先导作用。

中国共产党成立后,为了唤醒工农阶级斗争觉悟,为无产阶级革命事业

---

① 王炳林,杨瑞.中国共产党教育思想发展的百年考察[J].南开学报(哲学社会科学版),2021(3):10-18.

第二章 教育学及其发展历程

奠定广泛的群众基础,党始终把实现工农普及教育和改良教育制度问题放在重要位置,指出促进工人阶级觉悟是工人教育的最终目的,强调党对教育的领导权,强调教育要与革命斗争联系、与实际生活联系、与劳动联系。

随着中华人民共和国的成立,中国共产党探索确立了我国社会主义教育制度,向工农敞开教育之门,保障广大人民群众受教育的基本权利;确定了社会主义教育的培养目标,即培养德智体等方面全面发展的有社会主义觉悟的、有文化的劳动者;形成了比较完整的国民教育体系。

改革开放后,党形成了"科教兴国"的根本指导思想,确立教育优先发展的战略地位,明确了培养德智体美等全面发展的社会主义建设者和接班人的教育目标,大力深化教育体制改革和发展,将坚持以人为本、全面实施素质教育作为教育改革发展的战略主题,以"优先发展、育人为本、改革创新、促进公平、提高质量"为指导,把"三个优先"作为教育优先发展的基本要求,强调经济社会发展规划要优先安排教育发展,财政资金要优先保障教育投入,公共资源要优先满足教育和人力资源开发需要,明确把促进公平作为国家基本教育政策,推动了我国教育事业的迅速发展。

党的十八大以后,以习近平同志为核心的党中央,准确把握实现中华民族伟大复兴战略全局和世界百年未有之大变局的要求,坚持马克思主义指导地位,坚持中国特色社会主义教育发展道路,紧紧"围绕培养什么人、怎样培养人、为谁培养人这一根本问题",提出了一系列有关教育改革发展的重要论述,形成了习近平总书记关于教育重要论述的科学内涵,是习近平新时代中国特色社会主义思想的重要组成部分,是我们党在实践基础上对教育事业规律性认识的深化和发展。

可见,中国共产党人始终坚持以马克思主义为指导思想,以国际环境和时代特征为重要背景,以党领导教育事业发展的基本经验为依据,以发展教育事业的伟大成就为实践源泉,遵循教育规律,坚持改革创新,在百年实践探索和理论建设逐步形成和发展了中国特色社会主义教育理论,呈现出战略性、人民性、科学性、实践性和创新性的基本特征,成为世界教育学理论发展的重要内容。

六、我国当代代表性教育思想选介

改革开放以后,随着我国义务教育快速普及和教育事业的迅猛发展,教育理论研究和实践也取得了丰富的成就,形成的一些教育思想也成为我们当代教育理论的重要内容或补充。受资料和研究水平限制,在此谨选择叶澜教授和魏书生的思想予以介绍。

1. 叶澜

叶澜教授是华东师范大学教育学终身教授,首创并主持"新基础教育"研究与"生命·实践"教育学派建设30余年,先后被评为国家突出贡献中青年专家、全国模范教师、上海市教书育人楷模等。叶澜从人的生命高度出发,认为20世纪80年代以来无论是教育理论还是教育实践活动,教育学都过于强调它的社会功能,社会功能中又突出了政治功能,却忽视了育人的直接功能。

她认为,教育学科的核心问题是对"人"的认识,这一认识难以面对和回应当代教育学转型的时代要求,因而明确提出教育学的原点应定位于人的生命,即"具体个人",要把个体生命作为一个复杂的整体来研究,承认教育场域中的具体个人都是不可分割的一个有机整体;个体生命是以整体的方式存活于教育场域中,并在与教育场域的相互作用和相互构成中生存和发展;个体生命只有在多种生命经历中,通过自觉地努力、学习、反思和不断超越自我才能实现;离开了对个体生命经历的关注和提升,就很难明晰个体的成长与发展;教育者要承认和尊重人的生命是在具体个人中存活、成长和发展的,"教育的目标就是要适应个人作为一种物质的、理智的、有感情的、有性别的、社会的、精神的、存在的各个方面和各种范围"的整体性和发展能动性,自我发展能力的强度成为判断教育真实成效的重要指标之一。

从生命发展的立场出发,她不仅关注学生的生命成长,同时也关心教师以及教育研究者的生命成长,认为现实生活中师生生存基调被动受控,是对生命原生态的破坏,因此她主张"唤醒教育活动中的每一个生命,让每一个人真正'活'起来",即把课堂还给学生,让课堂焕发生命活力;把班级还给学生,让班级充满成长气息;把创造还给教师,让教育充满智慧的挑战;把个体精神生命发展的主动权还给师生,让学校充满勃勃生机,从而超越以教师或以学生为中心的对立观;重视在生命与生命的互动中,在不断地变化与生成中共同生长,最终促进学生的生命发展。而教师主动、积极地投入学校的各种实践是他们生命发展的本真体现,"教师发展"就是要关注教师具体而丰富的个体,强调教师个体生命发展的整体性。①

2. 魏书生

魏书生自1978年任中学教师,因在教育改革中的突出成绩,先后荣获辽宁省功勋教师、语文特级教师、全国劳动模范、全国优秀班主任、全国中青年有突出贡献的专家、首届中国十大杰出青年等荣誉,对我国语文教育产生了重要影响。

他从"铸魂"出发,从整体造就人的角度考虑,认为一般课堂教学效率低的主要原因是教学不民主,提出让学生应该掌握教育的主动权,让学生内因起变化,从而形成了自己的"民主教育思想":教师高度重视教学民主,是培养学生民主思想的前提;教师摆正自己的位置,是培养学生民主思想的根本;教师要形成"公仆"意识,建立"教师为学生服务"的新型师生平等关系,教师对学生群体发表意见"少数服从多数",但在分工上又应是履行职责的主角,学生只是"助手";教师要尊重学生、理解学生,甚至"要尊重看起来不怎么值得尊重的人",通过尊重学生的长处,使学生强大起来并战胜其头脑中的"不义之师";教师创造民主氛围,是培养学生民主思想的保证,教师要非常精心设计,时时、处处、事事制造这样的环境,特别是对待"淘气生";教

---

① 刘德华,李勋亮.叶澜基于生命立场的教育思想解读[J].教育科学研究,2011(11):30-33.

师钻研学生,是培养学生民主思想的基础,要以科研的态度把学生当成一本经典著作去反复钻研,"钻进其脑子里去",面向全体,全方位(包括思想性格、思维方式、记忆方式等)去研究学生头脑中的"真善美"与"假丑恶";教师对学生进行正面引导、启动内因,是培养学生民主思想的核心,学生的进步是学生内部进步因素战胜内部落后因素的结果,因此"重要的是教师把注意力从堵移到导,从看学生的短处移到努力发现学生的长处,从纠正错误到宣扬先进上来",动情明理,帮助学生头脑中的"正义之师",实现学生心灵的"觉醒""兴奋""强大";民主思想和法制守纪教育相结合,是培养学生思想的重要条件。魏书生认为,民主是有条件的,这就是在进行民主思想教育的同时,要进行法制和守纪教育,同时也必须调动学生内因,进行民主思想教育,应该使两者高度统一。

魏书生还强调让学生主动参与民主决策、给学生机会以使学生主动参与民主实践、让学生自己评价民主决策和民主实践等方法培养学生民主思想。此外,魏书生在语文教学实践中还提出了六步教学法(定向、自学、讨论、答疑、自测、自结)、七个一分钟(一分钟家务、一分钟踏步、一分钟记忆、一分钟日记、一分钟军歌、一分钟演讲、一分钟名人传记)、八个学习习惯、育人九法或九种精神、上课十条教育教学建议。

练习与思考

一、选择题

1. 提出"绅士教育"目的的是英国教育家( )。

   A. 洛克　　B. 杜威　　C. 斯宾塞　　D. 卢梭

2. 强调"教育即生活""学校即社会""从做中学"的教育家是( )。

   A. 陶行知　　B. 杜威　　C. 康德　　D. 马卡连柯

3. 提出应把教育学从哲学、伦理学中分化独立出来的教育家是( )。

   A. 洛克　　B. 卢梭　　C. 赫尔巴特　　D. 培根

4. 明确提出"教学永远具有教育性"的教育家是( )。

第二章　教育学及其发展历程

A. 夸美纽斯　B. 赫尔巴特　C. 杜威　　D. 赞可夫

5. 首次从理论上对班级授课制进行描述和探讨的教育家是(　　)。

　A. 孔子　　　B. 赫尔巴特　C. 夸美纽斯　D. 亚里士多德

6. "教育过程最优化"理论的创立者是(　　)。

　A. 马卡连柯　B. 巴班斯基　C. 赞可夫　　D. 凯洛夫

7. 提出"教育是为完美生活做准备"的教育家是(　　)。

　A. 卢梭　　　B. 洛克　　　C. 陶行知　　D. 斯宾塞

8. 主张教师应以学生的发展为目的,围绕学生的需要组织教学的儿童中心主义的代表人物是(　　)。

　A. 夸美纽斯　B. 卢梭　　　C. 赫尔巴特　D. 杜威

9. "学科结构论"的提出者是(　　)。

　A. 布卢姆　　B. 布鲁纳　　C. 杜威　　　D. 拉伊

10. 布鲁纳强调教学中要强调科学的基本结构。以下不属于其所说"学科的基本结构"的是(　　)。

　A. 学科基本概念　　　　　B. 学科中的主要定理

　C. 学科中的基本公式　　　D. 学科的主要难点

11. 以下体现了终身教育思想的政策是(　　)。

　A. 大力发展职业教育　　　B. 学前教育纳入学制

　C. 高等教育扩招　　　　　D. 实行高中教育免费

二、思考题

1. 请对比至少两位教育家的思想,分析其异同。

2. 可以看出,教育学理论发展进入深化阶段,心理学的思想越来越影响到教育理论的发展。请分析出现这种现象的原因。

3. 结合个人学习经历,谈谈哪些理论对自己的学习有强烈的启示意义。

(选择题参考答案:1. A　2. B　3. D　4. B　5. C　6. B　7. D　8. D　9. B　10. D　11. B)

第三章　教育与人的发展

■ **关键问题**

1. 遗传、环境和教育对人的发展的作用分别是什么？
2. 人的发展对教育有哪些制约作用？
3. 现代教育的学生观应该是什么？
4. 现代教育中的师生关系和生生关系应该如何建立？

■ **思维导图**

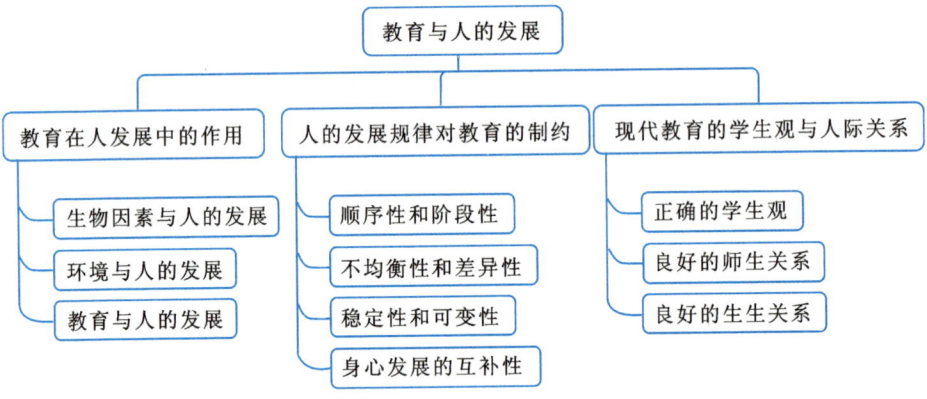

人是社会的基本单元，社会是由人组成的，因此人既是个体的人，又是社会的人。所以教育培养人，就是要使一个人既要实现人的共性，即人的社会化，又要实现自己的个体独特性，即人的个性化，进而一方面使个体由生物体的自然人成为生活在现实社会中的社会人，在未来社会发展结

构中获得相应的结构和地位,为个体生存与发展奠定基础;另一方面通过一系列教育教学活动实现个体的某种需要和精神愿望,并尽可能地让个体在整个教育教学活动中体验到满足、快乐和幸福,领悟到生命的价值和人生的意义,实现个体的自我价值和终极追求,达成人之所以为人的最高理想,最终实现人的自我调节、自我更新、自我发展。

第一节　教育在人发展中的作用分析

教育学中讲的个体发展,一般是指个体一生身体素质和心理素质所发生的有规律的变化和逐渐社会化的过程。反映在学生身上,通常是指个体从出生到生命终结期间其身心等方面发生的一切变化,是学生的智力、情感、人格、体力等方面逐渐显现、展开和提升、增强的过程。这一过程包含三重含义:首先,学生发展包括身体发展和心理发展两个方面。身体发展指机体的正常发育和体质的增强,心理发展指认知、情感、态度及行为等的发展。其次,学生的发展过程是一个由量变到质变的过程,既有量的积累,也有质的飞跃。最后,学生最终的发展是生理基础、环境和学校教育相互作用的结果。

个体的发展受到多个方面因素的影响,要讨论教育在人的发展中的作用,就需要把这些因素的作用逐个进行分析和比较,才能确定教育在个体发展中到底能起到哪些作用,从而正确认识和发挥教育的作用。

一、生物因素为人的发展提供了物质基础和可能性

作为生物体的人,其发展首先受到生物因素的影响。影响人的发展的生物因素包括遗传素质、先天的但非遗传的各种因素和个体的成熟机制,其中遗传素质对人的发展影响最大。遗传素质是指个体从上代继承下来的生理解剖上的特征,包括机体的结构、形态、感官和神经系统的特点,特别是大脑的结构及机能特征等。

（1）生物因素为人的发展提供了物质基础。没有人的生物实体，任何发展都只能是空中楼阁。而现在的生物因素，又以生理组织、结构等基本形式，限定了人发展的可能性，比如一个盲人永远不会也不可能从事必须借助于视觉才能完成的工作。

（2）生物因素中的成熟机制制约着身心发展的过程与阶段。人的身心发展遵循着其特有的成熟机制生长规律，成熟机制既为一定年龄阶段的儿童某些身心特点的出现提供了可能，也为它的超越性发展提供了限制，使个体的身心发展表现出阶段性、顺序性和不平衡性。耶鲁大学教授、著名儿童心理学家格赛尔通过"孪生儿爬梯试验"得出结论：在儿童的生理成熟之前的早期训练对于最终的结果没有多大的作用，而一旦在生理上有了完成这种动作的准备，训练就能起到事半功倍的效果。①

（3）生物因素的差异性在构成身心发展的个别特点上具有一定的影响。正常的儿童都具有人类的遗传素质，即遗传素质共性，但也有一定的个别差异，表现在人的体态上如高、矮、胖、瘦和高级神经活动类型上的个别差异性，如神经活动的强度、均衡性和灵活性等方面。正是由于这种差异性，使青少年儿童的发展表现出不同的智力水平、才能和个性特征等。

正是基于这些认识，以法兰西斯·高尔顿为代表的遗传决定论者，认为儿童心理的发展是由先天的、不变的遗传所决定的，儿童心理发展过程就是这些先天遗传的自我发展和自我暴露的过程，与外界影响、教育无关，外界的影响和教育即使对儿童心理发展起作用，至多也只能促进或延缓素质的自我发展和自我暴露，不能改变它的本质。如美国心理学家桑代克说："人

---

① 格赛尔找来一对同卵双生子 A 和 B，A 从出生后第 48 周起接受爬梯及肌肉训练，每日练习 10 分钟，连续 6 周；B 则从出生后第 53 周开始，仅训练了 2 周，就赶上了 A 的水平。由于同卵双生子有相同的基因，格赛尔得出结论：在儿童的生理成熟之前的早期训练对于最终的结果没有多大的作用，而一旦在生理上有了完成这种动作的准备，训练就能起到事半功倍的效果。

的智慧80%决定于基因,17%决定于训练,3%决定于偶然因素。"美国斯坦莱·霍尔也说:"一两的遗传胜过一吨的教育。"这些说法夸大了遗传素质的作用。

二、环境对人的发展起重要作用

环境指直接或间接影响个体形成和发展的全部外在因素,主要包括自然环境和社会环境。自然环境包括空气、阳光、水分、土壤、岩石、动植物等原生态存在物,较为稳定地为人的发展提供必要的物质能量和信息。社会环境是物质文化、精神文化和社会关系的总和,包括民族文化、生产方式、家庭教育、学校教育、社会实践等,又可分为被人改造过的自然、人们之间的交往活动和社会意识形态三个方面。"近朱者赤,近墨者黑""物以类聚,人以群分""孟母三迁"等说法和故事都说明人们早已认识到了环境对人发展的巨大作用。

(1)"人化的自然"对人的发展有潜移默化的作用。马克思所说的"人化的自然"即经过人改造的自然,如城市的绿化、建设的园林,经过开发利用的山林河流等,是被人加工改造过的,打上了人的印记,积淀着丰富的历史社会经验,体现着人类的智慧、勇敢、勤劳,从而以观念的形态成为影响人心理发展的内容和重要源泉。

(2)社会关系对人的发展有重要影响。人一生下来,就处在一定社会关系中,在人与人之间的交往中,他人的思想、言论、行动都对人的发展产生影响。在人与人结成的社会关系中,不同的关系、地位将对人的需要、兴趣、情感、道德品质、智力及体力的发展水平和方向产生影响。

(3)社会意识形态也对人的发展产生影响。人类历史借助语言文字,以科学、哲学、道德、艺术、宗教、风俗、文化等形式保存的社会意识,通过直接或间接方式影响着个体意识,成为心理发展的重要源泉。

在诸多社会环境影响中,家庭以"缩影"的方式包含着几乎所有的教育内容和教育功能,在人的发展中起着奠基作用:家庭不但教导给儿童基本的生活技能,而且以双亲的言行为榜样,以双亲的需求、情感情操为认同对象,通过同化,逐渐形成下一代行为的习惯方式和道德信念体系,帮助他们形成自己的个人性格特征、社会适应、生活目标、个人理想和志趣,理解并形成自己独特的社会角色过程。

正是由于社会环境无处不在,影响深远,因此有学者认为环境对人的发展具有决定作用,即环境决定论。美国行为主义心理学家华生是环境决定论的典型代表。他曾说:"给我一打健康的婴儿,一个由我自己支配的特殊的环境,让我在这个环境里养育他们,不论他们祖宗的才干、爱好、倾向、能力和种族如何,我保证能把其中任何一个训练成为任何一种人物——医生、律师、美术家、大商人,以至于乞丐或强盗。"但是,总体上看,社会环境是多种因素的复合体,它对人的影响是广泛的、潜移默化的,同时又是无目的、无系统、偶然零碎的,因而环境对人的影响带有一定的自发性和偶然性。然而,人与动物的根本不同点在于人有主观能动性,人在接受环境影响的同时,又凭借自己的经验和创造能力,积极地改造环境,利用环境。因此,环境决定论无疑是错误的。

三、教育在人的发展中起主导作用

严格地说,教育也是环境的一部分。但教育以其目的性能有效地克服环境中信息杂乱、影响时间短、影响力互相抵消等问题,因而在个体发展中起着主导作用,从而有效地促进个体社会化和个体个性化。教育促进个体社会化主要表现在加速了个体的社会化,促使个体学习社会主流的生活方式,将社会主流的价值观、道德习俗、行为规范内化为个体的行为习惯、行事准则;教会学生习得必要的生活技能、生产技能,终身学习的能力以适应未来社会发展、变化,使学生主动融入主流的社会生活中去。教育促进个体个性化主要表现在促进人的主体意识的形成和主体能力的发展;促进个体差异的充分发展,形成人的独特性;开发人的创造力,促进个体价值的实现。

在这一主导作用发挥中,学校教育表现得更为突出:

(1)学校教育具有明确的目的性和方向性,是专门培养人的活动,能根据一定社会政治经济产生对人才规格的需要,又考虑了知识的逻辑顺序和学生的年龄特点与接受能力,从而保证了人才培养的高质量与高效率。学校是一种特殊的、经过精心布置的教育环境,能够克服个体自然成长环境中的缺陷、家庭环境的局限性以及社会环境的复杂性,充分、高效地对学生进行智力上、道德上的训练。

(2)学校教育还具有较强的计划性,可以保证教学的良好秩序,把人的发展所需要的一切时间和空间全部纳入可控的程序之内,保证了教学得以顺利、有节奏地进行。学校的一切活动都是按照学生的身心发展规律,根据学生既有的基础及其未来发展的趋势、规律,有针对地选择学习内容,运用教育手段,制定学习要求,这种做法能够体现效率,保证质量。

(3)学校教育还具有高度的组织性。学校有比较完整的组织机构,又有经过教育和训练的教师。这些经过组织的专业化教师,懂得学生的身心发展规律,系统掌握了学科知识和教育专业知识,可以控制和利用各种环境因素对人的自发影响。根据儿童的遗传素质,有意识地发挥他的长处,弥补他的短处,能够高效、专业并且颇具针对性地促进学生的发展,在智力上引导学生的发展,在道德上引领学生德性的养成。

(4)学校教育代表和传播社会主流的文化和价值观念,能使学生形成与主流社会相一致的价值观念,并且有效地将外在的行为规范内化为学生思维方式和习惯化了的行为方式。

在强调教育对个体发展的主导作用时,也要注意学校教育可能对人的发展造成的消极影响:过度强调标准化的教学会束缚了人的想象力和创造力,扼杀学生的创新精神;过重的学业负担,会侵占学生的休息锻炼时间,损害学生的身心健康等。

此外,学校教育还要充分发挥个体的主观能动性和社会实践对人的发展起到的内部促进作用,积极引导学生参加社会实践活动,并根据社会实践活动的要求不断调整和改变自己,促进自己不断得到发展。环境和教育毕竟是外因,外因只有通过内因才能起作用。

主观能动性是在环境和教育影响下形成的,随着人的自我意识的提高和社会经验的丰富,人的主观能动性也随之逐渐增强,使人能有目的地去发展自身。人的主观能动性表现在对周围的事物所采取的态度,是赞成还是反对,是积极行动还是回避;表现在能自觉地、有选择地做出抉择,控制自己的行为;还表现在能为自身发展预定目标,并自觉地为实现目标而奋斗。可以说,个体发展是个体努力的结果,每个人都有发展的巨大潜力,在相同的环境和教育下之所以表现出不同的发展水平,往往和个体的努力程度有着极为密切的关系。就教育来说,教育是使学生掌握生产和生活经验的过程,这是一种转化的过程。这种转化不像镜子反映事物那样机械,学生总是按照自己已有的知识经验、个人的兴趣与需要,对外界影响进行选择,做出不同的反应。许多研究表明,一些遗传素质相似、所处的环境、教育条件等基本相同的学生,在个体发展上却有很大差异,其重要原因在于主观能动性的发挥程度不同。这反映了主观能动性作为内在动力在人的身心发展中的重要作用。

社会生活在本质上是实践的,人是社会实践的主体,社会实践是人发展的根本途径。人只有积极参加社会实践活动,并根据社会实践活动的要求不断调整和改变自己,才会不断得到发展。参加社会实践活动是人的能力和才能得以展现和发展的基本方式。参加社会实践有利于拓展人的思维空间,深化人的认识,磨炼人的意志,砥砺人的品格,把所学的知识应用于实践,既有利于提高人们分析、解决问题的能力,也有利于改造主客观世界。

第二节 人的发展规律对教育的制约作用

虽然,教育可以促进人的发展,但人作为一个客观存在,其发展变化总是由其自身的矛盾所推动着,教育这一外在的影响,只有在教育者掌握了人

第三章 教育与人的发展

的身心发展规律后,才能更好地发挥其功能。

一、教育要适应个体身心发展的顺序性和阶段性的规律

人的身心发展是一个有顺序的、持续不断的发展过程。人的身体发展遵循着从上向下,从中心向周边的发展顺序,即先头部后四肢,先中心后边缘,如躯体的发展是自上而下,即头部→颈部→躯干→下肢;大脑皮层是先枕叶,尔后是颞叶→顶叶→额叶;肌肉是先大肌肉群,后小肌肉群。心理机能的发展顺序是:由具体形象思维到抽象逻辑思维,由机械记忆到意义记忆,由无意注意到有意注意,由喜、怒、哀、乐、惧等一般情绪到理智感、道德感、美感等高级情感。神经系统的发展是先快后慢,初生婴儿脑重390克左右,为成人脑重的三分之一。六岁时,大脑重达1200克左右,达到成人脑重的90%,其后的发展便逐渐缓慢下来。人的身心发展的顺序性,决定了教育活动必须循序渐进地进行,必须遵循由具体到抽象、由浅入深、由简到繁、由低级到高级逐步进行,不能"陵节而施"。

人的身心发展也具有阶段性。人的身心发展阶段一般是根据生理年龄与心理特点划分的。通常把成年以前的人的身心发展过程划分为乳儿期(0至1岁)、婴儿期(1至3岁)、幼儿期(3至6岁)、儿童期(6岁至13岁)、少年期(12岁至16岁)和青年期(15岁至19岁)。在这个发展过程中,不同年龄阶段表现出一些不同的特征,如童年期学生思维有较大具体形象性,对抽象理论不易理解。少年期学生抽象思维已有很大发展,但常需要具体的感性经验支持等。这些构成了教育工作的基本依据。人的发展的阶段性决定了教育工作的针对性,对不同年龄阶段的儿童应采取不同的教育内容和方法。

教育工作要从人身心发展的实际出发,做到循序渐进地促进个体身心的发展,尤其在基础教育阶段,既不能把小学生当中学生看待,也不能把初中生和高中生混为一谈。还要看到各年龄阶段又是相互联系的,要注意做好各阶段间的衔接和"引渡"工作,这样才能达到预期目的。

二、教育要适应个体身心发展的不均衡性和差异性的规律

人的身心发展的不均衡性,是指人的发展具有非等速、非直线的特性。主要表现在两个方面:在生理发展方面,不同年龄阶段组织器官生长不均衡。例如,青少年身高、体重有两个增长高峰,第一个高峰在出生后的第一年,第二个高峰在青春发育期。在心理发展方面,儿童的发展存在关键期和最佳期,发展亦有不平衡的方面。例如,在学习方面,二至三岁是儿童学习口头语的关键年龄,四至五岁是开始学习书面语言的关键年龄;在心理发展方面,少年期的儿童处于半幼稚半成熟的状态,是独立性和依赖性、自觉性和幼稚性错综矛盾的时期,他们既不屈从权威,又缺乏正确的决断,既精力旺盛又缺乏自觉性,很容易因为某些因素影响导致重大心理变化,因而又被认为是分化期、危险期、迷惘期、关键期、可塑性最大的时期。年轻一代身心发展的不均衡性,决定了教育活动的进行要善于根据个体身心发展的最佳期给予科学地教育,具体在教育、教学工作中要抓好"关键期",解决发展中的关键问题,才能有效促进他们身心的健康发展。

人的身心发展具有个别差异性。由于人的遗传、社会生活条件和教育、主观能动性的不同,其发展的速度、水平也千差万别。从群体的角度看,第一,表现为男女性别的差异。这不仅是自然性上的差异,还包括由性别带来的生理机能和社会地位、角色、交往群体的区别。这些区别在一定程度上造成发展的方面与水平上的差别。第二,从个体的角度看,表现在不同儿童的同一方面发展的速度和水平各不相同,如两个同龄儿童,有的某一方面才能表现较早,有的则很晚;不同方面发展的相互关系存在差异,如,有的学生第二信号系统的发展占优势,数学能力强,但绘画能力差,另一些学生则相反;不同青少年儿童具有不同的个性心理倾向,如,同年龄的儿童具有不同的兴趣、爱好和性格等。年轻一代身心发展的个别差异性决定了教育活动要因材施教,有的放矢。

第三章　教育与人的发展

学校教育要善于创造条件,充分挖掘每个学生的潜力、调动其积极性,扬长避短,长善救失,做到因材施教,使具有各种差异的学生都能在原来的基础上最大限度地获得身心发展。

三、教育要适应个体身心发展的稳定性和可变性的规律

个体身心发展的稳定性,指处于一定的社会环境和教育中的某个年龄阶段的青少年儿童,在身心发展阶段、发展顺序和每一阶段的发展过程与速度大体是相同的。即使某些共同性的特点,在每个个体身上体现时,必然会有其独特的表现形式,但"年龄特征"是存在的。

个体身心发展的可变性,指在不同的社会和教育条件下,同一年龄阶段的儿童发展水平又是有差异的。如,在身心发展的速度、特征上,每个个体也各不相同。可变性既可能因社会制度而发生,也可能因不同的社会生活条件、不同的教育条件而发生。如,现在的青少年由于物质生活条件的改善等多方面的原因,身心发展水平也比过去提前,幼儿中单纯性肥胖与营养不良者日益增多,但由于学习负担过重,缺乏课外活动与休息时间,致使他们的身体素质明显不足。

青少年身心发展的稳定性为现代教育大规模培养人才的集体性教育提供了基础,教育工作者可以根据所掌握的每一发展阶段中比较稳定的共同的特征,采取相应的教育教学方法,确定相应的教育内容、教育活动和措施。同时,青少年身心发展的可变性构成了教育不断改革的内在根据,要求教育充分利用发展的可能性,走在发展的前面,不断探索新的教育教学方法,更新教育内容,改革旧的教育教学模式,创造良好的教育条件,以促进青少年的身心发展。

四、教育要适应个体身心发展的互补性规律

互补性反映个体身心发展各组成部分的相互关系。机体各部分存在着互补的可能,为人在自身某方面缺失的情况下依然能与环境协调,从而为继

续生存与发展提供了条件。事实上，不同机能之间的协调互补，人以整体的方式与环境相互作用在正常人身上同样存在。互补性一方面表现在机体某一方面的机能受损甚至缺失后，可通过其他方面的超常发展得到部分补偿，如，失明者通过听觉、触觉、嗅觉等方面的超常发展来补偿；另一方面，互补性也表现在心理机能和生理机能之间。人的精神力量、意志、情绪状态对整个机能起到调节作用，帮助人战胜疾病和残缺，使身心依然得到发展。我国人民熟悉的吴运铎、邱财康、张海迪等就是最出色、最典型的代表，他们的生命历程向我们展示了精神力量的强大作用。相反，如若一个人的心理承受能力极差，缺乏自我调节能力和坚强的意志，也可能在不甚严重的疾病的打击下彻底垮下来。

互补性的存在使教育者乃至每一个人树立起这样的信心：不管个体自身条件处在怎样的状态下，只要生命还存在，发展的可能也就存在，生命与发展的可能永远共存。

■ 拓展资料

"神童"何以成了精神病患者

美国曾经有过一个"神童"赛达斯。他6个月的时候可以识别26个英语字母，2岁读完了小学课程，12岁考入哈佛大学。但是，14岁时，他却进了精神病院。这一切其实都是赛达斯的父亲一手造成的。赛达斯的父亲是个心理学工作者，他一心要把儿子培养成一个"天才"。赛达斯刚一生下来，父亲就在摇篮周围挂满花花绿绿的英语字母卡片，并不停地读。赛达斯一会说话，父亲便立即用小学课本代替了各种玩具。赛达斯的童年没有游戏，没有同伴。就这样，他在12岁时考上了哈佛大学。但他的父亲还不罢休，继续给他施加压力，让他拼命学习。赛达斯终于承受不了过重压力，精神崩溃，进了精神病院。

第三章 教育与人的发展

> 这是一个人造"天才"的悲剧。儿童的成长有其自身的规律,教育必须适应这些规律才能促进儿童身心的健康发展。如果拔苗助长,陵节而施,其结果必然是损害儿童的身心健康。
>
> (资料来源 潘洪亮主编《情境·教育·启迪——教育学教学例话集锦》,大象出版社,1999,第16页.)

第三节 现代教育的学生观与人际关系

学生是教育活动的对象和主体,教育的最终效果集中体现在学生身上,学生在教育活动中的主动状态又直接影响到教育效果。但从教育实践看,学生的主动状态能否发挥出来又与教师的学生观和是否能建立良好的师生关系、生生关系有关。

一、正确的学生观是实施教育工作的基础

学生观,就是我们如何看待学生,这种观念集中反映了教师的教育思想和教育方法论。我国历史上曾有"性善论"和"性恶论"的争议,西方历史上也有类似的观点,都反映了过去人们对学生的基本看法。随着西方人文主义教育思想的出现和教育科学研究水平的提高,现代教育的学生观可以概括为以下几点。

1. 学生是能动活动的人

学生作为教育的对象,与其他职业劳动中加工的对象不同,他不是处于承受加工的被动地位,而是积极参与教育活动的能动主体。这种能动性与教师的教育方式一致时,就能成倍地增强教育教学效果,否则,就会削弱教育力量。所以,教师不可能无条件地改变学生的思想和行为。那些曾把教育和环境影响的力量强调到无所不能的教育心理学观点(如华生),已被教

育实践证明是不恰当的。教师无论采用什么内容和方法教育学生,必须切记:学生是教育活动的主体,是完成教育教学活动的主人。如果学生处于被动地位,无论教师多么尽心,教育教学活动根本不能达到实质效果。

2. 学生是有发展潜能的人

学生是发展中的人,尤其中学阶段是人一生中心理快速成熟和生理发育的旺盛时期,所以这一阶段的学生身心各方面潜藏着极大的发展可能性;同时,学生身心在发展中出现的多种特征还处在变化之中,具有极大的可塑性。学生身心发展的可能性和发展过程中的可塑性与学生先天的遗传素质和后天教育的交互影响有关。教育实践中,有些教育者从学生某一时段或情境的表现出发,过早地对学生未来发展做出预见或定论,也是不正确的。

3. 学生是有发展需要的人

遗传素质为人的发展提供了可能性,这种可能性要变成现实性还取决于学生发展的需要。教育的重要任务之一就是唤起学生的发展需要。根据马克思主义的观点,推动个体由自然人向社会人转变的动力是社会环境对个体的客观要求所引发的需要与个体的发展水平之间的矛盾运动。这一矛盾运动是个体与客体之间相互作用的反映。在人类社会实践活动中,社会环境首先向个体提出一系列要求,而个体为了与环境保持平衡,以满足发展的需要,必须努力完善和发展自己的素质。个体的发展反过来又影响到社会实践的水平,而更高一级的社会实践又向人提出更高的要求。学生的发展需要就是在与社会实践的相互作用中逐步发展起来的。但这并不是自然而然的过程,需要教师设计并采取能够满足学生自尊心理与成长需求的教育活动和方法去培养。

学生的发展需要是多方面的,包括生理的和心理的,认知的和情感的,道德的和审美的等。教育正是基于学生发展需要的多面性,才确定了全面、和谐发展的目标。

4. 学生是完整的人

在教育理论中,为了研究方便,我们把学生发展分成几个方面的指标;

在教育实践中,为了构建合理的教育内容和方法体系,我们也把学生的身心素质分成几个方面。但是,学生身心发展是一个统一体。这主要体现在:不同心理品质往往是同一心理过程在不同侧面的表现,不同心理过程之间又是相互影响、相互制约的。所以,教师应树立"完整人"的学生意识,从整体发展出发,合理设置课程和方法,合理分配精力和时间,达到整体发展的目的。

二、良好的师生关系是教育得以顺利实施的关键

教育是借助于一定活动进行的,作为教育活动构成主体的教师、学生、家长和社会其他方面之间,必然产生各种形式的交往活动,形成师与生之间的教育人际关系。这种人际关系实质上是在特定教育情境中师生之间相互影响的作用方式,它对学生的健康成长具有极其重要的教育价值。

1.师生关系的性质

师生关系是教师与学生在教育过程中为完成一定的教育任务,以"教"和"学"为中介而形成的一种特殊的社会关系,是学校中最基本的人际关系。在教育实践中,师生关系有多种表现形式:从其指向的目标看,有为完成教育任务而形成的工作关系,也有为一般交往需要而形成的人际关系,还有成年人与未成年人之间的代际关系;从发生形式看,有以组织结构形式表现的组织关系,也有以情感、认知等交往为表现形式的心理关系;从发生背景和环境看,有正式关系和非正式关系。所有这些关系处在不同层次上,发挥着不同作用,互相联系,互相渗透,共同组成了师生关系。师生关系的性质是多维度的,可以从多个角度去界定:

(1)师生关系是一种工作关系。师生关系首先是为完成一定的教育任务而产生的关系,具有工具性的目的。师生之间良好的工作关系表现为教育活动中教师的要求与学生的努力水平和方向协调一致,即让学生感到来自教师的教育影响,既不是专制的,又不是放纵的,而是严肃、认真、活泼、友好、合作的。这种关系直接影响到教育的效率,有助于教师和学生顺利完成

教育教学与学习任务。

（2）师生关系是一种人际关系。师生之间的工作关系必然涉及人际关系，如果没有良好的师生人际关系，就很难建立起良好的工作关系。因为在师生之间建立起良好的人际关系，有助于学生接受来自教师的信息，并赋予它一种特殊意义。良好的师生人际关系表现为：学生在心理上趋向于教师，模仿教师的思想行为和接受教师的暗示；教师与学生的交往在时间上频率增加，在空间上距离缩短。良好的师生人际关系不仅有助于学生形成某种行为准则，而且对学生的个性，诸如价值定向、性格特征等的形成和发展都能发挥较大的作用。

（3）师生关系是一种组织关系。教师和学生在教育过程中各自处于不同的地位，履行不同的职责。这种不同地位和职责从组织制度上决定了师生之间的关系也是一种组织关系。师生之间良好的组织关系表现为：学生能表现出独立自主的主体性和人格尊严；积极参与教育教学活动，在与教师的相互尊重、合作、信任中获得成就感和价值体验；在与教师交往中也获得了人际关系的积极体验。

2. 良好师生关系的建立过程

师生关系是学生在社会化过程中经历的一种非常重要的社会关系，从某种意义上说，教育的全部意义包含在师生关系中，教育过程可以看作是师生关系形成和建立的良性互动过程。这个过程包括三个相互联系的阶段：

（1）初建阶段。这一阶段是在组织关系的基础上相互了解的阶段。师生首先按照学校教学安排组成了组织或工作关系，尽管在这一关系中师生都不能自愿选择对方，但学生在心理有接近与疏远、喜欢与不喜欢的感受。所以，教师在这一阶段要给学生以良好的第一印象，淡化强制色彩，促进学生与自己自觉、广泛地交往，深化师生关系。

（2）深化阶段。教师在促进学生与自己自觉、广泛交往的基础上，除正式交往外，还有非正式交往，两者互相结合、互相补充，能起到加速与深化师生关系的作用。非正式交往是师生之间的私人交往，是师生在思想、情感和情趣一致的情况下自然形成的,不具有强制性。正常、健康、高尚的私人交往有利于师生之间思想和感情的沟通,能起到正式交往所起不到的独特作用。

(3)巩固发展阶段。良好的师生关系建立后也不是大功告成,一劳永逸的。随着外界条件和因素的变化,师生关系可能继续保持并向好的方向发展,也可能中断或走向反面。为此,要求教师做到:继续加强与学生的交往,不可随意疏远学生;恰如其分地评价每个学生的优缺点,切忌一开始为了赢得学生好感,给予较高评价,后来逐渐降低,甚至只看到学生的缺点;爱护关心学生,努力发现学生身上的优点,并及时给予表扬鼓励;不断提高自身素质,自我塑造新的形象,增强人格魅力,以感化学生;不断学习和创造新的技艺、新的知识、新的设想、新的成果、新的仪表等,以巩固和发展良好的师生关系。

三、良好的生生关系是实现教育目标的重要保证

生生关系是指班集体成员在共同的学习生活中结成的心理关系,是教育人际关系的一个基本方面,是完成教育任务、实现教育目标的重要保证。良好的生生关系有利于健康班级风气、面貌的形成和班级成员道德品质、学习成绩、精神状态、个性品质的发展。日本学者片冈德雄认为,一个充满协同、支持、创造精神和气氛的班集体能够满足学生个体六个方面的需要:(1)知识领会方面"懂"的满足。(2)技能技巧方面"会"的满足。(3)道德转化方面"变好"的满足。(4)情感方面获得"快乐"的满足。(5)获得他人赞许方面"得到承认"的满足。(6)在贡献和成果方面获得"有用"的满足。这些满足正是加强班级凝聚力的心理条件。

1. 生生关系的类型

从教育实践看,学生关系的类型是多种多样的,从不同的角度可分为不同类型。从交往形式看,可分为有组织的交往和自发交往两种:有组织的交往是指在教育教学组织活动中为完成某种任务而进行的交往,如教学讨论

小组中成员之间的交往、实验和作业小组中成员之间的人际接触等;自发交往是学生在自愿结合的群体中的交往关系,具有自愿性、平等性和情感化的特点。这两种交往关系是互相交错、互相渗透的,共同促进着学生的人际关系。从形成的原因看,可分为四种类型:(1)求知型。这是一些学习成绩好、知识面宽的学生所结成的关系,它有助于学生彼此相容、互相帮助、共同提高。(2)邻近型。这是由于在空间上接触较多,对各自的性格、爱好有所了解而自然结成的一种亲密关系。如同桌、住址接近而经常同路上学等。(3)知己型。这是一种志趣相投、性格相近的学生结成的关系,它具有浓厚的情感色彩,多存在于女同学之间。(4)情爱型。这是在一部分男女生之间结成的相互倾慕的关系。这种关系不一定就是早恋,从心理健康的角度看,也是性别心理健康的表现,但教师要注意引导学生正确处理学习与情爱之间的关系。

2. 生生关系的特点

(1)多方面的相似性。普通中小学一般是按照学生年龄和知识水平编班的,在同一年龄阶段与同一课程的学习中,学生有基本相似的需要、兴趣和认识能力,加之以集体活动为主的学习和生活,决定了他们之间的交往、学习方式与内容也有很大的相似性。同时,班集体活动的共同规范也决定了他们的道德认识、价值观念、道德判断和行为方式也比较接近。

当然,学生之间由于智力发展水平、家庭环境、社会经历不同,在需要、动机、兴趣、认知、价值、习惯等方面还存在着个别差异。教师在确定教育管理策略时不仅要立足于全班学生,也要注意照顾学生的个别差异。

(2)性别差异之间的吸引和排斥。在男女同学关系中,小学阶段的性别意识较低,男女同学一起游戏和学习,彼此亲密无间。初中阶段则产生了性别吸引,开始注意自己的容貌与行为方面的表现,内心有相互接触的愿望,但在外现情感上又表现出文饰性。这种矛盾心态,女生常表现出拘谨、娇羞;而男生则故意表现出对女生疏远、回避,甚至厌恶、攻击,结果是班集体内男女生形成各自的群体。到了高中,男女生性发育接近成熟,生活上又面临着升学与就业的选择,这种信仰与人生道路的抉择是男女生之间有交友的强烈需要,产生了萌芽状态的爱情,喜欢与异性一起开展活动。

(3)较大的可塑性。中小学生正处在成长期,他们在交往过程中择友的标准随着认识、情感和兴趣的不断发展变化而变化。这种变化导致了人际关系以非正式群体的形式不断重新组合。每个学生随着班级的重新编排和座位的调整以及思想情感的变化,不断地改组着自己的人际交往圈。

3. 影响生生关系的因素及调适

(1)正式群体和非正式群体的影响。来自学校行政组编的正式群体的影响基本在学校教育力量控制之下,这是学校教育和学生管理的基础。但对来自学生共同兴趣、利益、信仰等而自发形成的非正式群体的影响就难于有效控制。这种非正式群体往往被教育者所忽视,但对同学关系的形成有很大影响。在非正式群体中,虽然没有明文规定的规章制度、目标任务、组织结构和正式任命的"领袖",但其内部仍有他们的目标和不成文的行为规范以及自然涌现出来的"头头",并有较强的情感纽带和内聚力。对非正式群体若能正确引导,就能对正式群体的内聚力给予补充,满足成员在正式群体中不能得到的自尊需要、交往需要、互助需要、安全需要和情感上相互满足的需要。但若引不起教育者的重视,或引导方法不当,非正式群体的行动往往偏离集体目标,成为集体的对抗力,破坏机体的正常秩序和人际关系,降低集体的凝聚力。对学生中的非正式群体不能一概视之为"帮派""小集团"而加以否定,它对同学关系产生正面影响还是负面影响,取决于教育者对待它的态度和引导方法。

(2)竞争与协作关系的影响。竞争与协作永远是班级同学关系相辅相成的两个方面。竞争是个人或集体为了获得好成绩而与对方竞赛的过程;协作则是个人或集体在活动中相互合作,以期达到某种共同的目标。竞争能够激发学生的活动热情,调动和发挥学生的潜能。但竞争可能使成绩差的学生丧失信心,产生自卑感,甚至远离他人和集体;竞争也可能导致关系紧张,产生敌对的气氛,破坏良好的同学关系。

要强化竞争的积极作用并限制其消极作用,就要把竞争建立在协作、支持班集体的基础上。片冈德雄认为,集体性的竞争有三个特点:①集体成员充满自信,相互之间充满依赖和好感。②集体组织到处是宽容和助人为乐的气氛。③集体成员多能自觉地、创造性地达到既定目标。

(3)群体冲突的影响。按其作用,学生中的冲突分为建设性的和破坏性的两类。前者以共同目标为基础,以问题为中心展开讨论,陈述意见,寻求达到共同目的的最佳办法,或纠正错误意见,抵制做法,维护共同利益。这种冲突有利于形成民主、团结、创造的班级人际关系。后者以相互之间目标的对立冲突为标志,如个人恩怨、嫉妒、不正当竞争等。这种冲突带有很大的破坏性,使冲突双方产生敌意和偏见,减少交往与沟通,甚至产生人身攻击,给同学关系带来消极影响。消极冲突与积极冲突在一定情况下是可以互相转化的,教育者既要注意引导消极冲突向积极冲突转化,也要注意防止积极冲突向消极冲突转化。

练习与思考

一、选择题

1. 教育需要有的放矢、因材施教,这是因为学生身心发展具有(　　)特点。

    A. 顺序性　　B. 阶段性　　C. 不平衡性　　D. 个别差异性

2. 遗传素质是人身心发展的(　　)。

    A. 决定因素　　B. 物质前提　　C. 主导因素　　D. 无关因素

3. 在学生身心发展中起决定作用,规定着人的发展方向的是(　　)。

    A. 遗传因素　　B. 环境因素　　C. 教育因素　　D. 个体主观能动性

4. 儿童身心发展的进程时快时慢,而不是以相等的速度直线发展的,这表明了儿童身心发展过程具有(　　)。

    A. 不平衡性　　B. 阶段性　　C. 灵活性　　D. 差异性

5. 强调人的身心发展的力量源于人自身的需要,身心发展的顺序是由身心成熟机制决定的,这种理论是(　　)。

A. 成熟论　　B. 多因素论　C. 外铄论　　D. 内发论

6. 教育需要由浅入深,由简单到复杂。由具体到抽象,由低级到高级,这是因为学生的身心发展具有(　　)。

A. 顺序性　　B. 阶级性　　C. 不平衡性　D. 个别差异性

二、简答题

1. 简述影响个体发展的主要因素及其对个体发展的影响。

2. 尼克·胡哲天生没有四肢,从小很自卑和孤独,他的成长在老师和父母的指导下,有了很大的成就。问题:请结合材料分析影响人身心发展的主要因素及其作用。

3. 请辨析遗传决定论、环境决定论、教育决定论三种观点。

(选择题参考答案:1. D　2. B　3. D　4. B　5. D　6. A)

第四章 教育与社会的发展

■ 关键问题

1. 经济对教育的影响有哪些？教育如何反作用于经济发展？如何理解教育优先发展？
2. 政治对教育的影响有哪些？教育对政治的作用是什么？
3. 文化对教育的影响有哪些？教育如何反作用于文化？
4. 人口对教育的影响有哪些？教育如何反作用于人口？
5. 如何理解教育的相对独立性？

■ 思维导图

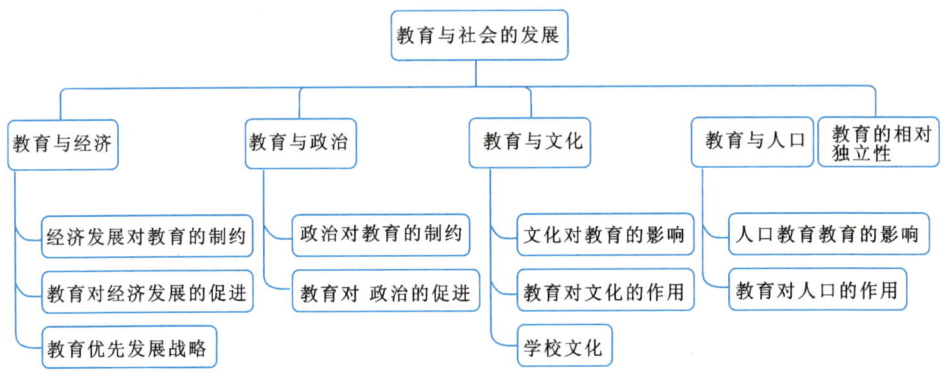

学校教育作为一种特有的社会现象和活动，不仅是满足个体发展需求的工具，更是维持社会生活，增进社会凝聚力，推进社会进步的主要力量。一般来讲，在整个社会系统中，对整个社会发展关系最为密切的部分有经济、政治、文化、人口等方面。教育与社会的这些方面都有着明显的相互作用。

第四章 教育与社会的发展

第一节 教育与经济

一、经济发展对教育的制约作用

经济发展是人类社会存在和发展的基础,也是教育这种社会活动存在和发展的基础。经济发展既为教育提供基础性条件,也对教育发展提出新的要求,最终成为推动教育发展的根本性动力。这里的经济概念,主要指物质资料的生产与再生产。

1. 经济发展水平决定着教育的物质基础和发展规模

发展教育需要投入大量的人力、物力和财力。经济发展水平决定着一个国家或社会能够拿出多大财力、多少人力来发展教育,也决定着有多少人能够接受教育,接受多长时间的教育,它是教育发展的决定性因素。在现代社会,经济发展把越来越多的人从直接为维持人类社会生存与发展而进行的物质生产劳动中解放出来,使劳动者的必要劳动时间缩短,闲暇时间增多,这就在客观上为教育发展提供了人力与时间条件。二战以来,世界发达国家义务教育年限的延长,在职教育、继续教育的飞速发展,社会逐步由"学历化社会"向"学习化社会"迈进,都是经济迅速发展的必然结果。

2. 经济发展水平制约着人才培养的规格和教育结构

首先,经济发展水平的提高,要求生产劳动的从事者必须具有相应的知识和技能,要求直接劳动者由消耗体力为主向消耗智力为主转变。因此,教育要不断适应社会物质生产发展的需要,就必须及时调整学校培养目标,培养能够及时适应社会生产生活要求的学生。其次,经济发展水平的变化必然引起教育结构的变化。新材料、新能源、海洋技术、空间技术和电子计算机技术以及自动控制技术等新专业的发展,和越来越细化的产业分工,在劳动层级和劳动者能力与专业特长方面,都提出了越来越细致的要求。同时,也对设立何种学校,设置何种专业,各级各类学校之间的比例如何,各学科专业之间的比例如何,提出了客观要求。在现代社会中,普及义务教育年限逐步延长,中等职业技术教育大力发展,高等教育和成人教育迅速开展,都是教育结构满足生产结构的变化需要的直接反映。

3. 经济发展水平制约着教育内容、教育手段和教育组织形式的改革

经济发展促进科学技术的发展与更新,也必然促进教学内容的发展与更新。在社会物质生产水平低下的古代社会,教育内容主要是传授直接的生活经验和生产经验,教育内容多是人文学科和治世之术。随着社会物质生活水平的逐步提高,科学技术的飞速发展,教学内容也发生了巨大变化,逐步为适应经济发展而反映生产和科学技术发展的当代水平。现代社会为满足经济和技术发展的要求,自然科学的内容大大增加,强调文理渗透,交叉学科和新兴学科不断纳入学校课程计划,学校开设的课程门类增多,初步形成了比较完整的学科门类体系。

4. 经济发展促进教学手段和组织形式的改革

一般而言,生产中的技术手段直接影响着教学手段和教学组织形式的改革,只有具备了现代化的生产技术手段,才会有现代化的教学手段。从口耳相传的教科书的使用,再到无线电、电影、电视、录音、电子计算机等现代教学手段的运用,都与经济和技术的发展水平密切联系。同样,教学组织形式从古代的个别教学,到班级教学组织形式的产生,再到广播、电视、网上学校等远距离教学形式的出现,都是以经济、技术的发展为前提条件。

总之,教育发展与经济发展是紧密联系的,没有经济发展,没有生产力的进步,就谈不上教育发展,没有经济和生产力的现代化,也就没有教育的现代化。

二、教育对经济发展的促进作用

当代经济的发展已经由依靠物质、资金的增长模式,转变为依靠人力和知识资本的增长模式,教育对经济发展所起的作用也愈加显著。教育对经济发展的促进作用主要表现在以下两个方面:

1. 教育是实现劳动力再生产的重要手段

当人尚未具备生产知识和劳动技能时,人还只是一种可能的劳动力,只

第四章 教育与社会的发展

有具有一定的生产知识和劳动技能的人,才是一个真正的劳动力。学校教育一方面通过将人类长期积累的科学知识和生产技术,经过认真地选择、提炼和加工,直接传授给受教育者,使他们能够很快掌握从事社会劳动所需要的一定的科学技术和生产经验,成为发达的和专门的劳动力;另一方面还通过劳动者素质的提升改变劳动力的形态,由潜在的劳动力转变成为现实的劳动力,由简单的劳动力转变成为复杂的劳动力,由不熟练的劳动力转变成为相对熟练的劳动力,由普通的劳动力转变成为专门的劳动力。

伴随着生产设备、技术、工艺的日益先进,生产的科学化和智力密集程度不断提升,对劳动者体力和劳动数量的要求逐渐降低,而对劳动者智力和劳动力质量的要求越来越高,高质量的人力资本已成为现代经济增长和发展的决定性要素。因此,教育肩负着推动经济发展和促进高质量的劳动力再生产的直接任务,已成为现代社会经济发展的最为重要的推动力。

2. 教育是科学技术再生产最有效的形式

科学技术的发展是一个不断传递、积累和发展的过程,是人类社会认识自然、改造自然历史过程的结晶。在当代社会,科学技术已经成为现代经济增长的决定因素,是"第一生产力"。要创造科学技术,人必须先通过教育掌握一定的科学知识和掌握较高的创造能力,才能在前人和他人研究的基础上进行创新,创造出新的科技知识。通过教育,人类历史上积累起来的基本科学理论、知识和技术得以世代相传,为新的科学发明和技术创新打下坚实的基础。

教育又是产生新的科学技术的重要基地。高等学校教育特别是研究型的高等学校,聚集了大批多学科的科学家与学者,有现代的科学技术研究手段,有源源不断的、朝气蓬勃的、具有创新精神和实践能力的年轻一代科技队伍,不仅可以传承科学技术知识,而且承担着科学与技术生产的重要职责,是科学技术发明创造的重要基地。事实上,大量科学技术的发明和创造,多是由著名大学完成的。

3. 舒尔茨的人力资本理论

美国经济学家舒尔茨的人力资本理论是对教育与经济之间关系的解释。舒尔茨认为,人力资本是体现在劳动者身上的一种资本类型,它以劳动者的数量和质量,即劳动者的知识程度、技术水平、工作能力以及健康状况来表示,是这些方面价值的总和。人力资本是通过投资而形成的,且一经投资就会产生长期的影响。他对1929—1957年美国教育投资与经济增长的关系作了定量研究,认为各级教育投资的平均收益率为17%;教育投资增长的收益占劳动收入增长的比重为70%;教育投资增长的收益占国民收入增长的比重为33%。人力资本的投资收益率远超于物力资本投资的收益率,且能在各个生产要素之间发挥相互替代和补充作用。

三、教育优先发展战略

根据马克思主义理论,社会物质生产活动是教育活动赖以进行的基础和得以发展的决定性因素,有什么样的经济发展水平,就有什么样的教育发展水平;然而,当代社会中,经济的发展却需要教育发展来推动。那么,经济与教育之间到底是一种什么样的关系,应该如何来处理经济发展与教育发展之间的关系呢?

一般来说,教育不能无视经济发展提供的条件而盲目发展,教育也不能脱离了经济发展的需要而加速或滞后发展,经济发展提供的物质条件决定着教育发展的水平、质量和发展需要;如果教育的发展与经济的发展不相适应,需要改造的是教育而不是经济。因为从两类活动的历史起点看,作为维持人类生存的最基本活动的生产活动在先,而作为传递生产活动的各种生活经验、使生产活动得以世代相传的专门意义的教育活动在后,在这个意义上,也可以说是经济活动决定教育活动。这是经济与教育相互关系的根本性质。

■ **拓展资料:教育盲目发展的后果**

20世纪50年代,在某些经济学家著作的启发下,人们蓦然发现教育是经济增长的一个重要因素。在那时的高涨的热情之中,人们看到继国际组织之后,第三世界各国纷纷订出雄心勃勃而慷慨大度的教育发展计划,比如非洲的亚的斯亚贝巴计划和东南亚的卡拉奇

第四章 教育与社会的发展

> 计划。教育预算在每一个国家都膨胀起来，不断地扩大其在国民收入中所占的份额。而今陶醉的时代已经过去。某些计划已经证明是实现不了的，教育的迅速发展并没有使人们的生活水平随之提高，倒是持有文凭的青年失业和就业不足猖獗。例如，在斯里兰卡，拿到中学文凭，学历至少10年的青年有92%无法就业；在肯尼亚，手持中等学校文凭的青年，拒绝农业工作，涌向城市，寻求他们认为比较"现代"的职业，但是经济并不能为他们创造足够的职位。
>
> （资料来源　金一鸣主编《教育原理》，安徽教育出版社，1995，第54页。）

据此而言，是不是教育永远都是被动地受经济的制约呢？把教育放到优先发展的战略地位，是党中央在发展社会主义市场经济中对这一问题的回答。

1992年党的十四大报告提出"科技进步，经济繁荣和社会发展，从根本上说取决于劳动者的素质，培养大批的人才，我们必须把教育摆在优先发展的战略地位"，第一次在党的代表大会上确立了教育优先发展的战略地位。此后，教育优先发展写入了每次党的代表大会报告，也成为我们党在马克思主义中国化过程中的重要经验。党的十九大报告中指出"建设教育强国是中华民族伟大复兴的基础工程，必须把教育事业放在优先位置，深化教育改革，加快教育现代化，办好人民满意的教育"；党的二十大报告把"实施科教兴国战略，强化现代化建设人才支撑"作为第五部分，以独立章节系统阐述科教兴国战略，强调要坚持教育优先发展，进一步突出了教育对于全面建设社会主义现代化国家的基础性、战略性支撑作用，体现了习近平总书记教育是国之大计、党之大计的根本战略思想。当前，教育是提高人民综合素质、促进人的全面发展的重要途径，是民族振兴、社会进步的重要基石，是对中华民族伟大复兴具有决定性意义的事业；教育决定着人类的今天，也决定着人类的未来;教育传承过去、造就现在、开创未来,是推动人类文明进步的重要力量,已经成为全党、全国的高度共识。

1. 教育优先发展战略的内涵

所谓教育优先发展,是指在一定社会物质生产发展条件之下,为了经济发展,在教育事业的发展过程中,教育投资的增长速度应超过经济增长的速度,同时在教育活动的进行过程中,教育要为未来的经济发展需要培养人才,兼顾经济建设近期与远期需要。具体来说,教育优先发展体现在"三个优先",即经济社会发展规划优先安排教育发展,财政资金优先保障教育投入,公共资源优先满足教育和人力资源开发需要。

2. 教育优先发展战略的意义

(1)教育先行是社会发展的需要。随着当今世界科学技术的发展,社会物质生产劳动对科学知识和人类智力、能力的需求越来越高,且有加快的趋势。这就要求人们重新认识教育的作用,看到教育在发展现代生产中不可或缺的作用。同时,人们也深刻认识到,当今世界各国之间的竞争主要是经济的竞争,而经济竞争的实质是智力和人才的竞争,归根结底是教育的竞争。因此,目前世界发达国家为促进社会发展,均把教育放在优先发展的地位,要求立足于未来社会的产业结构、技术结构及所有制结构等精确预测,从未来社会发展需要进行规划和实施教育,确定教育发展的结构和层次。

(2)教育先行是自身发展的需要。从教育自身发展特点看,教育具有未来性、周期性长的特点,教育不是为现在而是为未来培养人才。因而教育必须面向未来,必须从未来社会发展需要出发规划教育,为社会超前培养人才。联合国教科文组织1972年出版的《学会生存》一书指出:"现在,教育在全世界的发展正倾向于先于经济的发展,这在人类历史上大概还是第一次。"[①]党的二十大报告明确宣示了党对要以创新驱动高质量发展,必须靠科

[①] 联合国教科文组织.学会生存:教育世界的今天和明天[M].上海:上海译文出版社,1982:38.

技进步,而科技进步必须靠人才,人才必须依靠高质量的教育的根本规律,以及它们与高质量发展之间相互作用的规律的深刻认识和科学把握,体现了党建立大教育、大科技、大人才观,强化教育、科技、人才一体化发展理念,为经济社会高质量发展提供新动能和发展新优势的理念突破。

3. 教育优先发展与经济发展的关系

但教育先于经济发展的倾向不能说明教育脱离了经济的决定作用而独立发展,这是因为一方面教育先行依然反映经济发展的需要,另一方面各国政府在决定教育经费在国民预算中的比例时,依然受到本国经济实力和经济发展水平的限制。由此可见,教育先行也是由经济发展水平决定的。所以,"教育先行"并不表明经济与教育之间决定与被决定关系的根本性质发生了改变,只是反映了当代经济发展水平对教育提出了更高的需求,需要教育更快地适应经济发展;反映了教育在经济发展过程中也可以发挥自身的积极性和主动性。同时,在判断经济发展和教育发展之间决定与被决定的关系时,不能简单根据教育经费增长的比例是否超过经济增长的比例来判断,因为教育经费的增长除了由经济发展水平和需要决定之外,还受人口、政治、文化诸因素的影响。教育经费的增加或减少并不意味着教育水平的提高与发展,更不能据此推断是教育决定经济抑或是经济决定教育。

第二节 教育与政治

政治作为社会的上层建筑,无疑与所有的社会领域都有着千丝万缕的联系,并对各个领域提出自己的要求。教育领域自然不可例外。

一、政治对教育的制约作用

在阶级社会中,统治阶级必然要通过政治组织机构、政府的方针政策、法律形式和思想意识影响来控制教育,进而决定或制约教育的方方面面。

1. 政治决定教育的领导权

首先，统治阶级可以通过其立法权，颁布相应的教育法律、政策和规章等，规定相应的教育目的、教育制度，从而控制教育运行的方向。其次，统治阶级可以利用其拥有的组织人事权和录用政策控制教育人员的教育行为，贯彻教育方针和要求。再次，统治阶级可以通过经济手段来控制教育方向，通过教育经费筹措、教育经费效用评价等，使之遵循国家的教育目的、教育制度等方面的要求。最后，统治阶级还可以利用思想、宣传等方面的优势，通过营造社会舆论、指导社会思潮等来影响教育目的、教育制度和教育内容，从而影响教育的发展和改革方向。

2. 政治制度决定着受教育的权利

自学校教育产生以来，谁能够接受教育，接受何种教育，接受多长时间教育，在很大程度上是由政治决定的。这是统治阶级保持或取得经济、文化和思想优势的前提条件，也是构成政治影响力，最终取得或巩固政权的重要条件。

3. 政治决定着部分教育内容

教育内容包括生产的知识和社会生活的知识。社会生活的知识主要包括道德、宗教、伦理等，体现着人在社会生活中行为所必须遵循的行为规范要求。这一部分受政治的影响很大。如，在奴隶制和封建制社会中，统治阶级在教学中宣扬"君权神授""上帝恩赐"的观点，为统治阶级的统治辩护。在中国还宣扬"君君、臣臣、父父、子子"的等级观念，从而维护奴隶制和封建制社会的政治秩序。

二、教育对政治的促进作用

自进入阶级社会以后，教育始终承担着为统治阶级培养人才和维护统治的重要职能，这也是教育政治功能实现的主要途径。

第四章 教育与社会的发展

1. 通过教育传播一定社会的政治意识形态，完成年轻一代的政治社会化

社会全体成员的政治社会化关系到一定社会政治秩序的稳固。通过教育，可以传播一定社会的政治意识形态或直接进行一定社会政治内容的灌输，以间接的、隐性的方式影响年轻一代的政治倾向，来促进年轻一代政治社会化。

2. 通过教育传播政治思想、形成政治舆论和思潮来服务于一定社会的政治

社会统治阶层希望通过教育来造就公民，使受教育者具备国家、政府所要求的政治理念和政治素养，并且通过培养相关的人才并使其进入到社会管理组织之中，履行管理国家各项事务的职责。对年轻一代实施政治社会化，其中包括了通过教育提高他们的政治文化素质，使人们都能愈来愈充分地享有和正确行使民主权利，广泛地参与社会政治生活，为政治服务，是实现这一目的的重要途径。学校是青少年和知识分子比较集中的地方，一方面可以作为宣传某种政治舆论的阵地，为政治活动做一定的思想准备；另一方面因为青少年学生可塑性大，较容易接受某些观点，通过教育也可以维持社会的政治稳定。

3. 教育可以推动政治的发展，促进政治民主化

当代社会，政治民主化是现代社会政治发展的必然趋势，民主政治必然要求民主教育与之相配合。一个国家教育普及的程度越高，人们的知识越丰富，就越能增强公民的意识，充分认识民主的价值，在政治生活和社会生活中自觉行使民主的权利，从而推动政治民主化的进程。民主观念、民主意识、民主行为的养成都有赖于学校教育活动的开展。首先，通过教育的普及化，提升人们的民主素养和政治素养以及参与政治的能力，传播科学真理，启迪人们的思想意识，进而催生公民的民主意识，为构建民主的社会奠定思想基础；其次，通过在学校及其课堂的民主化教学活动的实施等民主教育实践，推进教育权力和教育机会的均等，使得民主与科学的观念深入学生灵魂,培养年轻一代参与政治的热情和能力,为未来推动社会政治变革的民主化进程做好准备。

　　鉴于以上作用,在新民主主义革命时期、社会主义革命和建设时期、改革开放和社会主义现代化建设新时期、中国特色社会主义新时代,中国共产党始终聚焦培养什么人、怎样培养人、为谁培养人这一教育的根本问题,在领导人民打江山、守江山的历史进程中,坚持人民至上、一切为人民造福的理念,坚持为人民办教育、办好人民满意的教育的主旨,根据不同历史时期的工作重心,确定教育事业的大政方针。党的十八大以来,以习近平同志为核心的党中央,立足新时代中国特色社会主义现代化建设事业全局,高瞻远瞩地明确教育是国之大计、党之大计的历史方位,坚持把服务中华民族伟大复兴作为教育的重要使命,把立德树人作为教育的根本任务,把培养社会主义建设者和接班人作为根本任务,培养一代又一代拥护中国共产党领导和我国社会主义制度、立志为中国特色社会主义奋斗终身的有用人才,深化了马克思主义中国化时代化的教育理论创新,集中反映了党对中国特色社会主义建设规律、教育发展规律、人才培养规律、学生身心发展规律的认识。党的二十大报告指出:"教育是国之大计、党之大计。培养什么人、怎样培养人、为谁培养人是教育的根本问题。育人的根本在于立德。全面贯彻党的教育方针,落实立德树人根本任务,培养德智体美劳全面发展的社会主义建设者和接班人",充分彰显了党的教育方针的一脉相承和与时俱进,成为指引人民教育事业在新时代、新征程上勇毅前行的光辉灯塔。①

第三节　教育与文化

　　教育与文化是互相包含、互相作用、互为目的与手段的交融关系,文化

---

① 张力.培养什么人、怎样培养人、为谁培养人是教育的根本问题[N].中国教育报,2022-12-22.

第四章 教育与社会的发展

中的部分内容构成教育内容,每一种文化活动都具有一定的教育影响,而教育活动又是传播文化的重要手段之一,是文化活动的构成。随着历史的发展以及文化在各个领域内作用的加强,教育与文化的关系将会更加紧密。

文化可以分为广义文化和狭义文化两种。广义文化是指人类有史以来所创造的物质财富和精神财富的总和。狭义文化仅指精神的或观念性文化,主要包括知识、信仰、艺术、道德、法律、风俗和其他一切能力和习惯。狭义文化与教育有着更为直接的关系,它直接影响人的精神风貌和精神创造能力,影响人类精神文明的发展。一般认为,狭义文化主要有物质文化、制度文化、观念文化、活动文化和心理、行为文化等五种表现形态。

一、文化对教育的影响

文化是社会的重要组成部分。一个民族的文化传统、人的文化及素质、文化结构要素以及人们的文化心理状态,构成了一个社会中人的行为模式的基因。文化以其自身的延续性、普遍性等特点,持续而强烈地影响着整个社会,也成为教育发展的重要影响因素。

1. 文化影响着教育价值取向和教育目的的确立

教育总是在一定的社会文化背景下进行的。文化通过赋予人们特定的思维方式、价值观念、风俗习惯和心理素质等,使人们对社会中教育的与非教育的、意识层面的与非意识层面的社会现象进行思考、评判与选择,形成自己特定的心理倾向,建构起自己的教育价值观与教育目的的选择,并随着个体社会文化水平的提高不断深化。

2. 文化发展促进教学内容和结构的变化

社会文化发展促进教学内容的变革表现在:第一,社会文化要求要有对应的课程内容。时代的变迁、理念的变化、生活方式和价值观念的不断发展,都要求学校对学生的教育必须从内容上做出相应的调整,促使着诸如信息技术、性教育课程、休闲教育课程的兴起,同时也要求删去或压缩课程中落后陈旧的内容。第二,社会文化影响着课程结构的变化,从每门课程结构的编排到修读方式,也都会发生变化。

3. 文化还影响着教学方法的使用

文化影响着人们对知识及其来源的认识,也影响着人们对人与人之间关系的认识,从而影响着人们对教育教学方法的选择与使用。在西方,由于突出个人本位,倡导张扬个性,因此在教育教学上强调学生自主学习、研究和探索;东方文化强调社会本位,因而在教育教学上更强调纪律、强调教师的权威地位和讲授。

4. 文化发展促使学校教育与社会联系更加紧密

第一,随着文化需求的多样化和多元化,学校教育体系和办学形式将会多种多样,教育的层次将日益上升,教育的内容将大大拓展。多种多样的教育体系和办学形式,拓宽了教育与不同层次、不同类型、不同行业人员的联系。第二,随着科学技术的发展,知识传播的渠道日益多样化,特别是在现代社会,在校学生在校外接受的各种信息,总量上甚至远远超过学校教育中的信息量,学校教育在文化传递与传播中的作用有所降低,而社会教育的影响正在增加。第三,随着文化的发展,学校教育的文化活动的作用越来越重要。各种课外活动和校外活动,如,文化科技活动、电视、电影、小说、杂志、社会交往、旅游等产生的影响往往更鲜明、生动,更具情绪影响力,学校教育活动对此不可低估。第四,民族文化传统具有广泛性和渗透性。每个民族都有自己特定的文化传统、民族特性、风俗习惯、生活方式,都潜移默化、耳濡目染地影响着人身心各方面的发展。可以说,社会文化越发展,学校越呈开放趋势,越要加强同社会的联系。

基于以上影响,学校中必须既充分利用社会文化中的有利因素,又努力控制和削弱社会文化中的消极因素,联合家庭、社会,积极形成"教育合力",才能使学校教育取得较好的效果。

第四章 教育与社会的发展

二、教育对文化发展的作用

教育对文化发展的作用主要表现为对文化的保存、传递、交流、融合、创造、更新等方面。

1. 教育是社会文化得以保存和传递的重要手段

人类文化是后天习得的,不可能通过遗传的方式获得,而只能通过传递的方式发展下去。教育既是文化得以保存的工具,也是文化传递的工具。教育通过传递文化,使得新生一代能够经济而高效地占有社会文化,通过上一代将社会文化传递给下一代,社会文化得以保存、积累和发展。教育对社会文化的保存和传递过程,也是对社会文化的选择、整理过程。

2. 教育可以实现文化的选择和整理

教育对文化的选择功能表现为对文化的选择或抵制、排斥。教育在实现文化传递和保存功能的过程中,会在一定价值观念和社会发展需要、教育需要的影响下,自觉地对所要传递的文化进行选择和整合,对符合其观念和需要的文化逐渐得以强化、完善和兴盛,而对不符合的方面予以否定和摒弃。在选择的过程中,选择者并不仅仅是对文化简单地传播和复制,而是对不同的文化进行不断地分析、选择和重构,最终实现文化的整理。

3. 教育能够促进文化的交流和传播

文化的传播指文化从一个区域向另一区域的扩散,是文化在空间上的流动。通过教育,可以打破人类活动的时空限制,通过知识传授,将一个区域群体、个人的文化传播到相邻区域,从而打破文化的封闭性、地域性,促使着不同文化走向开放和相互交流。

4. 教育加快文化的融合和创新

文化的交流过程往往是多民族之间文化的相互传输过程,具有双向性和多向性。由于不同人群的社会发展水平不同,社会文化也会存在较大的差异。因此,当两种不同的文化交流碰撞之时,出于社会发展的需要,人们会自觉从对方文化中选择符合自己需要的内容,并融入自身文化之中,这一过程即是文化的融合。在这一融合过程中,不同的文化又启发人们的新思想、新观念,创新文化内容和形式,孕育着新的思维方式和价值观念,并通过教育过程中的科学研究进行文化创造,推动着文化的变革和创新。教育一方面可以为社会文化的不断更新发展,提供大量的、具有创造活动力的人才,推动新的社会文化的创造,另一方面也可以通过自身科学研究的职能在继承和发扬本民族文化的优秀遗产,保持本土文化独特性的同时,又从世界文化中吸取营养,糅合其他文化中的合理内容,传递人类文化的共同要素,实现本民族文化的革新与发展。

需要注意的是,教育与文化属于两个不同的范畴,二者既有联系,也有区别,呈现出各自的相对独立性。第一,文化内容和教育内容存在范围与形式上的区别。一方面,并非所有的文化内容都能成为教育内容;另一方面,即使有一部分文化内容可以构成教育内容,也还必须根据教育目的的要求和受教育者身心发展特点以及教育规律进行教育学加工,完成文化内容向教育内容的转换。第二,文化活动和教育活动存在着活动对象与活动功能的差别。教育活动是以人为直接对象的社会活动,它的功能是为社会和个人的各方面发展服务。而文化活动的主要对象是人的精神活动产品,是以创造、生产、传递和享用这些产品为主要目的的,其主要功能是丰富社会和人的精神生活。

三、学校文化

学校文化指学校全体成员或大部分成员习得并且共同具有的思想观念和行为方式。首先,学校文化是学校全体成员或大部分成员共同遵守的观念和行为;其次,学校文化对学校和学生发展既有积极作用,也可能会阻碍教育目的的达成,这是由学校文化中蕴含的多样性所决定的;再次,学校文化的核心是学校内各个群体所习得并具有的思想观念和行为方式,其中最具决定性的是思想观念,特别是价值观念。学校文化根据不同的标准,可以有不同的认识。

第四章 教育与社会的发展

根据其与社会要求的吻合程度,可分为制度文化与非制度文化。学校的制度文化指社会期待学校(包括其各类成员)具有的文化观念,包括信念、价值观、态度和行为方式等,体现着社会对学校在文化方面的正式要求,并通常以国家正式文件的形式被明确规定。学校的非制度文化指学校文化中的那些在社会期待之外的文化,包括虽无社会统治阶级的期待依据,但也并不与这些期待相冲突的文化,以及与社会统治阶级的期待相悖的文化,即"反制度文化"。

按照学校文化自身的群体归属,可区分为教师文化与学生文化。教师文化是代表着社会要求的"规范文化",相对于学生的"权威文化"和具有思维合乎逻辑、信仰基于科学、价值依据普遍、态度合情合理、行为方式相对稳定的"精制编码文化"。学生文化则是以满足个体需求为目标的"需求文化"、相对于教师的"受抑文化"和从"局限编码"向"精致编码"过渡的文化。学生文化的形成原因包括学生个人的身心特征、同伴群体的影响、师生的交互作用、家庭的社会经济地位、社区的影响等方面,相对于整个学校文化,其具有过渡性、非正式性、多样性、互补性、生成性等特点。

学校文化一般包括学校物质文化、组织和制度文化和精神或观念文化三个层次。物质文化是学校文化的有形部分,一方面是校园的空间物态形式,是学校文化存在和发展的物质基础;另一方面也是学校精神文化的物质载体,体现着一定的价值目标、审美意向等,包括校园的总体结构、布局、绿化美化、教育教学场地和环境卫生以及教学仪器、图书设备、后勤保障等方面。学校的组织和制度文化是学校教育实践活动和教育关系的规范总和,包括保障学校正常运行的各级各类组织及其规章制度、角色规范等。学校的精神或观念文化是学校文化的核心,包括学校群体及不同个体对学校教育目的、过程、规律、情感、独有的价值取向及理想追求等。

党的二十大报告提出要"增强文化自信,围绕举旗帜、聚民心、育新人、兴文化、展形象建设社会主义文化强国,发展面向现代化、面向世界、面向未来的,民族的科学的大众的社会主义文化,激发全民族文化创新创造活力,增强实现中华民族伟大复兴的精神力量……以社会主义核心价值观为引领,发展社会主义先进文化,弘扬革命文化,传承中华优秀传统文化,满足人民日益增长的精神文化需求,巩固全党全国各族人民团结奋斗的共同思想基础,不断提升国家文化软实力和中华文化影响力。"要实现这一要求,就必须充分发挥教育对文化的作用,不断增进文化自信、文化自强,实现全民族文化创新创造活力,增强中华文明传播力影响力,提高国际传播影响力、中华文化感召力、中国形象亲和力、中国话语说服力、国际舆论引导力。进一步深化文明交流互鉴,推动中华文化更好走向世界。

第四节 教育与人口

人口是指生活在一定社会的一定地区中具有一定数量、质量和结构的人的总体。

一、人口对教育的影响

1. 人口对教育发展战略目标及其战略重点有影响

教育发展战略目标是教育在一个较长时期内关于全局发展的奋斗目标,也是预期要达到的未来发展的总要求和总水平。教育发展战略目标和战略重点总是基于一定的人口总量而言的。缺乏对人口发展的准确预测,教育战略目标与重点要么不能满足整个社会的发展需要,要么因脱离了人口的发展现实而变成不可实现的规划。

2. 人口的数量和结构影响着教育的规模和结构

具有一定的人口数量是教育发展的基础,没有足够的人口,社会生产总量过小,既缺乏有教育需要的人群,也缺乏对教育的足够投入,都会导致教育规模不足。同时,人口的年龄构成会使整个教育结构中初、中、高三级教育的比例出现波浪式态势,从而使教育的硬件、师资等投入出现阶段性的过剩或不足,而人口的横向结构则会对普通教育和职业教育的比例产生影响。

3. 人口地区结构和迁移过程也对教育布局产生影响

如我国从 2001 年开始的"撤点并校",原因之一就是大量农村学生进入城镇或城市学校而导致农村学校入学人数太少。

二、教育对人口的作用

1. 教育是影响生育质量的重要因素

在现代社会发展中,受教育程度的提高加深了人们对优生优育的认识,更加重视对子女的培养质量;也使人们更重视自身价值的实现和生活的美满。我国通过加大教育财政投入、完善儿童照料和养育方式,开展中小学课后服务、假期照管服务和婚恋观教育改变学生对婚姻、家庭、育儿等方面的观念和态度等措施,改变社会思维模式,提高生育质量。

2. 教育是提高现有人口质量的重要手段

通过教育,使人们对身心健康的认识水平提高,在预防疾病、强化锻炼以及卫生保健等方面的意识得以强化,可以促进人口总体的身心健康水平;也可以使人们接受更多的科学知识,深刻理解人与自然、社会之间的关系,使人们形成信仰科学、抵制迷信的认知取向,提高人们在社会交往中的思想觉悟、道德修养,促进整体人口素质的提升和社会创新能力的大幅提高;还可以开发老年人口人力资源潜力,使人口整体质量进一步提升。这也是当前我国教育促进人口高质量发展的核心所在。

3. 教育是使人口的社会结构趋于合理化的重要手段

人口的社会结构主要指人口的文化、职业、地域、民族等方面的构成。通过教育,可以改变人口的文化结构与职业结构,使劳动者在不同的劳动部门或工作类别合理分布,以适应社会分工及社会职业结构的需求;通过教育,还可以促进劳动者的迁移和流动,实现地域甚至国际分布的动态调整。

当然,教育对政治、经济、文化、人口等社会现象的作用只是预想中的,是居于人们的头脑中的一种设想,而非是现实的教育功能。这种教育功能只有通过教育行动的发生才有可能转变为现实的功能。而教育行动特指能够产生一定结果、发挥一定作用和影响的教育行动和实践。它所包含的内容十分丰富,从教育制度的确立到内容的选择,从教学目标的确定再到教育手段的选择,实质上都包含着教育实践的展开和教育行动的发生。

在教育功能实现的过程中,伴之以教育的结构、内容的调整,又有社会各种因素的影响与干扰。教育功能的实现最终会达至两个维度,一是教育对社会各个领域作用的实现,二是教育育人、成人功能的实现。教育游走于社会一端或个人一端就形成了不同的教育主张和不同教育结果。"社会人""自然人""自由的人""受宰制的人"就成为不同历史时期教育所对应的十分具体的形象。

第五节 教育的相对独立性

教育的相对独立性是指教育具有自身独特的发展规律和发展特点,对政治经济制度和生产力具有能动作用。

1. 教育的相对独立性

(1)教育是一种转化活动的过程。教育是培养人的一种社会活动,它要解决的问题是把人类积累的对自然界的认知和改造自然的经验,以及社会生活经验转化为受教育者个体的精神财富,形成受教育者的个性,这是教育所独有的特点。

(2)教育具有历史继承性。不同历史时期的教育自身前后相继,后一时期的教育是对前一时期教育的继承与发展。包括教育内容的传承、教育方式的继承、教育理论的继承和教育管理的继承等。

(3)教育具有与政治经济制度和生产力发展的不平衡性。教育与政治经济制度和生产力的发展并非完全同步。一种情况是教育的滞后性,由于人们的思想意识往往落后于存在,教育的思想和内容也往往落后于政治经济制度和生产力的发展;另一种情况是教育的前瞻性,由于认识了社会发展的规律,根据社会发展的趋势,预见到教育发展的方向,在旧的政治经济制度下,也可能出现新的教育思想;第三种情况是教育与政治经济制度和生产力的发展能保持同步发展,这是一种教育的理想状态。

2. 教育的相对独立性并非绝对独立性

(1)教育归根到底是受生产力的发展和政治制度决定的。

(2)每一时代的教育从以往教育中继承什么,也与当时的生产力发展和政治制度分不开。

(3)在新政治制度下,与旧政治制度相适应的教育思想和内容,决不会长期存在下去,迟早要改变。

(4)新的教育思想只能在新的政治制度下才能真正得到普遍地实施和发展。

一、选择题

1. 决定教育事业领导权的是(　　)。

A. 经济发展水平　　B. 政治制度　　C. 文化　　D. 科技

2. 教育发展水平的最终决定性因素是(　　)。

A. 政治制度　　B. 经济基础　　C. 生产力　　D. 生产关系

3. 一个社会的教育发展进程与其政治经济发展进程之间的关系是(　　)。

A. 教育超前于政治经济发展

B. 教育阻碍政治经济发展

C. 教育常常与社会政治经济发展不平衡

D. 政治经济制度决定教育发展状况

4. 以下观点正确的是(　　)。

A. 教育制度直接反映统治者的意志,因此教育制度完全取决于政治

B.社会物质生产发展的连续性决定了教育制度有连续性和历史继承性

C.生产力发展水平不对教育制度的建立产生影响

D.各国教育制度之间有政治、经济、文化区别,不可能有相互借鉴之处

5.以下可以说明"科学无国界,科学家有国籍"这句话内涵的表述是( )。

A.科学家因为有国籍限制,所以不能与国外同行合作研究

B.科学的传播会受到政治的影响

C.科学家可以与国外同行就任何科学问题进行交流讨论

D.科学家的任务是追寻真理、探讨科学,所以不应受国籍限制

6.以下不属于经济发展水平对教育的制约内容的是( )。

A.学校规模　　B.教育手段　　C.受教育权利　　D.教学组织形式

二、简答题

1.简述教育的政治功能。

2.简述教育的文化功能。

3.习近平总书记多次强调"为谁培养人,培养什么样的人和怎么培养人,是教育的基本问题。"请根据所学,谈谈你对这句话的理解。

4.请结合所学,谈谈你对我国教育优先发展战略意义的认识。

(选择题参考答案:1.B　2.C　3.C　4.B　5.B　6.C)

第五章　教育功能、价值与教育目的

■ 关键问题

1. 什么是教育功能？教育功能具有哪些特点？
2. 教育功能包括哪些类型？
3. 什么是教育目的？教育目的可划分为哪些层次？
4. 影响教育目的选择的因素有哪些？
5. 如何理解马克思主义的人的全面发展学说？
6. 教育目的与教育方针的区别是什么？
7. 我国教育方针的变迁历程是什么？

■ 思维导图

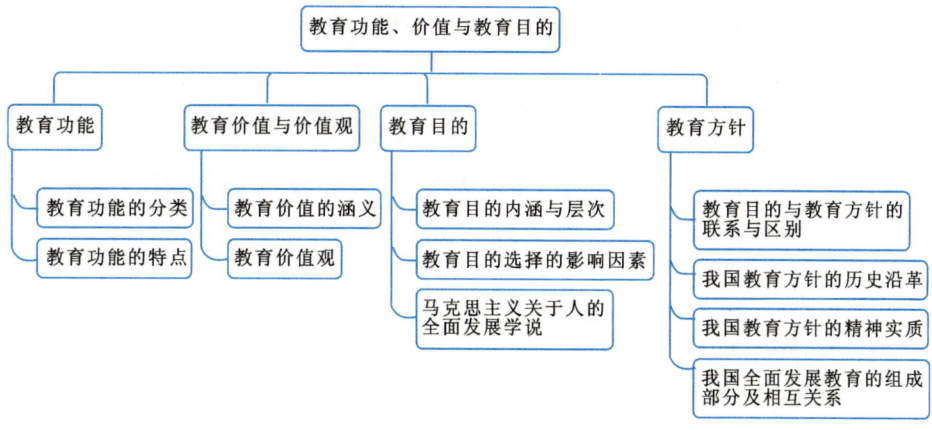

教育作为一种客观社会现象，与整个社会系统存在着复杂的联系，并对

人的发展及其他社会现象产生作用。这种作用,即是教育的功能。教育功能就是教育对人的发展和社会发展所起到的影响和作用,尤指对人和社会的发展所起到的积极促进作用。在这一过程中,受教育者在教育者的指导下,通过学校社会的仿真生活、教育实践等与自然、社会、学校环境等相互作用,增进知识、能力,习得社会规范和形成良好品德,实现个体社会化和社会个性化,不但实现自我建构过程和自为过程,而且最终对整个社会的政治、经济、文化等各方面发挥影响和作用,从而体现出教育的不同功能。当人们认识到这些功能并有意识地利用这些功能满足自身发展和社会发展的需要时,就产生了教育价值和相应的教育目的、教育方针。

第一节　教育功能概述

一、教育功能的分类

教育功能的类型,根据其着眼点不同,有着不同的划分标准。

1. 个体发展功能和社会发展功能

这种分类是根据教育功能作用的对象划分的。

教育的个体发展功能指教育对个体发展的影响和作用,由教育活动的内部结构特征所决定,发生于教育活动内部,也称为教育的本体功能。教育的个体功能可以分为教育的个体个性化功能和个体社会化功能。

(1)教育的个体个性化功能主要表现在以下几个方面:①教育促进人的主体意识的形成和主体能力的发展。②教育促进个性差异的充分发展,形成人的独特性。③教育开发人的创造性,促进个体价值的实现。发展个性是教育的理想,进行个性教育是教育的本质和真谛。

(2)教育的个体社会化功能主要表现在以下几个方面:①教育促进个体思想意识的社会化。②教育促进个体行为的社会化。③教育促进角色和职业的社会化。

第五章 教育功能、价值与教育目的

同时,教育作为社会结构的子系统,它通过培养人进而影响社会的存在和发展,这构成了教育的社会功能,或者说是因教育培养的人参与社会生活而发生的功能。因此,教育的社会功能是教育的本体功能在社会结构中的衍生,是教育的派生功能,也称教育的工具功能。教育的社会功能主要是推动社会变迁和促进社会流动。教育的社会变迁功能是指教育通过开发人的潜能、提高人的素质、促进人的社会化,引导人的社会实践,不仅能够使人适应社会的发展,而且能够推动社会的改革与发展。教育的社会流动功能是指社会成员通过教育的培养、筛选和提高,能够在不同的社会区域、社会层次、职业岗位、科层组织之间转换、调整和变动,以充分发挥其个性特长、展现其智慧才能,实现其人生抱负。现代教育的社会功能包括:人口功能、经济功能、政治功能、文化功能等。

2. 正向功能与负向功能

这是美国社会学家默顿提出的功能分析的一个维度,主要在作用的方向上进行划分。正向教育功能是指有助于社会进步和个体发展的积极影响和作用,负向教育功能是指阻碍社会进步和个体发展的消极影响和作用。对任何社会、任何时期的教育来说,正向和负向的功能都存在,只不过比重不同。多数时期的教育以正向功能为主,但历史上也有某些时期教育表现出更多负向功能,如欧洲中世纪教育、法西斯教育、军国主义教育等,不仅扼杀了人的个性发展,也阻碍了社会的发展。

3. 显性功能与隐性功能

这种分类是在作用的表现形式上进行划分的。显性教育功能是依照教育目的,教育在实际运行中所出现的与之相符合的结果,如,促进人的全面和谐发展、促进社会的进步等。隐性教育功能是伴随显性教育功能所出现的非预期的功能,如,教育复制了现有的社会关系,再现了社会的不平等,学校照管儿童的功能等。显性与隐性的区分是相对的,一旦隐性的潜在功能被有意识地开发、利用,就转变成了显性教育功能。

二、教育功能的特点

从以上分析中,我们可以总结出教育功能的以下特点。

1. 客观性

功能是一个事物对其他事物的功效,它表明一个事物可以对其他事物产生一定的影响。功能是由事物本身的结构和活动方式决定的,它是存在于物与物之间的必然联系,是一种纯粹的因果关系,因此具有客观性的特点。教育是一种特殊的社会现象,作为具有独特价值的社会系统的组成部分,其以促进和推动个体的发展,提升个体的价值,进而影响和加速社会历史发展的进程,来彰显自身的存在价值。这是教育存在的根本原因,因而体现出其功能的客观性。

2. 确定性

这种确定性来源于客观性。它意味着如果我们掌握了教育与其他事物之间的客观关系并遵循这种客观关系的基本要求开展教育,就能够在一定时间之后,实现受教育者德智体各方面发展和社会其他现象发展达到某种预期目标的结果。

3. 层次性

教育的结构及教育主体活动的层次性,决定了教育功能的内在层次性,即在不同的教育层级,对于不同的教育主体,教育发挥着不同的功能。例如,在基础教育阶段,教育的对象是年龄尚幼、社会经验缺乏的小学生和中学生,因此应当以学生"综合素质"的发展为着眼点,实现基础教育为学生夯实基础并促进其综合素质成长发展的责任与功能[①];但对于大学来说,其教育功能"本质上是为培养全面发展的、愿将自己的才智贡献给社会

---

① 魏善春,崔欣伟.从"知识人"到"素质人":基础教育培养目标的价值定位[J].现代教育管理,2011(11):5-8.

的专业人才"[①]。

4. 方向性

"功能"在汉语中属于中性词,因此在汉语语境中"教育功能"既可以指对人和人类社会有益的结果和作用,也可以包括对人及其社会不利甚至有害的结果和影响。一般来说,教育功能呈现正向的作用,对个体及社会的发展会产生积极的影响和促进作用。但也可能出现与社会、教育主体的价值、目的、需要相背离的消极作用,成为实现人的最终价值与社会发展的终极目标的藩篱。前者称之为教育的正向功能,后者则称之为教育的负向功能。

第二节 教育价值与价值观

哲学界关于价值问题有三种基本理论:主体需要论、客体属性论和主客体关系论。主体需要论从价值是人的需要之满足这一前提出发,认为需要是因人而异的,对同一事物的价值,不同的人会由于各自的需要不同而做出不同的评价,因此价值是主观的、相对的,对象本身不存在价值问题,对象的价值完全是人赋予的。这是一种主观主义、相对主义的价值理论,在人们的日常生活中有很大影响。客体属性论认为价值是能够满足人的主观需要的客体属性,价值在本质上就是这些作为客体的物、现象和特征本身,所以价值是客观的、绝对的。这是一种具有机械唯物主义色彩的价值理论,已经很少有人坚持这种观点。主客体关系论认为价值是人的需要与满足需要的对象之间的关系,价值不单纯是客体的属性,也不单纯是主体的需要,而是客体属性和主体需要之间的现实关系,它表示客体的属性在多大程度上能够满足主体的需要。马克思就曾指出,"'价值'这个普遍的概念是从人们对待满足他们需要的外界物的关系中产生的。"

[①] 眭依凡.关于大学教育目的演进的研究[J].广西大学学报(哲学社会科学版),2000(4):62.

因此,教育价值可以理解为,是教育这一事物、现象对其他事物、现象所具有的某种意义。这种意义是通过教育对社会、对人所起的作用体现出来的。简单来说,教育价值就是教育对社会和人的用处。[①] 据此,教育价值既有根据功能作用形式、方式的分类标准,也有根据功能作用内容的分类标准。根据教育功能作用于社会和个人形式方式的标准分类,教育可分为内在价值和外在价值、人文价值和科学价值、继承价值和创新价值、长远理想价值和现实价值、专门价值和公共价值。根据教育功能作用于社会和个人内容的标准分类,教育可分为真善美价值、自由民主公正价值。

与教育价值紧密相连而又截然不同的一个概念是教育价值观。它是人们对教育价值的看法,即对教育价值的认识、态度、判断、评价等。教育价值观反映了认识主体与认识客体之间的关系,是主观见之于客观的结果。它反映的是教育对于人的意义,标志着人们期望获得什么样的教育,意味着人根据自己的需要对教育进行的选择,对人们的整个教育实践活动有着重要的价值导向作用。可以说,人们的任何教育行为都是在一定的教育价值观念的支配下进行的。教育价值观是一种意识形态。从本质上说,它不可能摆脱社会生产力水平和政治经济制度的制约,也不可能摆脱主体认识水平的影响。因此,不同的历史时代、不同的社会制度、不同的文化环境,就会导致性质相异的教育价值观的产生。但是,某种性质的教育价值观一旦形成并且成为教育所追求的直接目的时,这种价值观就会对教育的各个环节起到定向的作用。

在西方的教育理论发展史上一直存在着两种鲜明对立的教育价值观。一种是从人类自身需要出发,认为教育的价值应当由人的本性需要来决定,教育的目的在于唤醒人的天性,培养人的智慧,完善人的个性,使之成为完人,称为"个人本位说"。这种教育价值观从古希腊的思想家亚里士多德提出,开始经过文艺复兴时期人文主义者和后来的资产阶级启蒙思想家逐步

---

① 王汉澜,马平.浅谈教育的价值[J].华东师范大学学报(教育科学版),1991(1):27-32.

加以理论化和系统化,一直延续到今天。存在主义的教育价值观是这一观点在当代的典型代表。另一种观点重视社会价值,认为教育价值不应该由抽象的人的需要来确定,衡量教育价值的标准在于它是否满足了、在多大程度上满足了社会的需要,称为"社会本位论"。这种观点认为教育实质上是一种把社会需要对象化于人的过程,培养人并不是教育的目的,而是要把人培养成为社会需要的、合格的社会角色。这种以社会需要为目的的教育价值观可以上溯到古罗马时期,对于以后的教育理论和实践一直有着重大的影响。

中国古代的教育价值观是以儒家教育思想为指导而形成的。从孔子开始一直延续到清末,这种教育价值观特别强调教育对维护和巩固阶级统治所起的作用。《学记》把教育的这种作用概括为"建国君民,教学为先""欲化民成俗,其必由学乎"。这种概括肯定了教育一方面要为统治阶级培养所需人才,另一方面要形成社会道德风尚、维护社会秩序的观点,历代的封建君主和文人学者大都是从这一政治角度来关注教育的。我国古代教育家们看到了教育对社会和对人的发展的作用,并且不约而同地把教育的最后落脚点放在满足社会的需要上,这是我国传统教育价值观的显著特点。①

第三节 教育目的

一、教育目的的内涵与层次

1. 教育目的的内涵

所谓教育目的就是指教育要达到的预期结果,主要体现在社会对人才培养规格、努力方向以及社会倾向性等方面的要求,是国家或社会对教育应

---

① 王汉澜,马平.浅谈教育的价值[J].华东师范大学学报(教育科学版),1991(1):27-32.

该培养什么样的人的总体性的要求。教育目的决定着整个教育实践活动的方向,是一切活动的出发点和所要寻求的预期结果。

(1)教育目的是整个教育活动的出发点与归宿,对整个教育活动起着指引作用,是控制教育活动的内容、方向、方式和程序的依据。这种对教育活动结果的预期,一般体现在国家政策、法规和教育、教学工作计划中。

(2)教育目的是对教育活动的实际结果具有评价作用的预期结果。教育目的是一种预期结果,为教育活动指明了方向和标准。但教育活动能否达到这个标准还要受到教育者和受教育者的主观素质、教育条件以及其他因素的影响。这些影响使教育活动的实际结果与教育目的的预期结果之间存在距离。这就要求以预期结果为依据分析评价实际结果,总结经验,吸取教训。

2. 教育目的的层次结构

教育目的一般分为三个层次,即国家的教育目的、各级各类学校的培养目标和教师的教学目标。

(1)国家的教育目的是由国家提出来的,反映着国家政府对培养什么样的人的总体要求,是政府实施社会管理的一种重要手段。其决策要经过一定的组织程序,一般体现在国家的教育文本和教育法令之中。各国都把教育目的纳入国家政策和法律中予以确定,并明确规定各级各类学校无论是具体培养哪个领域、层次的人才,都必须努力使所有学生达到国家提出的总体要求。所以,由国家确定的教育目的对所有学校具有普遍的指导意义,对教育实践活动的方向起主导作用。

(2)各级各类学校的培养目标,是根据国家的教育目的制定的某一级或某一类学校、某一专业对人才培养的具体要求,是国家教育目的在不同教育阶段、不同级别学校、不同专业方向的具体化。

(3)教师的教学目标是教育者在教育教学过程中,在完成某一阶段(一节课、一个单元或一个学期)工作时,希望受教育者达到的要求或产生的变化。

第五章 教育功能、价值与教育目的

三个层面中,培养目标最重要。培养目标受到专业领域对人才的特殊要求和教育对象的年龄特征要求。不同专业的学校除了要达到国家提出的总体目的外,还要达到本专业领域的特殊要求,以满足社会需要。如各种职业教育和大学各种专业教育的培养目标,主要是达到本专业的特殊要求。

二、教育目的选择的影响因素

1. 教育价值观影响教育目的的形成和确立

如前面所说的西方个人本位论认为,人的首要本性在于其"自然性",人性具有内在的、自我实现的趋向。这种趋向在道德或价值上是"善的"或"向善的",只有每个人的本性都得到充分实现的社会,才是理想的社会。社会和国家要确保每个人的本性都得到充分实现,教育的目的就在于帮助人们充分地实现他们的自然潜能。主要代表人物包括有:卢梭、洛克、裴斯泰洛齐、福禄贝尔。其进步意义在于,它适应了资产阶级进行反封建斗争的需要,反对宗教神学对人的思想禁锢,反对封建蒙昧主义强加于个人的一切教育要求,提倡个性解放,尊重人的价值。不足之处则在于,排斥社会对教育的制约,排斥人对社会的需要的观点是片面的,可能导致自然主义和自由主义的倾向。

而社会本位论则强调人的本性是其社会性,相对于个体来说,国家或社会是绝对的和优先的价值实体,个体只是构成这一绝对价值实体的"材料"或"要素",个人的使命在于为国家或社会事业做出贡献,教育的最高目的在于使个人成为国家的合格公民,具备社会所要求的政治品格、生产能力和社会生活的素质。主要代表人物有:孔德、涂尔干、赫尔巴特等。其进步意义在于,看到了教育目的受社会制约的一面,强调国家要承担国民教育的主要责任。不足之处则表现在,完全否定了教育目的受个人兴趣、爱好等因素制约的可能性,容易造成对学生个性发展的压抑,因此也是不全面的。

又如我国的孟子主张"性善论",认为教育的目的在于激发人与生而来的"善",压制环境带给人的"恶"的影响,主张"性相近,习相远";荀子则主张"性恶论",认为人性本恶,强调后天环境和教育对人的影响,认为只有通过教育,才能抑制恶的本性,养成善的思想和行为。

2. 特定的社会政治、经济和文化背景影响着教育目的的形成和确立

教育目的具有历史性、时代性、社会性,这些特点使得不同的社会发展阶段、不同的社会制度下、不同国家的文化背景中人们对教育有不同的功能期望,因而产生不同的教育目的,且随时代的变迁及社会条件的变化而变化。如,我国近代以后,社会发展客观上要求教育切合现实社会的实际需要,培养经世致用的人才。在现代,教育则成为唤醒民众为解放工人阶级自身、维护工人阶级利益而进行革命斗争的工具。到了当代,人们充分认识到教育既要满足社会经济发展需要,又要注重人才素质的全面发展,引导中小学教育从单纯重视知识的学习走向价值观教育,从传统的学科教学走向综合育人、活动育人,从孤立的德育走向全员育人、全过程育人已经成为教育发展的共识。进入新时代,习近平总书记多次强调,要坚持把立德树人作为根本任务,不忘初心、牢记使命,为党育人、为国育才,努力培养担当民族复兴大任的时代新人,培养德智体美劳全面发展的社会主义建设者和接班人。

3. 教育目的形成和确立还受到一定的社会现实和社会关系的制约

教育产生于一定的社会需要,教育实践要想更好地服务于社会就必须适应社会发展过程中各种变化和社会建制的变化,适时根据社会发展变革带来的新的社会关系的建立以及新的社会建制的形成,及时变革教育实践的内容,改变教育目的的内在构成。同时,培养什么样的人不仅仅是一定社会和统治阶级的需要,也反映一定社会制度之下的政治经济对教育所要达成的目的的要求。另外,现代社会生产力的发展、生产方式的变革、产业结构的调整,会导致学校的教育内容、教育手段、教育方法以及学生所应具备的基本素养发生变化,这也会引发教育培养目标的变革。

4. 对人的生存状态的关注和对人的身心发展特点和需要的认识也会影响到教育目的的形成和确立

培养人是教育的本质规定性。人的主观能动性在人自身发展中起着决定作用。因此,教育影响要发挥作用,就必须改变当前教育"目中无人"的状态,使之变回充满人性力量的教育,不仅让学生体验自己在学校的生存环境、生活状态、关注他们的内心世界和生命动态,而且在教育的"生命场"中,获得全面和谐、自由充分和创造性的发展。这样才能使学生能够真正体会到教育在自身发展中的重要性,才能主动通过学习提高自己、解放自己。这就要求教育要真正是为学生的未来生活做准备,当下生活状态与未来生活紧密相连,所以教育目的的制定和选择必须建立在对学生生命的合理认识和解读的基础之上,符合学生认知发展规律以及身心发展特点,按照学生身心发展的顺序性和阶段性而逐次展开,让潜在的生命随着教育实践活动的深入和时间的延续转化为现实的生命力量。

三、马克思主义关于人的全面发展学说

人的全面发展是人类追求的永恒美好理想,也是古今中外教育的美好理想和永恒追求。古今中外的教育家都认为,人不仅应该全面发展而且应该有全面发展的丰富潜能和现实可能,人的全面发展既是弘扬人性的要求,也是社会发展的要求,是人的发展的最佳状态和理想。[①] 苏格拉底、柏拉图都提出过和谐的人的思想,夸美纽斯的泛智教育、洛克的绅士教育、卢梭的自然教育、康德的理性主义教育、裴斯泰洛齐的要素教育思想等,也都强调人的全面发展、自由发展,培育人的健全人格。圣西门、欧文也提出过人的全面发展思想。

马克思主义批判地吸收了前人关于人的全面和谐发展的思想,不仅是对资本主义生产关系下人的劳动异化和片面发展的批判,更是将其放置在科学共产主义这一理想社会中考察和看待的,从而使人的全面发展由空想变为科学。"马克思关于人的全面发展学说并不仅仅是一个经济学范畴的概念,而是一个以哲学为基点,同时又与马克思主义的其他两个组成部分,

---

① 郝文武,龙宝新. 教育学原理[M]. 北京:北京师范大学出版社,2012:46.

即科学社会主义和政治经济学具有密切联系的整体概念"①。

(1)马克思主义关于人的全面发展理论是在对资本主义所导致的人的片面发展这一事实的批判中提出的。马克思主义认为,人的发展受到社会分工的影响,随着资本主义的发展,劳动分工由社会分工进入生产过程内部分工,使工人一生束缚于某种工具和操作上,甚至使工人下降为机器的一个活零件,智力劳动进一步同工人相分离,夺去了工人身体和精神上的一切自由活动,造成劳动者的劳动异化和片面发展,结果"工人创造的商品越多,他就越变成廉价的商品"②,工人与自己的劳动相异化,与自己的类本质相异化,最终人同人相异化。

(2)"人的全面发展"是一个内涵极为丰富的综合概念。马克思、恩格斯认为,现代机器大工业的出现对人的全面发展提出了客观要求。人的本质、力量表现于劳动之中,因此人的发展首先是人的劳动能力的发展。适应大工业的劳动变换、职能更替、工人全面流动所要求的人的劳动能力或才能的全面发展是马克思主义"人的全面发展"的基本含义,即"活的人体中存在的、每当他生产某种使用价值时就运用的体力和智力的总和"。其次,人不是抽象的纯生物的个体,而是处于一定社会关系中的人。具有丰富社会关系的现实中的个人绝不仅仅是作为谋生的手段和工具而存在着,而是在满足基本生存需要的基础上,不断向着满足自身发展需要和享受需要的目标前进。再次,人的全面发展还表现为人的潜能和个性的极大发展,只有每一个个体的某一种潜能和个性得到极大发展,才有作为类的"全面发展"。每个人"身上至今只作为天资而存在的那种能力"由于"限制的取消",经过后天的教育和培训,"不再是单纯的天赋",而是得到高度发展和完善,并成为现实的技能,作为类的人的一切能力都得到最充分的发挥,才能算是人的全面发展。最后,"人的自由发展"还应是人作为主体的自觉、自愿、自主的发展,在一

---

① 扈中平.教育目的论(修订版)[M].武汉:湖北教育出版社,2004:204,110.
② 卡尔·马克思.1844年经济学哲学手稿[M].中共中央马克思恩格斯列宁斯大林著作编译局,编译.北京:人民出版社,2014:47.

第五章　教育功能、价值与教育目的

定意义上能力和社会关系的发展,都是为人的"自由个性"发展服务的。

(3)只有在共产主义社会中人才能实现全面发展。马克思将人作为社会的产物,物质生产条件和社会关系决定着人的发展状况。社会生产力的高度发展是人全面发展的必然物质前提,合理的社会生产关系才能给人的全面发展创造条件。这就要求必须消灭旧的社会分工和资本主义私有制对生产力的束缚,实现生产力的高度发展,建立共产主义制度,才能为人的全面发展奠定坚实的物质和环境基础。马克思指出,在生产力和生产关系相互作用的过程中,分工实际上是两者相互作用的中介,决定人的发展的根源是生产力和生产关系,生产力是最根本的原因。在资本主义制度下,人与世界的一切关系都是片面的,仅仅被理解为"直接的、片面的享受"和"占有、拥有"。只有消灭了对社会财富的资本主义占有方式,由联合起来的生产者共同支配资本主义时代造就的巨大生产力,每个人的自由、全面发展的状况才会到来,到那时,"人以一种全面的方式,就是说,作为一个完整的人,占有自己的全面的本质"。[①]

(4)教育与生产劳动相结合,是造就全面发展的人的唯一方法。马克思、恩格斯通过分析人类社会历史发展,认为决定人的发展的最本质的方面是物质资料生产方式。马克思在《资本论》中指出:"未来教育对所有已满一定年龄的儿童来说,就是生产劳动同智育和体育相结合,它不仅是提高社会生产的一种方法,而且是造就全面发展的人的唯一方法。"[②]当科学已明显成了现代生产力的基础,生产劳动正在由体力劳动为主转向以脑力劳动为主,教育和生产劳动相结合逐渐变成了以科学教育为中心的现代教育与脑力劳动为主的生产劳动的结合时,教育与生产劳动相结合也就成为了造就全面发展人的唯一方法。因此,在讨论教育与生产劳动的关系时,通常包括相互

[①] 卡尔·马克思.1844年经济学哲学手稿[M].中共中央马克思恩格斯列宁斯大林著作编译局,编译.北京:人民出版社,2014:47.

[②] 马克思恩格斯全集[M].第23卷.中共中央马克思恩格斯列宁斯大林著作编译局,编译.北京:人民出版社,1972:530.

联系的两个方面:一是社会生产过程中的生产劳动与教育相结合,二是国民教育中的教育与生产劳动相结合。前者是"提高社会生产的方法",后者是"造就全面发展的人的唯一方法"。

第四节 教育方针

一、教育目的与教育方针的联系与区别

教育目的与教育方针既有联系,又有区别。从联系上看,教育目的和教育方针都含有"为谁(哪个阶级、哪个社会)培养人"的规定,都体现了国家对教育的基本要求,是各级各类教育在性质和方向上不得违背的根本指导原则。但两者的使用有着较为严格的区别。

(1)定义不同。教育方针是国家最高权力机关根据政治、经济要求,明令颁布实行的一定历史阶段内教育工作的总的指导方针或总方向,是全国各级各类学校必须遵循的准则,是指导整个教育事业发展的战略原则和行动纲领,它反映了一个国家教育的根本性质、总的指导思想和教育工作的总方向。教育方针是教育目的的政策性表达,除教育目的外,还要规定教育工作的服务方向、实现教育目的的途径等,教育目的只是强调了教育活动要达到的最终结果,是教育方针的若干组成要素之一。

(2)作用对象不同。教育方针是针对教育事业提出来的,关注的是"为谁培养人?""培养什么样的人?""怎么样培养人?"以及教育事业发展的基本原则,是一个国家教育发展和人才培养的最高行动指南。而教育目的作用的对象是受教育者,是国家对教育所要培养的人的总要求,在人的培养的质量规格方面要求较为明确。

(3)范畴不同。教育目的是理论性术语,是学术性概念,是教育学原理或教育基本理论研究的内容或范畴,探讨教育目的时往往是在理论思考的基础上对教育所要追寻的理想作出价值判断,从而确定教育目的,体现的是理论上所要追求的终极教育价值;"教育方针"是工作术语,是政治性概念,

属于教育政策学或教育行政学范畴,主要从社会现实需要出发,提出在一定历史时期内一个国家教育发展的根本指导思想或行动纲领,对教育发展的现实作政策性规定。

(4)指向不同。教育目的具有理想性,是教育工作者和学生通过教育活动达到的终极目标,因而教育目的在实施过程中往往具有理想性、不确定性;教育方针则是教育事业发展的指导思想,是教育工作当前必须落实的要求,具有现实针对性和强制性。

二、我国教育方针的历史沿革

中华人民共和国成立之后,我国教育方针随着社会经济、政治、文化变化而变化,其演进历程可以分为初创探索期(1949—1977年)、规范发展期(1978—1998年)、拓展成熟期(1999—2011年)以及完善丰富期(2012—今)。从整体来看,随着我国经济实力和综合国力的增强,我国的教育方针中所显现的教育目的观在注重教育外在价值和工具价值的同时,也在不断凸显教育的内在价值和本体价值,不断在保有张力的价值选择中确定我国的教育目的。

1949年9月,中国人民政治协商会议第一届全体会议通过的具有临时宪法作用的《中国人民政治协商会议共同纲领》规定,"中华人民共和国的文化教育为新民主主义的,即民族的、科学的、大众的文化教育。人民政府的文化教育工作,应以提高人民文化水平,培养国家建设人才,肃清封建的、买办的、法西斯主义的思想,发展为人民服务的思想为主要任务。"

1957年,毛泽东同志根据社会主义政治经济和生产建设对人才的需求,在《关于正确处理人民内部矛盾的问题》中指出:"我们的教育方针,应该使受教育者在德育、智育、体育几方面都得到发展,成为有社会主义觉悟的有文化的劳动者。"

1958年,中共中央国务院在《关于教育工作的指示》中提出:"教育必须为无产阶级政治服务,教育必须同生产劳动相结合。"

1978年,第五届全国人大通过的《中华人民共和国宪法》第十三条指出:"教育必须为无产阶级政治服务,同生产劳动相结合,使受教育者在德育、智育、体育几方面都得到发展,成为有社会主义觉悟的有文化的劳动者。"

1981年,中共中央《关于建国以来党的若干历史问题的决议》提出:"用马克思主义世界观和共产主义道德教育人民和青年,坚持德智体全面发展、又红又专、知识分子与工人农民相结合、脑力劳动与体力劳动相结合的教育方针。"

1982年,《中华人民共和国宪法》第四十六条规定,我国现阶段教育目的是"国家培养青年、少年、儿童在品德、智力、体质等方面全面发展。"这是中国当代历史上第一个以法律形式出现的教育目的。

1983年,邓小平提出:"教育要面向现代化,面向世界,面向未来。"

1985年,《中共中央关于教育体制改革的决定》再次对教育方针进行明确规定,指出:"教育体制改革的根本目的是提高民族素质,多出人才,出好人才。"

1993年,中共中央和国务院印发《中国教育改革和发展纲要》指出:"教育改革和发展的根本目的是提高民族素质,多出人才,出好人才。各级各类学校要认真贯彻'教育必须为社会主义现代化建设服务,必须与生产劳动相结合,培养德、智、体全面发展的建设者和接班人'的方针,努力使教育质量在九十年代上一个新台阶。"

1995年颁布的《中华人民共和国教育法》规定:"教育必须为社会主义现代化建设服务,必须与生产劳动相结合,培养德、智、体等方面全面发展的社会主义事业的建设者和接班人。"

1999年,《中共中央国务院关于深化教育改革全面推进素质教育的决定》将教育目的直接表述为"以培养学生的创新精神和实践能力为重点,造就'有理想、有道德、有文化、有纪律'的、德智体美等方面全面发展的社会主义事业建设者和接班人。"

2002年,党的十六大报告指出,"全面贯彻党的教育方针,坚持教育为社会主义现代化建设服务,为人民服务,与生产劳动和社会实践相结合,培养德智体美全面发展的社会主义建设者和接班人。"

第五章 教育功能、价值与教育目的

2010年颁发的《国家中长期教育改革和发展规划纲要（2010—2020年）》指出："全面贯彻党的教育方针，坚持教育为社会主义现代化建设服务，为人民服务，与生产劳动和社会实践相结合，培养德智体美全面发展的社会主义建设者和接班人。"

2012年，党的十八大报告指出："全面贯彻党的教育方针，坚持教育为社会主义现代化建设服务、为人民服务，把立德树人作为教育的根本任务，培养德智体美全面发展的社会主义建设者和接班人。"

2018年9月10日，全国教育大会召开。习近平在讲话中提出：要"培养德智体美劳全面发展的社会主义建设者和接班人。"

2021年修订的《中华人民共和国教育法》中明确提出："教育必须为社会主义现代化建设服务、为人民服务，必须与生产劳动和社会实践相结合，培养德智体美劳全面发展的社会主义建设者和接班人。"

2022年党的二十大报告中明确提出"教育、科技、人才是全面建设社会主义现代化国家的基础性、战略性支撑""科技是第一生产力、人才是第一资源、创新是第一动力"等科学论断，体现了党对教育、科技、人才相互作用规律以及它们与高质量发展之间相互作用的规律有了更加深刻的认识和科学的把握。

三、我国教育方针的精神实质

新中国成立以来，虽然我国的教育目的在具体内容和表述上随着时代发展有所变化，但其精神实质却比较稳定，表现出较为鲜明的几个特点。

1. 我国的教育是中国特色的社会主义教育

教育目的的方向性是教育性质的根本体现。新中国成立以来我国教育一直坚持社会主义的教育方向，并在此基础上探索和形成了具有中国特色的社会主义教育事业和体系。中国特色的社会主义教育的本质就是在中国共产党的全面领导下扎根中国大地办教育，就是在坚持社会主义办学方向的同时立德树人，就是教育必须为社会主义现代化建设和为人民服务，就是在办好人民满意的教育的同时为党和为国育人，就是在坚持教育公益性原则下推进教育现代化,就是在培养全面发展的社会主义建设者和接班人的同时服务中华民族的伟大复兴,就是在继承教育优良传统的基础上深化教育改革创新,就是在优先发展教育的同时坚持人民教师的队伍建设,就是在坚持马克思主义教育理论和思想的同时创造性地解决中国教育问题并结合中国教育促进其不断中国化。

2. 教育培养的人是德智体美劳全面发展的时代新人

我国的教育目的反映出来的这一基本精神,明确了我国人才培养的素质要求。一是明确了人才应有的基本素质,即将德、智、体、美、劳五个方面作为人才应有的基本素质,这与素质教育具有强烈的一致性;二是明确了要使受教育者各方面得以全面发展。人的发展可分适应性发展和自由发展两个层次、水平。适应性发展可分适应性的片面发展和适应性的全面发展,自由发展也可分自由的片面发展和自由的全面发展。我国目前没有实现马克思所描绘的社会,人的全面发展也没有达到设想的水平,社会分工还存在,专业教育还存在,但由于科学技术和经济的发展,劳动在不同专业部门之间的流动不断增多,人的自由支配时间不断增多,人的物质享受和艺术等精神享受时间也不断增多,人的全面发展的条件在逐渐改善,人的全面发展也达到初步水平,"人力"教育、应试教育虽然存在,但全面发展的教育也在发展。[①] 三是这里的"新人",不是绝对的"新人",是随着时代变化不断发展的"新人"。在当前,就是要求教育培育能够践行中国特色社会主义道德规范的、德智体美劳全面发展的社会主义建设者和接班人以及担当民族复兴大任的时代新人。[②]

3. 教育与生产劳动和社会实践相结合是培养全面发展人的途径和方式

教育与生产劳动相结合,是教育为社会主义现代化建设服务的前提保证,同时也是实现教育目的的有效途径。马克思在《资本论》中指出:"从工厂制度中萌发出了未来教育的幼芽,未来教育对所有已满一定年龄的儿童

---

① 郝文武,龙宝新.教育学原理[M].北京:北京师范大学出版社,2012:48.
② 张宏燕,陈珊珊.新时代劳动教育立德树人的价值彰显与实践路向[J].当代教师教育,2021(3):6-12.

第五章 教育功能、价值与教育目的

来说,就是生产劳动同智育和体育相结合,它不仅是提高社会生产的一种方法,而且是造就全面发展的人的唯一方法。"教育与生产劳动相结合是我国教育一贯强调的,只不过不同时期对其有不同的理解,而且它曾在一段时期被片面、孤立地理解。如今,随着科学技术和社会的进步,学校与社会生产、生活的关系更加密切,让学生参加生产劳动和社会实践,不仅是学生学习必要的生产实践知识和技能,成为社会主义建设者和接班人的需要,也是促进学生身心全面协调发展的重要途径。①

四、我国全面发展教育的组成部分及其相互关系

人的全面发展教育目的实现,需要社会主义全面发展教育。全面发展的教育,是为了促进人的全面、充分、自由发展所进行的系统教育的总和。我国全面发展教育主要包括德育、智育、体育、美育和劳动教育,简称"五育"。

1. 德育

德育有广义和狭义之分。广义的德育指社会有目的地对其成员的政治意识思想观念和道德品质等方面施加影响的活动,包括社会德育、社区德育、学校德育和家庭德育等。狭义的德育指学校德育,是学校通过教育者和学习者的交往实践活动,有目的、有计划、有组织地对学习者施加政治意识、思想观念和道德品质等方面的影响,使学习者通过内化形成社会所需要的品德的教育活动。德育是社会主义精神文明与物质文明建设的重要条件,在青少年思想品德形成发展过程中起主导作用,对实现我国教育目的,培养高素质的社会主义合格公民、促进学生全面发展都具有重要意义。我国的德育目标主要是帮助学生掌握马克思主义立场、观点和方法,培养坚定的社会主义政治立场和理想信念,树立社会主义法治意识,养成良好的道德行为习惯和高尚的道德情操。内容上包括世界观、人生观、价值观教育,爱国主义、集体主义和社会主义教育,社会主义公民意识教育,理想信念教育,道德

---

① 冯建军.教育学基础[M].北京:中国人民大学出版社,2012:184.

教育,民主法治教育,民族精神、时代精神和中华优秀传统文化教育。[①] 德育的途径有直接德育与间接德育之分,直接德育就是开设专门的德育课程,由专任教师直接培育学生思想意识和道德品质的道德教育。间接德育坚持文以载道,认为其他学科和各种活动都蕴藏着德育的价值,都可以开展道德教育。

2. 智育

智育是通过师生交往活动,有计划、有组织并系统地向学生传递科学文化知识和技能,发展学生的智能,提升学生的核心素养,培养学生的创新精神和实践能力的活动。智育在全面发展教育中居于基础地位,是全面发展的重要保证,为其他各育提供知识基础并对个体心智能力进行培养,从而促进社会和科技的发展与进步。智育的基本任务是传授基础知识和基本技能,发展学生智力和能力,培养实践能力和创新精神。主要包括系统的科学文化知识和培养基本技能技巧,发展学生的智力和各方面的能力,培养学生良好的学习兴趣、情感、意志和积极的心理品质等内容。

3. 体育

广义地看,体育是根据人体生长发育、技能形成和机能完善规律,有目的、有组织地开展身体运动与健康活动,以促进个体全面发育、提高身体素质和运动能力、增强体质、改善生活方式、提高生活质量的社会活动。狭义地看,体育就是指学校体育,是促进学生全面发展,增强学生体质,学习体育知识、技能和锻炼意志力等品质的一种有目的、有计划、有组织的教育活动。体育能够促进身体生长发育,并为其他各育奠定基础,如提升意志品质、健全人格和人际交往等。其目标是让学生掌握基本的健康知识和运动技能,增进身体健康,提高心理健康水平,增强社会适应能力,让学生享受乐趣、增强体质、健全人格、锤炼意志。我国中小学体育内容主要包括运动参与、运动技能、身体健康、心理健康和社会适应五大学习领域。

---

① 《教育学原理》编写组. 教育学原理[M]. 北京:高等教育出版社,2019:133.

4. 美育

美育是培养学生健康的审美观念，发展其鉴赏美、创造美的能力，使学生形成高尚情操与文明素养的教育。美育既是审美教育、情操教育、心灵教育，也是丰富想象力和培养创新意识的教育，能提升审美素养、陶冶情操、温润心灵、激发创新创造活力。美育的基本目标是帮助学生树立正确的审美观，提高审美能力；培养健康的审美情趣，陶冶高尚的道德情操；激发想象力和创新意识，培养表现美和创造美的能力。在不同的教育阶段，美育的目标有着各自不同的具体要求。美育从内容上可以划分为艺术美、社会美、科学美和自然美四个方面，其实施的重点在于使学生了解艺术的知识和技能，提升体验、欣赏美和艺术的能力，掌握一至两项艺术特长。

5. 劳动教育

劳动教育是发挥劳动的育人功能，对学生进行热爱劳动、热爱劳动人民的教育活动。劳动教育为人的全面发展提供条件和基础，具有培养学生的创新精神和实践能力和社会责任感的重要意义。通过有目的、有计划地组织学生参加日常生活劳动、生产劳动和服务性劳动，使其了解物质生产的基本技术知识，掌握一定的职业技术知识和技能，接受锻炼、磨炼意志，培养学生正确的劳动价值观和良好的劳动品质。劳动教育的内容包括日常生活劳动、生产劳动和服务性劳动中的知识、技能与价值观，可以通过独立开设劳动教育必修课、在学科专业中有机渗透劳动教育、在课外校外活动中安排劳动实践以及在校园文化建设中强化劳动文化等途径来实施。

坚持"五育并举"是完成立德树人根本任务、实现我国教育目的的应有之义。德育在五育中起主导和统帅作用；智育为其他各育提供智力支持；体育是提升学生综合素质的基础性工程；美育起到以美育心、以美育智、以美增体的作用；劳动教育深刻影响社会主义建设者和接班人的精神面貌、价值取向和劳动技能水平。"德智体美劳"五育并举是一个相互联系、互相促进的有机整体，必须协同推进。

练习与思考

一、选择题

1. 我国教育目的的理论基础是（　　）。
   A. 我国的政治政策　　　　　B. 我国的教育方针
   C. 马克思主义全面发展学说　D. 恩格斯个人发展学说

2. 实现人的全面发展的唯一方法是（　　）。
   A. 提高社会生产力　　　　　B. 教育与生产劳动相结合
   C. 现代大工业生产的高度发展　D. 建设高度的精神文明

3. （多选）下面（　　）的教育目的观不属于教育目的个人本位论。
   A. 孔德　B. 赫尔巴特　C. 洛克　D. 福禄贝尔　E. 涂尔干

4. 卢梭主张教育的目的是培养自由的人。这种观点属于（　　）。
   A. 社会本位论　B. 个人本位论　C. 宗教本位论　D. 文化本位论

5. （　　）是教育目的在各级各类学校教育中的具体化。
   A. 教育目的　B. 教育目标　C. 教育方针　D. 教育内容

6. 以下关于马克思主义人的全面发展学说理解不正确的是（　　）。
   A. 人的全面发展主要指人的体力和智力的全面发展
   B. 实现人的全面发展的途径是教育与生产劳动相结合
   C. 职业技术教育是全面发展的内容之一
   D. 人的全面发展学说提出时主要针对的是劳动使人产生的"异化"

二、思考题

1. 教育目的可以分为哪几个层次？
2. 教育目的制定的影响因素有哪些？
3. 你怎么看待个人本位论和社会本位论的分歧？
4. 你如何理解马克思主义关于人的全面发展学说？
5. 我国教育方针的精神实质是什么？

（选择题参考答案：1. C　2. B　3. ABE　4. B　5. B　6. C）

第六章　教育制度

■ 关键问题
　1. 教育制度的概念、类型及制约因素。
　2. 学校教育制度的类型。
　3. 我国学制的历史变迁。

■ 思维导图

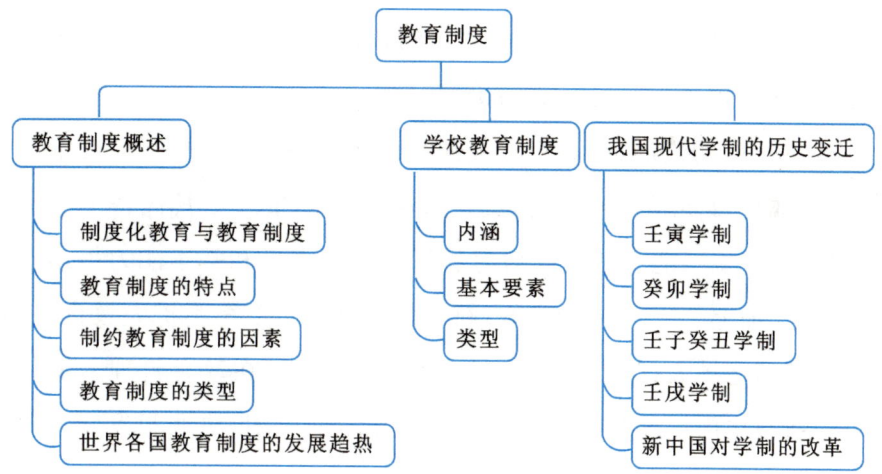

　　随着教育类型和层次的多样化以及教育在整个社会发展中的重要作用逐渐强化，世界各国既需要通过国家政权的力量加强对教育的管理，又需要结合政治、经济、科技、文化等社会发展趋势，整合所有力量以推动教育事业的发展。教育制度随之产生，制度化已经成为现代教育发展的共同趋势。

第一节　教育制度概述

一、制度化教育与教育制度

教育从产生到今天,其形式发生了很大变化,经历了从"非形式化"的原始教育到"形式化"的学校教育,再到今天构成完整体系的"制度化"教育的发展历程。

非形式化的教育,是指教育的活动和存在形式与社会生活、生产浑然一体的原始形态,没有稳定的教育者和受教育者,也没有固定的教育场所和规范的教育内容。原始社会的教育就属于这种状态。

形式化的教育,是指教育活动已从社会生产、生活中独立出来,成为一种专门社会实践活动的形态,它有固定的教育者、受教育者、教育场所和比较规范的教育内容。这就是独立的学校教育。

18世纪中期以后,随着工业化进程的不断深入,新的科学技术在现代生产中的不断应用,工艺更先进、效率更高的生产工具代替了旧的生产工具,现代生产能力的扩大对劳动者的知识水平和基本能力提出了更高的要求,加上工人的不断抗争,都使得资产阶级不得不扩大教育范围,教育规模随之扩大,学校类型也越来越复杂,国家在教育管理上的组织作用和强制作用也就越来越突出。国家要全面组织、协调和发展教育事业,需要对物资、人力、内容等方面的投入进行管理,对有关部门和各级各类学校进行检查和监督,对人才需求、学校发展、专业设置、招生分配、师资培训等进行预测和规划,同时组织教育体制的改革,对学校师资及管理人员进行人事管理等等,为使教育有条不紊地高速运转,许多国家通过法律对教育的内容、形式、方法等进行规范,从而产生了制度化的教育和教育制度。

教育制度有广义和狭义之分,广义的教育制度指一个国家各级各类教育机构与组织的体系及其管理规则,即各级各类教育机构与组织的体系和这一体系赖以存在和运行的一整套规则,如各种各样的教育法律、规则、条例等。狭义的教育制度是指学校教育制度,简称"学制",是整个教育制度的核心组成部分,是教育制度的主体,具体规定着一个国家系统中各级各类学校的性质、任务、入学条件、学习年限及其相互间的关系。

二、教育制度的特点[1]

1. 客观性

社会生产力发展水平决定了教育制度的制定。不同的社会发展时期人们会产生一些主观愿望和特殊的价值需求,但是人们也不可能随心所欲地制定或者废止教育制度。例如,近代以来虽然义务教育在各个国家、不同地区和不同发展阶段有着不同的要求和实践,但是归根结底都是反映了现代大机器生产对劳动力素质结构的基本要求,也反映了大工业时代体力劳动和脑力劳动由分离逐渐走向结合的趋势。

2. 取向性

政治对教育的影响使得任何教育制度都是其制定者根据自己的需要制定的,有一定的取向性。可以说,任何教育制度的变革都是重新对教育取向选择的结果。在阶级社会中,教育制度总是体现着统治阶级的价值取向,为统治阶级的利益而服务。在社会主义制度下,教育制度的主要目的就是要为广大人民的利益服务,最大限度保障和满足广大人民日益增

---

[1] 全国十二所重点师范大学联合编写.教育学基础[M].第3版.北京:教育科学出版社,2014:100-101.

长的文化教育需要,从而体现社会主义教育的取向特性。任何否认教育制度的取向性、把某种教育制度宣传为公平地为所有人提供教育服务的做法,都是自欺欺人的。

3. 历史性

作为一种社会现象,教育必须随着人类社会的发展而不断发展,教育制度自然不能例外。因此,一种教育制度既是对当时社会客观现实的必然反映,又是当时社会对教育价值、教育理想的选择和体现。因而,不同的社会历史时期、不同的文化背景下,就会有不同的教育制度。教育制度之间必须有其历史连贯性,但又随着时代和文化背景的变化而不断创新。

4. 强制性

制度作为一种外在社会规范,是面向整个教育系统的,因而对于个体而言,它是一种外在的强制性存在,独立于个体之外,对个体的行为具有一定的强制作用。

三、制约教育制度的因素

1. 教育制度的发展受生产力的制约

生产力的发展水平,决定了有多少人能够接受教育、接受什么样的教育,从而决定了教育制度中教育机构体系及其运行的基本规则。在原始社会、奴隶社会和封建社会中,由于生产力水平低下,只有少数人能够接受教育,教育也以培养少数统治者为主要目的,因此不具备教育制度系统化的条件。随着资本主义生产方式的出现,资产阶级需要大批掌握一定文化技能的熟练劳动者以及专业管理人才,于是各种级别的学校教育得以建立,初、中、高级相互衔接,学校教育制度逐渐形成。

2. 教育制度的发展受生产关系的制约

政治经济制度对教育的制约是直接的。掌握着政治权力的统治阶级只

第六章 教育制度

有通过掌握教育权力才能决定谁拥有受教育的权利,并规定教育所培养人才的类型和素质结构。教育制度直接反映统治者的意志,统治阶级需要借助教育制度来保障和实现其教育观念和教育要求。因此,不同的政治体制往往催生出不同的教育制度。

3. 教育制度的发展还受到社会文化因素的制约

每一种社会形态都有与其相适应的文化,每一种文化都随着社会物质生产的发展而发展。社会物质生产发展的连续性,决定文化的发展也具有连续性和历史继承性。从广义上讲,文化包括物质文化、制度文化和心理文化三个方面,涉及人类创造的各种物质文明以及在长期生产生活过程中所形成的生活制度、家庭制度、社会制度以及思维方式、宗教信仰、审美情趣等内容。作为社会现象之一的教育,不可能离开文化的影响,教育思想、教育制度、教育内容和方法无不留下文化传统的痕迹。例如,我国的科举制度作为一种制度虽然在中国已消灭了一百余年,但与科举制度相伴随的教育思想,至今仍然在一些人的头脑中残存,追求学历、重视考试就是这种教育思想的反映。

四、教育制度的类型

根据不同的标准和角度,可以对教育制度进行不同类型或形态的划分。[①]

从制度规范的广度和范围来看,可以分为宏观、中观和微观教育制度。宏观教育制度是指规范全国教育社会活动的制度,如教育投资制度、教育法律制度等。中观教育制度是指那些规范一般社会教育机构实体的制度,一般表现为学校组织设置发展标准和规划。微观教育制度一般指具体教育实体内部社会成员个体的行为规范标准,如听课制度、作息制度、考勤制度等。

---

① 司晓宏,张立昌.教育学教程[M].北京:高等教育出版社,2011:88.

这些制度一般都是学校教育组织的常规性要求，表现为学校班级的工作岗位标准及各种行为守则。

根据教育制度规范职能的性质、地位和内容不同，可划分为根本性教育制度和实施性教育制度。根本性教育制度主要明确教育的性质、发展方向、社会地位、权利归属和社会职能，一般都是以国家立法的方式来制定，如义务教育制度、教育与宗教分离制度等。实施性教育制度是对一般教育社会行为活动的规范、标准和要求，如学历制度、考试制度、招生制度等，它要体现和反映根本教育制度的实质性要求。

根据教育制度所规范的社会活动类型划分，教育制度可分为相应的多种类型。根据教育活动内容不同可划分为普通教育制度和职业教育制度；根据教育活动方式不同可划分为正规学校教育制度、非正规的函授教育和自学考试制度；根据受教育者年龄不同可划分为幼儿、青少年、成人、老年人等不同的教育制度；根据办学性质不同可划分为公立、私立和社会力量办学教育制度；根据学校教育层次不同可划分为学前教育制度、初等教育制度、中等教育制度和高等教育制度。

五、世界各国教育制度的发展趋势

1. 重视早期教育及其与小学教育的衔接

一项心理学的研究结果显示：人的智力发展的加速度为负，儿童在早期阶段智力发展特别快，随后逐渐减慢，因此早期教育非常重要。于是，各发达国家为了培养科技精英人才，注重发展学前教育，并注重在入学年龄、教育内容上与小学教育的衔接。

2. 普及义务教育和延长义务教育年限

随着科技对经济发展影响力的增强，发达国家逐步认识到科技要真正变成生产力，不仅需要科学工作者的发明创造，也需要全体国民的掌握和运用,加之社会生产和生活中科技平均含量增高,这就需要通过普及义务教育来提高国民的受教育水平,通过延长义务教育年限来提高国民适应科技经济和社会生活发展的能力。

3. 普通教育与职业教育相互渗透

以升学为目标的普通教育与以就业为目标的职业教育相互渗透,以解决普通学校学生缺乏适应社会的能力和职业学校学生缺乏重新选择职业的机会等问题。

4. 高等教育大众化和多样化

随着社会生产力的发展和人们对接受高等教育的需求日益强烈,高等教育走向大众化,进而使传统的以"学术"为单一标准的大学教育,在形式、内容、目的、考评方式上呈现出多样化的态势。

5. 学历教育与非学历教育的界限逐渐淡化

随着教育与人们生活的关系日益密切,传统的一次性教育逐渐向终身教育转化,以补充个人的知识和丰富人生,而以非获得学历为目的的教育对象越来越多。

6. 各国教育制度相互靠近和接轨

随着交通和通信技术迅速发展,国家与国家之间在科技、文化、教育上的交流日益频繁,交流的作用更加重要,各国教育制度逐步向有利于国际沟通的方向转化,如相互承认学位、学分等。

第二节 学校教育制度

狭义的教育制度,即学校教育制度,简称学制,是国家规范教育行为的基本制度,其目的是协调各级各类教育之间的衔接、交叉、比例关系以及教育权力在国家、学校、公民之间的分配关系。学制具有历史性与时代性,总和一定时期、一定历史时代的政治、经济、文化的发展要求相适应。

一、学制的构成

学制由三个基本要素构成,即学校的类型、学校的级别、学校的结构,也有人把它归为两大类,即学校的类别与学校的结构。"类型"即学校实施的教育的性质,属于普通教育还是专门教育,在专门教育中是专业型、技术型还是技能型。由于划分的标准不同,学校的类型也就不一样。根据教育举办的主体的不同,可以分为公立学校与私立学校两类;根据教育性质的不同可以分为实施普通教育的学校与实施职业教育的学校等。学校的级别是指学校的层次水平,即学校在学制系统中所处的阶段以及在同类性质的学校中所处的地位。学制的结构决定了学校的类别,由于学制中所规定的阶段比较复杂,学校的种类繁多,这必然存在着学校的交叉、衔接与比例等种种关系。如果我们以层级作为学制分析的标准,必然要涉及类型的交叉问题。如果以类型作为分析学制的标准,又会涉及阶段的衔接问题,各级各类教育在发展的过程中应该保持合理的比例。

二、学制的类型

现代的学制有双轨制、单轨制和分支型三种类型。

1. 双轨制

双轨制以英国为代表。封建社会时期,在英国只有贵族、高级僧侣以及其他上层社会家族的子弟才享有受教育的权利,一般劳动群众的子女基本上都不能进入学校接受教育。到了 20 世纪初,劳动人民有了接受初等教育的权利后,教育逐渐分为两轨:一轨是为上层社会、贵族与高级僧侣的子弟而设,他们初中毕业后,可以继续接受高等教育;另一轨是为平民子弟而设,他们小学毕业后只能就业或接受初等与中等的职业教育。在同一教育阶段,这两轨是完全独立的,不仅开设的课程不同,任课教师不同,培养目标也不一样。后来,随着资本主义工商业的进一步发展以及民众争取受教育权利的呼声越来越高,使得双轨学制中的两轨逐渐地走向了交叉与趋同,但在部分教育阶段以及教育内容的设置上,仍然能看到双轨制的痕迹。从培养过程看,双轨制比较强调个性、强调差异,保证了部分统治阶级子女的个性完全、充分、自由地发展,但其具有较强的等级与特权观念,不利于教育的普及。(如图6-1所示)

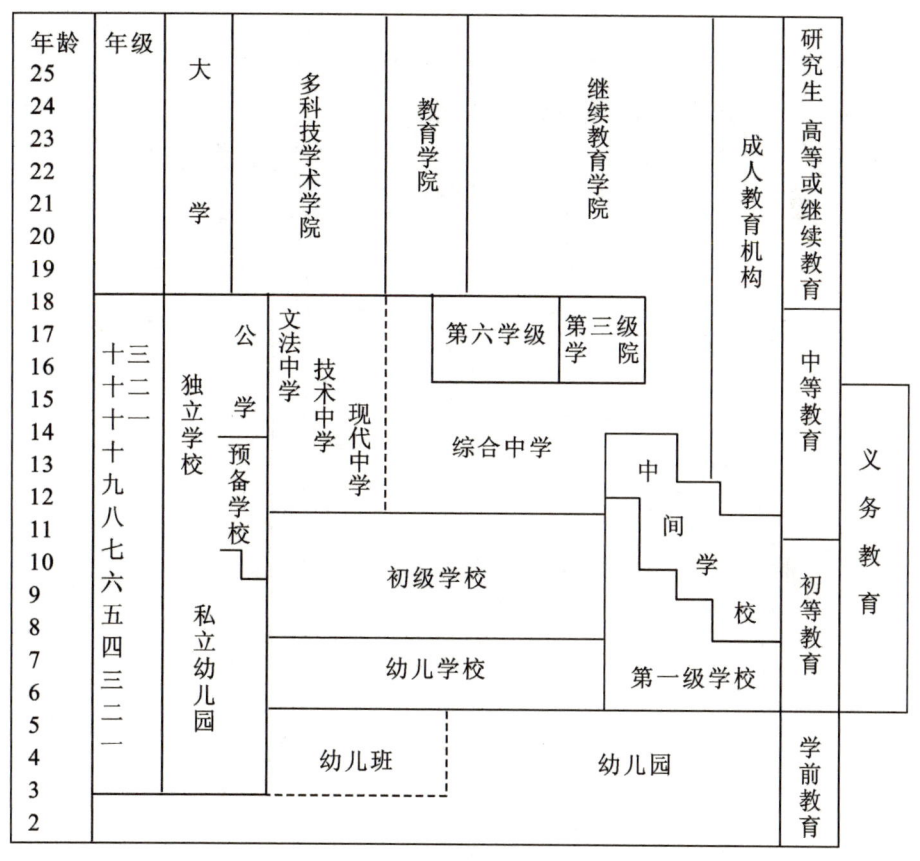

图6-1 英国现行学制图

2.单轨制

单轨制指一个国家的整个学校体系是由被划分成不同阶段的单一的学校系统构成的,以美国为代表。这个学校体系是由下至上构成的单一系统,原则上每个国民都有平等地接受每一阶段教育的机会,所有国民原则上都可以进入同样的学校学习。青少年到各阶段就学主要是以年龄为标准,即不同年龄的学生到相应的教育阶段就学。这种学校体系对于最大限度地保障教育机会均等起着了极其重要的作用,有利于民众教育权的获得、教育的普及以及教育机会的均等。(如图6-2所示)

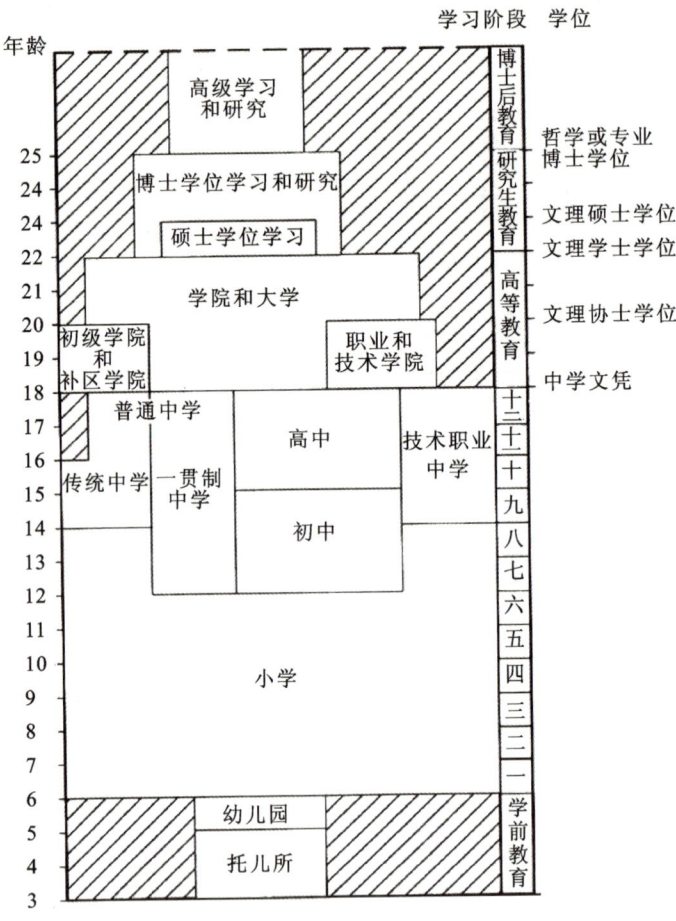

图6-2 美国现行学制图

3. 分支型

分支型学制以苏联为代表。它是在双轨制与单轨制的基础上发展而来的。这种学制在初中教育阶段以前（包括了小学、初中阶段）仍属于单轨，到初中教育阶段以后按双轨实行培养。其优点是上通下达，左右畅通，缓和了公平与效率之间的矛盾，但是在阶段的衔接以及分支的程度上又不可避免带来教育发展的盲目性与复杂性。

双轨制、单轨制以及分支型学制所引发的问题实质上反映了国家教育权与公民受教育权之间的不同关系。双轨制在其产生初期，服务于掌握国家教育权的封建贵族与宗教僧侣，一般公众的子女没有接受教育的权利或者只具有接受低级教育的权利。单轨制取消了公民受教育权的差别，掌握国家教育权的统治阶级出于政治与经济上的需要被迫主张实行平等的教育。分支型学制在国家教育权与公民受教育权的关系上具有双重性。一方面，要保证群众教育的普及，另一方面又要在不同的历史时期强化受教育权的差异性，突出实用主义学科教育。

第三节 我国现代学制的历史变迁

我国是在清政府采取"废科举，兴学堂"举措时，才开始中国现代学制改革的。随着洋务运动的兴起，各类学堂纷纷出现，为清末学制的制定提出了要求。

1902年，清政府颁布《钦定学堂章程》（"壬寅学制"），但没有实施；1904年，清政府在"壬寅学制"基础上颁布了《奏定学堂章程》（"癸卯学制"），这是我国第一个实行的现代学制。这两个学制继承了日本的学制，同时反映了"中学为体，西学为用"的思想。[1]

---

[1] 杨文忠.我国义务教育立法历史发展及其评价[J].河北法学,1994(4):21.

1912—1913年，南京临时政府颁布了"壬子癸丑学制"，第一次规定男女同校，废除读经，充实了自然科学的内容，并将学堂改为学校。

1922年，北洋军阀统治时期留美派主持的全国教育联合会以美国学制为蓝本，颁布了"壬戌学制"，又叫"新学制"或"六三三学制"，也就是小学六年，初中三年，高中三年。该学制明确以学龄儿童和青少年身心发展规律作为划分学校教育阶段的依据，这在我国现代学制史上是第一次。

1949年中华人民共和国成立后，在初期起临时宪法作用的《中国人民政治协商会议共同纲领》及以后正式颁行的国家宪法中，都明确规定公民有受教育的权利和义务。1951年，政务院颁布了《关于改革学制的决定》，确定了新中国的第一个学制，标志着我国学制发展到一个新的阶段。

1958年，中共中央和国务院颁布了《关于教育工作的指示》，提出学制改革应遵循"两条腿走路"的办学方针和"三个结合、六个并举"的具体办学原则。

1985年颁布的《中共中央关于教育体制改革的决定》提出，学制改革的核心是把发展基础教育的责任交给地方，有步骤地实行九年义务教育。

1993年颁布的《中国教育改革和发展纲要》提出"两全面"（全面贯彻党的教育方针，全面提高教育质量）、"两重点"（建设好一批重点学校和重点学科）的改革要求。

1999年颁布的《中共中央国务院关于深化教育改革，全面推进素质教育的决定》提出要"调整现有教育体系结构，扩大高中阶段教育和高等教育的规模……通过多种形式积极发展高等教育……积极发展包括普通教育和职业教育在内的高中阶段教育……在城市和经济发达地区要有步骤地普及高中阶段教育……要大力发展高等职业教育……""大力发展现代远程教育、职业资格证书教育和其他继续教育。完善自学考试制度，形成社会化、开放式的教育网络，为适应多层次、多形式的教育需求开辟更为广阔的途径，逐渐完善终身学习体系。"这一次改革是世纪之交我国为加快实施科教兴国战略做出的重大决策,对中国教育的改革和发展产生了深远的影响,是我国应对 21 世纪国际竞争和知识经济带来的巨大挑战的重大举措。

2001 年颁布的《国务院关于基础教育改革与发展的决定》中"推进办学体制改革,促进社会力量办学健康发展;加强领导,动员全社会关心支持"的规定和 2004 年颁布的《2003—2007 年教育振兴行动计划》"支持和促进民办教育持续健康协调快速发展;进一步扩大教育对外开放"等规定,在完善我国学制上做了进一步补充。

2006 年修订后的《中华人民共和国义务教育法》(以下简称《义务教育法》)明确提出,我国义务教育学制为小学六年,初中三年,部分省市为小学五年,初中四年,少数地区实行八年制的义务教育;实施义务教育,不收学费、杂费;国家建立义务教育经费保障机制,以保证义务教育制度的实施。(如图 6-3 所示)

2010 年,中共中央政治局会议审议并通过了《国家中长期教育改革和发展规划纲要(2010—2020 年)》(以下简称《纲要》)。在学制方面,《纲要》按照完善现代国民教育体系、形成终身教育体系的要求,明确了今后一个时期我国学制方面的发展任务:一是积极发展学前教育、重点发展农村学前教育;二是巩固提高九年义务教育水平,重点推进均衡发展;三是普及高中阶段教育;四是把职业教育放在更加突出的位置;五是全面提高高等教育质量;六是发展继续教育,努力建设学习型社会;七是关心和支持特殊教育,完善特殊教育体系,健全特殊教育保障机制。

2019 年,中共中央、国务院印发《中国教育现代化 2035》。这是我国第一个以教育现代化为主题的中长期战略规划,是新时代推进教育现代化、建设教育强国的纲领性文件,它定位于全局性、战略性、指导性,强调目标导向,从"两个一百年"奋斗目标和国家现代化全局出发,面向未来描绘了教育发展图景,系统勾画了我国教育现代化的战略愿景,明确了教育现代化的战

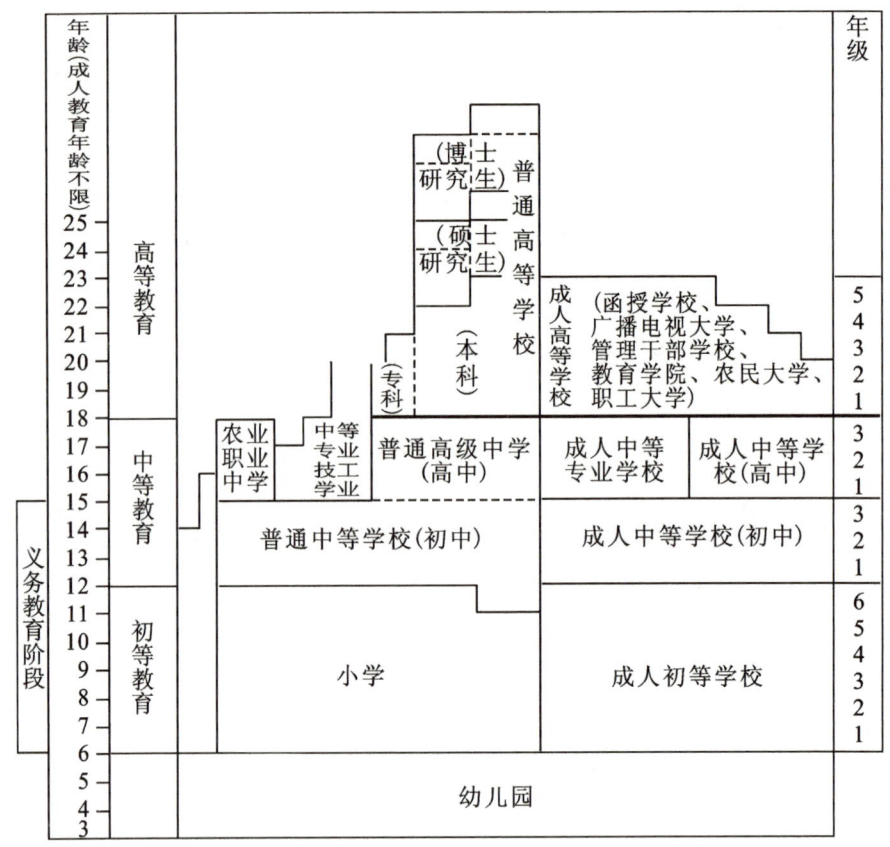

图 6-3 我国现行学制示意图

略目标、战略任务和实施路径。文件提出到 2020 年教育现代化取得重要进展,2035 年总体实现教育现代化、迈入教育强国行列的总体目标。同时,提出了八个方面的 2035 年主要发展目标:一是建成服务全民终身学习的现代教育体系;二是普及有质量的学前教育;三是实现优质均衡的义务教育;四是全面普及高中阶段教育;五是职业教育服务能力显著提升;六是高等教育竞争力明显提升;七是残疾儿童少年享有适合的教育;八是形成全社会共同参与的教育治理新格局。这八个目标涵盖了体系结构、普及水平、教育质量、人才培养结构、服务贡献能力等教育现代化的目标要求。

2019 年 1 月,国务院印发《国家职业教育改革实施方案》,指出:"职业教育与普通教育是两种不同教育类型,具有同等重要地位",正式确定职业教育在我国教育体系中是一个单独种类的教育,进一步丰富了学制类型。

练习与思考

一、选择题

1. 以下不属于教育形式多样化的是(　　　)。

　A.中学的出现　　　　　　B.网络教育的出现

　C.短期培训班的出现　　　D.幼儿园小学化

2. 以下属于微观教育制度的是(　　　)。

　A.某学校作息时间表

　B.普通高等学校学生管理规定

　C.《教师资格条例》实施办法

　D.某县教师进修管理规定

3. 以下观点正确的是(　　　)。

　A.教育制度直接反映统治者的意志,因此教育制度完全取决于政治

　B.社会物质生产发展的连续性,决定了教育制度也具有连续性和历史继承性

　C.生产力发展水平不对教育制度的建立产生影响

　D.各国教育制度之间由于政治、经济、文化的区别,因此不可能有相互借鉴之处

4. (　　) 是整个教育制度的核心组成部分。

　A.义务教育制度　　　　　B.学校教育制度

　C.学校领导制度　　　　　D.教育管理制度

5. 以下不属于学制组成要素的是(　　　)。

　A.学校类型　B.学校级别　C.学校结构　D.学校领导

6. 以下不属于世界学制改革一般趋势的是(　　　)。

　A.延长义务教育年限　　　B.普通教育与职业教育逐渐融合

C.逐步构建终身教育体系　　　　D.义务教育免费

二、思考题

1.试结合我国学制发展,分析一下学制确定的影响因素。

2.不同类型学制的优缺点分别是什么?

(选择题参考答案:1.D　2.A　3.B　4.B　5.D　6.D)

第七章 课程

■ 关键问题

1. 课程的概念、类型。
2. 不同课程流派的基本观点,课程开发的主要影响因素。
3. 课程目标、课程内容、课程评价等含义和相关理论。
4. 我国当前基础教育课程改革的理念、改革目标及其基本的实施状况。

■ 思维导图

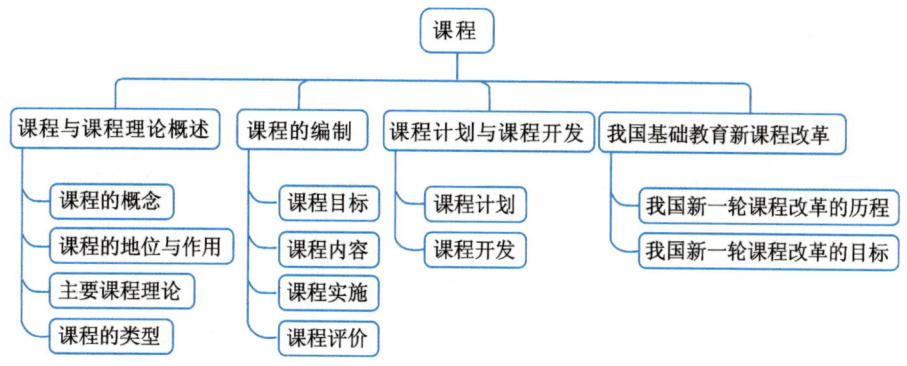

学校课程是学校教育教学活动开展的基本依据,也是学校教育目标实现的基本保证,在学校教育活动中具有重要作用。20世纪80年代以来,随着社会和科技不断发展,通过什么样的课程才能培养出适应未来社会需要的人才,成为世界各国教育改革的核心问题。

第一节 课程与课程理论概述

一、课程的概念

由于对教育的认识不同,课程的概念也存在着较大差异。在西方,"课程"一词源自拉丁语,通常解释为学生按照规定好的内容、路径和进程进行学习。在我国,宋代朱熹的文章中曾用"宽着期限,紧着课程""小立课程,大作工夫"等表述,主要指功课及其进程。英国教育家斯宾塞最早把课程作为教育学科专门术语,他把课程解释为教学内容的系统组成。在课程研究领域,美国课程论专家拉尔夫·泰勒的成果卓著,被誉为"现代课程理论之父"。课程的概念,正是随着教育实践的不断丰富和教育科学理论的不断发展而变化的,形成了不同的流派。

1. 知识说

该理论强调课程的主体内容,强调课程的社会制约性,认为要保证社会正常地延续和发展,就需要把社会积累的精神和文化产品传递给下一代。课程就是依据每门学科所形成的科学逻辑组织,从相应学科门类中精心选择相应内容,再按照学习者的认识水平认真编排所形成的内容体系,外在形式一般表现为课程计划、课程标准、教科书等。按照这种课程观虽然可以把课程编排得十分合理,但由于它将学习者排除于课程之外,甚至凌驾于学习者之上,学习者只能服从课程,在课程面前是接受者的角色,从而忽视了学习者的实际学习体验和学习过程。

2. 经验说

这种课程理论最早起源于杜威的实用主义教育理论,是基于对知识说的反思提出来的,强调课程是从学习者学习的角度出发设计的,所设计的内容是与学习者个人经验相联系的,认为作为课程的经验,不仅要考虑学生最终获得的知识性经验,还包括学习者经验的过程即体验、感受、获得、占有的"经验"过程。作为课程的经验,是在教育者的干预下实现的、具有极强目的性的经验,区别于且高于学习者在日常生活中的经验,也区别于和高于学习者在学校其他条件下获得的经验。只有这样,才能改变学校中多种多样的学科把儿童自身的经验世界割裂和肢解开来的现象。但这一课程观也有它自身的缺陷。美国课程学者坦纳夫妇曾提出过四条批评意见:①未能提出何种经验应由学校或其他机构提供。②可能排除了系统化的知识。③即使在教师的指导下,也可能包含好的和不好的经验。④未能指出经验所要达到的结果。

3. 活动说

这种课程观也是针对知识说的缺陷提出来的。其基本思想是,课程是教育者各种自主性活动的总和,学习者通过与活动对象的相互作用实现自身各方面的发展;学习者是课程的主体,课程必须以学习者的兴趣、需要、能力、经验为中介来实施。这种课程理论强调课程的完整性,突出课程的综合性和整体性;相对于经验说而言,更加强调课程的动态性质。课程的活动观对于协调知识说和经验说之间的差异有一定的作用,但是把课程作为外显的活动,常常导致把活动本身作为目的,忽视活动的真正意义是为促进学生的发展。

4. 计划说

这一观点是对单纯强调从学生的角度认识课程的观点的进一步反思,强调课程目标的作用,注重对课程内容的选择和活动的预先设计。其基本思想是,课程是有目的有计划的,它需要教师与学生的共同作用来实现学生的发展。课程的计划说虽然认识到课程的预期特征,并把这种理性预期与具体的内容和活动联系了起来,有助于把课程落到实处,但这一课程观容易混淆课程与教学的关系,犯包容过小的逻辑错误。

综合以上认识,我们大致可从广义和狭义两个方面来理解课程的概念:

从广义来说,课程是促进学生发展的教育性经验系统。此时的课程作为一种教育进程,包含了教学过程,既包括学科课程也包括活动课程;既有学科教学活动,也包括课外活动,甚至包括模仿教学与陶冶教学;既有显在的课程活动,也有潜在的课程活动。

从狭义来说,课程是指在学校教育环境中,促使学生全面发展的教育性经验的计划。此时,课程作为一个静态的客体,是教育者根据学生发展的需要进行事先安排,借助于教师与学生共同参与的教学活动,最终要生成对学生发展有益的教育性经验。

二、课程的地位与作用

课程是教师教和学生学的主要对象和依据。课程设置是否适当,内容编订是否正确,直接关系到教学质量的高低和学校教育的成败。

1. 课程是学校培养人才蓝图的具体表现

课程规定了学校教什么和学生学什么这样一个基本问题。课程及其顺序构成了学生达到教育目的与培养目标所应学习的基本内容体系。一个社会或国家需要什么样的人才,就要通过设置相应的课程给予学生必备的知识、相应的技能技巧和思想态度。

2. 课程是教师从事教育活动的基本依据

课程主要体现在课程计划、课程标准和教科书上,教师的教学活动必须以课程标准和教科书的要求为准绳,不仅要依据课程标准和教科书确定备课和授课的基本内容,而且要依据课程标准和教科书选择教学方法。因而,课程成为教师教的主要手段和依据,它直接关系到教学质量的高低与学校教育的成败。

3. 课程是学生吸取知识和经验的主要载体之一

学生在成长过程中,需要继承和掌握人类在千百年中已经认识到的间接知识和经验。学校根据培养人才的实际需要,根据培养目标的实际要求,精选有关间接知识和经验,并将其加工、改造、浓缩,通过课程以教科书的形式呈现给学生;再通过一系列精心组织的教学活动,使学生吸取这些知识和经验。因此,课程成为学生吸取知识的主渠道。

4. 合理的课程设置对学生的全面发展起着决定作用

由于培养人才的主要途径是教学,而在教学过程中,课程的设置又占有核心地位,因此,合理的课程设置对于学生身心的发展起着决定性作用。

5. 课程是评估教学质量的主要依据和标准

教学质量的评估是整个教学过程的有机组成部分。对学生学业成绩的考评是教学质量评估的主要途径。通过学业成绩的考核,不仅能使学生及时了解自己学习的优缺点以及与各个方面学习目标的差距,自动调节努力方向,充分发挥学习的主观能动性,而且是教师全面了解教学效果、及时调整教学目标、改进教学方法、保证完成教学任务的重要依据。

对于课程到底对人有什么作用的问题,历史上曾经产生过形式教育论和实质教育论的争论。形式教育论认为,课程的目的不在于传递有用的知识,而在于训练人的各种官能,如记忆力、想象力、思考力。在这种理论的影响下,学校课程非常重视希腊语、拉丁语和数学,认为这些学科具有训练人心智的作用。实质教育论是19世纪初期产生的,认为教育的目的是要充实人的思想,主张教给学生丰富的知识。在这种学说的影响下,学校课程重视有实用价值的知识。

三、主要课程理论

由于对课程概念的认识不同,就形成了不同的课程理论:

1. 学科中心课程论

学科中心课程指分别从各门科学中选择适合学生发展阶段的内容,组成不同的学科,并按各自所具有的逻辑和系统独立地、并列地安排它的顺序、学习时数和期限。柏拉图、亚里士多德等曾提出,一个真正的自由普通教育的内容应当由少数经过仔细选择的学科组成。夸美纽斯也曾提出,要设置百科全书式的课程。赫尔巴特把发展人的"多方面的兴趣(经验,思辨,审美,同情,社会,宗教)"看作一个根本的教育任务,并根据这些兴趣分别设置相应的课程。斯宾塞从功利主义观点出发,提倡实用科学知识,反对脱离生产和生活实际的绅士教育课程或古典文科中学课程,主张适应资产阶级新需要的实科课程。

在二战后,学科中心主义中又出现了要素主义和永恒主义的分歧。

(1)要素主义。

要素主义强调学校的课程应该给学生提供分化的、有组织的经验,即知识。给学生提供分化的、有组织的经验的最有效能和最有效率的方法就是学科课程。这种课程的重要特点在于,它是由若干门学科组成的,而每一门学科都有自己特定的组织。这样,每一门学科及其具备的智力训练的作用就能得到充分地发挥,不至造成活动课程那样相互混淆以致削弱的现象。

(2)永恒主义。

永恒主义认为具有理智训练价值的传统的"永恒学科"的价值远高于实用学科的价值,而这些"永恒学科首先是那些经历许多世纪而达到古典著作水平的书籍"。

永恒主义者认为名著所具有的优越性有:①它是实现教育目的的最好途径。经典名著包含了关于宇宙的见解和观念、正确的思维方法,论述了人类永恒的道德问题,体现了人类应该考虑的、永恒的原则和内容。②名著的定向都是概念的、理论的,而不是技术的、应用的。学习名著比学习一般教材更能对一个人的智力提出挑战,从而促进学生智慧的发展。③读书本身就是一种很好的理智训练。名著都是出自作为人类精华的伟大的知识分子之手。人们在阅读名著的过程中,不仅受到他们伟大思想的熏陶,实际上也是在同这些伟大人物进行交流、对话和讨论。最重要的是,读书对理智训练的价值还在于可以发展人们独立思考的能力,培养独立思考的习惯。④不读这些名著,就不可能理解当代的世界。永恒主义认为,名著中的思想提供了现代科学的基础。[①]

[①] 全国十二所重点师范大学联合编写.教育学基础(第3版)[M].北京:教育科学出版社,2014:165-166.

(3)学科中心课程论的优点。

①它能够编写出根据学科组织起来的教材,能够教人系统地掌握文化遗产。②通过有条理地学习依靠合理的逻辑组织起来的教材,能充分发展人的智力。③把一定的知识、技术的基本要素有组织地传授和教导,符合教育任务的要求。④受到悠久传统的支持,大多数教师已经习惯这种课程的教学。⑤课程的构成比较简单,易于评价。

(4)其不足之处。

①由于过于注重学科的逻辑系统性,学习时往往偏重记忆而忽视理解。②往往偏重学科知识结果的传授,而忽视获得知识的方法和过程的教学,导致学生的学习积极主动性难以调动,也不利于培养学生解决问题的能力。③学科分立,容易导致知识的学科分裂,不利于综合理解和应用。④容易导致理论与实际脱节,不能很好地适应社会的实际需要。

2. 儿童中心课程论

儿童中心课程是以儿童的主体性活动和经验为中心组织的课程,即以选择和组织学习经验为基础,用儿童的兴趣、需要、问题等组成的课程,其学习形式是通过儿童的活动来解决问题以获得经验,因此又称"活动中心课程"。儿童中心课程论的思想首先应追溯到18世纪法国启蒙思想家卢梭。卢梭主张教育不能无视儿童的本性和现实生活,必须遵循儿童的"自我活动",采取适应儿童"年龄发展阶段"的教育方法。美国的杜威则在批判赫尔巴特传统教育学的基础上,主张教育内容应该密切联系儿童的社会生活经验,从儿童的兴趣和需要出发,以儿童的活动为中心,来设计课程的内容和结构,使课程满足儿童当前的需要和兴趣。克伯屈创立的"设计教学法"把杜威的儿童中心课程论体现得最为充分,要求所有儿童活动必须由儿童决定目的,儿童制订活动计划,儿童自己实施活动,儿童自己评价活动效果。儿童在设计活动中可以获得知识,培养兴趣、能力和各种品质。

(1)儿童中心课程论的优点。

①强调儿童的兴趣,主张学习活动是积极的、活泼的。②注重学习与生

活的紧密联系,主张将生活、经验、社会课题和其他丰富的内容吸收到学校课程中来。③主张从活动、经验中学习,以培养学生解决问题的能力。

(2)儿童中心课程缺点。

①课程内容局限于儿童的日常生活经验,轻视前人创造的文化科学,不利于掌握必要的基础知识和基本技能。②忽视知识的体系和科学的逻辑结构,不利于学生掌握系统的科学知识。③以儿童为中心,容易轻视教育的社会任务。

3. 结构主义课程论

结构主义课程理论强调以知识结构为中心,其代表人物是美国的心理学、教育学家布鲁纳。他主张教学内容应以各门学科的基本结构为中心。学科的基本结构,指的是一门学科的基本概念、基本原理及其联系以及这门学科的基本方法。结构主义课程论比较重视掌握概念,列出结构的程序,主张把学习重点放在使学生获得知识的方法上,强调通过发现的方法使学生掌握知识及结构,而只要掌握了基本结构,学生就可以领会事实并能对它进行分类和评价,实现知识的巩固和促进知识、技能的迁移。结构主义课程论把结构主义原理和心理学理论引进到课程结构中来,符合系统科学的理论,有一定的科学价值,同时在一定程度上反映了当代新技术革命对人才培养的客观要求。但这种课程理论的指导思想是"精英教育",因而过高估计了学生的接受能力,过分强调理论的重要性,忽视了学生基础知识的掌握和基本技能的训练。

4. 社会中心课程论

社会中心课程论主张课程的设立依据应通过对社会现实问题的分析解决来确定,强调课程应以社会生活和社会问题为中心。社会中心课程论又分为社会适应说和社会改造说。

(1)社会适应说。

社会适应说认为社会的变化是个人发展的决定性因素,学校是社会的代理机构,社会在不断发生变革,所以课程设置、教学内容的选择和教材的编排都应该为学生服务,目的是让学生了解并适应不断变化的世界,更好地在世界立足。

(2)社会改造说。

社会改造说认为,社会在不断变化,应该把社会生活和社会问题作为课程设置的核心,它的宗旨不是为了适应变化的社会,而是要把学生培养成为改造社会的工具,提高学生的主动性、自觉性,积极投入社会改革之中,扮演改革者的角色。因此,它要求根据改造社会的需要来设置课程,把课程及其内容的选择和安排与社会的改造联系起来,围绕社会改造的"中心问题"组织学校课程。

(3)优点与缺点。

虽然,社会适应派和社会改造派的观点不尽相同,各自有所侧重,但它们都强调社会实践活动和社会问题解决能力,这正是社会中心课程论的真正价值和创新点。这种课程论主要优点在于:①重视各门学科的综合学习而不是孤立地按照分科去学习,这样就有利于学生掌握解决实际问题的方法。②重视教育与社会、课程与社会的联系,按照社会的实际需要来设置课程,有利于为社会需要服务。③按照这种理论培养的学生,具有很强的社会适应能力。

它的不足之处主要表现在:①过分夸大教育的作用。②忽视了各门学科之间的系统性,不利于学生掌握各门学科的系统知识。③过分强调社会需要,忽视了影响课程设置的其他因素。

5. 存在主义课程论

存在主义认为,在确定课程的时候,一个重要的前提就是要承认学生本人为他自己的存在负责的事实。换言之,课程最终要由学生的需要来决定。存在主义课程的主要代表人物之一奈勒认为,不能把教材看作是为学生谋求职业做好准备的手段,也不能把它们看作是进行心智训练的材料,而应当把它们看作是自我发展和自我实现的手段;不能使学生受教材的支配,而应该使学生成为教材的主宰。知识和有效的学习必须具有个人意义,必须与人的真正目的和生活相联系,只有这样,个人才能在时间和环境都适宜的条件下按照他选择的知识和对于知识的理解来行动。但存在主义也主张,知识离不开人的主观性,它仅仅是作为人的意识和感情才存在的,因此他们并不反对课程本身和体现各门学科知识的教材,只是批评其没有考虑到学生对这种课程的态度。此外,存在主义者还认为,人文学科应该成为课程的重点,因为人文科学比其他学科更深刻、更直接地表现了人的本性及人与世界的关系,更能洞察和发展人存在的意义。

6. 后现代主义课程论

后现代主义课程论是指借助于后现代主义提出的新视角和方法来考察课程问题而形成的观点,其中最为著名的是美国学者多尔。多尔指出,18、19世纪盛行的因果关系观念认为事物之间的关系法则是可以被发现、预测和控制的,表现在课程上,这种观念就呈现为一种线性的、统一的、可以预测的、决定论的倾向。他在分析和批判泰勒模式的基础上把他设想的后现代课程标准概括为"4R",即丰富性(Richness)、循环性(Recursive)、关联性(Relational)和严密性(Rigorous)。

丰富性指学校中设置的主要学术性学科都有该学科相应的历史背景、基本词汇和最终词汇,因此每门学科都会以自己的方式解释丰富性,因此要理解这些学科,需要通过对话和协商的方式,通过各种领域的开放的、合作的、对话性质的探索来理解。循环性则指一种内容丰富而复杂的课程,往往需要通过再回头思考它,需要再提供各种机会才能掌握,旨在发展学生的能力。关联性则强调在构建课程时要考虑课程在教育与文化方面的各种关系,使课程形成一个更大的网络。严密性则在于使课程不再滑入"不能控制的相对主义"以及情感上的唯我主义的怪圈,希望通过有意识地去查找自己或别人重视的假设,并且协调讨论这些假设中的有关细节,从而使对话更有意义,使课程更有价值。

四、课程的类型

根据以上课程理论,课程通常被分为不同类型。

1. 学科课程与活动课程

学科课程以学科中心课程理论为基础,又称"分科课程",以有组织的学科内容作为课程组织的基础,强调知识本位,从不同学科的知识体系出发设计课程;以完备的逻辑体系分学科编制课程;重视学科的理论知识,强调学科的基本概念、基本原理、基本规律,如,我国古代的"六艺"、古希腊的"七艺"都是最早的学科课程。其优点在于比较强调每一学科的逻辑组织;缺点在于较少考虑学科之间的相互联系,而把每一门学科看成是与其他学科互不关联的实体。

活动课程以儿童中心课程理论为基础,强调从儿童的兴趣和需要出发,以一系列活动组成课程,强调儿童在活动中主体性经验的获得,从而培养兴趣、解决问题、锻炼能力。该种课程因其重点不同而有多种含义,如果强调以儿童活动为中心,则称"活动课程"或"儿童中心课程";如果强调以儿童生活为中心,则称"生活课程";如果强调以改造儿童经验为目的,则称"经验课程"或"经验本位课程";如果强调以设计教学为方法为目的,则称"设计课程";如果强调无固定教材,则称"随机课程"。

活动课程与学科课程有着明显的区别。第一,从目的上讲,学科课程主要向学生传递人类长期创造和积累起来的种族经验的精华;活动课程则主要让学生获得包括直接经验和直接感知的新信息在内的个体教育性经验。第二,从编排方式上讲,学科课程重视学科知识逻辑的系统性,活动课程则强调各种有教育意义的学生活动的系统性。第三,从教学方式上讲,学科课程主要是以教师为主导去带领学生认识人类种族经验;而活动课程主要以学生自主的实践交往为主获取直接经验。第四,在评价方面,学科课程强调终结性评价,侧重考查学生学习的结果;而活动课程则重视过程性评价,侧重考查学生学习的过程。因此,活动课程较之学科课程,能够提供给学生更为广泛的学习空间和更为充分的动手操作机会,能够激发学生的学习主动性,对于培养能力、发展智力是很有帮助的,并因为其种类繁多,运用起来比较灵活,既可作为课堂教学的一部分,又可作为课堂教学的一种补充。但同时也应看到,儿童从活动课程中获得的知识缺乏系统性和连贯性,有较大的偶然性和随机性。

2. 综合课程与核心课程

(1)综合课程。

综合课程又称广域课程、统合课程或合成课程,其根本目的是克服学科课程分科过细的缺点。其倡导者认为,一方面,科学是一个统一体,同一问题可以用不同学科的知识来解释和解决;另一方面,当代社会发展中导致的环境问题、社会问题的解决也绝非依靠某一门学科就能解决的,而必须运用综合学科。它常采用合并相关学科的办法,减少教学科目,把几门学科的教学内容组织在一门综合学科之中。

综合课程的优点包括:可以借助于与学生自身有关的学习内容使学生对学习更感兴趣,从而强化学生的学习动机;可以丰富和拓宽学习内容的内涵和外延,使学生接触到在分科情况下由于被忽视或轻视而可能一生都无法接触到的某些学科内容;可以提高学习效率,有效消除内容重复、浪费时间的现象。

综合课程的缺点是忽视了每门学科都有其自身的逻辑和结构。一个熟练的教师完全可以使任何学科都变得令人感兴趣,相互独立的学科也能以它自身的方式强化学生的学习动机,拓宽学习内容的内涵和外延。综合课程在实施过程中面临着诸如怎样把各门学科的知识综合在一起形成教材、那些只受过单一学科训练的教师往往不能胜任综合课程的教学等困难。为了解决这些问题,有人提出采用由若干教师合作完成一门综合课程的教学任务的"协同教学"方式,或者开设综合课程专业,如综合理科系来培养具有综合性知识的教师的方式。

(2)核心课程。

核心课程既指所有学生都要学习的一部分学科或学科内容,也指对学生有直接意义的学习内容。核心课程既不主张以学科为中心,也不主张以儿童为中心,它主张以人类社会的基本活动为中心,避免因学科本身距离生活过于遥远和单凭儿童的兴趣和动机来组织课程所导致的概念模糊和体系混乱等后果。在形式上,核心课程通常围绕一个核心来组织教学内容和教学活动,采取由近及远、由内向外、逐步扩展的顺序呈现课程内容。社会问题课程是核心课程的重要表现形式,即以当代社会问题为中心组织的课程。它主要针对某个社会问题,从不同的学科角度组织教学内容。例如,以"环境保护"为核心组织教学内容和教学活动,可先以本地的环境保护为内容,组织教学活动,让学生学习那些接近生活环境的人类基本活动,如家庭、学校、邻居、当地社会环境和自然环境等,随着学生年龄的增长和年级的升高,再逐渐扩展其学习范围到本地区、本市、本国乃至全世界。由于社会问题课程的内容主要来自社会生活和人类不断出现的问题。因此,这种课程比较受学生欢迎。

核心课程的主要优点包括:强调课程学习中理解问题、分析问题和解决问题等技能的培养,内容具有统一性、实用性和针对性。课程内容关注学生周围的社会生活和人类不断出现的问题,能够调动学生的学习和参与积极性。对于学生认识社会和改造社会有积极作用。

核心课程的缺陷包括:课程的范围和顺序没有明确的规定,学习的内容可能零乱、琐碎或肤浅。知识的逻辑性、系统性和统一性会受到影响。由于缺乏有组织的内容,难以有效体现文化遗产,还有可能背离课程的期望和学校对课程的要求。

3. 国家课程与校本课程

国家课程亦称"国家统一课程",它是自上而下由中央政府负责编制、实施和评价的课程,这些课程往往具有权威性、强制性等特点。

地方课程又称"地方本位课程",是指地方各级教育主管部门根据国家课程政策,以国家课程标准为基础,在一定的教育思想和课程观念的指导下,根据地方社会经济和文化的发展水平及要求,充分利用地方课程资源而开发、设计、实施的课程。它是不同地方对国家课程的补充,反映了地方和社区对学生素质发展的基本要求,具有鲜明的地域色彩。地方本位包括三方面的含义:一是服务于地方,即地方课程的开发及实施,应以解决地方面临的具体问题,为当地发展培养特殊需要的人才为目标;二是立足于地方,即地方课程的开发及实施,应从当地实际出发,充分挖掘当地所存在的各种潜力,充分利用本地的教育资源;三是归属于地方,指在不违背国家课程目标的大前提下,地方课程的管理应是各级地方教育部门的一项经常性工作。地方课程作为国家基础教育宏观课程结构中的重要组成部分,对于因地域辽阔,不同地方经济、文化发展水平差异极大而导致的教育发展地域不平衡、民族与文化差异、教育针对性和适切性不强的教育发展问题能起到较好的解决作用。

校本课程是某一类学校或某一级学校的个别教师、部分教师或全体教师,根据国家制定的教育目的,在分析本校外部环境和本校内部环境的基础上,针对本校、本年级或本班级特定的学生群体,编制、实施和评价的课程。主要强调解决国家课程与地方教育需求、学校办学条件、师资质量参差不齐以及国家课程的编制周期和修订周期间隔较长,教材老化和知识陈旧等问题。目前来看,校本课程已经成为国家、地方和学校都十分重视的教育发展措施,对于解决"千校一面"的教育发展现状具有重要意义。但其在实施中也存在着几方面的问题:课程编制的权力下放给教师和学生以后,必然扩大了学校与学校之间课程的差异,加剧了学校与学校之间教育质量的不平衡。学校及教师本身缺乏开发校本课程的专门理论和专门技能。校本课程开发所耗费的教育资源明显高于实施国家课程的需求,对学校的投入要求较高。教师频繁流动的情况下,校本课程的质量和连续性势必受到影响。

4. 必修课程与选修课程

课程要传递和保存的是前人的经验,学生对这些经验必须掌握和内化,因此课程是规定性的,往往是由社会以习俗或法律形式赋予某一类机构或人员根据统治阶级或社会发展要求选择规定。在这个意义上,课程就必须是所有的学生必须学习的。但随着社会的发展和文化的不断丰富,人们对社会、对自身、对儿童的认识也在不断深化,当社会形成了多元价值观时,文化选择便演变为课程选择,选择主体便由成人转变为儿童。为了实现社会的规定性和儿童的选择性的统一,课程就被分为必修课程与选修课程。

必修课程是一个教育系统或教育机构法定性的,要求全体学生或某一学科专业学生必须学习的课程种类。必修课程的根本特性是强制性,是社会权威在课程中的体现。必修课程所具有的功能表现在:选择传递主流文化;帮助儿童掌握系统化知识,形成特定的技能、能力和态度;促进社会政治、经济、科技的发展;帮助学生获取某一教育程度的文凭和某种职业资格的核心知识和技能;促进一部分学生关键认知、情感和技能的发展。

选修课程是一种在教育系统或教育机构中,学生可以按照一定规则自由选择学习的课程种类。选修课程,一般分为限定选修课程与任意选修课程两类。限定选修课程是指在规定的范围内学生按一定的规则选择学习的课程,比如学生必须在若干组课程中选修一定组数的课程,或在若干门指定的课程中选修一定门数的课程。任意选修课程则是不加限制,由学生自由选择学习的课程。影响选修课程比例的主要因素有社会需要、文化背景、儿童发展需要、学习时间的有限性、培养目标的宽窄、教育和课程管理体制类型以及教师的数量和质量等。

5. 显性课程与隐蔽课程

显性课程,是在一个教育系统或教育机构中要求学生必须学习并通过考核,达到明确规定的教育目标,以获取特定教育学历或资格证书的课程。显性课程具有特殊目的性,这就是达到明确规定的教育目标,使学生获取一定的教育学历或资格证书。另外,显性课程还具有特殊的形式,就是以教学为根本途径,包括教师与学生面对面的直接教学,也包括了教师与学生在空间和时间上分离开的间接教学。

　　隐蔽课程的概念形成于二十世纪六七十年代,是指学校教育中的那些虽然在课程指南或学校教学计划中未明文规定,但显然是学校教育经验中经常的和有效的实践与结果。即学生在显性课程以外所获得所有学校教育的经验,其不作为获取特定教育学历或资格证书的必备条件。隐蔽课程作为一种以自我体验为根本途径的教育经验,实际上就是课堂教学之外的一种特殊的教育文化或校园文化。一般来说,学校校园里存在三类隐蔽课程:(1)物质性隐蔽课程。诸如学校建筑及其结构和内涵、校园人造自然环境及其结构和内涵、校园生活水平及其结构和内涵等。(2)制度性隐蔽课程。诸如人际关系准则,包括教师、学生、职工、领导相互之间的关系准则,学术交往、朋友交往、恋爱交往等准则。(3)心理性隐蔽课程。诸如师生特有的心态、行为方式和价值观念等。

第二节　课程的编制

　　长期以来,学校中的课程设置,都是人们遵循传统,对学科中心课程加以修订而形成的。杜威倡导儿童中心课程后,进步主义教育日益受到人们的欢迎,但进步主义课程和传统课程的教法到底孰优孰劣,却一直没有定论。

　　1930年,美国进步教育协会制定了一项由合作中学和大学共同参与的为期八年(1934—1942年)的教育实验研究,旨在对进步主义学校毕业生和传统学校毕业生在大学的学习情况作对比研究,以了解两种不同类型的课程、教法的优劣,探究当时的大学入学考试科目对于大学学习是否必不可少,进步主义学校的课程、教法是否同样能为学生升入大学作准备等问题,史称"八年研究"。当"八年研究"结束时,以泰勒为首的学院追踪研究组,对"八年研究"的结果进行了评价。实验证明,按照进步主义的教育原则实施的中学教育,既能很好地完成中学的传统的职责,为大学输送合格的人才,又能促进学生多方面的发展,而这一切是原有中学教育所难以达到的结果。

1949年,泰勒正式出版了《课程与教学的基本原理》一书,总结了他在"八年研究"中的成果。在该书中,泰勒把课程编制的主要步骤列为四个问题:(1)学校应该达到哪些教育目标?(2)提供哪些教育经验才能实现这些目标?(3)怎样才能有效地组织这些教育经验?(4)我们怎样才能确认这些目标正在得到实现?概括地说,课程应分为教学目标、学习活动、课程内容的组织以及教学评价四个基本的要素。这就是现代美国课程领域中有着广泛影响的"泰勒原理"。

本章依据泰勒原理的基本思路,分别从课程目标、课程内容、课程实施以及课程评价等方面,介绍课程的编制过程。

一、课程目标

课程目标是指课程本身要实现的具体目标和意图,规定了某一教育阶段的学生通过课程学习以后,在发展品德、智力、体质等方面期望实现的程度,它是确定课程内容、教学目标和教学方法的基础。从某种意义上说,所有教育目的都要以课程为中介才能实现。课程目标具有整体性、阶段性、持续性、层次性、递进性和时间性等特点。

确定课程目标,首先要明确课程与教育目的和培养目标的衔接关系,确保这些要求在课程中得到体现。其次要在对学生的特点、社会的需求、学科的发展等各个方面进行深入研究的基础上,才有可能确定行之有效的课程目标。

确定课程目标的方法一般有筛选法和参照法两种。筛选法是美国北加州大学课程开发中心研制的方法,多年来被许多教育机构模仿。具体步骤如下:(1)预定若干项课程目标,涉及课程的各个方面,如"培养阅读、写作、说、听的技能""培养艰苦的性格和自尊心"。(2)书面征求有关人员对预定课程目标的意见,允许他们补充其他课程目标。(3)把原先预定的课程目标和补充的其他课程目标汇总在一起。(4)请有关人员根据汇总的课程目标,依次选出若干项最重要的课程目标。(5)根据统计结果,确定名次靠前的若干项课程目标。参照法是指在确定课程目标的过程中,参考过去的课程目标和其他国家的课程目标,并根据本国国情和教育状况,确定符合本国情况的课程目标。依靠"剪刀+糨糊"拼凑起来的课程目标和教学目标历来受到批评,但从比较、借鉴和参考现有资源和材料的角度看,也不失为一条便捷之路。

二、课程内容

课程内容是指经过选择之后,按照学科的逻辑顺序和学生的学习顺序编排的、学生需要学习的内容,通常表现为课程标准、教材、教师用书、练习册等。

1. 课程标准

课程标准是规定某一学科的课程性质、课程目标、内容目标、实施建议的教学指导性文件,主要详细、明确地阐述课程的基本理念、课程目标、课程实施建议等,特别是提出了面向全体学生的学习基本要求,是教材编写、教学、评估和考试命题的依据,是国家管理和评价课程的基础。课程标准实质上是对学生在经过一段时间的学习后应该知道什么和能做什么的界定和表述,反映了国家或社会对不同阶段的学生在知识与技能、过程与方法、情感态度与价值观等方面的基本要求。课程标准一般包括前言、课程目标、内容标准、实施建议、术语解释等五个部分。课程标准主要有内容标准(划定学习领域)和表现标准(规定学生在某领域应达到的水平)两类。

2. 教材

教材又称"课本",它是依据课程标准编制的、系统反映学科内容的教学用书。它主要由目录、课文、习题、实验、图表、注释和附录等部分构成。随着科学技术的发展,各类指导书和补充读物、工具书、挂图、图表和其他教学辅助用具,以及教学程序软件包、幻灯片、电影、音像磁盘等也逐渐成为教材的一部分。

(1)教材的作用:

①教材是学生在学校获得系统知识、进行学习的主要材料。②教材是教师进行备课、上课、布置作业、学生学习成绩的评定等教学活动的主要依据。③教材能够帮助教师根据课程计划对本学科的要求,分析本学科的教学目标、内容范围和教学任务。④能够帮助教师根据本学科在整个学校课程中的地位,研究本学科与其他学科的关系,以确定本学科的主要教学活动、课外活动、实验活动或其他社会实践活动,对各教学阶段的课堂教学和课外活动做出统筹安排。

(2)教材的编排要妥善处理以下几个方面的问题:

①处理好思想性与科学性、观点与材料、理论与实际、知识和技能的广度与深度、基础知识与当代科学新成就的关系。②编排形式要有利于学生的学习,符合卫生学、教育学、心理学和美学的要求。③内容阐述要层次分明;文字表述要简练、准确、生动、流畅;篇幅要详略得当,标题和结论要用不同的字体或符号标出,使之鲜明、醒目;封面、图表、插图等,要力求清晰、美观;字体大小要适宜,装订要坚固,规格大小、厚薄要合适,便于携带。

三、课程实施

课程实施是将规划的课程付诸实际教学行动的实践历程,是达到预期课程目标的基本途径。由于美国在二十世纪五六十年代花了巨额资金设计出来的课程后来却没能得到有效地实施,人们认识到,只有直接分析和了解课程实施过程,教师和管理者才能知道在教学过程中真实发生着什么。这样有助于了解为什么有的课程计划会成功而有的会失败,进而识别引起变化的主要问题。同时,也只有直接分析和了解课程实施过程,才能真正理解和解释学生学习为什么是这样或那样。

对于课程实施的内涵,主要有两种观点影响较大。一种观点认为,课程实施是课程方案中所设计内容的落实。这种观点是将课程方案看作固定的、不可变更的,实施就是一个执行的过程。作为课程执行者的学校和教师,应当对课程有深刻理解,并正确运用课程,忠实地执行课程方案中规定的项目。而实施的效果如何,取决于课程执行者对课程方案的理解水平和落实程度。另一种观点则认为,课程实施是作为一个动态的过程而存在的,课程实施不只是研究课程方案的落实,更是学校和教师在执行一个具体课程的过程中,按照实际情况对课程进行调适的过程。也正是由于对课程实施的不同认识,导致了课程实施的策略选择、课程实施取向以及实施过程中问题解决方式不同。持第一种观点的人更倾向于以国家或地方为中心来推行改革,认为改革的过程即是忠实地执行计划的过程;而持第二种观点的人则强调在一个连续的、动态的实施过程中,将学校、教师、学生作为改革的主体,赋予其更多的自主权来实施变革,没有课堂教学层面的改革,就不可能有真正的新课程实施。①

正是由于对课程实施内涵的认识不同,课程实施在取向上也存在着三种基本取向,即忠实取向、相互调适取向和课程创生取向。

1. 忠实取向

即视课程实施为忠实地执行课程方案的过程。衡量课程实施成功与否的基本标准是课程实施过程中实现预定的课程方案的程度。这种观点的基本假设是,倘若教师的课程实施选择权不多,则课程实施的方法愈明确,课程实施就愈"忠实"。因此该取向强调课程设计的优先性与重要性,强调事前规划的课程方案具有示范作用,不能给教师留下太多的弹性与自由发挥的空间,不鼓励或不允许个别教师在自己的课堂情境中因变革而修改课程内容;强调课程专家在课程变革中的重要地位,把课程变革看成实施预定课程计划的机械、线性的过程,对课程实施者的主动性认识不足,容易陷入机械主义和教条主义的泥潭。忠实取向的课程实施适用于

---

① 钟启泉.课程的逻辑[M].上海:华东师范大学出版社,2008:5.

课程内容极为复杂、困难且不容易掌握精熟的新课程方案,或是学生的理解有赖于配合课程内容的特定安排。然而,课程的规范说明与行政命令规定可以规范课程科目知识的最小范围与最低标准,但无法硬性限制师生的最大选择范围与最高成就标准,更不应该限制师生对学习方法的选择。

2. 相互调适取向

即把课程实施视为课程设计人员与课程实施者双方同意进行修正调整,采用最有效的方法以确保课程实施成效的过程。相互调适取向强调双向的互动与改变,认为课程方案有必要应学校教育的实际情境而加以弹性调整。其基本假设是,课程变革是一种复杂的、非线性的和不可预知的过程,因此应关注课程实施过程中的具体实践情境,如社区条件、学校情境、师生特点等对课程实施的影响,反映师生的主动性、课程实施的复杂性、不确定性和过程性。

3. 课程创生取向

即把课程实施视为师生在具体的课堂情境中共同合作、创造新的教育经验的过程,认为课程实施本质上是在具体的课堂情境中"创生"新的教育经验的过程。真正的课程并不是在实施之前就固定下来的,它是情境化、人格化的,既有的课程方案不过是一种供这种经验创生过程选择的工具而已。这种取向强调"课程是实践"。课程创生取向强调"教师即课程",即教师是决定新课程成败的关键角色。课程改革是教师的再学习过程,课程开发意味着教师的专业发展,没有教师的发展就没有课程的开发。专家设计的课程仅仅是一种暂时性的假设,教师要在课堂教学中加以实验,与学生交互作用,与同事讨论对话,经由这种过程建构的结果才是知识。教师和学生是在观察、实验、分析、对话和争论中建构知识的。因此,教师必须改变角色,做一个学习者、反思者。当"每一个教师都成为课程设计者,每一间教室都成为课程实验室,每一所学校都成为教育社区"之日,也就是新课程得以完美落实之时。

上述三种取向从不同侧面揭示了课程实施的本质,各有其存在的价值。从忠实取向到相互调适取向,再到课程创生取向,意味着课程变革从追求"技术理性"到追求"实践理性",再到追求"解放理性",体现了课程变革的发展方向。

虽然学者们对课程实施有着不同观点,但在课程实施含义上仍然取得了一定的共识:(1)课程实施是将编制好的课程计划付诸实践的过程,是实现预期的课程理想,达到预期的课程目的,实现预期教育结果的手段。(2)课程实施是通过教学活动将编制好的课程付诸实践。(3)课程实践的焦点是实践中发生改革的程度和影响课程实施的那些因素。

四、课程评价

课程评价就是运用一定的方法和手段,对课程开发过程、课程计划及实施效果作出价值判断并据此改进课程的过程。泰勒是第一个提出"教育评价"的学者,认为教育评价过程实质上是一个确定课程与教学计划实际达到教育目标的程度的过程。

上述概念,包括三层含意:①评价是一个价值判断的过程,要求在事实描述的基础上,体现评价者的价值观念和主观愿望。②评价的对象包括"课程的计划、实施、结果等"诸种课程要素,它既包括课程设计、课程实施,又包括课程活动的结果,即学生和教师的发展,还包括对课程系统和课程评价的评价(元评价)。③评价的目的不仅给出价值判断,更在于促进课程的改进。

1. 课程评价取向的类别

与课程实施的认识相关联,对课程评价的取向也可分为目标取向的课程评价、过程取向的课程评价和主体取向的课程评价。

(1)目标取向的课程评价。

这种观点的主要代表人物泰勒及其学生布卢姆等人。他们认为,课程评价是将课程计划和预定课程目标相对照的过程。在这里,预定目标是评价的唯一标准,它追求评价的科学性与客观性,因而,这种取向的评价的基本方法论就是量化研究方法,并常常将预定目标以行为目标的方式来陈述。

(2)过程取向的课程评价。

这种评价试图将教师和学生在课程开发、实施以及教学过程中的全部情况都纳入评价的范围之内,强调评价者与具体情境的交互作用,主张不论是否与预定目标相符、与教育价值相关的结果,都应当受到评价。

(3)主体取向的课程评价。

这种观点借鉴建构主义的观点,认为课程评价是评价者与被评价者、教师与学生共同建构意义的过程。

(4)科学主义取向和人文主义取向的课程评价。

这两种取向可以被看作是评价连续体上相对立的两端。持科学主义取向的人认为,课程评价要了解经过实验处理后所产生的结果,必须采用实验处理的方式,通过控制课程以外的各种变量以免干扰人们探究实验处理与实验结果之间的关系,从而使评价结果具有较高的信度和效度;同时,评价者必须严格采取中立的态度,防止带有个人的价值观,唯有这样,评价的结果才是精确的。人文主义取向也称"自然主义取向",认为社会现象是很复杂的,各种事物都是相互关联的,不可能把它切割开来分别研究,因而实验是无法实现的。在他们看来,人类的行为表现都是与特定情境联系在一起的,若要了解它们,必须将它们置于其原来的情境之中,所以应从评价者与实际情境的交互以及各种观察中获得的主观映象收集材料,作为评价的依据。

(5)内部评价取向与结果评价取向的课程评价。

评价者有时只关注评价课程计划本身,有时则可能只关注评价课程实施后的结果。斯克里文分别称之为"内部评价"和"结果评价"。"内部评价"通常都直接指向计划本身,就课程设计所包括的特定内容、课程内容的正确性、课程内容排列的方式、课程计划所涉及的学生经验的类型以及所包括的教学材料的类型来评价课程计划本身的价值进行分析,试图回答"这项课程计划好在哪里?"这一问题。其假设是,如果课程计划设计、组织得很好,并有可靠的基础,就有可能在促进学生学习方面是有效的。"结果评价"把重点放在考察课程计划对学生所产生的结果上,主要回答"课程达到目标的实际情况如何?"这一问题。

2. 课程评价的模式

伴随着以上对课程评价的探讨,也形成了众多课程评价的基本模式。目前常用的课程评价模式主要有:

(1) 目标模式。

目标评价模式是在泰勒的"评价原理"和"课程原理"的基础上形成的,以目标为中心展开。这一模式强调要用明确、具体的行为方式来陈述目标,评价是为了找出实际结果与预期结果之间的差距,并利用这种反馈信息作为修订课程计划的依据。主要包含七个步骤:确定教育计划的目标;根据行为和内容来解说每一个目标;确定使用目标的情境;设计呈现情境的方式;设计获取记录的方式;确定评定时使用的计分单位;设计获取代表性样本的手段。目标模式便于操作且易于见效,很长时间在课程领域占据主导地位。

(2) 目标游离模式。

目的游离评价是美国教育家、心理学家斯克里文针对目标评价模式的弊端而提出来的。他认为,评价者应该注意的是课程计划的实际效应,而不是其预期效应,即原先确定的目标,否则就会忽视非预期的效应。因此,目标游离模式把评价的重点从"课程计划预期的结果"转向"课程计划实际的结果",评价者要收集有关课程计划实际结果的各种信息,无论是预期的还是非预期的、积极的还是消极的,并依靠这些信息做出评价。它弥补了目标模式的不足,但如果在评价中把目标搁在一边去寻找各种实际效果,结果很可能会顾此失彼,背离评价主要目的的问题。另外,目的完全"游离"的评价是不存在的,因为评价者总是会有一定的评价标准,游离了课程编制者的目的,评价者很可能会用自己的目的来取而代之,造成评价结果主观意味浓厚。严格地说,目的游离评价不是一个完善的模式,因为它没有一套完整的评价程序,所以有人把它当作一种评价的原则。

(3)CIPP模式。

CIPP模式是美国教育评价家斯塔弗尔比姆倡导的课程评价模式,包括背景评估(context evaluation)、输入评价(input evaluation)、过程评价(process evaluation)、成果评价(product evaluation)等评价内容,强调评价是为课程决策提供反馈信息。背景评价,指要确定课程计划实施机构的背景,明确评价对象及其需要,明确满足需要的机会,诊断需要的基本问题,判断课程目标是否已反映了评价对象的需要。输入评价,主要是为了帮助决策者选择达到目标的最佳手段,而对各种可供选择的课程计划进行评价。过程评价,主要是通过描述实际过程来确定或预测课程计划本身或实施过程中存在的问题,为课程决策者提供修订课程的必要信息。成果评价,即测量、解释和评判课程计划的成绩。它要收集与结果有关的各种描述与判断,把他们与目标以及背景、输入和过程方面的信息联系起来,并对它们的价值和优点作出解释。

CIPP模式的目的不在评判结果,而在不断改进,突出了评价的发展性功能。它考虑了影响课程计划的各种因素,相对来说比较全面,但操作复杂,很难掌握。

(4)外观评价模式。

外观评价模式由美国评价学者斯塔克提出。他认为,评价应该从三方面收集有关课程的材料:前提条件、相互作用、结果。前提条件是指教学之前已存在的、可能与结果有因果关系的各种条件;相互作用是指教学过程,主要是指师生之间和学生之间的关系。结果是指实施课程计划的效果。对于这三个方面的材料都需要从描述与批判两个维度作出评价。描述包括课程计划打算实现的内容和实际观察到的情况这两方面的材料;评判也包括根据既定标准的评判和根据实际情况的评判两种。

外观评价模式需要在课程实施的整个过程中收集资料,不仅关注结果,同时注重描述和评判教学过程中出现的各种动态现象,比其他评价模式更为周到。但在收集资料的过程中容易带入个人主观因素,且需要收集和处理信息繁多,实施效果难以保证。

(5)应答模式。

美国学者斯塔克于1973年提出评价的应答模式,后经古巴、林肯等进一步发展而日趋成熟。这一模式的主要特点是以问题,特别是直接从事教育活动的决策者和实施者所提出的问题,作为评价的先导。通过评价者与评价有关的各方面人员之间的持续不断地"对话",了解他们的愿望,对教育的方案做出修改,对大多数人的愿望做出应答,以满足各种人的需要。斯塔克认为解决教育问题只能依靠那些直接接触问题的人,教育评价应有助于改进工作,应运用非正式地观察、交往等描述性的定性分析的方法,以弥补传统的、实验的和标准化测验的不足。这一模式较好地适应了多元社会的现实和具有不同观点的评价听取人的需要,结果具有相当的弹性和应变性,因而被一部分学者认为是迄今最全面、最有效的评价模式。

第三节 课程计划与课程开发

一、课程计划

课程计划是根据课程编制的原理和方法,为实现学校的教育目的任务而制定的课程总体规划。

课程计划是教育主管部门根据教育方针、不同类型学校的教育任务和培养目标,统一制定和颁发的有关学校教育和教学工作的指导性文件,体现了国家对学校教育目的、任务、培养合格人才的统一要求,是编定各科课程标准和教科书的主要依据。课程计划一般包括培养目标、课程设置、课程顺序与课时分配、学年编制安排等内容。

■ 拓展资料：普通高中课程方案(2017年版2020年修订)(摘要)

普通高中教育是在义务教育基础上进一步提高国民素质、面向大众的基础教育。

普通高中教育的任务是促进学生全面而有个性的发展，为学生适应社会生活、高等教育和职业发展作准备，为学生的终身发展奠定基础。

普通高中课程建设坚持全面贯彻党的教育方针，落实立德树人根本任务，发展素质教育，推进教育公平，努力构建具有中国特色、体现国际发展趋势、充满活力的课程体系，培养德智体美劳全面发展的社会主义建设者和接班人。

一、培养目标

普通高中课程在义务教育的基础上，进一步提升学生综合素质，着力发展学生核心素养，使学生成为有理想、有本领、有担当的时代新人。

1.具有理想信念和社会责任感

初步形成正确的世界观、人生观和价值观。热爱祖国，拥护中国共产党。弘扬中华优秀传统文化，继承革命文化，发展社会主义先进文化，培育和践行社会主义核心价值观，增强文化自信，树立为中国特色社会主义、人民幸福、民族振兴和社会进步作贡献的远大志向。

遵纪守法，履行公民义务，行使公民权利，维护社会公平正义，具有法治意识、道德观念。热心公益、志愿服务，具有奉献精神。尊重自然，保护环境，具有生态文明意识。维护民族团结，树立总体国家安全观，捍卫国家主权、尊严和利益。

2.具有科学文化素养和终身学习能力

掌握适应时代发展需要的基础知识和基本技能，丰富人文积淀，发展理性思维,不断提升人文素养和科学素养。敢于批判质疑,探索解决问题,勤于动手,善于反思,具有一定的创新精神和实践能力。

具有强烈的好奇心、积极的学习态度和浓厚的学习兴趣。能够自主学习,独立思考,形成良好的学习习惯和适合自身的学习方法。学会获取、判断和处理信息,具备信息化时代的学习与发展能力。

3.具有自主发展能力和沟通合作能力

坚持锻炼身体,养成积极健康的行为习惯与生活方式,珍爱生命,强健体魄。自尊自信自爱,坚韧乐观,奋发向上,具有积极的心理品质。具有发现、鉴赏和创造美的能力,具有健康的审美情趣。学会独立生活,热爱劳动,具备社会适应能力。正确认识自我,具有一定的生涯规划能力。

文明礼貌,诚信友善,尊重他人,与人和谐相处。学会交流与合作,具有团队精神和一定的组织活动能力,具备全球化时代所需要的交往能力。尊重和理解文化的多样性,具有开放意识和国际视野。

二、课程设置

1.学制与课时

普通高中学制为三年。每学年52周,其中教学时间40周,社会实践1周,假期(包括寒暑假、节假日和农忙假)11周。每周35课时,每课时按45分钟计。18课时为1学分。

2.课程类别

普通高中课程由必修、选择性必修、选修三类课程构成。其中,必修、选择性必修为国家课程,选修为校本课程。

必修课程,由国家根据学生全面发展需要设置,所有学生必须全部修习。

选择性必修课程,由国家根据学生个性发展和升学考试需要设置。参加普通高等学校招生全国统一考试的学生,必须在本类课程规定范围内选择相关科目修习;其他学生结合兴趣爱好,也必须选择部分科目内容修习,以满足毕业学分的要求。

选修课程,由学校根据学生的多样化需求,当地社会、经济、文化发展的需要,学科课程标准的建议以及学校办学特色等开发设置,学生自主选择修习。

3. 开设科目与学分

普通高中开设语文、数学、外语、思想政治、历史、地理、物理、化学、生物学、技术(含信息技术和通用技术)、艺术(或音乐、美术)、体育与健康科目和综合实践活动、劳动等国家课程,以及校本课程。具体学分安排如下:

科目	必修学分	选择性必修学分	选修学分
语文	8	0-6	0-6
数学	8	0-6	0-6
外语	6	0-8	0-6
思想政治	6	0-6	0-4
历史	4	0-6	0-4
地理	4	0-6	0-4
物理	6	0-6	0-4
化学	4	0-6	0-4
生物学	4	0-6	0-4
技术(含信息技术和通用技术)	6	0-18	0-4

科目	必修学分	选择性必修学分	选修学分
艺术(或音乐、美术)	6	0-18	0-4
体育与健康	12	0-18	0-4
综合实践活动	8		
劳动	6		
合计	88	≥42	≥14

说明:校本课程不少于14学分。其中,在必修和选择性必修基础上设计的学科拓展、提高类课程之外的课程不少于8学分。

4. 科目安排科目内容根据学科自身特点和学生学习需要设计。必修内容原则上按学期或学年设计,选择性必修和选修内容原则上按模块设计。模块之间既相对独立,又体现学科内在逻辑。模块教学时间根据实际需要设定,一般为18课时的倍数。

外语包括英语、日语、俄语、德语、法语、西班牙语。学校自主选择第一外语语种。鼓励学校创造条件开设第二外语。

技术包括信息技术和通用技术,其必修内容分别按3学分设计模块。

艺术可与音乐、美术两科相互替代,具体开设科目由学校自行确定。

体育与健康的必修内容,必须在高中三学年持续开设。

综合实践活动共8学分,包括研究性学习、党团活动、军训、社会考察等,研究性学习6学分(完成2个课题研究或项目设计,以开展跨学科研究为主)。劳动共6学分,其中志愿服务2学分,在课外时间进行,三年不少于40小时;其余4学分内容与通用技术的选择性必修内容以及校本课程内容统筹。

5. 毕业学分要求

学生完成相应课程规定课时的学习并考试(考核)合格,即可获得相应学分。

学生毕业学分最低要求为144学分。其中,必修课程88学分,选择性必修课程42学分,选修课程14学分。

(资料来源 《教育部关于印发普通高中课程方案和语文等学科课程标准(2017年版2020年修订)的通知》,http://www.moe.gov.cn/srcsite/A26/s8001/202006/t20200603_462199.html,2020-05-13.)

■ **拓展资料:湖南省普通高中课程设置指导表(2020版,节选)**

科目	第一学年 (66学分左右)				第二学年 (60学分左右)				第三学年 (18学分以上)	
	第一学期 (约33学分)		第二学期 (约33学分)		第一学期 (约30学分)		第二学期 (约30学分)		第一学期 (10学分以上)	第二学期 (8学分以上)
	第一学段	第二学段	第一学段	第二学段	第一学段	第二学段	第一学段	第二学段		
语文	必修(8学分)				选择性必修(0—6学分):选择性必修上册、选择性必修中册、选择性必修下册					
	必修上册		必修下册		选修(0—6学分):汉字汉语专题研讨、中华传统文化专题研讨、中国革命传统作品专题研讨、中国现当代作家作品专题研讨、跨文化专题研讨、学术论著专题研讨					
	整本书阅读与研讨、当代文化参与、跨媒介阅读与交流3个任务群的学习贯穿三学年,在选择性必修、选修阶段不设学分,穿插在其他学习任务群中									
数学	必修(8学分)				选择性必修(0—6学分):选择性必修第一册、选择性必修第二册、选择性必修第三册选修(0—6学分):A、B、C、D、E五类17个专题					
	必修第一册		必修第二册							
外语	必修(6学分)				选择性必修(0—8学分):选择性必修第一册、选择性必修第二册、选择性必修第三册、选择性必修第四册					
	必修第一册、第二册、第三册				选修(0—6学分):提高类、英语8、英语9、英语10;基础类、实用类、拓展类和第二外国语类等课程					

科目	第一学年 (66学分左右)				第二学年 (60学分左右)				第三学年 (18学分以上)	
	第一学期 (约33学分)		第二学期 (约33学分)		第一学期 (约30学分)		第二学期 (约30学分)		第一学期 (10学分以上)	第二学期 (8学分以上)
	第一学段	第二学段	第一学段	第二学段	第一学段	第二学段	第一学段	第二学段		
思想政治	必修(6学分)				选择性必修(0—6学分):当代国际政治与经济(2学分)、法律与生活(2学分)、逻辑与思维(2学分) 选修(0—4学分):财经与生活、法官与律师、历史上的哲学家					
	中国特色社会主义(1学分)	经济与社会(1学分)	政治与法治(2学分)	哲学与文化(2学分)						
历史	必修(4学分)				选择性必修(0—6学分):国家制度与社会治理(2学分)、经济与社会生活(2学分)、文化交流与传播(2学分) 选修(0—4学分):史学入门、史料研读					
	必修中外历史纲要(上)(2学分)		必修中外历史纲要(下)(2学分)							
地理	必修(4学分)				选择性必修(0—6学分):自然地理基础(2学分),区域发展(2学分),资源、环境与国家安全(2学分) 选修(0—4学分):天文学基础、海洋地理、自然灾害与防治、环境保护、旅游地理、城乡规划、政治地理、地理信息技术应用、地理野外实习					
	必修第一册(2学分)		必修第2册(2学分)							
物理	必修(6学分)				选择性必修(0—6学分):选择性必修第一册、选择性必修第二册、选择性必修第三册 选修(0—4学分):选修1、2、3					
	必修第一册(2学分)		必修第2册(2学分)		必修第3册(2学分)					

(资料来源 《关于印发〈湖南省普通高中课程方案(2020年版)〉的通知》,http://jcjyc.gov.hnedu.cn/c/2020-08-11/1017780.shtml.)

二、课程开发

随着我国基础课程改革的深入,地方课程和校本课程已经成为学校课程的重要组成部分,因此各个学校、学科因地制宜地开发适合于地方社会经济发展以及本校、本学科培养目标的课程,是推进课程改革进一步向纵深发展的必须措施。

课程开发指通过需求分析确定课程目标,然后根据这一目标选择某一学科(或多个学科)的教学内容和相关教学活动并进行计划、组织、实施、评价、修订,以最终达到课程目标的整个工作过程。

1. 影响课程开发的主要因素

(1)社会发展的要求及提供的可能。学校课程直接受制于教育目的和培养目标,而不同的教育目的和培养目标又是不同时代社会发展要求的反映。不同历史时期下社会发展的现状与需要是形成不同时代学校教育课程结构体系重大差别的根本原因。当前的课程开发必须反映当今全球化世界下社会发展对人才的要求以及教育手段和方式的变革。

(2)社会科技和文化的发展水平。课程编制应考虑学科体系的完整性、系统性和逻辑性。课程内容除了要反映学科中具有重大科学价值和实践意义的基本理论,也要反映现代科学、文化发展的新成果,体现时代性和前沿性。

(3)学生发展的现状以及可接受性。学生发展的现状包括其已有的知识水平、认知水平和心理特征等多方面因素。课程内容的广度、深度和逻辑水平必须处理好现实与发展、需要与可能的关系,符合学生身心发展的一般规律,从而最大限度地促进学生发展。

(4)现有的课程理论。不同的课程实践背后往往有不同的课程理念,课程理论对课程的开发和设计起着理论上的指导作用,并确保课程开发的完整性,是影响课程开发的重要内在因素。

2. 课程开发的基本原则

(1)超前性原则。教育是为社会经济发展服务的,课程设置必须对未来经济发展趋势、未来人才市场需求做出准确分析和预测,为超前开发课程提供可靠依据。

(2)多元性原则。课程设置要适应社会发展对知识结构多样化的需求以及学习者的个体差异,开发多元课程,如开设必修课、选修课、活动课等。

(3)基础性原则。课程设置要强化学科基础知识,加强基础能力训练,增强学生潜在能力,开设基础性课程为未来发展打好基础。

(4)实践性原则。教育不仅要促进学习者认知水平的发展,更要推动其能力的进步,实践活动是教育教学活动中提高学习者能力的一个重要环节,课程设置既要充分体现教学的实践环节和内容,还要体现各种实践的可操作性。

(5)灵活性原则。课程设置在注重基础知识、实际操作、理论研究的同时,更要突出客观实际需要,应用知识解决实际问题。纵向上要满足不同层次人才培养的需要,横向上要兼顾和融合专业特点。

3.课程开发的模式

(1)目标模式。这一模式是以目标为课程开发的基础和核心,围绕课程目标的确定、实现和评价而进行的课程开发过程模式,该模式相关理论中以"泰勒原理"最为著名。

(2)过程模式。这一模式是斯腾豪斯在对"目标模式"的分析批判的基础上提出来的。其基本观点是:课程开发是一个将研究、编制和评价合而为一的连续不断的过程。这个过程集中在课堂实践中,教师是整个课程开发过程的核心人物;课程开发关注的应是过程,而不是目的。过程模式强调课程开发建立在实际的教育情境之上,把发展学生的主体性、创造性作为教育的目标,尊重并鼓励学生的个性特点,并把这一目标与课程活动、教学过程相统一,进而置于教师的主导之下。

(3)实践模式。"实践模式"的代表人物是美国著名课程理论专家和生物学家施瓦布。其基本观点是:课程开发应该聚焦于具体教育情境和课程实践中的实际需要、问题和可能性,而不是课程开发的原理和程序。课程的终极目的是"实践兴趣",脱离具体实践情境的抽象结果是没有意义的,真正有意义的结果是在适应实际的兴趣、需要和问题的过程中实现的。同时他强调通过集体审议的方式解决课程问题,以学校为基础成立包括校长、教师、学生、家长、社区代表、教材专家、课程专家、社会学家、心理学家在内的课程集体,对课程问题进行审议并做出决定。

"实践模式"使整个课程开发过程更具人性化,充分关注到具体情境中存在的问题,通过集体审议各方合作达成共识,使课程设计实现了主体多元化,增加了课程实施的有效性和实用性。

(4)情景模式。"情景模式"的代表人物是英国教育学家斯基尔贝克,典型的情景模式的可操作性程序包括:情景分析,目标表述,制定教学方案,解释与实施,检查、反馈和重建五个步骤。"情景模式"深受英国著名课程理论家劳顿的"文化分析"理论的影响,它汲取了"目标模式""过程模式"和"实践模式"的合理因素,在充分分析与课程开发相联系的社会政治、经济、文化因素的基础上,根据不同的环境采取不同的对策,是一种更为灵活、适应性更强的模式。同时,也总结了以上三个模式的不足,将课程开发的五个步骤看作是一个有机整体,操作时可以根据实际情况灵活掌握,而不是一个"直线式"的僵化路线。

第四节 我国基础教育新课程改革

新中国成立至1997年间,我国基础教育课程先后经过七次改革,基础教育课程和教材都取得了有目共睹的成就,但由于主要偏重于教学方面的改革,特别是教学方法、教学方式的改革,而对于课程、教材改革不多,造成了学校教育中过分注重知识传授,忽视了学生的社会性、价值观、创造性;课程内容"难、繁、偏、旧",并且过于注重书本知识,脱离了学生经验;过于强调以学科知识为核心,强调不同学科的独立性,科目过多,忽视了科学、艺术和道德之间的联系,忽视了学科之间的整合性和关联性;学生学习过于强调接受式学习,死记硬背,机械训练;教育评价上过于强调评价的甄别和选拔功能,过于强调对结果的评价,评价技术方法倾向于单一的量化评价;课程管理过于集中,强调统一,忽视了地方在课程管理与开发中的作用,对学校和教师参与课程开发与管理的积极性重视不够等问题,严重阻碍了素质教育的落实。

与此同时,20世纪中后期以来,世界各国出于对培养21世纪具备全面素质的合格公民的关注,基础教育课程改革则普遍重视调整培养目标,关注人才培养模式的变化和调整,精选适合学生和时代需要的课程内容,满足多样化发展需求,重视评价改革,评价方式的多元化,强调促进学生潜能、个性、创造性全面发展,以培养具有终身学习、具有国际竞争意识的未来人才。

面对21世纪信息化社会、知识经济时代的挑战,1999年召开的第三次全国教育工作会议和2001年召开的全国基础教育工作会议,先后提出了转变人才培养模式,建立新的基础教育课程体系的建设任务。

一、我国新一轮基础课程改革的历程

1999年1月,国务院批转教育部《面向21世纪教育振兴行动计划》,提出"争取经过10年左右的实验,在全国推行21世纪基础教育课程教材体系"。2000年,教育部印发《全日制普通高级中学教学计划(试验修订稿)》,随后颁布的还有全日制普通高级中学语文等七科教学大纲(试验修订版),以及义务教育阶段语文、数学和英语等五科教学大纲(试用修订版)和初级中学物理、化学等五科教学大纲(试用修订版),义务教育阶段体育与健康、音乐、美术三科教学大纲(试用修订版),以及全日制普通高级中学英语、日语、俄语、体育与健康教学大纲(试验修订版),并明确宣布:"基础教育课程教材改革的工作已全面启动"。

2001年1月,教育部发出通知,"决定从2002年秋季入学的高中一年级开始,全国使用《普通高级中学课程计划(试验修订稿)》和各科教学大纲(试验修订版)",高中新课程改革全面推进。4月,教育部又印发了《普通高中"研究性学习"实施指南(试行)》。5月,国务院《关于基础教育改革与发展的决定》明确提出"实行国家、地方、学校三级课程管理"。6月,教育部印发《基础教育课程改革纲要(试行)》,提出要变革基础教育课程内容"难、

繁、偏、旧"、结构过于强调学科本位、实施过于强调死记硬背和机械训练、评价过于强调甄别和选拔等弊端。新一轮的基础教育课程改革开始在全国范围全面推进。

2001年11月,教育部印发了《义务教育课程设置实验方案》,提出了均衡设置课程、加强课程的综合性和选择性的原则,意在"构建符合素质教育要求的新的基础教育课程体系"。2002年4月,教育部重新调整并印发了《全日制普通高级中学教学计划》,同时修订并印发了全日制普通高级中学语文等七科教学大纲。2003年4月,教育部办公厅发出《关于2003年义务教育新课程实验工作有关要求的通知》,要求"各省级教育行政部门要积极促进本地区综合课程实验工作的开展",认为"在义务教育阶段推行综合课程是基础教育课程改革的重要任务之一",并提出"2003年起始年级参加新课程实验的学生数达到同年级学生数35%左右"的目标。

2004年3月,国务院批转《2003—2007年教育振兴行动计划》,再次强调提出要"深化基础教育课程改革""构建和完善新世纪基础教育课程体系,全面实施义务教育新课程,逐步推进普通高中新课程"。2011年12月,教育部印发义务教育语文等十九门学科的课程标准2011年版,于2012年秋季执行。2012年9月,国务院《关于第六批取消和调整行政审批项目的决定》取消了"中小学国家课程教材编写核准",编写中小学国家课程教材不再需要向教育行政部门申请编写立项,但仍须经过国家审定。

2014年3月,教育部发布《关于全面深化课程改革,落实立德树人根本任务的意见》,提出统筹不同学段、不同学科和"课标、教材、教学、评价、考试各环节"及"一线教师、管理干部、教研人员、专家学者、社会人士等力量""课堂、校园、社团、家庭、社会等阵地"的课程改革主要任务。

2017年1月,教育部印发《义务教育小学科学课程标准》,从2017年秋季执行。9月,教育部又印发了《中小学综合实践活动课程指导纲要》,明确规定综合实践活动是国家义务教育和普通高中课程方案规定的必修课程。12月,教育部印发以2016年中国学生发展核心素养研究团队提出的中国学生发展核心素养模型为基础的《普通高中课程方案和语文等学科课程标准(2017年版)》。

2018年8月,教育部发布《关于做好普通高中新课程新教材实施工作的指导意见》,决定"从2019年秋季学期起,全国各省(区、市)分步实施新课程、使用新教材"。① 2020年5月,教育部印发《普通高中课程方案和语文等学科课程标准》(2017版2020年修订)。

2022年4月,教育部印发《义务教育课程方案和课程标准(2022年版)》,公布了新修订的义务教育课程方案和语文等16个课程标准,并于2022年秋季学期开始执行。

与此同时,面对新时代教育领域中人民对高质量教育的需要和教育发展不平衡不充分之间的矛盾,为加快推进教育现代化,建设教育强国,办好人民满意的教育,国家近年来配合基础教育课程改革,相继出台了《中共中央国务院关于深化教育教学改革全面提高义务教育质量的意见》《中共中央办公厅国务院办公厅关于印发〈关于进一步减轻义务教育阶段学生作业负担和校外培训负担的意见〉》《国务院办公厅关于新时代推进普通高中育人方式改革的指导意见》《教育部等九部门关于印发中小学生减负措施的通知》《教育部关于加强初中学业水平考试命题工作的意见》《教育部关于加强和改进中小学实验教学的意见》《教育部等六部门关于印发<义务教育质量评价指南>的通知》以及加强中小学生手机管理、睡眠管理、义务教育学校作业管理、义务教育学校考试管理等通知,形成了以全面育人为目标、以课程改革为核心、全方位进行改革的"组合拳"。

二、我国新一轮基础教育课程改革的目标

回顾本次课程改革的政策可以看出,本次课程改革想要实现的目标包

---

① 项贤明.基础教育课程改革如何从理念转化为行动:基于我国70年中小学课程改革历史的回顾与分析[J].课程·教材·教法,2019,39(10):41-51.

括以下几方面:

1. 实现课程功能的转变

即改掉过去单一的知识传授倾向,强调课程要促进学生身心的全面发展,培养学生良好的品行和终身学习的愿望与能力,养成良好的学习态度,形成正确的价值观念,促进学生核心素养的形成,体现全面发展的课程观。做到坚持"五育"并举,发展素质教育,努力构建德智体美劳全面发展的教育体系,形成更高水平的人才培养体系。

2. 实现课程结构的改革

具体表现在:(1)注重课程的综合性,着力构建分科课程与综合课程相结合的课程结构,小学以综合课程为主;在初中阶段设置分科和综合相结合的课程,鼓励选择综合课程;高中以分科为主,实行学分制。(2)重组课程内容,加强学科知识之间的内在联系,加强学科知识与学习者之间的联系,加强学科知识与社会生活的内在联系。(3)加强课程的选择性,以适应地方、学校和学生发展的多样化需求。国家以法规的形式规定国家课程,并确定其基本标准,使学生通过对课程的全面学习,养成基本态度,掌握基础知识和形成基本技能;地方和学校可根据自身的特点和需要,在执行国家课程的同时,设置和开发地方课程和学校课程,并和国家课程融为一体,从而实现课程的多样化。(4)加强课程结构的均衡性,突出德育实效,提升智育水平,强化体育锻炼,增强美育熏陶,加强劳动教育,充分凸显以扎实推进课程改革全面落实素质教育的国家意志。

3. 实现课程内容的改革

即改变传统的课程内容难、繁、偏、旧的现象,选择适合现代社会发展需要的内容,同时强调要紧密联系学生的学习兴趣和社会经验,精选学生终身学习与发展必备的基础知识和技能,正确处理现代社会的需求、学科发展的需求与学生发展的需求在课程内容的选择与组织中的关系,体现课程内容的现代化。同时优化课程内容,一方面坚持课程内容少而精,降低难度,减轻学生过重的课业负担;另一方面重视以学科大概念为核心,使课程内容结构化,促进学科核心素养的落实。

4. 实现课程实施的改革

即改变我国传统的课程体系过分注重以教师、课堂和书本为中心,重视向学生灌输书本知识的局面,强调建构性学习,力推研究性学习,注重培养学生的独立性和自主性,注重学生的经验和兴趣,培养学生主动参与、探究发现、交流合作的学习方法,引导学生质疑、调查、探究,在实践中学习,带着问题学习,从而不断提高学生发现问题、分析问题和处理问题的能力。同时,借助信息技术与教育教学融合应用,推进"教育＋互联网"发展,在优化教学方式、坚持教学相长、注重启发式、互动式、探究式教学的基础上探索基于互联网的教学和课程综合化教学,开展研究型、项目化、合作式学习,不断创新人才培养模式,培养出更多具有原始创新能力的人才。

5. 实现课程评价的改革

即把课程评价作为重要内容,改变传统课程评价方式,通过研制学业质量标准,以本学科核心素养及其表现水平为主要维度,结合课程内容,对学生学业成就表现进行总体刻画,阐明学生核心素养的发展阶段及其具体特征,准确指导教师,根据学生素养水平选择课程资源、设计教学方法和策略、转变学科育人模式,并为各级各类考试和评价提供上位的价值方向、理论框架和水平依据,达到既关注学生的学业成绩又要发现和发展学生创新方面的潜能的目标,帮助学生认识自我、建立自信,促进学生在原有水平上的发展,发挥评价的教育功能,并帮助教师对自己教学行为的分析与反思,建立以教师自评为主,校长、教师、学生和学生家长共同参与的评价制度,使教师在教育评价中得以不断提高。

6. 实现课程管理的改革

即增加了地方课程和校本课程,促使我国的课程管理趋于科学化,以充分调动地方和学校办学的积极性,充分发挥地方、学校和教师乃至学生进行课程资源开发的主体作用,使课程结构和内容更加符合不同地域教育的发展水平和需求,这必将有力地推动我国教育事业的健康发展。

> **■ 拓展资料：**
>
> ●世界主要发达国家现代课程改革的基本特点：第一，为培养现代公民而加强人文、道德课程。第二，为了孩子的终身发展而强调基本学历训练。第三，为发展孩子的信息素养而强调信息教育。第四，强调课程改革为培养个性和创新精神服务。
>
> （摘编自徐继存，张广军主编《当代课程论文选》，山东教育出版社，2013。）

练习与思考

一、选择题

1. 在教材编写过程中，课程内容前后反复出现，且后面的内容是对前面内容的扩展和深化。这种教材编排方式是（　　）。

   A. 直线式　　B. 螺旋式　　C. 分科式　　D. 综合式

2. 课程目标具有下列规定性（　　）。

   A. 时限性、抽象性、预测性和操作性

   B. 时限性、具体性、预测性和操作性

   C. 时限性、抽象性、反思性和操作性

   D. 延展性、具体性、预测性和操作性

3. 学校课程改革中主要是改革（　　）。

   A. 课程设计　　B. 课程制订　　C. 教材编制　　D. 课程设置

4. 把课程分为分科课程和综合课程是依据（　　）来划分的。

   A. 课程内容的组织方式　　B. 课程内容所固有的属性

   C. 课程计划对课程实施的要求　　D. 课程的表现形式

5. 核心课程是（　　）的。

   A. 以教师为核心　　B. 以学生为核心　　C. 以书本为核心　　D. 以问题为核心

6. 学生获取系统知识的重要工具以及教师进行教学的主要依据是（　　）。

A. 教学计划　　B. 教学大纲　　C. 教科书　　D. 课程标准

7. 编写教材(教科书)的直接依据是(　　)。

A. 课程计划　　B. 课程目标　　C. 课程标准　　D. 课程说明

8. 课程的文本一般表现为(　　)。

A. 课程计划、课程标准、教科书

B. 课程计划、课程目标、课程实施

C. 课程目标、课程实施、课程评价

D. 课程主题、课程任务、课程标准

9. 我国中学开设的"艺术"课属于(　　)。

A. 学科课程　　B. 分科课程　　C. 活动课程　　D. 综合课程

10. 学科专家的建议往往直接影响着(　　)。

A. 教育目的　　B. 培养目标　　C. 课程目标　　D. 教学目标

11. 学校中的班级物质情境、文化情境、人际情境等属于(　　)。

A. 隐性课程　　B. 显性课程　　C. 学科课程　　D. 活动课程

12. 整个课程编制过程中最为关键的准则是(　　)。

A. 课程内容　　B. 课程实施　　C. 课程目标　　D. 教育目标

13. 在专家指导下,地处陕北的某中学组织有关教师对剪纸、腰鼓等民间艺术进行课程开发,开设了具有地方特色的艺术课程。该课程属于(　　)。

A. 国家课程　　B. 地方课程　　C. 校本课程　　D. 社会课程

二、思考题

1. 当前我国基础教育课程改革的趋势是什么?

2. 简述学科中心课程论的主要观点。

3. 简述课程计划的含义与内容。

4. 制约课程的主要因素有哪些?

(选择题参考答案:1. B　2. D　3. D　4. A　5. D　6. C　7. C　8. A　9. A　10. C　11. A　12. C　13. B)

第八章 教学（上）

■ **关键问题**

1. 教学的概念、意义，对教学过程本质的不同理解。
2. 主要学习理论。
3. 教学过程的特点及其基本规律。
4. 教学原则。
5. 主要教学模式。

■ **思维导图**

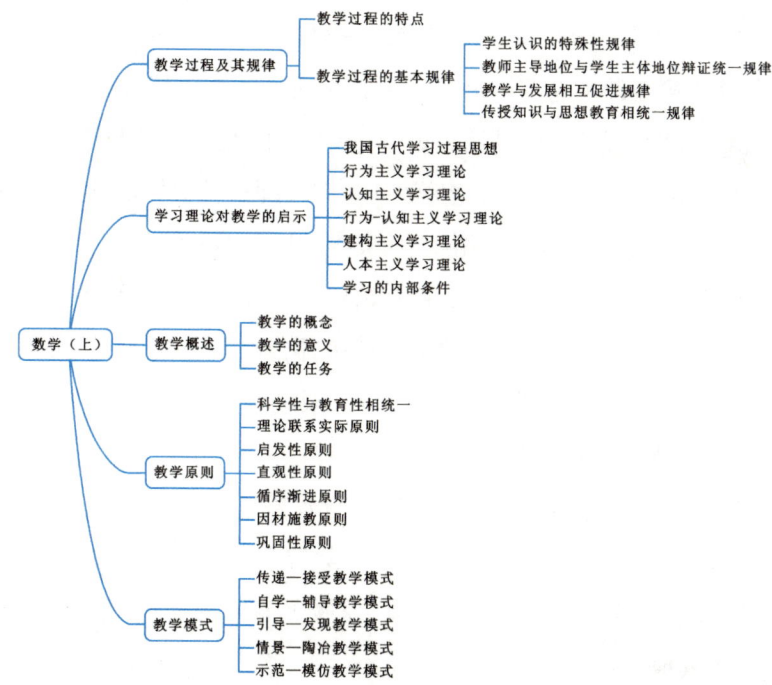

教学作为学校教育的基本途径、中小学的中心工作和教师最基本的日常工作,其水平和质量最直接的影响国家教育目的和学校培养目标的实现,同时也会影响学生发展的水平。

第一节 教学概述

一、教学的概念

中外教育学者探讨教学概念的视角和出发点不同,对教学的理解也各不相同。关于教学的概念,古今中外有多种多样的解释,概括起来有三种基本的解释角度:(1)着眼于教师的教而对教学概念进行界定,把教学看成是教师给学生传授知识和技能的活动。(2)着眼于学生的学而对教学进行界定,把教学看成是在教师辅助下,学生通过学习获得一定的经验并引起行为变化的过程。(3)着眼于教师与学生的相互作用而对教学进行解释,把教学看成是由教师的教与学生的学所组成的一种共同的双边活动。

一般认为第三种观点基本上揭示了教学活动的本质特征,所以教学的概念可定义为,在特定条件下,以课程内容为中介,由教师的教与学生的学所共同组成的统一活动。具体来说,这种活动是在教师启发引导下,通过师生互动与交往,学生有计划、有目的、有组织、积极主动地学习系统的文化科学知识和基本技能,发展智力与体力、陶冶品德与情感、形成良好心理素质的活动。

从本质上看,现代中小学的教学活动是师生互动与交往、共同发展的特殊实践活动。这一活动的终极目的是最大限度地促进学生的学习与发展,为形成学生终身学习的能力奠定良好的基础。

从定义可知,教学不同于教育。教学与教育是部分与整体的关系,教育包括教学,教学是学校教育的基本途径。除教学外,学校还通过课外活动、生产劳动、社会实践等途径施教。此外,学校教育除教学外,还有管理工作、后勤工作等其他工作。

教学也不同于智育。智育是指向学习者传授系统的文化科学知识和技能,专门发展学习者智力的教育活动,它是教育的一个组成部分。教学是智育的主要途径,但却不是唯一途径,智育也需要课外活动等途径的补充才能全面实现;教学要完成智育任务,但智育却不是教学的唯一任务,教学也要完成德育、体育、美育、劳动技术教育的任务。将教学等同于智育,常常导致对智育的途径和教学的功能产生种种片面认识,进而对学校教育工作产生显而易见的危害。

■ 拓展资料

教学定义的五种方式

美国教育学者史密斯在《教学的定义》(《Teaching: Definitions》)一文中把英语国家对教学的含义的讨论作了归类整理,提出了五种定义的方式,分别是:

(1)描述式定义。即教学是传授知识或技能,这是传统意义上的教学。

(2)成功式定义。即教学是成功,它表明教必须包含学这样一种思想,而且表明教学的核心背景是"教必须保证学",即教学可以定义为X学习Y所教的内容的一种活动。教与学相互交织,密不可分。

(3)意向式定义。即教学是一种有意识的意向性活动,目的在于诱导学生学习。教学虽然是逻辑上并一定包含学习的意思,但是教学有可能导致学习;教师可能教得并不成功,但他会争取成功。这个定义肯定了研究者研究教师的思想和方法。教师的行为表现是受他的意向所左右的,而他的意向以教师自身的信念体系和思维方式为基础。

(4)规范式定义。即教学是一套规范性的行为活动方式。它表明,"教学"是个表示归属的词,代表着一族活动,这一族活动或行为方式要符合特定的道德条件,即"善意"的行为。如讲授、训练、引导等是教学,而宣传、威胁、恐吓等则不是教学。

> (5) 科学式定义。这是由得到经验证实的教学效果与有关的教师行为之间的关系来表示的。这种形式的定义被赖辛巴赫(Reichenbach)称为"由若干命题配合而成的定义"。这是严格意义上的科学概念和命题对于教学概念和命题渗透的典型表现。
>
> (资料来源 中央教育科学研究所、比较教育研究室编译《简明国际教育百科全书·教学(下册)》,教育科学出版社,1990年。)

二、教学的意义

教学作为培养学生全面发展的重要环节,对个体发展发挥着直接而具体的影响,这些在其个性发展的各个方面都有所体现,并通过个体发展促进社会发展。

1. 教学是传播系统知识,促进学生发展的最有效的形式

教学作为一种有目的、有组织地传播知识文化的活动,能够便捷地将人类长久以来的文化精髓转化为学生的个人精神财富,有力地促进学生身心发展,使青少年的个体发展在短期内达到人类发展的一般水平,同时也使人类文化得到继承发展。

2. 教学是促进学生全面发展,实现培养目标的基本途径

教学通过有目的、有计划地将基本知识、基本技能和基本规范传授给学生,促进了学生德、智、体等多方面的发展。同时,丰富的教学认识和交往活动也构成了学生特有的学习生活,与学生赖以生存和成长的社会生活一道影响着学生的发展。教学是学生社会化与个性化、成人与成才的最有效活动,也是促进学生全面发展的基本途径。

3. 教学是学校教育的中心工作

教学是学校一项最基本,也是最重要的工作。要办好学校,提高教学质量,培养优秀人才就必须坚持以教学为主。长久以来我国的实践经验证明,

学校坚持以教学为主要工作,教育质量就能提高,反之,教育质量必然下降。但坚持教学为主并不意味着轻视其他教育活动,应坚决避免教学唯一的倾向。

4. 教学是实现社会延续发展和促进、引领社会发展的有力手段

通过教学活动,可以把社会和新生一代个人发展联系起来,构成社会完成人类知识文化传递和继承的中间环节和必要桥梁,学生个体可以在较短的时间内高效地掌握人类历史知识经验的精华,有力地促进其身心健康发展,使个体的发展能在较短时间内达到人类发展的一般水平,进而为其从事各种社会实践并创造新的知识经验奠定重要基础。

三、教学的任务

教学任务的确定,要充分考虑到教育目的、学生的发展特点以及学科特性等多方面因素。从根本上说,教学的任务就是教书育人,可以分为以下几个方面:

1. 传承科学文化基础知识和基本技能

教学的首要任务是引导学生掌握科学文化基础知识和基本技能,因为教学的其他任务只有在此基础上才能实现。人类文明浩如烟海,现代社会知识更新的周期也越来越短,世界各国都十分重视基础知识的教学,引导学生掌握学科知识的基本结构,为提高教学质量、学生日后的良好发展奠定基础。

2. 发展学生智力、体力、能力和创造才能

发展学生的智力、体力、能力和创造力是培养全面发展的新人,实现教育目标的必然要求,因而是现代教学一项十分重要的任务。

智力是人在认识过程中表现出来的认知能力系统,包括观察力、记忆力、想象力和思维力,核心是对客观事物进行分析、概括、判断和推理的抽象思维能力。智力是一般的能力,提高教学效率就必须提高学生的智力水平。

体力是人体活动时所付出的力量,包括持久力、适应力和抵抗力。良好的体力,优良的身体素质是学生健康成长、有效学习的保障。在教学中发展

学生的体力,主要是注意教学卫生。

能力是个人完成某种体力活动、脑力活动的主观条件。包括体力、智力、知识与才能,它既指已经表现出来的实际能力,也指尚未表现出来的心理能量。现代社会需要的不是"掉书袋",而是具有综合运用知识解决实际问题的人才。

创造才能是学生能够运用已有的知识、智能、灵感与意志去探索、发现、创建他尚未知晓的新知识或能力的方法。现代社会科技迅速发展,知识总量剧增,而学生的学习时间却有限。面对这一矛盾,唯有精选教学内容,发展学生智能和创造性,培养学生自学能力,以提高效率。

3. 培养端正的思想、情感、态度与价值观

学生的思想、情感、态度和价值观构成其灵魂与个性的核心,不仅影响着其学习的效率与质量,更制约着学生日后的成长和发展。青少年的品德、审美情趣和世界观、价值观正处在逐步完善的关键时期,教学以其教育性在这一过程中扮演着重要的角色。

4. 关注学生个性发展

教育的目的是培养人。学生的发展不仅是其社会性的发展,而且是学生个性的发展。中学时期,正是学生的个性快速形成时期,在教学中,关注每个学生的独特生理特点和心理特点,引导学生形成良好的个性,可以实现事半功倍的效果,也利于在教学中因材施教,实现每个学生最好的发展。

第二节 学习理论及对教学的启示

教学的对象是学生,学习的主体也是学生。只有掌握学生学习的基本规律,才能有针对性地发挥教师的主导作用,提高教学的效率和质量,即通常所说的"以学定教"。关于学生学习,国内外教育学家都有大量研究和论述。[1]

---

[1] 杨建华,陈鹏.现代教育学[M].北京:中国社会科学出版社,2003:241-255.

第八章 教学（上）

一、我国古代关于学习过程的理论

我国古代关于学习的理论主要围绕学生学习过程展开，主要有二阶段论、三阶段论、四阶段论、五阶段论等观点。

二阶段论的典型代表是孔子。他认为，学习过程包括"学"与"习"两个方面和"学""思""习""行"四个阶段。他提出"学而时习之，不亦说乎""学而不思则罔，思而不学则殆"等论断，要求学生"多闻，择其善者而从之，多见而识之"，要学以致用，要言行一致，"君子欲讷于言而敏于行"，"君子耻其言而过其行"，强调"学"是"闻""见"，属于感知阶段；"思"是理解，属于加工阶段；"习"是熟练、巩固阶段；"行"是应用、实践阶段。"学"和"思"是获取知识和技能的过程；"习"与"行"是形成能力与德行的过程。从"学"到"行"的过程就是学习的过程。

三阶段论认为学习要历经"学""思""行"三个阶段。这种观点是在二阶段论的基础上，加上"思"，认为学习过的内容，必须经过学生的独立思考，才能付诸实践。孔子曾提出"君子九思"，即视思明，听思聪，色思温，貌思恭，言思忠，事思敬，疑思问，忿思难，见得思义，要求人的一言一行都要认真思考和反省。

四阶段论以先秦时期著名思想家荀子为典型代表。荀子把学习视为一个"闻、见、知、行"的过程。他认为"不闻不若闻之，闻之不若见之，见之不若知之，知之不若行之；学至于行之而止矣。行之，明也。"他认为"闻""见"是学习的基础，是间接地和直接地获得感性经验的过程；"知"是在"闻""见"的基础上，通过对学习材料的分析、综合、抽象、概括等一系列心理活动，将感性经验上升为理性经验的过程；"行"是将所学的经验加以应用的过程。荀子特别强调"行"的重要性，认为只有"行"才能使学习落到实处；只有通过"行"，才能真正理解、掌握所学内容，达到学习的最高境界。

五阶段论认为，学习要历经"学""问""思""辩""行"五个阶段。战国后期的著名论著《中庸》对学习过程的描述是五阶段论的典型代表。《中庸》认为,学习过程就是"博学之,审问之,慎思之,明辨之,笃行之"这样一个节节反馈、层层深入的过程。这种认识反映了学习过程的一般规律,包含了许多合理的因素。在这里,所谓"博学"就是要多闻、多见,上至"天地万物之理",下至"修己治人之方",皆在"博学"之列。所谓"审问"就是要多问、善疑。王夫之认为审问是学习进步的前提:"善问善答,则学日进矣。"朱熹也指出"读书无疑者,须教有疑。有疑者却要无疑,到这里方是长进。"所谓"慎思"就是要推究穷研,深沉潜思,知其所然。所谓"明辨"就是要在思考的基础上分清真假、善恶、美丑、是非。所谓"笃行"就是将"学""问""思""辨"的结果付诸实践,见诸行动。

二、西方主要现代学习理论

西方现代学习理论对学习的研究主要有行为主义学习理论、认知主义学习理论、联结-认知主义学习理论、建构主义学习理论、人本主义学习理论四种代表性的观点。

1. 行为主义学习理论

联结派的学习理论主要强调学习是某种刺激与某种反应之间建立联系、联结的过程。这一过程又可以分为经典条件反射学习和操作性条件反射学习。

经典性条件反射学习研究以巴甫洛夫和桑代克为代表,分别通过狗分泌唾液实验和猫打开笼子实验进行了研究。其主要观点是:(1)学习的实质是建立某种情境(S)与某种反应(R)之间的联结,即建立 S-R 联结的过程。(2)联结的建立是一个盲目尝试并不断减少错误的渐进的试误过程。(3)联结的建立遵循准备律、练习律、效果律等学习的三条主律和多重反应律、定势律、优势要素律、类比反应律和联想转移律等五条学习的副律。后来美国心理学家华生把这些理论引入学习过程,形成了行为主义学习理论。经典性条件反射学习理论认为奖励的作用优于惩罚的作用,要合理运用奖励和惩罚。

操作性条件反射是美国心理学家斯金纳通过实验提出的。他把人对外界刺激的反应分为两类：一类是应答性行为，这是由已知的刺激引起的反应；另一类是操作性行为，是有机体自身发出的反应，与任何已知刺激物无关。与应答性行为相应的是应答性反射，与操作性行为相应的是操作性反射。操作性条件反射的特点是：强化刺激既不与反应同时发生，也不先于反应，而是随着反应发生。有机体必须先做出所希望的反应，然后得到"报酬"，即强化刺激，使这种反应得到强化。学习的本质不是刺激的替代，而是反应的改变。斯金纳认为，人的一切行为几乎都是操作性强化的结果，人们有可能通过强化作用的影响去改变别人的反应。在教学方面教师充当学生行为的设计师和建筑师，把学习目标分解成很多小任务并且一个一个地予以强化，学生通过操作性条件反射逐步完成学习任务。

斯金纳根据强化原理提出了程序教学的思想：把教材分成有逻辑联系的"小步子"；让学生做出积极的反应；对学生的反应及时强化；不强求进度，一律让学生根据自己的情况自定步调；尽量使学生每次都做出正确的反应，使错误率降到最低。斯金纳认为，其优点是能及时对正确答案进行强化；能免除学生对教师的恐惧心理；每个学生可以自己确定学习进度和学习速度；教师可以了解学生刚刚做了什么，可以在最有利的时机给予必要的补充与强化。由于机器可以记录学生错误的数目，教师可以不断修改程序教材，使学生尽可能做出正确反应。程序教学思想为机器教学奠定了基础。20世纪70年代以后，由于计算机及其相关信息加工技术的发展，原先用在机器教学中的程序设计已在计算机辅助教学（CAI）中得到广泛应用。

联结派的学习理论正确反映了动物和人类某些低级的学习训练的规律，对培养和训练学生的操作活动能力有重要启示；强调了强化对学习的促进作用，为科学使用强化手段提供了指南；对促进机器教学的发展有不可磨灭的贡献。但由于排除了对学习认知过程的研究，有很大的片面性。

2. 认知主义学习理论

认知理论是与联结理论相对立的学习观点，它更强调学习的内部过程

及认知结构的建立,强调个体的意识。其主要观点包括:

(1)强调学习过程中认知的作用和认知结构的形成。认知主义的代表人物之一布鲁纳认为,学生不是被动的知识接受者,而是积极的信息加工者。学生的学习包括新知识的获得、转化和评价三个几乎同时发生的过程。新知识,就是与以往所知道的知识不同的知识,或者是以往知识的另一种表现形式。新知识的获得过程是它与已有知识发生联系和相互作用的过程,是主动接受和理解的过程;新知识的转化是对它的进一步加工,使之成为认知结构中的有机构成部分并适应新的任务的过程;对新知识的评价是指对它的检验和核对。

经过学习,学生就形成了自己的认知结构,即由人们过去的经验所引入的,由动作、肖像、符号三种形式所组成的可以再现出来的表征系统。它既包括已经获得的知识经验,也包括与这些知识经验相联系的活动方式。认知结构是理解新知识的基础,也是对新的信息进行认知加工的依据。学习过程实际上就是人们利用已有的认知结构,积极主动对新的知识经验进行加工改造并形成新的认知结构的过程。

(2)学生的学习是一种有意义地学习,而不是机械地学习。奥苏倍尔认为,有意义地学习即新知识与原有的认知结构之间能产生实质性的联系,而不是表面地、任意地联系。

3.行为-认知主义学习理论

该理论试图兼收并蓄行为主义与认知主义的有利方面,以期更合理地解释学习现象,包括托尔曼的认知目的论、班杜拉的观察学习理论。其主要观点包括:

(1)学习是有目的的,而非盲目的。学习就是形成对目标的某种认识与期待,即在头脑中形成如何达到目标的一些"认知地图",而不是形成某种反应。外在的奖励、强化不是学习产生的必要条件,即使不给予外在强化,学习也可以产生。为此,托尔曼提出了潜伏学习的概念。所谓潜伏学习即没有外显的行为表现的一种学习。个体在得到外在奖励之前,头脑中已经形成认知地图,产生某种认识,即已产生学习,只是潜伏于记忆中而没有表现出来。当强化物出现时,这种学习即通过外在的操作表现出来。所以,学习并不是 S-R 的直接联结,而是形成某种认知和期待的过程。

(2)学习是内部因素与外部因素相互作用的过程。班杜拉认为,行为主义的刺激-反应理论无法解释人类的观察学习现象,不能解释为什么个体会表现出新的行为,以及为什么个体在观察榜样行为后,这种已获得的行为可能在数天、数周甚至数月之后才出现等现象。

班杜拉把学习分为直接经验学习(刺激-反应-强化)和观察学习(个体通过观察榜样在应对外在刺激时的反应及其受到的强化而完成学习的过程)。观察学习,又称"替代学习",是指通过对他人及其强化性结果的观察,获得某些新的反应,或者矫正原有的行为反应的学习方式,是人类学习的另一重要来源。班杜拉指出,观察学习包括注意、保持、动作复现与动机这四个子过程。注意过程是观察学习的首要条件,其中榜样的特征及其观察者的特征都影响着观察学习的程度。保持过程即在观察榜样示范的基础上,将所观察的行为以表象和言语的形式保留在记忆中。动作复现过程即把观察到的并保持在头脑中的信息转化成相应行为的过程。动机过程指个体因表现出所观察到的行为而受到强化、奖励。在这种学习中,自我效能感是人类行为的决定性因素。自我效能感则是指个体对自己是否有能力完成某一行为所进行的推测与判断,它影响着人们对行为的选择与行为坚持性,影响着人们的努力程度和对困难的态度,影响着人们的思维方式和行为效率,影响着人们的归因方式。根据以上理论,他特别强调榜样的示范作用和替代强化在实际教育工作中的指导意义。

4. 建构主义学习理论

一般认为建构主义观点是由瑞士心理学家让·皮亚杰于 1966 年提出的,他创立的学派被称为"皮亚杰派",是认知发展领域中最有影响的学派。现代建构主义的直接先驱是皮亚杰和维果茨基。皮亚杰在 1970 年发表了《发生认识论原理》,其中主要研究知识的形成和发展,提出了认识是一种以主体已有的知识和经验为基础的主动建构过程的观点。建构主义学习理论被誉为"当代教育心理学的一场革命",也是我国新课改的理论基础之一。其代表人物主要有皮亚杰、维果斯基、卡茨、斯滕伯格等。这一学习理论的主要观点有:

(1)学习的本质观。建构主义学习理论认为个体在进行学习的时候,头脑中并不是空的,而是基于先前的生活经验在头脑中保存着自己特有的认知图式,在学习过程中,通过与外界环境的相互作用,建构新的认知图式。这种新的认知图式是创造性的,在性质上不是原有图示的延续。所以,学习的过程是一种质的变化,是学生主动的建构知识意义的过程,具有社会互动性和情境性。

(2)知识观。正因为学习是一个建构的过程,因此知识并不是对现实的准确表征,也不是最终答案,而只是一种解释、一种假设;知识并不能精确地概括世界的法则,在具体问题中,并不能拿来就用,也不会一用就灵,而是要针对具体情景进行再创造;尽管我们通过语言符号赋予知识一定的外在形式,甚至这些命题还得到了普遍地认可,但并不意味着每个学生对这些命题都会有同样的理解,因为理解只能由学生基于自己的经验背景而建构起来,取决于特定情境下的学习历程。

(3)学生观。建构主义强调学生经验世界的丰富性,强调学生的巨大潜能,强调学生经验世界的差异性,每个人在自己的活动和交往中形成了自己的个性化的、独特性的经验,每个人有自己的兴趣和认知风格,所以,在具体问题面前,每个人都会基于自己的经验背景形成自己的理解,每个人的理解往往着眼于问题的不同侧面。

(4)教学观。教学不能无视学生的已有经验另起炉灶,而是要把学生现有的知识经验作为新知识的生长点,引导学生从原有的知识经验中"生长"出新的知识经验。教学不是知识的传递,而是知识的处理和转换。教师不简单是知识的呈现者,应该重视学生自己对各种现象的理解,倾听他们现在的想法,以此为根据,引导学生丰富或调整自己的理解。

5. 人本主义学习理论

人本主义学习理论主张从人的直接经验和内部感受来了解人的心理,强调人的本性、尊严、理想和兴趣,认为人的自我实现和为自我实现而进行的创造才是人的行为的决定性力量。人本主义学习理论以罗杰斯(Carl Rogers)的"以学习者为中心"的学说为代表,其基本观点如下:

(1)学习是有意义的心理过程,而不是机械的刺激和反应的总合。罗杰斯认为,要了解考察人的学习过程,只了解外部情境和外部刺激是不够的,更重要的是要了解学习者对外部情境或刺激的解释和看法。

(2)学习是学习者潜能的发挥。罗杰斯认为,人类是具有学习的自然倾向和学习潜能的,是一种自发的、有目的的、有选择的过程。所以,教学的任务就是创设一种有利于学生潜能发挥的情景,使其潜能得到充分发挥。教学内容和方法的确定都应以学生为中心,教师的任务是帮助学生增强对变化的环境和自我的理解。

(3)学习的内容应是对学习者有价值的知识经验。罗杰斯认为,只有当学生了解到他所学内容的用处时,学习才可能成为最好的、最有效的学习。所以,教师要尊重学生的兴趣和爱好,尊重学生自我实现的需要。

(4)学习要注意学习方法的学习和掌握。罗杰斯指出:"只有学会如何学习和学会如何适应变化的人,只有意识到没有任何可靠的知识,唯有寻求知识的过程,才是可靠的人,才是有教养的人。"他还强调,在学习过程中获得的不仅仅是知识,更重要的是获得如何进行学习的方法和经验。

三、学生学习的内部条件

根据学习理论的分析,学生的学习是内部因素与外部因素共同作用的结果。在学校教育环境中,外部因素主要是教师教学创设的结果,那么学生学习又需要哪些内部条件呢?

1. 智力因素与学习

智力,一般指人认识、理解客观事物并运用知识、经验等解决问题的能力。遗传为智力发展提供了可能性,后天的社会、家庭与学校教育许多方面的共同作用则使智力发展的可能性变成现实性。我国心理学界普遍认为,智力是由注意力、观察力、记忆力、想象力、思维力这五个基本因素所构成的综合体。任何学习过程都有赖于这些智力因素的参与。注意力具有维持和组织心理活动、监督与调节实践活动的功能,在学习过程中能使人处于警觉状态,选择并追踪某些符合学习需要的信息,使学习者在专心致志的状态下取得较高的学习效率;观察力影响着通过感官输入大脑的信息总量及准确性;记忆力是智力的基础,决定着知识的积累和提取;想象力是使智力活动富有创造性的重要条件,能使学生超越时空局限,预见未来,也能体验到创造的欢愉,促进创造性学习;思维力是智力的核心,也是连接其他智力因素的纽带。

关于智力的研究,形成了多种智力理论,包括桑代克的独立因素说、斯皮尔曼的智力二因素论、吉尔福特的智力三维结构论、加德纳多元智力理论、瑟斯顿的群因素论、卡特尔的智力形态论、斯腾伯格的三元智力理论等,都为我们教学中培养学生智力提供了理论支持。但也应注意,智力因素只是学习的基础,有好的基础但如果不充分发挥学习的主动性,学习也只能是低水平的知识获得,甚至不会发生学习。要让学习发生,还必须注重非智力因素对学生学习的影响。

2. 非智力因素与学习

非智力因素是指除智力因素以外的一切个性心理因素,有学者称之为"情感智力"或"个性品质"。非智力因素包括动机、兴趣、情感、意志和性格等,它们在学习活动中具有十分重要的作用。

动机是指引起和维持个体的活动,并使活动朝向某一目标而展开的内部心理过程或内部动力。学生的学习动机是指推动学生学习活动的内部动力。它以人的需要为基础,是需要和学习目标及其诱因条件相结合的产物,是决定学生是否进行学习活动的动力因素。学习动机在学生的学习活动中具有以下功能:(1)启动功能,即学习动机能唤起和发动学生学习某门功课或技能,或从事某种活动。(2)导向功能,即学习动机能指导学生学习的方向,使学生的学习表现出一定目的性。(3)维持与调节功能,即学习动机能激起学生的学习活动,使其坚持到底,并且能根据需要及时做出调整,使学习活动和行为始终不离开目标。(4)强化功能,即当学习动机激起学生的学习行为,使其需要得到满足时,能引起学生产生愉快的情绪体验,强化其已有的学习行为。

学习兴趣是个体力求探究事物,认识世界,渴望获得文化科学知识,并伴有一定情绪体验的心理倾向,是一种特殊的学习动机。研究表明,学生的学习兴趣与学习成绩、学习信心的关系很密切。最喜欢学习的科目,往往也是学习成绩最好、学习信心最足、最有把握学好的科目。学习兴趣是学生学习自觉性和积极性的集中表现,是学习的强化剂,它在学生的学习活动中具有十分重要的作用。其一,对未来学习活动的准备作用;其二,对当前学习活动的推动作用;其三,对创造性学习活动的促进作用。根据兴趣的起因和倾向性,学生的学习兴趣可分为直接兴趣和间接兴趣。直接兴趣是指由学习活动与学习内容本身所引起的兴趣。例如,新颖有趣的教材、带有情绪感染力的朗诵、引人入胜的讲述等等,都容易引起学生对学习的直接兴趣。间接兴趣是指由学习活动的目的和结果所引起的兴趣。如,当学生认识到掌握某种知识的必要性和重要性时所产生的兴趣。这两种兴趣对学习都是必要的。缺少直接兴趣,会使学习成为枯燥无味的负担;没有间接兴趣,也难以使学习坚持下去。这两种学习兴趣的有机结合,是激发学习主动性、积极性的重要条件。

情感是人对客观事物是否符合人的需要的一种反应,它包括理智感、道德感和审美感等。情感伴随着学习过程的始终,直接影响着学习活动的效率。列宁曾经说过,"没有'人的感情',就从来没有,也不可能有人对真理的追求。"

意志是自觉地确定目的并克服各种困难,调节内外活动以实现目的的心理过程,它包括决心、信心和恒心三个因素,是意识能动性的集中表现。

任何有意义的工作,包括学习活动在内,都离不开意志的参与。只有具备坚忍不拔、百折不挠的意志品质,才能勤学苦练,以苦为乐。

性格是人表现出的对现实的稳定的态度和与之相适应的行为方式上的心理特征。它是个性特征中的核心特征,是足以支配一个人的个性的那些心理特征的独特结合。它包括对现实态度的性格特征、意志特征、情绪特征和理智特征。研究表明,良好的性格特征,如勤奋、勇敢、自信、谦虚、谨慎、细致、进取心、乐观、朝气蓬勃等,有助于学习能力的提高,促进人成才。而消极的性格特征,如怠惰、自卑、骄傲、粗心、安于现状、萎靡不振、墨守成规等,则会压抑人的创造力的形成和思维潜能的发挥,从而阻碍学习活动的展开,阻抑人成才。

第三节　教学过程的规律与教学原则

教育理论界对教学过程有各种不同的认识:有人将教学过程理解为刺激-反应过程;有人将教学过程理解为特殊认识过程;有人将教学过程理解为教学与发展相统一的过程;有人将教学过程理解为师生交往过程;还有人将教学过程理解为学生在教师引导下建构知识意义的过程。现代教学论认为,教学之所以区别于其他事物,就在于教学是根据一定的教育目的和教学任务,在教师有计划、有目的的指导下,通过教和学的双边活动,组织与引导学生积极主动地学习系统的文化科学知识和基本技能,并在此基础上,发展能力,增强体质,完善个性心理,培养思想品德,使学生德、智、体各方面都得到全面发展的过程。而贯穿这一过程的中心是师生的互动和交往,离开了师生的互动和交往,学生的认识发展和能力发展就失去了基础。教学过程的中心与基础应该是师生的互动和交往。师生的互动和交往基本上揭示了教学过程的本质所在。

一、教学过程的特点

从教学的本质是师生的互动和交往这一论点出发,教学过程具有以下特点。

1. 教学过程的互动性

教学过程是教师教和学生学相统一的双向活动过程。在教学的双向活动过程中,教师和学生都需要发挥各自的主观能动性。师生之间、生生之间相互影响、相互促进,形成复杂的双向关系,通过彼此信息传递和多重反馈,促进师生双方积极性的发挥和各方面的发展。因此,师生的认知、情感、意志互动交流,是当代教学的突出特点。

2. 教学过程中学生认识的间接性

在教学过程中学生认识的对象主要是体现在教材中的间接知识。这决定了学生认识的对象是以教材为载体的间接知识,意味着学生可以跨越时空的限制,加速认识的进程,在较短的时间内有效吸纳人类世代积累起来的大量基础知识,满足自身生产和生活的需要。当然,学生认识的间接性,并不否认通过教学引导学生从生活实践中获得直接经验的重要性,因为间接知识的有效掌握离不开学生在自身生活和社会生活中的亲身体验和实践验证。

3. 教学过程的发展性

教学过程是在师生的互动和交往中促进学生全面发展的过程。通过教学,不仅引导学生体验认识过程,掌握认识方法,发展认识能力,而且促进学生情感、态度、价值观、品德、个性和身体等方面的全面、和谐发展。当然,在教学过程中,学生对知识的理解和掌握是其他方面得以良好发展的重要基础。

4. 教学过程的教育性

教学是教育的基本途径,教学具有教育性,是一个不容否认的黄金法则。因此,不仅教育方针、各科教学内容具有强烈的思想倾向性,贯穿着不同的思想政治道德要求；而且教学原则、教学方法和教学组织形式，也反映着特定的思想、观念和道德追求；同时，教师的言传身教，对学生也产生着潜移默化地影响。所有这些因素，都使学生在教学过程中，不仅增长知识、发展能力，而且同时在思想情感、精神面貌、道德品质、价值观等方面受到熏陶。

二、教学过程的基本规律

教学规律是教学现象中客观存在的，具有必然性、稳定性、普遍性的联系，对教学活动具有制约、指导作用。

1. 教学过程中学生认识的特殊性规律

在教学过程中学生认识的间接性，决定了学生的认识过程不同于人类的一般认识过程，表现出不同的规律性。从来源上，学生的认识主要有两个来源：直接经验和间接经验。直接经验指学生通过自身活动、探索得到的经验；间接经验即他人的认识成果，主要指人类在长期认识过程中积累并整理而成的书本知识。因而，本质上，教学中学生所获取的知识主要是教材中以文字形式所记载的间接经验，这也决定了学生与教材内容之间的矛盾就是教学要解决的基本矛盾。这一矛盾的解决表现为学生在教师的指导下，将未知变为已知，将教材内容转化为自己掌握的知识和操作技能，即通过教与学双方的努力，使学生占有客体，掌握知识。

教学认识客体对象的抽象性决定了学生的认识过程，一般表现为感知教材、理解教材、巩固知识和运用知识这样一个序列过程。所谓感知教材，是指在教师指导下，通过读、听、说、写的形式，获得对教材内容的感性认识，形成初步表象。所谓理解教材，是指在感知教材的基础上，通过教师的指导讲解，启发学生的思维活动，对教材进行加工、改造和抽象概括，形成概念，使感性认识上升为理性认识。所谓巩固知识，是指学生经过思考复习和作业练习，达到对知识的牢固记忆。所谓运用知识，是指学生在教师组织指导下，将所学知识运用于教学实践，形成技能技巧。

学生掌握教材的这个有序过程,被称为教学中学生认识的阶段。它是教学认识的规律性表现,反映了教学中学生的一个相对完整和独立的认识过程。四个阶段相互独立,而又相互依存,相互联系,彼此渗透。只有经过这个四阶段的转化,学生才能完成学习认识任务,真正掌握教材内容。教学矛盾运动的发展正是这一教学认识过程周而复始的深化过程,从而使学生的认识不断递进到更高的阶段。

但是,在实际的教学过程中,教师要注意学生虽然以学习间接经验为主,但必须以学生的直接经验为基础,书本中知识抽象且远离学生的实际生活,如果没有个人以往积累的或现时获得的感性经验,会使学生不容易理解或者容易产生错误理解。因此,直接经验与间接经验二者不可偏废,除了引导学生看书学习外,也要鼓励学生在做中学、玩中学、研究中学,鼓励学生对客观世界保持新鲜的好奇、通过多种方式获取知识。这样才能培养出具有创造性才能的人才。同样,若是一味强调直接经验的获得,则不利于学生掌握系统的科学文化知识,影响日后更深入地学习。因此,不可割裂了掌握知识过程中直接经验与间接经验的内在联系。

2. 教师主导作用和学生主体地位辩证统一规律

关于教学过程中教师与学生的地位与作用问题,历史上曾有过激烈地争论并因此而形成了不同的观点。最具有代表性的就是以赫尔巴特为代表的教师中心论和以杜威为代表的儿童中心论。

现代教育学认为,教学过程既是教师教的过程,又是学生学的过程,是教和学的双边互动、共同发展的过程。在这一活动过程中,教师起着主导作用,学生处于主体地位。双方密切联系,积极互动,互相促进,而又彼此制约,实现着共同的教学目标。

教师的主导作用集中体现在指导学生学习、帮助学生实现学习过程的三个转化上:(1)认知过程的转化,使学生从不知到知。(2)感情过程的转化,提高学生学习的自觉性,引导学生从不爱学到爱学、乐学。(3)能力过程的转化,引导学生把知识运用于实际,形成技能技巧。可见,教学过程中教师的主导作用,并非越俎代庖,代替学生学习,而在于打开学生心灵的天窗,开启学生的思维机制,引导学生主动学习。

学生是学习的主体,指的是学生是教学过程中学习任务的承担者,从教学认识来看,学生是认识的主体,教师组织的一切教学活动,都要通过学生来进行和落实。教学效果、教学质量也要体现在学生认识的转化和行为变化的结果上。

学生作为教学系统中的一个重要因素,是活生生的青少年一代,有自己独立的思想、情感、意志、性格、志趣和追求,具有积极的能动性。就学生方面说,教学过程就是学生在教师指导下自己独立学习的过程。在这个过程中,学生理所当然是学习的主体。教师只是促进学生学习的外在因素,外部条件要真正转化为学生的知识、技能、品格,最终起决定作用的还是学生的内在因素。

3. 教学与发展相互促进规律

所谓教学与发展相互促进规律,是指在教学过程中,在传授知识的同时,影响着学生智力的发展,学生智力的发展又影响着他对知识的进一步学习。在教学过程中,向学生传授知识和发展学生智力,两者是相互促进,相互影响,相辅相成的。

(1)掌握知识是学生智力发展的基础。学生的智力是在掌握知识、运用知识的过程中获得发展和表现的。人类思维活动的进行,就是以一定的词语、概念等代表的知识为材料的。离开了这些知识材料,思维活动就无法进行。人类积累起来的丰富知识,是智力运用的结晶,思维活动的结果,本身就含有很高的智力价值。事实上,一个人的知识越丰富,对事物的观察就越敏锐、深刻,思维活动就越能在更广阔的领域进行,因而对事物的判断就会更正确。可见,只有向学生传授丰富的知识,并引导学生把知识运用于实际,学生智力的发展才具有坚实的基础。

(2)智力是掌握知识的重要条件。如前所述,知识是智力活动的结晶。作为智力活动结晶的知识,只有通过智力活动才能真正掌握。人们的智力水平直接影响着其对知识掌握的深度、广度和速度。教学实践也表明,认识能力强的学生,知识接受得快,理解得深,掌握得准,学习效果好;相反,认识能力差的学生,接受知识的速度慢,对知识的领会一知半解,误差多,掌握知识的质量差。

在教学过程中,掌握知识与发展智力并非是自然的统一,能力的发展也不是自发的过程,教师应明确两者间的差异及其相互转化的过程和条件,传授科学的、规律性的知识、科学地组织教学过程,重视教学过程中学生的操作与活动,培养学生的参与意识与能力,提供学生积极参与实践的时间和空间,并培养学生良好的个性品质,重视学生的个别差异,以知识的内在结构为依据,自觉地、有计划地启发学生的思维活动,发展学生的认识能力。

4.传授知识与思想教育相统一的规律

这条规律又叫教学的教育性规律,或称教书与育人相结合规律,是指在教学过程中,不管施教者的主观意识如何,是否自觉,学生在接受知识的同时都客观地受到一定政治立场、世界观、方法论的影响,受到一定意识形态、伦理道德观念的熏陶,接受着一定的思想教育。

知识是思想品德形成的基础,传授知识是思想教育的前提,学生只有掌握了科学知识,科学世界观的形成才有可靠的基础;而学生一旦形成了良好的思想品德,树立了远大的理想,又为他们努力学习提供了内在动力。

说教学永远具有教育性,是不以人的意志为转移的客观规律,并不意味着教学中的思想教育可以自发地进行。相反,它需要教师提高思想认识,正确处理教书与育人的关系,认真钻研教材内容,挖掘其中蕴含的思想教育因素,自觉地在传授知识的过程中对学生进行思想品德教育,使学生在接受科学知识的同时,受到良好的思想影响,形成科学的世界观、人生观和高尚的道德情操,把传授知识和思想教育有机结合起来。

三、教学原则

教学原则是人们观察、处理教学问题,依据教育规律进行有效教学必须遵循的基本要求,是指导教学工作的一般原理,贯穿于教学过程的各个方面和始终。掌握好教学原则有诸多好处。首先,有利于教师确立正确的教学指导思想,按照先进的理论观点去观察和处理教学问题。其次,有利于教师自觉遵循教学过程特点组织教学活动,合理解决教学内容和教学方法等一系列理论与实际问题。再次,有利于保证教学过程的有序有效进行,顺利实现教学目的和任务。

在长期的教学实践和教学理论研究中,人们总结概括出了许多教学原则。一般认为,我国中小学的教学活动应该坚持以下七条基本原则:

1. 科学性与教育性相统一原则

科学性和教育性相统一原则是指在教学中,教师既要向学生传授真理性知识,使教学内容具有严密的科学性,又要结合知识的传授,对学生进行思想品德价值观教育,使教学具有教育性。这条原则能正确处理教学过程中传授知识与进行思想品德价值观教育的关系。贯彻这一原则有三点基本要求:(1)要坚持教学的科学性,只有用科学的知识武装学生的头脑,才能为学生思想的进步和正确价值观念的形成奠定良好的基础。(2)要深入钻研教材内容,充分发掘教材内容的思想因素,对学生进行思想品德和价值观教育。(3)要贯穿于教学的全过程。无论是在传授知识和技能的过程中,还是在其他教育活动中,教师都要贯彻这一原则。

2. 理论联系实际原则

理论联系实际的原则是指在教学中教师要引导学生从理论与实际相结合的高度理解知识,并运用知识去分析解决实际问题,做到学以致用。这一原则要求正确处理教学中间接知识和直接知识、理论与实践之间的关系。贯彻这一原则有三点基本要求:(1)加强基础知识和基本技能的教学。(2)要根据学科特点和学生的基础,从学生的实际基础出发,组织教学活动。(3)要加强教学的实践环节。教学实践活动是提高学生对所学知识和技能的理解与迁移水平,促进知识学习和实际运用有效结合的重要途径。

3. 启发性原则

启发性原则是指在教学中教师要充分发挥主导作用,最大限度地调动学生学习的积极性和自觉性,激发学生积极思维活动,促使其主动探求知识,增强独立分析问题和解决问题的能力。这一原则要求正确处理教学过程中发挥教师的主导作用与调动学生学习积极性之间的关系。贯彻这一原则有四点基本要求:(1)要加强学习目的和动机教育,激发学生学习的内在动力,教师在教学中应该把培养学生确立明确的学习目的和动机,作为贯彻启发性原则的首要任务。(2)要激发思维活动,培养学生的主动探究精神,把激发学生思维活动、培养学生的主动探索精神作为根本教学目的。(3)要培养学习兴趣,激发求知欲望。(4)坚持教学民主,建立良好的师生关系。民主的教学氛围和良好的师生关系是创造良好学习气氛、提高学生学习积极性的重要因素。

4. 直观性原则

直观性原则是指在教学中教师通过一定的方式引导学生直接感知教材内容、丰富感性经验、获得生动表象,并在此基础上进行思维活动,把生活的直观和抽象的思维结合起来,深入理解知识和技能的本质。这条原则要求正确处理教学中理性认识与感性认识的关系。贯彻这一原则有三点基本要求:(1)要明确教学目的,讲求实际效果。(2)要注意直观教具的典型性,恰当使用实物直观、模像直观和言语直观等手段。(3)正确地运用直观教具,增强直观教学的科学性。正确运用直观教具的要求是:把握直观教具出示的时间,使教具的出示和讲解同步;直观教具放置的角度和高度要适宜,利于全班学生进行观察;演示教具和语言讲解相结合,引导学生深入观察;指导观察的方法,使学生获得准确、全面的表象。

5. 循序渐进原则

循序渐进的"序"是指教材内容的逻辑顺序和学生的认知顺序。循序渐进教学是指教师按照教材的逻辑顺序和学生的认知顺序组织教学活动。这一原则要求正确处理科学知识的逻辑体系与学生的认知顺序之间的矛盾关系。贯彻这一原则有三点基本要求:(1)教师要把握本门学科教材的逻辑结构和教材知识的内在联系,注意新旧知识之间的联系,按照教材的逻辑顺序教学。(2)要按照学生的认识顺序组织教学活动,使教学活动符合由浅入深、由易到难、由简到繁、由感性到理性、从已知到未知,成为一种有序的、不断加速的运动进程。(3)技能训练也要循序渐进。

6. 因材施教原则

因材施教原则是指教学既要对全体学生提出统一要求,又要根据学生的个别差异,区别对待,促使每个学生在自己的原有基础上都能有所进步和发展。这一原则要求正确处理教学中统一要求和学生个别差异之间的矛盾关系。贯彻这一原则有三点基本要求:(1)教师要深入了解和认真研究每个学生的心理倾向、个性特征和兴趣特长,根据学生的实际,妥善安排教学进度,确定教学难度,增强教学的针对性。(2)要在统一要求下,照顾到优秀和困难两类学生的不同需要,加强个别指导,使不同水平的学生都能在自己的基础上前进。(3)要在促进每个学生都能全面发展的基础上,充分发挥个人的兴趣和特长,使学生都有一技之长。

7. 巩固性原则

巩固性原则是指教学中教师要使学生在理解的基础上,牢固地掌握知识和技能,长久地保持并能熟练地用其解决实际问题。这一原则要求正确处理学习新知识与巩固已学知识之间的矛盾关系。贯彻这一原则应注意:(1)要引导学生在理解的基础上巩固知识。(2)要重视和组织好复习教学。

以上教学原则及其要求各有侧重点,相互联系,构成了教学原则的系统体系。教师在教学中应贯彻这些教学原则的基本精神,使其相互配合,相辅相成,取得良好的教学效果。

第四节 教学模式

教学模式是在一定的教学思想指导下,通过总结提炼教学实践经验而形成的,指向一定教学目标且较为稳定的师生进行教与学活动的操作程序体系。最早对"教学模式"进行开创性研究的学者是美国的乔伊斯和韦尔,他们在《教学模式》一书中认为:"教学模式是构成课程和作业、选择教材、提示教师活动的一种范式或计划。"

一、我国中小学常用的教学模式

中小学常用的教学模式,有些是对长期教学实践经验的总结,有些是学校教学改革实验的成果,也有些是把国外的教学模式逐步中国化后形成的。其中具有我国学校教学特色的、影响较大的教学模式有:

1. 传递—接受教学模式

传递—接受教学模式源于赫尔巴特五段教学法,教学基本程序是:激发学习动机—感知理解教材—巩固教材知识—运用知识—对知识掌握情况的检查评价。这是我国中小学教学过程普遍采用的一种教学模式,主要用于系统知识、基本技能的传授与学习。

这种模式以传授和学习系统的基础知识、基本技能为基本目标,以教师系统传授、学生接受为主要教学方式,以作业和测验为巩固和检查教学效果的主要手段,强调教师主导和课堂中心,有利于学生在较短的时间内掌握系统的知识,有利于发挥教师在整个教学过程中的领导作用,有利于提高教学效率,突出体现了教学过程的简约性规律,但客观上导致学生处于被动接受知识的地位,不利于学生学习主动性的发挥。若使用不当,容易形成"注入式""满堂灌"教学。

2. 自学—辅导教学模式

自学—辅导教学模式是把传递–接受教学模式中教师的系统讲授改进

为教师指导下的学生自学教材,也就是说由"教师讲,学生听"的单向知识传递,改进为"师生间,生生间"的多向知识交流。这一模式的教学基本程序是:

(1)学生先根据教师提出的教学任务和要求独立阅读教材并独立完成作业。

(2)在课堂中,让学生对自学中存在的问题进行讨论和交流,集思广益、取长补短,在对问题的共同探讨和交流中,培养学生分析问题的能力、语言表达能力以及合作精神。

(3)教师对自学和讨论交流中仍未解决的问题进行启发、指导和答疑,帮助学生自己解决疑难问题或自己作出结论。

(4)通过完成各类作业、实践操作、适当的评价、及时改错、进行总结等活动,使所学的内容能够纳入已有的知识体系中去。

这种模式实现了教学重心由"教"向"学"的彻底转移,学生真正成为学习的主人,既有利于学生自学能力的培养和创造性思维的发展,又有利于学生团结互助、尊重他人的品质和团体协作精神的培养。

3. 引导—发现教学模式

引导—发现教学模式是一种以问题解决为中心,注重学生自主学习活动,着眼于学生思维能力培养的教学模式。该模式以杜威、布鲁纳等人的教学思想为理论依据。这一模式的教学基本程序包括以下几个环节:

(1)提出问题:教师提供学习的背景材料,或者创设问题情境,引导学生进行积极思考,提出各种问题,并从中确定出所要解决的问题。

(2)形成假设:教师引导学生根据已有的各知识和经验,对所要解决的问题进行大胆猜想,从中发现必然联系,从而形成假设。

(3)进行验证:教师通过提供具体事例,或者由学生自己提供事实来对照检验已形成假设的正误及其正误的程度。

(4)总结提高:修正、补充和完善结论,并总结思维的过程和解决问题的方法,为以后的问题解决提供借鉴。

这种模式能够培养学生勇于探索的科学精神和共同协作的团队精神,对于教会学生如何学习、培养学生的问题意识和思维能力具有重要作用。这一模式的局限性在于学生必须具有一定的先行经验储备,才能形成强烈的探索意识,找到解决问题的线索,同时还需要教师的恰当引导,否则就难以取得理想的教学效果。

4. 情景—陶冶教学模式

情景—陶冶教学模式是根据"暗示教学理论"和"人的认识是有意识和无意识心理活动的统一、理智活动和情感活动的统一"等现代心理学观点,强调创设一种情感和认知互促的教学环境,让学生在思想高度集中、精神完全放松的情况下学习知识,陶冶情感的一种教学模式。这一模式的教学基本程序如下:

(1)创设情境:教师要根据教学目标,围绕教学内容,通过语言描绘、实物演示、幻灯或绘画再现、音乐渲染等手段为学生创设一个生动形象的教学情境,以激发学生学习的内在动机。

(2)情感体验:引导学生通过参与各种活动,如游戏、表演、唱歌、听音乐、谈话、操作等活动,使其在特定的气氛中增强积极的情感体验,自觉自愿地从事各项智力活动,潜移默化地开展学习。

(3)总结转化:通过教师的启发总结,使学生从情境中获得科学知识,领悟学习内容主题的情感基调,达到认知与情感的统一,并使这些认识、经验转化为指导学生思想行为的准则,实现科学知识和道德情感的内化。

这种模式通过情感和认知的多次交互作用,促使学生在扎实地掌握科学知识的同时,情感得到不断陶冶、个性得到健康发展。由于学生的无意注意和情感活动都参与了教学,不易产生疲劳和厌学情绪,有利于大容量、长时间地进行教学活动。这种教学模式在语文、外语、音乐、美术、历史、地理等教学中运用普遍。

5. 示范—模仿教学模式

示范—模仿教学模式是指教师结合教学内容设计示范技能,以此作为对学生的有效刺激,从而引起学生模仿相应技能直至有效掌握的一种教学模式。一般用于以训练行为技能为目的的教学。这一模式的教学基本程序是:

(1)定向:教师的主要职责是向学生阐明所要掌握的行为技能并说明完成技能的操作原理和程序,同时向学生演示示范动作。

(2)参与性练习:指教师参加的或教师亲临指导的学生练习,是从对分解动作的模仿开始的。为了确保练习正确进行,教师对每次练习提供的信息反馈要给予及时强化。

(3)自主性练习:当学生基本掌握了动作要领,能独立做出一整套动作时,要给学生加大自主练习的活动量,使技能、动作更加熟练。

(4)迁移运用:教师引导学生把掌握的熟练技能运用到新的情景中去,或者对新技能的学习产生积极的促进作用。

这种模式比较符合学生直接获取经验的心理,便于教师的示范、检查和指导。因此广泛适用于各学科的技能训练。

二、近年来我国在教学模式上的探索成就

除了以上常见教学模式外,在长期的教育教学实践中,我国也出现了大量关于教学模式的改革和研究成果。

1. 洋思中学"以学生自主学习为中心的课堂教学模式"[①]

江苏省泰兴市洋思中学原是一所地处偏僻的村联办初级中学,办学条件差,生源质量弱,师资力量缺,是当时面临的主要问题,也导致教学质量始终无法提高。20世纪80年代开始,洋思中学大力推进课堂教学改革,终于创立了全新的教学模式,创出了一流的教学业绩,学校成为全国闻名的基础教育改革旗帜。从1987年至今,一直保持着合格率、巩固率、升学率三个百

---

① 秦培元,刘金玉."先学后教,当堂训练":洋思教育的密码[J].江苏教育研究,2011(3):22-24.

分之百和优秀率一流的记录,有80%的学生升入省重点高中。

洋思中学的"以学生自主学习为中心的课堂教学模式"的特点是,从限制教师单向讲授时间入手,实现了教师注入式、"满堂灌"到以学生为主体、教师为主导的启发式教学,极大调动了学生主动学习的积极性,大幅度减少了无效的劳动。在此基础上逐步建立完善了指导学生主动学习的有效措施,进而把课前学习、课堂学习和课后学习有机结合起来,使所有学生都能做到"堂堂清、天天清、周周清",使教学质量大幅度提高。

(1)"先学后教,当堂训练"教学模式的六个基本环节。

①提示课堂教学目标(约1分钟):采用小黑板、投影、黑板公布目标,让学生大体上知道这节课的学习任务和要求。

②指导学生自学(约2分钟):设计问题链,写好投影胶片和黑板设计,使学生知道自学什么、怎么学、用多长时间、应该达到什么要求、如何检测等。

③学生自学(教师巡视)(5~8分钟):学生进行自学,教师了解学生自学情况,引导每个学生积极动脑,认真自学,挖掘每个学生的潜能。

④检查学生自学效果:让中差生、后进生回答问题或板演,最大限度地暴露学生自学后存在的疑难问题。

⑤引导学生更正、指导学生运用(8~10分钟):让学生观察板演,找错误或比较自己做的方法、结果是否与板演相同;让学生自由更正,让他们各抒己见;引导学生讨论,说出错因及更正的道理;指导学生归纳,上升为理论,指导以后的运用。使学生分析自己的错误和问题,找出哪些是需要教师引导、点拨的问题,再通过讨论和教师点拨,使学生进一步加强对所学知识的理解,最终形成运用所学知识分析、解决问题的能力。

⑥当堂训练、批改(不少于15分钟):布置课堂作业并督促学生独立完成,对部分已完成的学生作业即时进行批改,检测每位学生是否都当堂达到学习目标。

(2)注意问题。在"先学"这一环节,教师应注意激发学生的学习动机,提出明确的先学要求:如看书、练习、实验要用多长时间,要达到什么目标,自学后如何检测;要指导先学的方法,如怎么看书、怎么练习、注意些什么;在学生自学时,教师要广泛调查,尤其是摸清学习基础差的学生中存在的疑难问题。

在"后教"这一环节,必须要明确教什么,即教学生自学后还不会的地方;明确教的要求,让学生知其然,也知其所以然;明确教的方式,要先让会讲的学生讲,学生不会讲时,教师才开始讲。

归纳起来,其四个核心要素要点就是让学生自学、让学生当堂训练、教师要讲得比较少,但在课堂上起组织教学和引导启发作用、让学生自学和学生当堂训练制度化。

2. 杜郎口中学"三三六"自主学习模式[①]

杜郎口中学位于山东省聊城市茌平县,是一所普通的农村初中,从濒临裁撤的困难境地到如今成为新课程改革的试验田和领头军,创造了教学改革的奇迹。杜郎口教学模式总结起来主要包括两个方面:"三三六"模式和"10+35"模式。"三三六"模式主要指三大模块、三个特点、六个环节。

三大模块,即预习—展示—反馈。其中反馈模块是对预设学习目标进行的反思和总结,突出"弱势群体",手段有"兵教兵""兵练兵""兵强兵";三个特点,即立体式(目标任务三维立体式,任务落实到人,学生主体作用充分发挥,集体智慧充分展示);大容量(课堂内容在教材基础上拓展、演绎、提升,课堂活动多元,全体参与体验);快节奏(单位时间内,紧扣目标,周密安排,师生互动,生生互动)。六个环节:一是预习交流;二是明确目标;三是分组合作(教师口述任务平均分配到组,一般一组完成一项);四是展示提升(各小组根据组内讨论情况,对本组学习任务进行评讲);五是穿插巩固(各小组结合组别展示情况,对本组未能实现的任务进行巩固练习);六是达标测评。

---

① 许爱红,刘延梅,刘吉林.农村中学课堂教学模式的重大变革:解读杜郎口中学"三三六"自主学习模式[J].当代教育科学,2005(11):18-26.

"三三六"学习模式以学生在课堂上的自主参与为特色,课堂的绝大部分时间留给学生,老师仅用极少的时间进行"点拨"。他们把这种特色叫作"10+35"(教师讲解少于10分钟,学生活动大于35分钟),或者"0+45"(教师基本不讲),充分引导学生,营造以学生自学为主,以学生为主体的课堂。

为实现以上特点,杜朗口中学采取了以下措施:(1)撤掉讲台,搬走讲桌,鼓励学生成为课堂的主人,自己发现规律,自己总结方法,自己探索问题解决思路,教师则成为引导者、策划者、参与者、追问者、合作者。(2)取消插秧式课桌排放,变为以小组为单位对桌而坐,各组别之间通过合作学习,一起探究、碰撞、融会、悦纳和相互补充,达到感染促进和双赢多赢,既使强生通过与对手的切磋、对弱生的帮扶,进一步巩固、拓展知识和方法,也使弱生通过与强生的交流、对强生的模仿获得进步和发展。(3)增加黑板,提高板面利用次数,通过黑板展示,实现交流、反馈与强化、训练学生书写等作用,短平快地实现了课堂效益最大化。(4)把时空还给学生,先是要求课堂上凡知识性的教学内容不准教师讲,或占用的时间等于、小于10分钟,教师可以以学生的身份参与到小组中进行讨论,发表自己的观点,是学生中的首席。学生为了学习可以随意走动,到黑板上写、画、作、练;可以下桌到另一个同学或老师那里请教,几个学生可以走出教室去排练课本剧;有同学在黑板上讲题,全班的同学可以围成半圆形、圆弧形、方阵型观看;学生有创作,有发明,可以到教室的中心"小广场"聚焦处演讲,发表意见。(5)形式多样,自主发展,只要有利于学生的学习,有利于学生的创造,有利于学生的发现,有利于学生动起来,都可以采用。(6)预习、展示、反馈成为特色课型,没有预习的课不准上,预习不好的课不能上。预习的操作步骤是:师生共同明确预习目标;教师提出预习要求和预习方法;教师出示预习提纲,做好预习指导;学生搜集各种信息,做好双色笔记;小组反馈预习疑难,师生共同解决。

除以上两种教学模式外,还有河北衡水中学的"三转五让"教学模式、兖州一中"三步六段"教学法和"35+10"课堂循环教学模式、山东昌乐"271高效课堂"教学模式、安阳市殷都区主体多元高效课堂"双向五环"教学基本模式、东庐中学的"讲学稿"、北京志鸿教育研究院提出的"高效课堂1333教学模式"、华东师范大学顾泠沅教授的中小学数学"尝试指导-效果回授"教学模式、中国科学院心理研究所卢仲衡的初中数学自学辅导教学法、陕西师范大学张熊飞教授的中学数学"诱思探究"教学法、北大附中特级教师张思明老师的高中数学"导学探索、自主解决"的教学模式等众多改革和研究成果。大家可以通过网络、文献等资料进行学习。

一、选择题

1. 教学中要充分调动学生学习的积极性,使得学生能够主动地学习,以达成对所学知识的理解和掌握,这指的是教学要贯彻(　　)。

　　A. 直观性原则　B. 系统性原则　C. 启发性原则　D. 因材施教原则

2. "一个坏的教师奉送真理,一个好的教师则教人发现真理。"这句话体现的教学原则是(　　)。

　　A. 启发性原则　　　B. 直观性原则

　　C. 因材施教原则　　D. 理论联系实际原则

3. 教学过程是一种特殊的认识过程,其特殊性体现在(　　)。

　　A. 认识的直接性　B. 学生的主体性

　　C. 教学的教育性　D. 活动的开放性

4. 某教师十分重视基本概念、原理及学习方法的教学。这位教师所遵循的学习理论是(　　)。

　　A. 行为主义学习理论　　B. 认知结构学习论

　　C. 认知同化学习论　　　D. 建构主义学习理论

5. 教学的首要任务是(　　)。

　　A. 引导学生掌握科学知识和基本技能

　　B. 发展学生智力和体力

　　C. 培养学生形成正确的情感、态度和价值观

D. 促进学生个性发展

6. 课堂教学中学生认识的（　　）特点,决定了教学中学生的认识过程不同于人类的一般认识过程。

A. 发展性　　B. 间接性　　C. 直接性　　D. 互动性

二、思考题

1. 简述教学过程的基本特点。

2. 教学过程有哪些基本规律可循?

3. 结合我国当前教育改革,分析教学组织形式改革的可能与方法。

4. 国外几种影响较大的教学组织改革形式,对我国高考改革背景下的教学有无借鉴之处? 如果有,请做分析。

三、案例分析

某中学有位新上任的语文老师,对教学非常认真负责,也能主动向一些有经验的老教师学习,如经常去听他们的课,也看了许多教学视频。但是令她苦恼的是,尽管她将那些教师的成功教学经验与方法运用到了自己的课堂教学中,教学效果却总是不太好。请运用教育学的有关原理对此案例进行分析,并说说选择教学方法和教学手段的主要依据是什么。

(选择题参考答案:1. C　2. A　3. B　4. B　5. A　6. B)

第九章 教学（下）

■ 关键问题

1. 教学组织形式。

2. 教学的一般环节,包括备课、上课、课外辅导、布置的内容与要求。

3. 学生学的一般环节。

4. 常用教学方法。

5. 教学评价的含义与类型、功能和教学评价的原则。

6. 主要的课堂教学艺术及其要求。

7. 课堂管理及课堂问题行为。

■ 思维导图

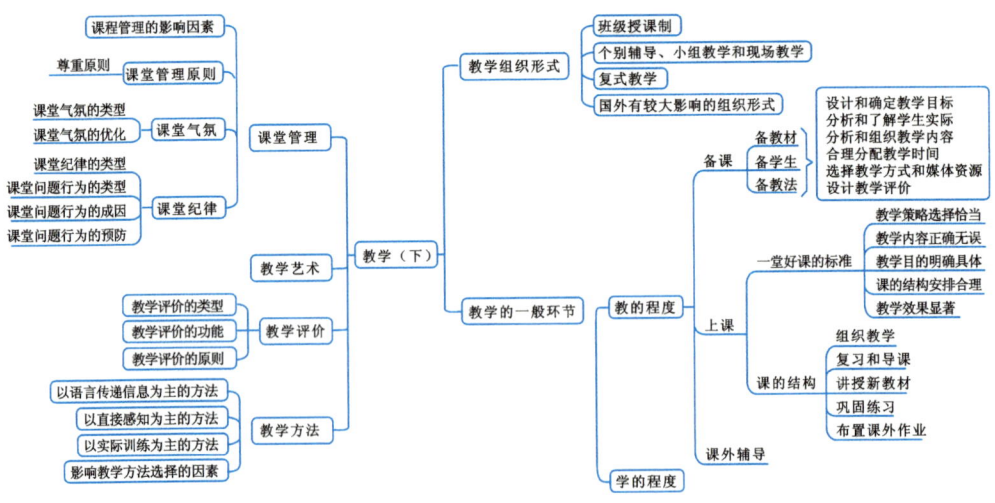

第九章 教学(下)

教学活动的顺利开展离不开一定的组织形式。教学组织形式是教师为了完成特定教学任务,在教学目标的指导下,充分发挥自身和学生的主体性,有效地利用教学时间、空间以及其他教学设备组织教学活动的结构形式。通过教学组织形式,教师把教与学的整个过程有机地联系起来,并通过恰当的教学方法,运用教学评价,发挥教学艺术,才能最大限度地实现教学目标。

第一节 教学组织形式

教学组织形式不是一成不变的,随着社会对教育培养人才要求的不断提高以及教学观念、教学任务、教学内容、教学对象等因素的影响,教学组织形式也在不断发生变化。从历史角度看,先后出现并产生了较大影响的教学组织形式有个别教学制、班级授课制、道尔顿制、分组教学制和特朗普制等。从我国目前教学实际来看,中小学采用的基本教学组织形式仍然是班级授课制,个别辅导、小组教学和现场教学是教学的辅助组织形式,而复式教学则是教学的特殊组织形式。

一、班级授课制

所谓班级授课制,是将年龄、文化程度相近的一定数量的学生编成班级,由教师按教学计划规定的课程内容、教学时数和教学进度,进行分科式集体教学的教学组织形式,也称"班级上课制"或"班级教学"。

班级授课制是捷克著名教育家夸美纽斯提出的教学基本制度,后来经过赫尔巴特的完善,自工业革命以后在欧美各国逐步推广。我国在19世纪中期开始引入班级授课制,最早采用班级授课制的是1862年清政府在北京设立的京师同文馆。

1. 班级授课制的优点

班级授课制盛行近四百年,至今依然是学校的基本教学组织形式,在于它具有其他教学组织形式无法取代的独特优势,在提高教学质量和效率上发挥着重大作用,具体表现为:(1)提高了教学效率,扩大了教育规模,加快了教育普及的进程,并达到一定的教育质量。(2)便于学生获得系统连贯的各科知识。(3)有利于发挥集体教育的作用。(4)便于充分发挥教师的主导作用。

2. 班级授课制的局限性

班级授课制也存在着突出的局限性,主要表现在:(1)教学活动多由教师设计和组织,学生要适应教师的教,其学习的主动性和独立性受到一定程度的限制。(2)不利于学生创造力和实践操作能力的培养。(3)不利于根据学生个性特点因材施教。(4)教学内容、时间和进程大都程序化、固定化,教学活动缺乏灵活性和新颖性。为了弥补班级授课制的不足,国内外进行了许多改革实验,主要有班级小型化、选科制、开展小队教学等形式。

二、教学的辅助组织形式

1. 个别辅导

由于每个学生在学习上都有着自身特点和需要照顾的地方,因此,为了适应学生的个别差异,在课堂教学中加以个别辅导,无论对优秀学生、后进学生还是一般学生都有积极的作用。这种教学组织形式,要求教师要熟悉学生的知识基础、学习能力、个性特点、学习方法和习惯,以便因材施教,对学生进行全方位的有效指导。对学生进行个别辅导主要包括以下方面:(1)个别答疑、辅导、补课等。(2)对课外阅读的辅导。(3)对课外作业的辅导与检查。(4)对学生学习方法的辅导。(5)聘请相关人员担任辅导员,定期对个别学生进行辅导。

随着现代化教学手段的广泛使用,教师还可以通过各种现代信息技术手段和设备来辅导个别学生的学习,并且还可以根据各个学生自己的需要和条件来选择学习的内容和时间。这种可选性和灵活性,使个别辅导具有很强的适应性。

2. 小组教学

20世纪60年代以来,随着教学组织形式的发展,小组教学越来越多地受到欧美教育家的重视,甚至成了某些发达国家小学教学的基本活动形式。在我国目前中小学教学中,小组教学仍被看成是班级授课制的辅助形式,在课堂教学中所占的比重并不太大。小组教学有利于实行教学民主,调动学生学习的积极性和主动性,建立良好的师生关系和生生关系。随着我国中小学教育教学条件的改善、素质教育的全面推进和基础教育课程改革的深化,小组教学在教学活动中的地位也会进一步提升。

小组教学的具体形式多种多样,主要包括小组合学、小组尝试、小组讨论、小组作业、小组评改、小组读背、小组游戏、小组竞赛等8种。[①]

3. 现场教学

现场教学,就是教师结合一定的生产现场和社会生活现场条件,同现场有关人员共同组织的教学。它可以给学生提供直接经验,丰富他们的感性认识,对于理论联系实际有重要作用。通过现场教学,能够使学生更深刻地理解和掌握书本知识,培养他们熟练而灵活地运用知识的能力。由于这种教学是对实际事物的直接接触和操作,因而有助于学生把学到的知识牢固地记忆和保持并深入理解。

现场教学有两种类型:一种是根据学习某门学科知识和技能的需要,组织学生到有关现场进行教学;一种是学生为了从事某种实践活动,需要到有关现场学习有关的知识和技能。在现场教学中,可以使学生更好地认识社会,认识现实,对学生的思想意识、道德品质和政治态度产生积极的影响。因此,适时地创造条件进行现场教学是必要的。

组织现场教学要做到以下四点:(1)目的要明确。(2)要有计划性。(3)要重视理论的指导。(4)要做好现场教学的总结工作。

---

① 肖文娥.小学教学论[M].北京:高等教育出版社,1997:170–171.

三、教学的特殊组织形式

复式教学是指把两个年级以上不同程度的学生编在一个班里,由一个教师在同一个教室同一课时里分别用两种以上的教材,交叉对学生进行教学的组织形式。它是课堂教学的一种特殊组织形式。

复式教学保持了课堂教学的基本特征,如班级、课堂和统一时间等。所不同的是教师在一节课内要巧妙地同时安排几个年级和多种教学活动。它主要适合于学生少、教师少、校舍和教学设备条件较差的地区,对于普及农村教育,特别是边远落后地区的教育有重要的作用。

复式教学与单式教学相比有许多先天的不足,如学生获得教师直接指导的时间少于单式教学;不同年级的学生在一个教室里学习,互相之间的干扰也较多;教师无论是备课还是上课遇到的困难多,工作量相当繁重。但教学实践证明,组织安排得当的复式教学也能取得较好的教学效果,而且对于学生的基本训练、自学能力、"小干部"的独立工作能力等方面的培养往往会有一定的优势。在中小学的一些活动课中可以灵活地运用这种教学形式。

四、国外有较大影响的教学组织形式

除了上述这些常用教学组织形式,国外有较大影响的教学组织形式还有以下几种。

1. 导生制

又称"贝尔-兰卡斯特制",产生于19世纪初的英国,创始人是英国牧师贝尔和教师兰卡斯特。其具体做法是:教师上课时先选择一些年龄较大或较优秀的学生进行教学,然后,由这些学生做"导生",每个导生负责把自己刚学的内容教给一组学生。导生不但负责教学,而且还负责检查和考试,完全是教师的助手。有了导生的帮助,教师的教学工作量大大减轻了,因而能够教育更多的学生。但实践证明,这种教学组织形式的教学质量一般很低,难以满足时代对人才的要求。

2. 道尔顿制

道尔顿制起源于 1920 年的美国,由美国教育家伯克赫斯特创制。它废除了班级和年级,教师上课不再向学生系统讲授教材,而只为学生分别指定自学参考书、布置作业,由学生自学和独立作业,有疑难时才请教师辅导。

这一制度的最显著特点是重视学生的自学能力和独立作业,在施行顺利的情况下可以充分调动学生的积极性和主动性,培养学生自主学习的能力和意识。但就其要求的条件来说,施行的学校得有较多的作业室、图书室、图书、仪器等,对一般学校来说不容易达到。此外,这一制度的又一不足在于,青少年往往缺乏自制力,如果没有教师的系统讲解和监督,很容易造成教学上的放任自流,学生们浪费大量的时间却学不到东西。

3. 分组教学制

为了解决班级授课不易照顾学生个别差异的弊病,19 世纪末 20 世纪初,分组教学在一些国家出现,即按照学生的能力或学习成绩把他们分为水平不同的组进行教学。

目前,欧美一些国家施行的分组教学主要有两种形式:内部分组和外部分组。内部分组,是在按年龄编班的基础上,根据学生能力或成绩的不同在班级内再进行分组。外部分组则打破年龄编班的传统,按学生的能力或学习成绩分组。20 世纪 70 年代末以来,我国部分学校也进行过分组教学。一种是在新生入学时,按考试成绩分班;另一种是对已经学习了一段时间的平行班的学生,重新按现在的成绩分班,一般分为快班和普通班。

(1)分组教学的优点在于:①它比班级授课更容易切合不同水平和特点学生的需要,便于因材施教。②有利于学生的交流合作,培养合作精神和良好的人际关系。③有助于学生自我管理能力、表达能力、组织能力的提高等。

(2)分组教学同时也存在一些严重的问题:①很难科学的鉴别学生的能力和水平,只以成绩论英雄的做法太过片面。②学校和社会往往对快、慢班区别对待,快班会集中所有优势资源,而慢班学生享受的教学资源则相对一般,这种做法有违现代社会追求的教育公平。③分组教学往往会对学生的心理产生不良影响,特别对慢班的学生而言,容易自卑,甚至破罐子破摔。

因此,在实施分组教学时,教师要充分做好各种准备,随机应变,关注每个学生在学习和心理方面的需要和变化。

4. 特朗普制

20世纪50年代,美国教育家劳伊德·特朗普创立了特朗普制,试图把大班、小班和个人三种教学形式组合起来,以灵活的时间单位代替固定的上课时间。即大班教学,把两个以上的平行班合在一起,由优秀教师上课;小班研究,由15~20人组成一个小组,由优秀教师或学生领导,研究、探讨大班授课材料;个别教学,由学生独立完成作业,部分作业指定,部分作业自选。总的时间分配为:大班上课40%、小班研究20%、个别教学40%。目前,这种教学方式尚在实验学校中实验。

第二节 教学的一般环节

现代教学活动是一种双边交往和互动过程。就教学活动开展的过程来看,它既包括以教师教学的活动为主线的教的程序,也包括以学生学习活动为主线的学的程序,而教与学又主要是通过课堂中教与学统一的活动程序来体现的。从教育学的发展来看,不同的教育家对教学过程有不同的认识。

> **■ 拓展资料**
> **古今中外教育家对教学过程的不同认识**
>
> **孔子及儒家** 孔子提出"学而不思则罔,思而不学则殆",并注重"躬行",即身体力行,初步形成了把"学""思""行"看作统一的学习过程的思想。这一思想被后来的儒家思孟学派继续发展。

昆体良 昆体良提出"模仿、理论、练习"三个循序渐进的学习过程理论。重视直观,重视经验的掌握、理论水平的提高和技能的训练。

夸美纽斯 夸美纽斯认为教学艺术的根本指导原则就是模仿和遵循自然的秩序,虽然其模仿和类比的内容繁多,但其原则的应用都遵循三个步骤:模仿、偏差、纠正。此外,夸美纽斯从认识自然万物的发展都有其内因和发展的秩序,发展到认识人包括儿童的发展也有其内因和一定的顺序,为日后适应儿童自然发展理论的提出奠定了基础。

赫尔巴特 赫尔巴特认为系统的知识体系可以分解进行传授,在每一个最小的构成部分中都可以区分出明了、联想、系统、方法四个阶段;而且教学过程是建立在学生的心理活动基础上的,与这四个教学阶段相对应的学生心理活动也可分为四阶段:注意、期望、要求、行动。

席勒 席勒发展了赫尔巴特的教学形式阶段理论,把"明了"分为两个阶段,组成了分析、综合、联想、系统、方法的教学过程。

赖因 提出了"五段教学法",包括预备(提出问题,说明目的)、提示(提示新课程,讲解新教材)、联合、总结、应用。

杜威 提出了自己的"五步教学法",分为困难(发现疑难)、问题(提出问题)、假设、验证、结论。

凯洛夫 他提出直觉具体事物,理解事物的特点、关系或联系,形成概念,巩固知识,形成技能、技巧,实践运用等六个环节的教学过程。

一、教的程序

教师教的程序,就是教师从事教学工作和开展教学活动的顺序。通常也称为教学工作的基本环节。它由备课、上课、课外辅导、作业批改与成绩考核等环节组成。其中,备课是教师教学工作的第一个基本环节,只有备好课,才可能上好课;上课是教学工作的中心环节,教师能否上好课,直接影响着学生学习的质量。

(一)备课

备课是教师进行教学的第一步,也是上好课的前提和基础。实践证明,教师备课是否认真、扎实和充实,直接影响着教学的效果。

1.备课的内容

一般而言,教师备课主要应抓好三个方面的工作:

(1)钻研教学内容。这是解决教什么的问题。其关键在于要掌握课程标准和教学大纲的要求,深刻体会教材的基本结构和内容,确立教学目标,明确教学的重点、难点和关键。在"吃透"教材的基础上,再尽可能多地掌握一些有关的参考材料。这样才能做到高屋建瓴、厚积薄发。

(2)了解学生情况。这是解决教学的针对性问题。备课要掌握学生的实际情况,包括学生的学习态度、知识基础、接受能力、学习习惯以及个别差异等。在了解的基础上,要结合教学内容研究哪些地方学生领会困难,哪些地方会引起学生兴趣,哪些地方会产生疑问等。要做到心中有数、有的放矢。

(3)考虑教学策略。这是解决怎样教的问题。教学方法和步骤的确定,一方面要根据教学目的、任务、内容和学科特点,另一方面要根据学生的实际水平和接受能力。

2.教学设计

备课的核心是教学设计。教学设计是指教师为了优化教学过程,提高教学质量,以教学理论为基础,根据学生的学习特点和自身的教学风格,对教学过程的各环节、各要素预先进行科学的计划、合理地安排,制定出整体教学运行方案的过程。其实就是围绕备课的三个方面,对课堂教学的详细过程进行设计。一般来讲,完整的教学设计主要包括课程基本信息、教学目标、教学组织形式、教学过程、教学媒体的选择和使用、学生特点分析(学情分析)、教学内容分析、教学重点与难点分析、学习资源与教学环境分析、板书设计、教学反思与改进等部分。(见表9-1)

第九章 教学(下)

表9-1 教学设计的基本结构

构成要素	主要内容
课程基本信息	主要包括教学对象、课程名称、课程类型、教学内容(章节)
教学目标	根据课程标准,确定教学目标,主要包括知识与技能、过程与方法、情感态度与价值观等三个维度,体现出中国学生发展的核心素养与具体的学科核心素养
学生特点分析	主要从知识基础、认知特点、学习风格等维度分析学生特点
教学内容分析	确定教学内容的知识性质,分析教学内容与前序知识、后序知识的联系,以及与学生直接经验的联系,为教学重难点的确定与教学方法的选择奠定基础
教学重点与难点	根据知识序列与学生心理发展逻辑,合理确定教学重点、难点以及相应的教学措施
教学组织形式	确定主要的教学组织形式与辅助性的教学组织形式
教学过程	设计教学的基本流程,教师的教学行为与学生的学习或参与行为(根据教学需要,以表格的形式单独呈现)
教学媒体的选择和使用	选定合适的教学媒体,明确教学媒体的使用目的与方式
学习资源与教学环境分析	分析教学环境(尤其是信息化教学环境),选定多种形式的学习资源
板书设计	设计板书的基本形式与核心内容,按照学习内容的逻辑以文字或导图等形式呈现,帮助学生深入理解教学内容,达成教学目标
教学反思与改进	教学结束后,从教学目标、教学方法、教学效果等维度对教学进行反思,分析优点与不足,并明确简要的改进计划

教学设计包括以下几个方面。

(1)设计和确定教学目标。设计和确定教学目标首先要从整体出发,注重知识与技能、过程与方法、情感态度与价值观三维目标的统一。其次,对各项总目标进行分解,使其具有可观察、可测量性。再次还要考虑目标的难度要适中,以确保学生在教师的指导下,通过自己的主观努力能够达到。

(2)分析和了解学生实际。这一过程,俗称"备学生",主要指教师通过分析和了解学生的学习实际,包括学生已有的学习准备状态、认知结构及认知发展水平、自主学习能力以及非认知品质等内容,以确定教学活动的起点。同时,还要分析和了解学生从教学活动开始到教学活动结束这一过程中,应该掌握的知识技能和应当形成的情感态度与价值观。分析和了解学生既要关注学生个体的学习实际,又要把握好学生集体的学习状况,这样,教学设计就会更有针对性。

(3)分析和组织教学内容。这一过程主要要求教师要认真钻研课程标准、教科书并阅读有关的参考书。

钻研课程标准就是要求教师弄清楚学科的教学目的、了解学科的教材体系和基本内容、明确学科学生培养目标和教学方法的基本要求。

钻研教科书是指教师要熟练掌握教科书的全部内容;了解全书的知识结构体系,分清章节内容、重难点所在,将基本知识和技能进行初步安排;在具体准备某一节课时,要明确某段教材内容在整个学科知识体系中的地位,以及所反映的培养目的,对每节课要讲的内容、实验和习题要按教学要求做具体安排。

钻研参考资料指教师随时将自己的阅读所得补充到教学笔记中去,可以扩展备课思路,更好、更全面地备课。

(4)合理分配教学时间。对教学时间的分配主要包括:一是对教学总体时间的分配。教师要根据所教学科的课程标准的规定和教学任务的总量,对一学期或者一学年的教学时间进行合理地规划安排。如,开学初教师所填写的《课程教学进度计划表》,实际上就是对教学总体时间的规划安排。二是对课程单元教学时间的分配。根据每一课程单元教学内容的知识容量、重难点等确定所需的教学时间。三是对每节课的教学时间的分配。

(5)选择教学方式和媒体资源。这一过程,俗称"备教法"。从广义上讲,教学方式的选择包括教学模式、教学策略、教学方法、教学媒体等内容。教师要根据不同教学模式、教学策略、教学方法、教学媒体的特性、功能、适用范围和基本要求,结合课堂教学目标任务、教学内容的特点、学生的实际情况、自身的教学风格来合理选择。此外,还要考虑教学环境、教学条件,尤其是在教学媒体资源的选择上要从学校教学实际出发。

(6)设计教学评价。教学评价是为了诊断教学中存在的问题,调节教学过程的运行状态,检测教学目标的达成度,为进一步改进和优化教学提供依据。教学评价从功能作用上看,有诊断性评价、形成性评价和总结性评价;从参照标准来看,有相对评价、绝对评价和个体内差异评价;从评价工具上来讲,有测验、测量和考试;从评价方式和内容上讲,有表现性评价、档案袋评价、个人作品评价等。教师应根据课程教学的需要,科学选择具体的教学评价方式。目前档案袋评价已成为中小学教师评价学生学习效果的一种有效方式。

教学设计最终表现为三个计划,即学期教学进度计划、单元教学计划和课时计划。①学期教学进度计划是对一学期教学工作所做的总安排,应该在学期或学年开始前编制好。内容包括:学生情况的简要分析、学期教学的总要求、课程标准;教科书的章节或课题;各个课题的教学时数、时间的具体安排以及需要的直观教具;教学改革设想的提出等。②单元教学计划,指教师要对课程计划上的一章、一个较大的题目或教科书中的一课,进行全面的考虑和准备,制定出课题计划。内容包括:课题名称、本课题的教学目的、课时划分、每一课时的教学任务与内容、课的类型与主要方法、必要的教具。③课时计划即教案,是对每一堂课具体深入的教学准备。课时计划往往在写课题计划时一同编写。写课时计划一般按照以下步骤进行:进一步研究教材,确定教学重难点;确定本课时的教学目的;考虑进行的步骤,确定课的结构,分配教学进程中各个步骤的时间;考虑教学方法的运用、教具的准备和使用方法及板书的设计;最后写出课时计划。课时计划可以有详有略,一般来说,新教师要详细些,老教师可以简略些。模仿和学习优秀教师的教案也是新教师快速成长的主要方式。

(二)上课

上课是教学活动的中心环节,也是提高教学质量的关键。一堂有质量的课,必须做到以下几个方面,这既是对教师上课的基本要求,也是评价一堂课成败的基本标准。

(1)一堂好课的标准。

①教学目的明确具体。教学目的依教材内容和学生实际水平而定,既要有传授知识技能、培养智力、发展体力方面的要求,又培养良好思想品德。

②教学内容正确无误。教师讲课要符合科学性和思想性的要求,突出重点、难点,保证传授知识和技能的正确性,并要结合知识教学对学生进行思想教育。

③教学策略选择恰当。要选择适合教学内容和学生年龄特点的教学方法,能充分利用现代化的教学手段,实行启发、点拨、诱导,充分调动学生学习的主动性和积极性,使学生自主探究、总结和获得知识。

④课的结构安排合理。课的结构是一堂课得以顺利进行的保证,课堂各环节之间做到环环相扣,不仅会让老师教起来顺畅,更有计划,也能够根据课堂的变化情况和来自学生对学习内容的反馈信息,及时对教学方案进行调整,充分实现师生在课堂教学活动中的认知互动。

⑤教学效果显著。教学要能使绝大多数乃至全部学生对所学内容达到理解、巩固、掌握和运用,学生的知识有所增加,思想有所提高,能力有所增强,并产生新的求知欲望。

(2)课的结构。

课的结构是指一堂课的基本组成部分,各部分间的相互联系与相互作用,以及安排的顺序与时间分配等。课的类型不同,其结构就不同。根据所要完成的任务不同,一堂课可以分为单一课和综合课。

单一课是指一堂课只完成一个任务,如习题课、作文讲评课等。综合课是指一堂课要完成两个或两个以上的任务。综合课的结构按不同目的也有不同。

综合课的结构一般包括组织教学、复习导课、讲授新课、巩固练习、布置作业五个部分。

①组织教学。组织教学是上课开始教师所采取的必要手段。目的在于安定课堂秩序,集中学生注意,唤起学习情绪,使学生在精神上、物质上做好听课的一切准备,以保证课堂教学有个良好的开端,并有秩序地、顺利地进行下去。组织教学是任何类型的课所不可缺少的教学步骤。良好的组织教学过程,能够很快地集中学生的注意,把学生吸引到渴求知识的情绪中来,同时培养学生自觉遵守纪律和良好的学习习惯。

②复习和导课。指在讲授新内容前,先复习已学过的知识或检查学生的掌握程度,达到既督促学生及时复习和完成作业的习惯,了解当前学生学习状态,检验自己备课设想是否正确,又加强新旧知识的联系。因此,复习的内容可以是上节课学习过的,也可以是以前学习过的。复习完成后,再通过知识之间逻辑联系,引导学生进入新的知识点学习过程。

③讲授新教材。这是综合课结构的中心部分,目的在于向学生传授新的知识,并在传授知识过程中发展学生的认识能力。这一环节对一堂课的成败起决定性的影响。

④巩固练习。在传授新知识后,一般都要随堂进行复习巩固。目的在于使学生对本节课所教的知识能当堂消化理解,并通过练习形成一定技能,同时也让教师能够了解学生理解掌握新知识的程度,有针对性地纠正错误或决定是否需要弥补遗漏。随堂巩固新知识的方法多种多样,可以依据教材特点灵活运用,如由教师复述讲授的要点,并进行归纳总结;或由学生复述讲解重点内容;或组织学生反复诵读课文,划出重点;而更多的是设计适量课堂作业,让学生独立完成,教师随堂检查指导,并列举典型问题,集体进行分析,等等。

⑤布置课外作业。上课结束前,一般都要留下两三分钟布置课外作业。

布置作业的目的是帮助学生消化、巩固课堂教学内容,并应用知识于实际,形成技能技巧,也有益于开启学生的智力,培养创造才能和锻炼克服困难的毅力。布置课外作业时要注意作业的质量,体现讲授重点,难易恰当,富于启发性,既要能达到练习巩固的目的,又不能用重复性的作业练习加重学生课业负担;应向学生提出要求,指出须注意的问题和完成的时限。对于难度较高的习题,必要时还可以做一些启发性的提示,指明思考范围,排除学生练习时的障碍。学生完成作业后,应及时收缴检查,认真批阅和反馈。

(三)课外辅导

课外辅导也叫"课外个别指导",它是课堂教学的辅助形式。实行课外辅导的必要性在于弥补课堂教学难以照顾个别差异的不足,实行因材施教。课外辅导的对象,一般是学习困难较多或有特殊才能的学生。对一般水平的学生也应适当进行辅导,以便更好地了解他们的发展变化情况。课外辅导一般采取个别辅导或小组辅导形式,其内容有知识性的,也有思想性的,以及方法指导等多方面。

二、学的程序

与教师的教学过程相对应,学生的学习过程包括预习、参与课堂教学、课后复习、作业练习、系统小结和成绩考核等基本环节。每个环节都有其特殊要求。只有采用科学的学习方法进行学习,才能提高学习效率。

1. 预习

预习是学习周期的起点。预习的目的在于为听课作知识上的准备。预习的一般要求是:有计划、有目的地进行,掌握课文的概括大意,划出课文的重点和难点,以便有针对性地听课。

2. 参与课堂教学

参与课堂教学,通常也称为"听课",是学生学习周期的关键环节。提高听课效果对于提高整个学习的效果起着决定性的作用。对中小学生听课的基本要求是:专心听讲,注意力集中,边听边想,积极思考;边听边记,摘记讲授重点;积极参与教学活动,踊跃发言,与老师和同学一起相互交流、相互沟通、相互启发、相互补充,特别要注意自己预习中不懂的地方。

3. 复习

复习是学生学习过程不可缺少的一环。复习可以加深对所学知识的理解,增强记忆,使知识系统化、条理化,并能及时弥补知识掌握上的缺陷。课后复习的基本要求是:及时复习,复习范围要明确,要有一定的深度,要进行有意记忆和作业训练。

4. 课后练习和系统小结

练习是学生独立运用所学知识分析问题和解决问题的过程,也是重要的实践环节。其目的在于把知识转化为一定的技能技巧,培养分析、解决问题的能力。练习的基本要求是:目的明确,态度认真;积极思考,独立完成;书写整洁,按时交批。系统小结是学习活动周期的最后环节。主要是对所学知识进行分析、综合、比较、整理归纳、概括集中,使其更加条理化、系统化。目的在于更加全面、系统、深刻、牢固地掌握知识和发展认识能力。

教学过程是教与学的双边活动过程。因此,在教学实践中,教的程序和学的程序既相对独立,又相互联系、相互影响和相互促进。课堂教学活动既是师生认知互动的活动,也是师生相互作用的实践活动。

第三节　教学方法

教学方法是教师和学生在教学过程中为了完成教学任务、实现教学目的所采用的一系列具体的方式和手段的总称。既包括教师教的方式和手段,也包括学生在教师的指导下学的方式和手段。

我国中小学常用的基本教学方法有讲授法、谈话法、讨论法、自学辅导法、演示法、参观法、实验法、实习作业法、练习法等。这些教学方法根据其特点又可以分为三大类,每一种教学方法由于其作用不同因而运用中的要求也不同。

一、以语言传递信息为主的方法

(一)讲授法

讲授法是教师通过口头语言向学生系统地传授知识,发展学生智力的方法。从教师教的角度看,它是一种传授的方法;从学生学的角度讲,它是一种接受性的学习方法。在实际的教学过程中,讲授法又可以表现为讲述、讲解、讲读、讲演四种不同的形式。

1. 讲授法的优点

讲授法的优点有:(1)在较短的时间内,教师能够按照一定的体系和步骤,借助各种教学手段,向学生传授较多的有关各种现象和过程的知识信息,教学效率高,成本低。

(2)通用性强,讲授课适用多种学科的教学,也可以适应教材或听众的变化而增加或减少其中某些内容。

(3)集思想教育于知识传授之中,教师通过内容丰富且具有说服力的讲授,对学生产生深刻的感染力量,激发学生学习兴趣。

2. 讲授法的不足

讲授法的不足有:(1)讲授法就其本质而言是一种单向性的思想交流或信息传输方式,在大多数的情况下,学生不能够影响所传递的知识的性质、速度和供给量,如果过多使用,会导致学生思维的被动。

(2)讲授法作为一种以语言为媒介的方法,不能给学生提供丰富的感性知识,学生不能直接体验教师教授的知识。

(3)讲授对记忆的影响较差,学生常常忘记所讲的具体内容,这对于较长时间讲课来说尤其明显。因此,讲课总时间中能够有效利用来学习的还不多。

3. 讲授法的运用要求

运用讲授法要注意:(1)科学地组织教学内容。(2)讲究语言艺术。(3)通过设问解疑,启发学生积极的思维活动。(4)恰当地运用板书。(5)

讲授过程中辅之以其他教学手段和方法,使之与讲授相互补充,克服讲授法的弱点。

(二)谈话法

谈话法也叫"问答法",是教师按照一定的教学要求向学生提出问题,要求学生回答,并通过问答的形式来引导学生获得新知识、巩固新知识或检查知识的教学方法。

谈话法的优势在于特别有助于激发学生的思维,调动学习的积极性,培养他们独立思考和语言表述的能力。其不足是适用面较小,需要较多的时间。

运用谈话法要遵循以下要求:(1)要准备好问题和谈话计划。(2)要善于提问。(3)要善于启发诱导。(4)要做好归纳、小结。

(三)讨论法

讨论法是学生在教师指导下为解决某个问题进行探讨、明辨是非真伪从而获取知识的方法。

1.讨论法的优点

讨论法的优点有:(1)对学生的需要反应灵敏,能较好地发挥学生的主动性、积极性。(2)有利于培养学生的独立思维能力和口头表达能力。(3)有利于培养和提高学生独立研究能力和创造才能。(4)有利于养成学生的合作精神。(5)有利于活跃课堂气氛。

2.讨论法的不足

讨论法的不足:(1)它常常是结构性较差的活动,如果组织不严密,容易弄得杂乱无章。(2)在讨论过程中,不是所有的要点都可能提出来,不是所有的信息都是精确的,也不能适应学生的所有需要。(3)需要费时间维持讨论的秩序、发挥学生集体的作用,这些往往与讨论主题无关。

3.讨论法的运用要求

运用讨论法要注意:(1)讨论前要做好充分准备,讨论问题要有吸引力。(2)要善于在讨论中对学生启发引导。(3)在讨论结束时做好小结。

(四)自学辅导法

自学辅导法,也称读书指导法,是指在教师的指导下,学生通过阅读教科书或课外读物,获得知识与技能的教学方法。这种方法对培养学生的自学能力和习惯有重要的意义。

运用自学辅导法要遵循以下要求:(1)提出明确的目的、要求和思考题。(2)教给学生读书的方法。(3)加强辅导。(4)鼓励学生质疑问难,提出自己的看法。(5)适当组织学生交流读书心得。

二、以直接感知为主的方法

1. 演示法

演示法是教师通过展示实物、直观教具或实验使学生通过观察获得知识或巩固知识的方法。演示法的运用能加强教学的直观性,使学生获得丰富的感性知识,有助于对抽象理论知识的理解,还有助于激发学习兴趣,调动学生积极性。

运用演示法要遵循以下要求:(1)做好演示前的准备。(2)要使学生明确演示的目的、要求和过程。(3)讲究演示的方法,引导学生正确观察。(4)演示和讲解相结合。

2. 参观法

参观法是教师根据教学目的,组织学生对实际事物进行实地观察、研究,从而在实际中获得新知识或巩固、验证已学知识的教学方法。参观法的运用促使学生贴近自然和社会生活,扩大其视野,发展其观察力和想象力,并且使其思想品德得到熏陶。

运用参观法要遵循以下要求:(1)做好参观的准备。(2)参观时要及时对学生进行具体指导。(3)参观后及时总结。

三、以实际训练为主的方法

1. 实验法

实验法是学生在教师的指导下,利用一定的仪器设备进行独立作业,观察事物或过程的发展和变化,探求事物的规律,以获得知识和技能的方法。实验法的运用能使学生理论联系实际,深化对所学知识的理解,同时还能发展学生的观察能力、创造能力和动手操作能力。

运用实验法要遵循以下要求:(1)做好实验的准备。(2)使学生明确实验的目的、要求与做法。(3)做好实验的组织和指导。(4)做好实验小结。

2. 实习作业法

实习作业法,是指学生在教师的指导之下进行一定的实际活动以培养学生实际操作能力的方法。实习作业法的运用能使学生理论联系实际,实现教学和生产劳动及社会实践相结合,形成实际工作能力。

运用实习作业法要遵循以下要求:(1)做好实习的准备。(2)做好实习的动员。(3)做好实习过程中的指导。(4)做好实习总结。

3. 练习法

练习法是学生在教师指导下运用所学知识独立地进行实际操作,以巩固知识、形成技能的方法。运用练习法能促进学生知识的巩固,培养学生运用知识的能力和动手能力,锻炼其思维能力,磨炼其意志品质。

运用练习法要遵循以下要求:(1)精心设计学生的实践活动。(2)及时指导学生的练习。(3)调动学生的积极性。(4)循序渐进,逐步提高。

四、教学方法的选择

不同的教学方法各有其特点和适用范围,但又可相互补充。实际教学中,教学有法,但无定法。教师应根据实际情况选择一种教学方法或综合运用多种教学方法,方能达到教学目标。选择教学方法时,可依据以下几个方面的因素和情况:

1. 教学原则

教学原则是所有教学活动都必须遵循和坚持的基本要求。教学方法的选择作为教学活动的重要组成部分也是如此。教师只有全面掌握并自觉遵循教学原则才能合理地选择和使用教学方法。

2. 教学目的和任务

教学方法及其选择是为教学目的和任务服务的,明确教学目的和任务是选择教学方法的前提。这就要求细致分析各种教学方法和教学目的及任务间的内在关联。

3. 教学的内容和特点

教学的内容和特点是教学方法选择的重要影响因素,教学方法需要和教学的内容及其特点具有匹配性。教师需要根据不同的教学内容和特点选择合适的教学方法。

4. 学生的年龄特征和学习水平

作为教学对象的学生,其年龄特征和学习水平也是影响教学方法选择的重要因素。不同年龄阶段的学生,不同学习水平的学生要求在教学中选用不同的教学方法,切忌不顾学生年龄特征和学习水平,在学习方法上"一刀切"。

5. 教师本身的条件

教师自身的教学能力和水平直接制约着对教学方法的选择,教师应根据自身条件,选择适合自己的教学方法。

6. 教学的时间和空间条件

教学的时间和空间条件影响着教学方法的选择,任何教学方法的选择和使用都要在教学进度和教学场所允许的范围内进行。

7. 班集体的特征

班集体的特征包括班级规模、班级学业水平高低和班级学习风格等因素,这些也直接制约着教师对学习方法的选择。

8. 教学的环境和教学手段的现代化程度

教学的地理环境、心理环境和社会文化环境及教学手段的现代化程度都是影响教学方法选择的重要因素。教师在选择教学方法时充分考虑上述环境和条件因素,方能达到教学目的。

第四节 教学评价

一、教学评价的含义与类型

教学评价是指对教学活动满足社会发展和个体发展需要的程度进行价值判断,以期达到教学价值增值的过程。其本质特征是对有关的教学特性进行的价值判断活动,以便明确教学活动在社会发展和个体发展中的价值增幅程度。

教学评价的类型很多,常见的教学评价类型有:

1. 诊断性评价、形成性评价和终结性评价

依据评价在教学中的目的(预期的效用)、所学教程的分量(时间)以及作用,可分为诊断性评价、形成性评价和终结性评价。

(1)诊断性评价是指在教学活动开始前,对评价对象的学习准备程度做出鉴定,以便采取相应措施使教学计划顺利、有效实施而进行的测定性评价。诊断性评价的实施时间,一般在课程、学期、学年开始或教学过程中需要的时候。

(2)形成性评价是在教学过程中进行的评价,是为引导教学过程正确完整地前进而对学生学习结果和教师教学效果采取的评价。形成性评价的主要目的不是为了选拔少数优秀学生,而是为了发现每个学生的潜质,强化改进学生的学习,并为教师提供反馈。

(3)终结性评价是在一项教学活动、一门学科教学或一个学期(学年)教学结束时进行的评价。其目的是证明学生已达到的水平,预言在后继教学中成功的可能性。测试题目难度大,概括性水平高。

2. 相对评价、绝对评价和个体内差异评价

依据教学评价标准所依据的不同参照系,可分为相对评价、绝对评价和个体内差异评价。

（1）相对评价，指在评价对象集合中确定一个平均标准，把各个对象与标准进行比较，进而排列名次。此评价能使每个评价对象明确自己在团体中的位置名次，适应性强，但难以反映评价对象集合以外的水平，易于降低客观标准。

（2）绝对评价，指以评价对象的集合之外确定的标准为依据，对评价对象集合中的每个成员达到目标的程度进行的评价。这种评价能使每个评价对象明确自己目标的达成情况，但也会出现脱离客观实际，影响评价结果有效性的问题。

（3）个体内差异评价，指把评价集合中的各个评价对象的过去和现在相比较，或者把评价对象的若干个侧面相互比较进行的评价。这种评价是建立在尊重、信任评价对象的基础之上的，符合个性化教学原则，但评价标准不一，主观性较强。

3.自我评价和他人评价

这是依据评价主体的不同进行的分类。

（1）自我评价是个体从自身需要出发对主客体价值关系的判断。教学领域内的个体评价主要有两类：一是以自己的教学或学习行为与结果为评价对象的自我评价；二是以他人的教学或学习行为与结果为评价对象的对他人或事的评价。

（2）他人评价是被评者以外的其他主体对被评价者的评价，又叫"外部评价"。一般比较严格、慎重、客观，可信度较高，具有一定的权威性。

2020年，中共中央 国务院印发的《深化新时代教育评价改革总体方案》中指出"教育评价事关教育发展方向，有什么样的评价指挥棒，就有什么样的办学导向"，提出要"坚持科学有效，改进结果评价，强化过程评价，探索增值评价，健全综合评价，充分利用信息技术，提高教育评价的科学性、专业性、客观性"，要"针对不同主体和不同学段、不同类型教育特点，分类设计、稳步推进"教育评价改革，完善过程性考核与结果性考核有机结合的学业考评制度，加强课堂参与和课堂纪律考查，引导学生树立良好学风，使促进学生全面发展的评价办法更加多元,从而为我们教学评价改革也提出了更迫切的要求。

二、教学评价的功能

教学评价的功能主要有:

1. 导向功能

导向功能是教学评价的固有功能,是指教学评价具有引导评价对象向预定目标发展和前进的功用和能力,通过评价结果的信息反馈和利用,使评价对象行为目标得以实现。它对于贯彻教育目的,完成实现教育任务和目标都起到了很强的制约和保证作用。

2. 激励功能

激励功能是指教学评价具有使评价对象形成一种为实现预期目标而不断进取的内在动力的功用和能力。它是通过为评价对象反馈评价信息这一评价的运行机制而实现的。在教学评价中,评价对象之间通过有意或无意地相互比较,激发起争先的欲望或情绪,从而促使评价对象向既定的教学或学习目标逼近。

3. 改进功能

改进功能是指教学评价具有使评价对象反省自身状态、克服不足、实现发展目标的功用和能力。它主要是通过教学评价结果的信息反馈,并对评价对象行为的调控等运行机制而实现的。教学评价能够客观地判断出评价对象发展的现状,提出问题,促使评价对象在以后的教与学的活动中加以克服和改进,以促进其发展。

4. 教育功能

教育功能是指教学评价具有促进学生品德素质养成的功用和能力。它是通过教学评价者及其他评价因素与评价对象(主要指学生)的互动影响的运行机制而实现的。教学评价者也是学生思想品德的培育者,教学评价既要强调评价的科学性,又要注重评价的教育性,全面培养和发展学生的基本素质。

5. 发展功能

发展功能是指教学评价具有着眼于学生未来发展和终生发展的功用和能力。它主要是通过全员、全程、全面的评价过程运行机制而实现的。在教学评价过程中评价者用动态的、发展的眼光,对影响学生未来发展和终身发展的各个环节因素进行系统地、长期地、反复地评价,关注学生多方面潜能的发展。

6. 研究功能

研究功能是指教学评价具有探索教学问题、把握教学规律、丰富教学理论、指导教学实践的功用和能力。它是通过评价者向评价对象反馈评价结论的运行机制得以实现的。杨小微等人在《教育研究的理论与方法》一书中把教育价值研究进一步分为描述性特征的价值判断和评价性的价值判断。[①] 作为价值判断的教学评价活动从研究的角度入手为提高教学质量提供科学依据和理论指导。

除此之外,教学评价也要重视诊断、鉴定、监督、调节、管理和交流等一般功能的发挥,从评价目的出发,提升教学的整体水平,全面提高教学质量。

三、教学评价的原则

1. 客观性原则

进行教学评价时,评价的标准、方法和态度都要保持客观公正、科学合理,防止个人主观臆断。只有这样才能保证评价结果真实反映出教师的教学质量和学生的学习成果,成为后续教学的有效参考信息,否则就失去了意义。

2. 发展性原则

教学评价是鼓励师生、促进教学的手段,所以应着眼于学生的进步和发展,教师教学能力的提升和改进。因此,要加强教学评价的计划性,不能盲

---

① 杨小微,刘卫华. 教育研究的理论与方法[M]. 武汉:湖北教育出版社,1994:80-81.

目进行评价,使学生和教师负担过重。

3. 指导性原则

评价的意义不在结果,而是对教师的教和学生的学提出建设性意见,使被评价者能及时发现问题、分析原因,为他们指明前进的方向,从而不断完善。

4. 整体性原则

教学过程具有复杂性,在评价时要多角度、全方位地进行评价,把握主次、分清轻重,综合使用多种评价方式,力求评价结果客观、全面。

四、教学评价指标体系设计原则

教学评价从本质上来讲是对教学的特性所进行的价值判断过程,用什么作为判断的准则,这是教学评价工作的关键问题。评价指标体系设计得是否科学、客观和有效,直接关系到评价结论的可靠性和有效性。

教学评价指标体系是由判断教学属性价值的各级各项评价指标及其相应的指标权重和评价标准构成的集合体。一般由评价指标、权重、标准三个部分组成。见表9-2。

表9-2 例:"新基础教育"课堂教学评价指标体系表

项目	指标	评分		
		A(1)	B(0.7)	(0.5)
教学目标设计	①教学目标清晰具体			
	②针对学生实际情况			
	③考虑学生发展可能			
教学内容设计	①体现与生活世界沟通			
	②体现灵活结构性			
	③体现学科教育价值			

续表

项目	指标	评分		
		A(1)	B(0.7)	(0.5)
教学过程设计	①师生双方活动形式			
	②考虑双方活动有效性			
	③开放设计有度有弹性			
积累性常规活动	①活动节奏恰当			
	②点面结合灵活			
	③活动方式趣味性			
开放式导入	①开放合理性			
	②开放发散性			
	③开放深刻性			
资源生成	①学生有主动活动时间、自主学习有效			
	②资源生成的丰富性(形式、内容、方向)			
	③资源生成的质量(综合、新颖、有创造)			
回应反馈	①教师回应及时			
	②回应明确有推进			
	③对新资源有敏感性			
过程生成	①新资源利用程度			
	②分析比较、综合重组水平			
	③形成深入学习新方案			
互动深化	①生生互动程度(倾听质量、不同意见表达)			
	②生生互动质量(讨论深化)			
	③师生互动程度(教师组织与点拨水平)			

续表

项目	指标	评分		
		A(1)	B(0.7)	(0.5)
开放式小结	①总结提炼水平			
	②内容的延伸性(新问题的提出)			
	③作业的开放性、实践性			
自我评价	①总体评价恰当性			
	②总体评价具体性			
	③自我意识清晰性			
问题反思	①问题归因恰当			
	②反思清晰度			
	③反思深刻度			
教学重建	①改进设想的可行性			
	②改进设想的针对性			
	③有层次提升			

说明："新基础教育"课堂教学评价表是根据叶澜、吴亚平撰写的《改革课堂教学与课堂教学评价改革——"新基础教育"课堂教学改革的理论与实践探索之三》一文中经修订后第一次公开发表的课堂教学评价指标体系整理而成，原课堂教学评价指标体系包括"'新基础教育'课堂教学设计评价表""'新基础教育'课堂教学实施过程评价表"和"'新基础教育'课堂教学反思评价表"三个部分。[①]

要保证教学评价指标体系设计合理、有效，设计教学评价指标体系时应坚持以下原则：

---

① 叶澜,吴亚萍.改革课堂教学与课堂教学评价改革："新基础教育"课堂教学改革的理论与实践探索之三[J].教育研究,2003(8):42-49.

1. 方向性原则

教学评价指标是国家教育目的和学校培养目标的具体化,对教学评价活动具有导向作用。因此应坚持正确的方向,使每个学生都能全面发展。

2. 完备性原则

指体系中评价因素的全面性。在设计指标体系时,应全面系统地反映评价对象各方面情况,使各条指标在相互配合中实现评价目标。

3. 独立性原则

指同一层次的各条指标必须具有各自明确的含义。各指标之间是并列关系,不能从一条推出另一条,或者两条指标反映同一评价因素。

4. 可比性原则

指标应反映评价对象的共同属性。只有在质的一致性的前提下,才能有效地比较量的差异。另外,每一条指标都要有相应的评判尺度和标准。

5. 可操作性原则

指评价指标体系便于评价过程中的操作实施。要求语言简明,具有可测性,还应对评价指标体系中的各项指标确定比例合理的权重。

6. 可接受性原则

指评价指标体系能够被评价对象所接受,成为评价对象的激励因素。这就要求:一要切合实际;二要难易适度;三要能公平评价每个对象。

第五节 教学艺术

对教学是一门艺术的问题,中外古今的许多教育家都进行过论述。我国古代教育家孔子的"不愤不启,不悱不发",孟子的"教亦多术"都是指教学实践活动应具有艺术性和多样性。捷克教育家夸美纽斯在《大教学论》中讲到大教学论就是"把一切事物教给一切人类的全部艺术"。苏联教育家苏霍姆林斯基说:"谁要领导好教学和教育过程,谁就要精通教学和教育的科学、技巧和艺术。"①

课堂教学艺术主要有课堂语言艺术、课堂提问艺术、课堂板书和多媒体使用的艺术、课堂应变艺术和课堂调控艺术。

一、课堂语言艺术

课堂教学语言是语言的特殊形式,它是教师使用最广泛、最基本、最有效的信息载体。教学内容的传递、师生情感的交流、学生能力的培养和良好品德的形成都离不开课堂教学语言。同日常生活语言相比,课堂教学语言是一种以口头语言为主,以其他形式语言为辅的教学语言系统。

1. 良好的课堂口头语言的标准:②

(1)准确明晰,具有科学性。

科学文化基础知识必须借助科学的语言来传达。科学的语言应是周到严密、含义准确、措辞精当、不生歧义的语言。简言之,就是教师的课堂语言必须严密、准确、通达、明晰。

(2)简洁练达,具有逻辑性。

这是要求教师的课堂教学语言要简洁明快,干净利落,层次分明,联系紧密,具有内在的逻辑力量和高度的概括水平,使语言具有简约性和启发性,达到启发学生积极思维的效果。

(3)生动活泼,具有形象性。

教师的课堂教学语言在确保教育性的前提下,应结合教学内容,进行生动地叙述、形象地描述和具有启发意义的比喻等,使抽象的概念具体化,深奥的哲理形象化,枯燥的知识趣味化。

(4)通俗易懂,具有大众性。

教师的课堂教学语言必须通俗易懂,明白流畅,平易近人,符合民族语

---

① 苏霍姆林斯基.和青年校长的谈话[M].赵玮,译.上海:上海教育出版社,1983:4.
② 关甦霞.教学论教程[M].西安:陕西师范大学出版社,1987:237-239.

言的语法规范,不生造名词术语,杜绝语病。同时,要使用普通话,尽量减少口头禅,不用方言和土语,力争使语言纯净化。

(5)抑扬顿挫,具有和谐性。

教师要掌握课堂语言表达的技巧,其基本要求是声音洪亮,吐词清晰,咬字准确,发音规范,语速适中,语调平直自然,并根据教学内容的要求和表达感情的需要来调控语速和声调。

2. 实现良好课堂口头语言的方法

要提高语言表达的整体水平,要注意以下几点:

(1)加强对自身发声技巧的练习,优化发音效果,提高发音质量。

了解发音器官的结构和功能,认识自身的声音特点,掌握科学的发音方法,有针对性地进行发音训练,提高声音质量。

(2)深入钻研教学内容,化繁为简,力争使语言表达简洁精练。

精心研究教学内容,理清难点、重点和关键点,做到语言表达言简意赅,有的放矢,恰到好处,增强语言表达的效果和自信心。

(3)注重发挥身体、手势、表情等体态语言和板书语言的辅助作用。

根据教学内容的要求,有效运用身体姿势、手势、头部姿势、面部表情等体态语言来辅助口头语言表达,以强化口头语言的感染力。同时,利用板书语言来弥补口头语言的不足。

(4)注意克服发音、声调和语速等方面的不良习惯。

注意克服如语无伦次,吐字不清、声调过高或过低,起伏过大、语速过快或过慢,听不清楚或急于等待、滥用词语、拖泥带水等不良习惯,确保教学语言的净化、美化和优化。

(5)建立良好的人际关系,在与学生沟通、与同事交往过程中,不断提高教学语言艺术水平。

常开口、多开口是提高语言表达水平的关键,所以教师要充分利用良好的人际关系多多练习,提高语言技巧,实现课堂教学语言水平的整体提高。

二、课堂提问艺术

课堂提问是进行启发式教学,训练学生语言和思维,培养学生发现、分析和解决问题能力,提高课堂教学质量的有效形式。陶行知先生说过"智者问得巧,愚者问得笨"。可见,课堂提问是一种巧问的艺术,掌握课堂提问艺术自然会达到优化教学效果的目的。

1. 有效的课堂提问艺术的基本要求

(1)设计合理。

一是问题设计的目的明确,是为有效达成课堂教学目标而设计的问题。二是符合学生的知识、能力和生活经验的实际。三是针对教学过程中的难点、重点、关键点和主要矛盾而设计的问题。

(2)启发思维。

课堂提问必须具有启发学生思维的作用,一方面提问要符合"跳一跳摘桃子"的教学要求,即激发起学生的探究欲,唤起对知识的联想和重构。另一方面能够点燃学生思维的兴奋点,引导学生积极主动地去探索和发现问题,提出解决问题的新思路、新方法。

(3)形式多样。

课堂提问形式要灵活多样,不同学生、不同内容、不同情境,提问的方式不同。如,有时是复习性提问,有时则是质疑性提问;有时面对全班学生提问,个别学生回答,有时可能是面向全班学生提问,学生轮流回答。

(4)善抓时机。

课堂提问不是为问而问,一问到底,而是要抓好提问时机,才能取得良好的教学效果。根据优秀教师教学经验,学生课堂听讲注意力集中、思维活动活跃、思考问题处于"愤""悱"状态,是教师提问的最佳时机。

(5)注重互动。

课堂提问不是教师的"专有权",教师在认真听取学生回答、进行客观评价的同时,应允许学生有提问的"话语权",鼓励学生向教师质疑,引导学生之间相互提问。

2. 提升课堂提问艺术的方法

要有效运用课堂提问艺术,增强课堂教学效果,在日常教学中应注意:

(1)树立学生是课堂教学的主人的观念。

教师应努力营造一种民主、宽松、和谐的课堂氛围,使学生产生愉悦的情绪感受,成为提问的主体,从而激发每个学生"敢问"的积极性。

(2)设计高质量的问题。

教师在课堂问题设计中应注意问题的质量,给学生提出高质量的问题会潜移默化影响学生发现和提出问题的方式方法,使学生"会问"。

(3)向优秀教师学习。

从优秀教师课堂提问的经验中学习适合自己教学实际的做法,在自己的课堂教学中加以有效运用,从而提高自己的提问艺术。

(4)探索适合自身教学风格的提问艺术。

根据自己独特的教学风格,在课堂提问实践中积极探索和不断总结,逐步形成个性化的课堂提问艺术。

三、课堂板书与多媒体运用的艺术

1. 板书运用艺术

课堂板书是教师在课堂教学过程中以板书的文字、符号或板画为载体来传授知识的一种有效教学手段。教学实践证明,系统、精炼、形象的板书,具有浓缩知识、帮助学生记忆、启发学生思考、影响学生学习习惯的作用。因此,加强板书基本功训练,提高课堂板书艺术是每个教师进行有效教学的一项重要任务。

中小学常用的板书可分为板书、板演、板画三大类。其中,板书是各门课程教学中常用的一种形式。一般来讲,板书由系统板书和辅助板书两部分组成。系统板书主要写出讲授要点,供学生记笔记、记忆,把握知识的内在逻辑关系;辅助板书是把教师讲解中需要引起学生注意的内容临时写出来,便于学生理解。板演主要是在黑板上进行公式推导、演算例题、书写元素反应方程等内容,因此在自然科学教学中经常运用。板画则是在黑板上画出各种图形、符号、表格等,在数学、物理、化学、生物、地理、历史、美术等课程教学中运用较多。

提高课堂板书水平的基本要求是:

(1)课前精心设计。

在内容上,要简明扼要,具有高度的概括性,把所讲的主要内容用最精炼的文字加以表述。在类型上,根据所讲课程的性质和教学内容的特点来选择以哪一类板书形式为主。在布局上,要按紧凑、协调、完整、美观的要求,整体安排书写的文字、线条、图标等内容。

(2)课中认真书写。

在课堂板书过程中,要按照系统板书在右,辅助板书在左的布局原则进行板书,以确保板书的完整统一。同时要注意字迹工整,字的大小一致,字间距离均匀,行平竖直,内容重心平衡,以增强学生的视觉效果。

(3)课后不断总结。

对板书设计及运用效果的课后反思和总结,是提高板书水平、掌握板书艺术不可缺少的一个环节。教师在每次进行的课后反思中,要从板书内容的概括性、板书类型的适合性、板书布局的合理性等方面,来总结板书设计和运用的实际效果及存在的问题,及时进行改进。

2. 多媒体运用艺术

在当前信息技术和教学技术手段越来越先进的情况下,多媒体使用也成为教师教学的重要技能。一方面,多媒体教学方法直观、形象、生动,能够增大课堂教学容量,使其能够突破时间和空间的限制,减少抽象信息在大脑中转为形象信息的转换过程,充分传达教师的教学意图。特别对于一些操作重点和难点,能够给学生最直接地演示和示范,可以使得教学过程中难点和重点问题化难为易、化繁为简;另一方面多媒体教学的交互性、立体性和程序性,能够帮助教师在课堂上根据学生的信息反馈,进行现场分析和答疑,以人机对话方式灵活方便地进行启发式教学,从而实现教学的规范性、系统性又具有一定的自主性、多样性和灵活性,有利于激发学生学习兴趣,从而提高课堂教学效率。

运用多媒体应注意以下问题:

(1)信息量不要过大,播放速度不能过快。

如果信息量过大、速度过快,超出学生的正常知识记忆能力,则会让学生跟不上教学进度,反而打击学生的积极性。

(2)设计不要过于新奇。

多媒体教学中,利用图片、音频或是视频等方式能大大调动学生的积极性,活跃课堂氛围,但是如果设计过于新奇,则有可能吸引学生过多的注意,而影响对知识本身的关注。所以,教师在使用多媒体时,只要能起到辅助教学增强教学效果的作用即可,而不要过分追求可见外观的绚丽多彩。

(3)形式上应该多样。

在熟练使用一种多媒体制作软件的基础上,还应对其他软件有所掌握,结合不同软件的优势,根据课堂需要制作课件,有利于充分发挥软件特长,最大限度地发挥多媒体教学的作用。

(4)注意多媒体与板书结合。

多媒体可以让学生从文字、声音、动画等途径获取知识,能有效提高教学效果。但是如果老师只依靠多媒体不再板书,投影显示的内容很多而且时间较短,就会影响学生抄写课堂笔记,从而影响对知识的理解和记忆。所以,老师要注重多媒体与板书的结合,在黑板上重现重要的知识框架,帮助学生理解记忆。

四、课堂应变艺术

课堂应变艺术是指教师运用教学规律和心理规律,有效处理课堂上出现的偶发事件的教学技能技巧,它是教师教育机智的具体表现。教师只有掌握了一定的课堂应变艺术,做到临"危"不乱,及时采取适当的处理措施,化被动为主动,才能有效地调控课堂教学,确保课堂教学有序、有效进行。

教师处理课堂偶发事件的基本要求是:

1. 临变不慌,及时冷静

无论课堂上出现何种偶发性事件,教师不能慌张,要善于控制好自己的情绪,变被动为主动,及时做出积极反应,化不利为有利,将问题"热处理",力争在较短的时间内平息偶发事件。

2. 相信学生,化解矛盾

教师要相信每一个学生都是可以教育好的。若发生了偶发性事件,教师不能采取简单和武断的办法掩盖矛盾,一定要把严肃、善意的批评与信任、积极的鼓励有机地结合起来,妥善处理,化解矛盾,有效处理好偶发事件。

3. 因势利导,化弊为利

处理偶发事件时,要善于发现和挖掘事件本身所包含的积极意义。化消极因素为积极因素,顺势把学生引到积极意义上来。这样,既能有效制止课堂偶发事件,又能及时调节课堂气氛。

4. 实事求是,客观应对

课堂中的偶发性事件产生的原因很多,有学生方面的,有老师方面的,也有环境方面的,应具体问题具体分析。教师平时要做到:(1)加强学习,提高理论修养。注意学习教育学、心理学知识,认识和把握教学过程的基本规律和学生的学习心理规律,才能创造性地解决课堂中的偶发事件,顺利完成课堂教学任务。(2)观察分析,熟悉偶发事件的类型和特点。从诱因上对课堂偶发性事件进行归类,明确其属外因性偶发事件还是内因性偶发事件,同时深入观察和分析不同类型的偶发事件的表现特点。这是掌握课堂应变艺术的关键。(3)不断反思,在实践中提高应变能力。课堂中成功处理了偶发事件,课后就要及时反思成功的主要做法,为以后课堂偶发事件的有效应变提供经验。课堂中偶发事件处理的不够理想,也要进行课后反思,寻找不足,吸取教训。这样日积月累,持之以恒,课堂应变能力就会不断提高。

五、课堂调控艺术

课堂调控艺术是指教师对课堂教学运行过程及其状态的准确评判和及时调整的教学艺术操作。高超的课堂调控艺术就如同优秀汽车驾驶员的驾驶技术一样,它能确保课堂教学的运行直接指向预期的教学目标,全面完成教学任务,增强课堂教学效果。

1. 有效的课堂调控的具体要求

(1)教授有度。

一是根据学科内容的性质和学生的学习实际,恰当确定每节课的知识量;二是教学的深度和难度应依据学生的"最近发展区"水平来确定;三是教学的进度要快慢结合,根据具体的课堂教学情境和状态做出恰当调整。

(2)交互调节。

教师不能一节课只运用一条教学原则或一种教学方法,否则容易引起单调刺激,影响课堂教学运行的效果。教学实践证明,当教师在以一条教学原则为指导或以一种教学方法为主要方式进行教学的时候,中间穿插一些辅助的教学原则或教学方法,把主原则或方法与辅助的原则或方法配合起来使用,不失为课堂调节的好办法。

(3)适当介入。

良好的课堂教学应该是紧紧围绕一定的目标运行的,但这并不是说不能有任何目标以外的内容介入。有时适当地插入一个小故事、一个幽默、一个笑话,会有效调节课堂气氛,调动学生思维的积极性,从而增强课堂教学效果。

(4)加强反馈。

教师可以通过问答、练习、讨论以及学生听讲的表情等获得的反馈信息来检查课堂教学运行的状态,进而调整或者改进课堂教学进程和教学方法,以保证课堂教学正常运行。同时,教师也要不断地进行自我反馈,及时修正和调节课堂教学计划和进度。

2. 提高课堂调控艺术应注意的问题

(1) 不断提高对课堂教学整体运行状态的综合评判能力。

课堂教学运行是教师、学生、课程、环境等诸多要素相互作用的结果。各要素的功能是否正常发挥、要素之间是否形成最佳的匹配关系，都需要教师在课堂教学过程及时作出正确判断，才能采取相应的调控策略。所以，教师要在教学实践中积极而有针对性地训练自己对课堂教学运行状态的综合评判能力。

(2) 掌握教学控制论的相关知识。

运用教学控制论的相关知识，可以帮助教师正确认识课堂教学运行的教学信息闭合回路，从而全面了解各条教学信息回路上的各类反馈信息，实现对整个课堂教学运行状况的有效调控。

(3) 增强学生在课堂学习活动中的自主调控意识。

教会学生自主调控的方法和策略，使学生在课堂上能够主动接受来自教师、同学以及环境提供的反馈信息，及时进行自主调控，进一步强化课堂学习效果。

第六节　课堂管理

课堂管理是教师为了完成教学任务，调控人际关系，和谐教学环境，引导学生学习的一系列教学行为方式。课堂是学校工作的主要场所，也是教育教学活动的主要途径。良好的课堂管理不仅关系着教学任务的完成情况，更对学生的全面发展有着潜移默化的作用。因此，做好课堂管理工作，是一个教师必备的能力。

一、课堂管理的影响因素及原则

1. 课堂管理的影响因素

课堂管理实践不仅与教师的素养有关，也与学生群体的特点、学校的氛围环境有关。

具体表现在：

(1) 教师的教育教学理念、管理水平与权威。

教师是课堂管理的核心,教师的教育教学理念决定着其行为模式的选择。无论是以教师为中心,还是以学生为中心,都源于对教育教学过程和目标的理解。教师的管理水平则直接决定着整个课程管理的计划、组织、协调与控制水平,决定着教师采取何种方式、以何种形式对哪些方面进行何种程度的管理。教师的权威则分为权力性权威和非权力性权威。权力性权威是由于权力的获取而随之伴生的领导权威,包括合法性、奖赏权和惩罚权。在我国,由于几千年的"官本位"思想占据着统治地位,因此,当一个人被授予了某种权力的同时,也即被赋予了领导权威,而权威服从者或心甘情愿,或被逼无奈只有服从。但与此同时,权威服从者也渴望非权力权威的存在。非权力权威是正确行使职权和权力的基础,包括专家权和模范权。课堂管理中教师天然存在着权力性权威,但仅凭权力性权威只能解决表面问题,不能让学生做到心服口服,所以还得充分发挥自己的专业优势和人格魅力,以非权力性权威赢得学生的认可。

(2) 班级规模与学生特点。

班级集体的大小影响着课堂管理方式。班级集体的规模不同,课堂管理的方式也需要相应的不同。首先,班级集体的大小会影响学生间的情感联系。集体越大,情感纽带的力量就越弱。其次,班内的学生越多,学生间的个别差异就越大,难免发生争论,产生利害冲突。第三,班级集体的大小也会影响交往模式。班级越大,学生内部之间交往频率小,师生间相互关系相对冷淡,相互间的了解就越少。最后,班级集体越大,学生由于受交往时空的限制,往往容易形成各种非正式小群体。

除了班级规模,班级中学生的特点,如学生的动机与意志、学生的思想观念与行为方式、学生对未来发展的期望与要求等等,都会影响到课堂管理。

(3)校风与班风。

班级是学校的一个组成部分,学校管理水平,管理质量直接决定着课堂管理,有什么样的学校管理就有什么样的课堂。同样,不同班风的班级往往有不同的群体规范和不同的凝聚力,有些班级本来就比较优秀,对于这样的班级,教师可以利用其固有的凝聚力,充分发挥学生的自觉性和主动性,侧重于让学生自控自理,而对于那些纪律相对涣散的班级,教师则要更多地发挥权威作用,给予学生足够的监督和指导。因此,教师应该在深入了解的基础上,掌握班级集体的特点,运用促进和维持的高度技巧,获得理想的管理效果。

(4)师生关系。

教育关系是师生关系中最基本的表现形式,也是师生关系的核心。它是一种特殊的社会关系和人际关系,是教师和学生为实现教育目标,以各自独特的身份和地位通过教与学的直接交流活动而形成的多质性、多层次的关系体系。师生关系不但体现在正式的教育关系上,而且体现在心理关系和伦理关系上。良好的师生关系,是教学活动得以展开的心理背景,能够使师生相互尊重、相互理解,甚至会对学生世界观、价值观的形成产生很大的影响,从而使课堂教学得以有效地开展。

2. 课堂管理的原则

(1)理解原则。

理解是建立师生感情的基础,是积极行动的先导。师生双方如果相互理解,就会避免许多不必要的矛盾。

(2)民主原则。

课堂管理中,教师的管理措施和行为必须要取得学生的理解和认可,师生在共同的讨论、理解基础上,形成管理制度,对错误行为予以批评制止,对正确行为予以表扬鼓励。这样才能使课堂管理真正得到学生的支持,取得良好的效果。

(3)尊重原则。

教师不是完人,不同的理念和认识会产生不同的管理行为。但是,无论采取何种管理方式,尊重学生都是课堂管理的基本要求。教师应该坚持教师和学生的人格平等原则,善待每一个学生,及时发现他们身上的优点,帮助他们克服缺点,努力挖掘学生的潜在能力,给所有的学生创造表现才能的机会。这样才能做到尊重每一个学生,创造出良好的师生关系,为管理奠定良好的心理基础。

(4)坚持激励原则。

教师要充分发挥学生的学习积极性和主动性,激励学生参与课堂教学活动,创设和谐愉悦的教学氛围,创造有利于思维、有利于教学顺利进行的课堂环境,强化课堂管理,使学生积极主动地进行学习。

二、课堂气氛

教师与学生在教学活动中形成的某种稳定而积极的情感体验及对待教学活动的态度和行为的综合反映,具有认知和情感的特征。

课堂气氛是在教学过程中产生、发展起来的,它是我们教学活动顺利进行的心理基础,也是进行创造性教学的必要条件。课堂气氛的优劣直接制约和影响师生关系,双方信息与情感的交流,直接制约和影响教学过程和结果,从而间接影响着课堂教学的效果。

1.课堂气氛的类型

一般来讲,课堂气氛可以分为积极的课堂气氛、消极的课堂气氛、对抗的课堂气氛三种类型。

积极的课堂气氛是一种理想状态的课堂气氛,在这种气氛中,师生都有着饱满的热情,教与学态度端正、目标明确;课堂活动井然有序;学生求知欲强烈、注意力集中、思维活跃;师生间情感交流充分,学生参与面广,双方处于互动积极的状态;师生共同洋溢着为实现教学目标而获得成功的喜悦与满足感。

消极的课堂气氛则以学生的紧张拘谨、心不在焉、反应迟钝为基本特征。在课堂学习过程中,学生情绪压抑、无精打采、注意力分散、小动作多,有的甚至打瞌睡;对教师的要求,学生一般采取应付态度,很少主动发言,甚至害怕上课或提心吊胆地上课。

对抗的课堂气氛则是一种失控的混乱的课堂气氛,具体表现为:师生之间关系紧张,大部分学生不信任教师;教师驾驭课堂态式和调动学生积极性的能力较差;相当一部分学生讨厌上课,注意力分散,各行其是,课堂秩序一片混乱;使得正常的教学活动难以开展,教与学的任务常常不能完成;师生都把教与学视为一种精神负担。

2. 课堂气氛的优化

影响课堂气氛优化的因素很多,其中主要有教师、学生、教材、教学方法和手段及校风、班风。调节课堂气氛主要从以下几个方面着手[①]:

(1)教师的人格魅力、业务水平、教学风格。

教师的劳动不仅是"传道、授业、解惑",还具有以人格来培育人格、以灵魂来塑造灵魂的特点。教师的人格魅力可以感染到学生的情绪,影响学生的态度和动机,从而使其能够积极与教师相配合,参与教学过程,深入到学习活动中来。同样,教师的业务水平越高,越能够吸引学生的注意力、调动学生的积极性,处理好学生已有知识经验与新知识经验的关系,使学生迅速建立知识联系,获得意义建构与能力启示,形成良好的课堂气氛。教师的教学领导作风主要有三种典型类型:专制型、民主型、放任型。良好的课堂气氛需要教师以民主教学领导作风去组织教与学活动。这种教学作风,有利于培养学生热爱学习的内在积极性、挖掘学生的学习潜能;有利于师生之间知情双向交流与反馈,唤起学生学习的兴趣和热情;有利于激发学生参与教学过程,教师对学生参与教学活动进行更多的认可和赞赏,使学生产生成功的满足感。

(2)师生关系。

课堂中的师生关系,直接制约影响课堂气氛。因此,建立和谐的师生关

---

① 皮连生.教育心理学[M].上海:上海教育出版社,2011:318-320.

系是优化课堂气氛的重要条件之一。建立和谐的师生关系要求教师加强师生关系的研究,树立正确的师生观;努力提高教师的综合素质,特别是业务能力,扩大"非权力"影响;了解当代中学生的生理、心理和思想特点;淡化教师作为教育者的角色痕迹;重视师生间的非正式交往和非语言交流;重视情感投资,等等。

(3)课堂教学的组织。

在整个教学过程中,包括导课、中间、收尾都需要教师精心设计,力求上课达到三个境界:开头,引人入胜;中间,波澜起伏;收尾,"余音不绝"。这样的课堂教学组织必然形成严肃而活泼、愉悦而紧张的课堂气氛。

(4)教师的自我控制。

没有控制就没有教学艺术,良好的教学气氛的创设,需要教师进行多方面的控制。教师是创设良好课堂气氛的关键人物,作为一个教师必须善于控制自己的情感、语言、教态和行为,主动创造生动活泼的课堂气氛。

(5)对偶发事件的控制。

在课堂教学中,不可避免会出现偶发事件,机智果断地处理课堂出现的偶发事件是优化课堂气氛不可缺少的手段。当偶发事件出现时,作为这个课堂教学的掌舵人,应因势利导,以变应变,确保教学顺利进行。在处理偶发事件时,教师要遵循化消极因素为积极因素、不要激化矛盾、"冷处理"为主、切忌造成师生情绪上的对立等要求。

(6)焦虑水平的控制。

在教学过程中,适度的焦虑对学生学业成绩的提高、良好课堂气氛的形成具有积极的作用。教师在教学过程中,一方面要防止紧张有余,另一方面要防止活泼过度。教师要善于控制学生学习的焦虑,使课堂紧张而热烈,同时也宽松冷静,使课堂气氛有张有弛。

三、课堂纪律

课堂纪律是指为了维持正常的教学秩序,保证课堂目标的实现而制定的要求学生共同遵守的课堂行为规范。

1. 课堂纪律的类型

根据课堂纪律形成的原因,可将课堂纪律分为以下四种类型:

(1)教师促成的纪律。这是指在教师的操纵、组织、安排、规定和维护的标准下所形成的纪律。反映了教师对学生课堂规范的设定和要求,依靠教师的奖惩、监督来实现,一般适用于低年级。随着年龄的增长和自我意识的增强,学生对教师促成的纪律开始有不同的认识,反对教师过多的限制。

(2)集体促成的纪律。即同辈人集体形成的行为规范与准则要求。学生从上学开始,同辈人的集体就在他们社会化方面起着越来越大的作用。随着年龄的增长,学生开始以同伴群体的集体要求和价值判断来作为自己的行为准则,以"同学也是这样做的"为理由来做某件事。在一个好的班集体中,学生为了不损害集体或与同学的关系,即使自己有困难,也会自觉遵守集体的纪律。

(3)任务促成的纪律。是指由于某一特定任务的需要而提出的纪律要求。任务促成的纪律,是以学生对活动任务的充分理解为前提的,他们对任务理解得越深刻,就越能自觉地遵守纪律,即使遇到困难和挫折也不会放弃。

(4)自我促成的纪律。即学生的自律,是学生把教师促成的纪律、集体促成的纪律或者任务促成的纪律内化为自己的行为准则,自觉地遵守,并把维护纪律作为自己的职责。

就个体而言,课堂纪律是对学生课堂行为所施加的外部准则与控制。当它们逐渐被学生所接受或内化时,就可以称之为自律,学生就能自觉地自我指导和自我监督。自我促成的纪律是课堂纪律管理的最终目标,也是学生成熟水平向前迈进的标志。

2. 课堂结构与课堂纪律

课堂结构是指学生、学习过程和学习情境这三大课堂要素相对稳定的组合模式,主要包括课堂情境结构和课堂教学结构,它们对课堂纪律有着重要的影响。

(1)课堂情境结构。课堂情境结构对课堂纪律的影响主要表现在班级规模的控制、课堂常规的建立以及学生座位的分配方面。过大的班级规模限制了师生交往和学生参加课堂活动的机会,阻碍了课堂教学的个别化,从而有可能导致较多的纪律问题。课堂常规,也就是教室常规,是每个学生必须遵守的最基本的日常课堂行为标准,对学生有约束和指导作用。对于课堂常规的设定,应由全班同学共同讨论形成,以提高遵守的自觉性。学生座位的分配一方面要考虑课堂行为的有效控制,预防违纪行为的发生;另一方面还要考虑对人际关系的影响,应有助于学生之间和师生之间的正常交往。

(2)课堂教学结构。课堂教学结构对课堂纪律的影响主要表现在教学时间的合理利用,课程表的编制,教学过程的规划方面。合理的课堂教学结构能使教师满怀信心地按照教学计划进行教学,教师的良好教学心态能够感染学生,增强他们的安全感和自信心,减少背离性,避免课堂秩序发生混乱。

3. 课堂问题行为

课堂问题行为是指那些直接指向环境和他人的不良行为,直接妨碍教学或学习过程的行为,以及某些适应不良的行为。主要表现为漫不经心、感情淡漠、逃避班级活动、与教师和同学之间的关系紧张、容易冲动、上课插嘴、坐立不安、活动过度等。问题行为则是一个教育性概念,主要是针对学生的某一行为而言的,其主体可能是后进生,也有可能是班级中的优秀学生。另外,问题行为的消极程度具有不稳定性。

(1)课堂问题行为的类型。课堂问题行为的类型按照不同的标准有多种分法,如奎伊等人就把课堂问题行为分为人格型、行为型和情绪型三类,也可以依据学生行为表现的倾向将课堂问题行为划分为外向性问题行为、内向性问题行为两种。

外向性问题行为,即学生品行方面的问题行为,是指学生在课堂上发生的容易被察觉,直接干扰课堂纪律,影响教学活动正常进行的行为,主要包括攻击性行为、扰乱课堂秩序的行为、故意惹人注意的行为以及盲目反抗权威的行为。对于这种问题行为,教师应迅速、果断地加以制止,并对行为主体进行批评,防止该行为在课堂上蔓延。

内向性问题行为,即学生人格方面的问题行为,是指学生在课堂上发生的不易被教师察觉的、不会对课堂秩序构成直接威胁的行为。这种行为更多的是学生个体的活动,尽管不会直接危害教学活动的正常进行,但是对教学效果和学生自身的成长有很大的影响。主要包括注意力涣散行为、对课堂活动的回避行为、对课业不负责任的行为以及抗拒课堂的行为。存在内向性问题行为的学生为了避免引起他人的关心和注意,还常常表现出依顺和服从,使人觉得他不存在困难也无须外界的帮助。因此,这一类学生需要教师更多的关注。

(2)课堂问题行为的影响因素。引起学生课堂问题行为的原因概括起来有以下三个方面:学生、教师和环境。

学生方面的因素:一般会包括性别上的差异、生理上的差异、个性心理方面的差异等。

教师方面的因素:主要是因教师的教学技能、教师的管理方式、教师的威信等所引起来的学生不满或反抗。

环境方面的因素:主要包括大众传播媒介、家庭环境、课堂座位的编排方式、课堂的物理环境等。

(3)课堂问题行为的预防和矫正。对课堂问题行为的管理应以预防为主,引导和促进学生端正学习态度,帮助学生适应学习环境,逐渐减少问题行为的产生。但是当学生的问题行为已经发生时,应对行为主体进行行为矫正和心理辅导。因此,不管是对于个体的问题行为还是对于团体的问题行为,教师都可以尝试以下的方式对课堂问题行为进行管理。

①制定合适的教学计划,使学生通过学习能够获得成就感,缓解学生的焦虑情绪,提高其学习的自信心,使其更快地适应课堂环境。

②帮助学生调整学习的认知结构。教师在教授新知识、新内容时,应交代清楚其来龙去脉,把新知识整合到学生已有的知识结构中,使其具备学习新知识的认知基础,从而减轻因学习新知识而产生的焦虑感。

③对于课业给予精确地指导。学生对于学习的盲目性容易导致问题行为的产生,而教师通过给予学生清晰的学习指导,使其了解要做什么、怎么做,如何得到帮助,从而减轻或消除因不确定性而产生的急躁、厌烦、焦虑等情绪,减少问题行为的发生。

④建立良好的教学秩序。良好的教学秩序能够营造愉快、和谐的课堂氛围,使学生情绪平静、思维活跃,从而减少问题行为的产生。

⑤协调同伴间的人际关系。帮助建立良好的同伴关系,同时注意制止学生中存在的彼此伤害的行为,如讽刺、挖苦、嘲笑等。

⑥建立家校联系。家庭环境是导致学生课堂问题行为产生的重要因素。在对学生课堂问题行为管理的过程中,教师应主动与家长联系,相互配合,采取有效措施来纠正学生的问题行为。

⑦行为矫正与心理辅导。行为矫正指根据学习心理学的原理,特别是条件反射的规律,如强化消退、示范等,帮助心理与行为异常者改变异常行为,形成新的适应性行为的方法。心理辅导主要通过改变学生的认知、信念、价值观念、道德观念来改变学生的外部行为。它对于复杂问题行为,尤其是由内在刺激引起的问题行为效果比较显著。

练习与思考

一、选择题

1. 在一定的教学思想或理论指导下,为完成特定的教学任务,实现预期的课程目标所形成的相对稳定的、系统化的教学活动的基本范型称为(　　)。

　　A. 教学方法　　B. 教学模式　　C. 教学策略　　D. 教学方式

2. (　　)教学模式强调教师的指导作用,认为知识是教师到学生的一种单向传递的过程,非常注重教师的权威性。

　　A. 传递—接受式　B. 加涅模式　C. 自学—辅导式　D. 范例教学模式

3. 一份教案的核心是(　　)。

　　A. 提出教学目的　B. 选择教学方法　C. 设计教学进程　D. 规划板书

4. 课外辅导是上课的必要补充,教师辅导工作的要求一般是(　　)。

A. 教师直接帮助学生解决问题

B. 启发学生自己找到解决疑难问题的门径

C. 把辅导作为课堂教学的延伸

D. 要求学习好的学生对有困难学生进行辅导

5. 张老师要上公开课,他精心设计了课堂讨论和小组合学、讨论发言。整堂课秩序井然,但课堂气氛却始终有点沉闷。这说明张老师在课堂教学中在( )方面考虑不周全。

A. 确保学生的独立地位　　B. 维持正常课程秩序

C. 体现教师的主导作用　　D. 调动学生的积极性

6. 在《功率的测量》一节的备课中,张老师将"能够利用实验进行功率测量"拟定为教学目标之一。该目标属于( )。

A. 知识与技能目标　　B. 过程与方法目标

C. 思想与方法目标　　D. 情感态度与价值观目标

7. 张老师在给小学一年级上语文课时,根据学生能不能写出常用字,把学生分成不同的小组,布置不同的作业。你认为这种做法( )。

A. 不对,这是对学生的歧视　　B. 对,学习基础好的学生要重点培养

C. 不对,这样做不利于教学　　D. 对,这种做法体现了因材施教

二、思考题

1. 某大学化学系的高才生,分配到一所中学教授高中化学,他每节课尽心讲授,渴望将其化学才智传给学生。但学生却总埋怨老师讲的东西他们无法理解,老师也觉得学生太笨,自己的苦心得不到回报。试以教学原理分析这一现象。

2. 在教学中应如何巧妙利用教学评价,激发学生的积极性?

3. 教师要提升自己的教学艺术,应从哪些方面着手?

4. 课堂管理的影响因素有哪些?

5. 如何看待和分析课堂中出现的问题行为?

(选择题参考答案:1. B　2. A　3. C　4. B　5. D　6. A　7. D)

第十章　德育

■ 关键问题

1. 品德结构和中学生品德发展的特点。
2. 皮亚杰和柯尔伯格的道德发展理论,品德发展的影响因素。
3. 我国德育的主要内容。
4. 德育过程的基本规律。
5. 德育原则、德育方法和德育途径。
6. 生存教育、生活教育、生命安全教育、学生职业生涯规划指导。

■ 思维导图

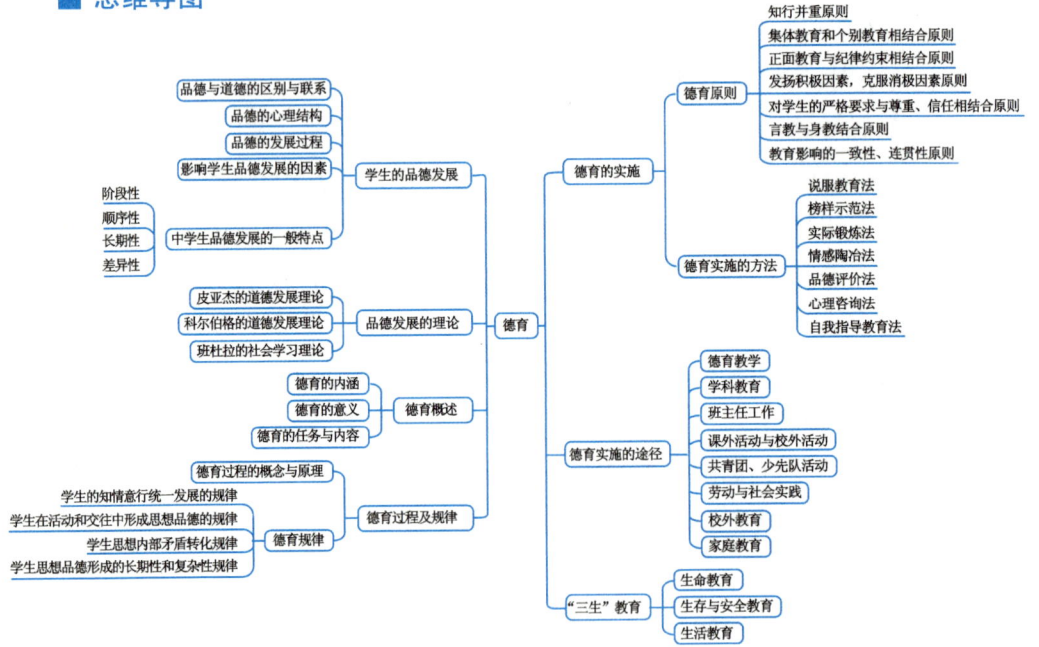

第十章 德育

把德育摆在教育的突出位置,是我们党抓教育工作的一个鲜明特征和基本经验。习近平总书记在党的二十大报告中强调:"育人的根本在于立德。"培养什么人,是教育的首要问题,是立德的根本要求,集中体现了党和国家对教育事业的根本定位与时代特征,是发展教育事业的立足点,是我国教育促进人的全面发展、满足经济社会发展需要、建设教育强国的必然要求。准确把握德育的意义、要求,掌握德育的原则和方法,创新性地开展德育工作,是当代教师贯彻立德树人根本任务的基本能力要求。

第一节 学生的品德发展

品德是道德品质的简称,又称为德性或品行、操行等,是指人依据一定的社会道德准则和规范行动时所表现出来稳定的心理特征或倾向。

一、品德与道德的区别与联系

道德是指由社会舆论力量和个人内在信念系统驱使支持的行为规范的总和。人们按照这些行为规范来支配和调节自己的言行,并以此来要求和评价他人的举止。品德和道德既有区别又有联系。

(一)品德与道德的区别

1. 品德与道德所属的范畴不同

道德是一种社会现象,是调整人们相互关系的各种行为规范和准则,是人们辨别是非、善恶、美丑,指导或调节行为的规范依据。它以行为规范的形式来反映社会生活,它的产生、发展和变化服从于整个社会的发展规律,属于社会意识形态的范畴。遵守它们会受到舆论的赞许并感到心安理得;否则,会受到舆论的谴责并感到内疚。品德是一种个体现象,是社会道德在个体头脑中的主观映象,其形成、发展和变化既受社会规律制约,又受个体的生理、心理活动规律制约。品德支配和调节着个体的道德行为,属于个体意识形态范畴。

2. 品德与道德所反映的内容不同

道德的内容是社会生活的总体要求,是对一定经济基础的反映,它是调节社会关系的行为规范的完整体系。而品德的内容则是社会道德规范局部的具体体现,是社会道德要求的部分反映。可见,从内容上看,道德比品德的内涵要广阔得多,概括得多。

3. 品德与道德产生的力量源泉不同

道德产生的力量源泉是社会需要。在社会生活中,人们为了维护共同的利益,协调物质利益关系、人际关系等社会关系,以保障社会的稳定、和谐的发展而制定了共同遵守的道德行为规范,正是这种社会生存和发展的需要赋予了道德的力量。品德产生的力量源泉则是个人的需要。个人为了归属于一定的社会群体,为社会所接纳,就必须遵守一定的社会道德规范,协调个人与社会、个人与集体、个人与他人的关系,正是人的这种社会性需要(归属、交往与尊重的需要)促使人们自觉地按照道德要求发展与完善自我品德。

(二)品德与道德的联系

1. 品德是道德的具体化

品德是一定的社会道德规范在个体头脑中的反映和在个体实践活动中的具体体现。社会道德规范是人发展的外在要求,个人要被社会接纳成为一名合格的成员,就必须把这些道德规范内化为自身的品德,并以之指导自己的行为,才能展现自身的合格性。

2. 社会道德风气影响着品德的形成与发展

个体在社会化的过程中、在社会道德舆论的熏陶和道德教育的影响下,通过自己的实践活动逐步形成发展起来的。因此,社会道德风气的发展变化会在某种程度上影响个人品德面貌的变化,品德的形成、发展以一定的社会道德为前提。

3. 个体的品德对社会道德状况有一定的反作用

众多的个人品德能构成和影响社会的道德面貌和风气。某些具有代表性人物的品德可以作为社会道德的典范,对社会风气产生深远的影响。如果离开了社会中具体人的道德品质表现,道德就只能成为无实际意义的行为规范了,也就失去了其应有的作用,更谈不上发展了,所以,从某种意义上来说,品德是道德的基础。

二、品德的心理结构

一般认为,品德从成分上可以分为道德认识、道德情感、道德意志和道德行为四个成分。

(一)道德认识

道德认识是人们对社会道德现象、道德规范及其履行意义的认识,也就是对客观存在的道德关系及处理这些关系的原则、规范的认识,包括道德观念(即道德表象)、道德概念、道德信念、道德评价等方面。其中,道德概念的掌握、道德信念的形成和道德评价能力的发展是衡量青少年学生道德认识形成和发展的主要标志。

(二)道德情感

道德情感是伴随着道德认识而产生的一种内心体验。这种情感既反映了人们的道德需要,又表现出人们对客观现实是否符合自己的道德需要而产生的一种态度体验。一般地说,在现实生活中的各种事件或是他人、本人的行为,凡是符合自己的道德认识或自己所维护的道德观念时,就会产生积极的情绪体验,否则就会产生消极的情绪体验。道德情感是一种自我意志监督的力量,它能使人悔过自新,保持良好的行为。

(三)道德意志

道德意志是人们自觉地确定道德行为目的,支配自己的道德行为,克服各种困难,以实现既定目的的心理过程。它体现在实现道德目标过程中的支持与控制行为的力量,像有的学生长年帮助走路困难的同学上学就是意志支持的结果。道德意志还能使人抵御现实中的各种诱惑,不以外界环境为转移,始终坚持道德行为。道德意志的作用就在于发动与既定目的相符的行动,制止与既定目的相悖的行动。道德意志的过程一般经历下决心、树信心、立恒心三个阶段。

(四)道德行为

道德行为是指一个人遵照道德规范所采取的言论和行动。它是品德的外显成分,是实现道德动机达到道德目的的手段。道德行为包括道德行为技能和道德行为习惯,它们与一般的技能、习惯并无本质的区别,只是在完成一定的道德任务时,便具有了道德的性质。道德技能的掌握有助于实现道德目的,它将指导道德行为做出对他人和社会具有道德意义的事情,不至于好心办坏事。道德意志调节和控制着人的道德行为,使其贯彻始终,经过多次反复和实践,便形成道德行为习惯。道德行为习惯的形成则是品德形成的客观标志。

一般来说,道德认识是品德心理结构的思想基础,是道德情感产生的依据。道德情感是伴随着认识而产生的一种内心体验。在一定的情境下,道德情感的激发又会促进道德认识水平的提高。道德认识和道德情感的深化和交融的结果就产生了道德动机。道德动机推动个人产生道德行为,它驱动人以道德意志来实行道德行为。道德意志是通过一系列具体的行动表现出来的。换句话说,道德意志只有支配道德行为的实现才具有其意义。道德行为是道德认识、情感和意志的具体表现和外部标志。道德行为习惯是在道德知、情、意的基础上通过一定的练习、训练掌握行动技能与养成习惯的途径中形成起来的。道德行为的一个客观特征是其行为后果的直接现实性,亦即道德行为的结果是客观的。因此,道德行为是品德一个循环中的终末环节,也是更高循环中的依据和基础。道德行为既可使道德知、情、意得到检验,又可以加深和提高道德认识、增强道德情感、锻炼道德意志。

根据对品德结构中诸因素的地位和作用的看法,学者们在品德发展问题上大体上分为唯知派和行为派。

唯知派认为人的品德形成主要取决于道德知识的掌握。他们认为大部分不道德举动,都是由于愚昧无知,由于缺乏对各种事物的健全概念所形成的。因此,他们重视对学生道德知识的教育,强调伦理性的谈话,讲解系统的道德知识,但却忽视了其他因素的作用,因而可能使学生产生言行脱节的现象,即儿童对道德标准和规范说得很清楚,但往往不去遵守。

行为派认为人的品德甚至整个人格都是道德行为方式的总和,是人们各种行为习惯的最终产物。因此,强调只有掌握正确的行为方式和养成良好的行为习惯,才会形成良好的品德。因此,他们重视行为训练、环境因素、社会文化、榜样强化等客观条件对品德行为的影响,而忽视了让学生懂得道德行为的依据。这将会导致学生在道德评价中是非不明、道德行为的原则性与灵活性以及道德行为的迁移能力的发展受到限制,在道德行为中还会出现盲目的行动,有时甚至会出现"好人办错事"的情况(如帮助坏人,对敌人"诚实"等)。

品德结构中的心理成分不但是交互发展的共同体,而且它是和外部社会相互影响、相互作用的开放系统。在品德的心理结构中,哪一种成分是核心,占主导和支配地位,这取决于主体与情境、事件的性质及完成事情的难易程度。品德的核心是在一定范围内流动着的。品德的发生、发展不是服从于线性决定说,而是服从于辩证决定论。同一种行为可能同多种道德认识与情感发生联系,道德认识与情感同行为之间的联系也可能存在着种种冲突。总之,品德的结构是发展变化的,它是主体与外界环境双向互动、相互开放的运行关系。

三、品德的发展过程

品德形成的过程依次经历依从、认同与内化三个阶段。

依从主要包括从众和服众两种。从众是指人们对于某种行为要求的依据或必要性缺乏认识与体验而跟随他人行动的现象。服从是指在权威命令、社会舆论或群体气氛的压力下,放弃自己的意见而采取与大多数人一致的行为。依从阶段的行为具有盲目性、被动性和不稳定性。

认同是在思想、情感、态度和行为上主动接受他人的影响,使自己的态度和行为与他人接近。认同实质上就是对榜样的模仿,其出发点就是试图与榜样一样。这一阶段的学生具有一定的自觉性、主动性和稳定性等特点。

内化指在思想观点上与他人一致。将自己所认同的思想和自己原有的观点、信念融为一体,构成一个完整的价值体系。这一阶段学生具有自觉性、主动性和坚定性。

四、影响学生品德发展的因素

影响学生品德发展的因素可以分为外部因素和主观因素两类。

(一)外部因素

1. 家庭

家庭对学生品德养成的影响主要体现在以下三个方面:

(1)家庭成员的亲密关系。家庭成员关系的亲密程度关系到小学生道德判断发展的水平。道德判断成熟的重要标志就是能从旁观者的位置理解另两人的交互作用及从个人与整个社会体系的关系方面去进行道德推理。研究发现,如果儿童在早期有较丰富的与父母或兄弟姐妹的交往经验,就易于形成与其的情感依恋,在以后的生活中就倾向于对他人的情感更敏感,就更容易形成更高的道德判断水平。

(2)父母的教养态度和方式。一些心理学家的研究中表明:对孩子采用说理诱导的方式效果最好;过于严厉的家长作风以及对孩子施行体罚容易使他们产生逆反心理和反抗行为。因此,家教方式上,应当提倡科学、民主、开放的方法,应以表扬鼓励为主,给孩子创造一个适合个性发展的良好环境。

(3)父母榜样。父母是孩子的第一任老师,他们自身的品德素质、文化素质等都对孩子心理品质的形成具有潜移默化的影响。心理学研究表明:孩子学习的主要方式是观察和模仿。因此,父母言传身教的榜样作用格外重要。例如,父母对长辈、子女、朋友、同事尊重和爱的情感特征,奠定了孩子情感生活的基础,会养成他的友爱、助人、开朗的个性;父母对事业的执著热爱,面对挫折的乐观态度,会培养孩子坚韧不拔的精神和强烈的社会责任感。

(4)家长的职业类型与文化程度的不同,对子女教育的态度、意识、能力、要求也会有所差异,进而对子女的品德也有一定的影响。

2. 社会环境教育的影响

青少年学生正处在由自然人向社会人转化的社会化过程中,人格尚处在发展中,还没有定型,在学会适应环境和形成人格的过程中,他们对社会生活、社会信息有着特殊的敏感,对新事物接受得很快,因此社会环境、各种信息对青少年人格的形成、品德的发展有着一定的影响。其中,体制性因素如国家的招生、录用及人事任免制度,各种人才选拔标准及执行的情况,会直接影响青少年的价值取向;社会媒体内容如社会名流、权威人士的传闻轶事,英雄人物宣传报道的力度,社会文化、文艺的情趣、情节、思想主题,都会引起青少年的模仿意向,从而影响青少年品德的形成与发展;生活成长环境如青少年所在社区的社会风气、人与人之间的关系,他们的所闻所见,耳濡目染着他们的身心,这些来自直接观察到的信息对青少年品德的形成有着更大的影响。

3. 同伴交往

同伴交往由于其所具有的交往的平等性、自愿性及能满足学生的心理需要等特点使其在个体品德心理发展中具有无法取代的独特作用。

(1)同伴交往是帮助中学生克服自我中心的一个有效途径,有助于道德准则的理解和道德情感的体验。自我中心是儿童早期的一个显著特点,是指儿童从自己的观点看待世界而不考虑别人会有不同观点的一种倾向。而克服自我中心是品德发展的一个前提条件。通过同伴交往,儿童不仅理解了一些社会道德准则和普遍价值的存在;而且,在情感维度上发展了移情体验——儿童把自身投射到他人的心理活动中去,分享他人的情感,并产生与之相呼应的情感体验;同时,伴随着同伴交往,儿童逐渐体验到遵守道德准则,尊重他人的亲近感、认同感及自豪感等,以及违反道德准则的负疚感、自责感等。这些情感是维持积极的人际关系,激发和促进道德行为的重要动因。

(2)同伴交往是中学生道德认识践行的土壤。在同伴交往中,中学生得到的是有关对人际关系、矛盾冲突方面态度和行为自然而逼真的反馈,那些积极、友善,符合社会道德准则的行为往往更易为同伴接纳或认可;那些攻击性强,不符合道德准则的行为往往被同伴所排斥和拒绝。为了获得同伴的接纳和认可,中学生必须调整或改进自己的行为。这一结论也得到了实质性研究的证实:同伴关系较好的儿童往往具有较强的社会能力和积极的行为品质,而同伴关系不良的儿童往往具有较强攻击性和破坏性,较多的违反学校的规章制度。

(3)同伴交往是自律道德产生的必要条件。中学生道德判断的发展是从他律到自律的过程。他律道德产生的根源在于儿童对成人单方面的尊重,发展自律道德的一个重要途径是让儿童与同伴相互作用。中学生只有在与同伴的交往中,才会把自己的观点和别人的观点进行比较,认识到自己的观点和他人观点的区别,对他人的观点提出异议和怀疑,进而理解道德规范和准则并非是一成不变的东西。而且,只有在与同伴交往的过程中,儿童才能逐渐摆脱权威的束缚,互相尊重,互相协作,发展主观评判能力。从中可以看出,同伴的观点和评价是学生道德判断由他律阶段向自律阶段转变的一个中介,是影响中学生道德判断发展的外在动力因素,而同伴的评价只能出现在同伴交往中。

虽然同伴交往对中学生品德发展具有积极的影响,但如果交往的同伴缺乏良好的道德面貌,中学生品德发展的方向和质量将会面临巨大的危险。在同伴交往中,学生逐渐理解了一些道德准则和规范,并产生了相应的情感体验。同时,在这一过程中,学生也可能逐渐接受和认同同伴一些错误的观念和不良的行为,并加以盲目效仿。由于处于由他律阶段向自律阶段发展的学生,往往把同伴的评价看得高于成人如父母和教师的评价,但同伴的评价未必全都符合社会道德准则,所以当为了获得同伴的赞誉和避免同伴的斥拒,他们往往不顾及自己行为的后果,作出一些不道德的行为。因此,教师和家长很有必要加强这方面的调节与引导,以发挥其积极影响,控制其消极影响。

4.社会媒体

在现代社会,现代媒体手段越来越发达,形式越来越多样,已经全方位、多层次地深度介入到了人们的生活之中,成为现代人生活必不可少的组成部分。媒体发展,在扩大了人们知识来源,开阔了人们视界的同时,也必然对人的品德发展产生着影响。从目前来看,电视和网络已成为媒体的主要形式。

(1)电视的影响。电视作为一种具有极强影响力的大众媒体,对人有着潜在的思想观念灌输影响。而对于辨别能力不完善的中学生来说,这种影响尤为巨大。①其积极的方面包括:电视提供了许多社会角色及其相应的价值观念和行为规范,有助于学生认识社会角色,模仿各种社会角色的过程中体验到了各种行为规范,学习并掌握相应的社会道德行为规范,从而促进了道德社会化的形成与发展;有助于儿童在学习、掌握相应行为规范的同时,通过成年人的指导和帮助受到有益的道德教育,逐渐体验到人类丰富的社会性情感,从而为发展中学生的道德感、理智感和美感打下基础。②其消极的方面是,有些表现社会阴暗面的电视节目不利于学生形成良好的社会行为,由于中学生社会知识经验的匮乏,认知方法的不成熟,辨别能力较低,如果没有成年人的引导和帮助,他们不可能领悟节目中蕴含的深刻哲理,因此也不大可能受到其中的道德教育的影响,相反,只能学到一些表面的行为,导致侵犯和暴力行为更容易被儿童模仿。因此,家长应该帮助学生选择人物形象鲜明、具有肯定品质和精神、不违背现代社会道德观念的电视节目。重要的是,家长应帮助学生正确理解电视内容,利用电视节目及时对孩子进行伦理道德教育,使电视真正成为父母引导、教育孩子的手段。

(2)网络对儿童品德的影响是多方面的。①网络环境有利于道德认识的形成。网络是全球最大的数据库,学生在这里可以选择各式各样的知识。这有利于开阔学生的知识面,扩展学生视野,从而为其思维认知的发展提供素材。特别是学生由被动的知识接受者转化为主动的探索者和个性化的独立学习者,更加激发他们的学习兴趣和求知欲,促使他们不断地获得成就感,以致他们更愿意在网络中学习。在这种不断的循环学习中学生认知思维会得到发展,道德观念会进一步发展和深化。道德信念会更加坚定。②网络环境不利于道德情感的产生。网络创造的诱人情境、令人痴迷的景象、冒险的游戏、亦真亦幻的空间深深吸引了对一切都感到好奇的儿童,会使他们在虚拟世界中流连忘返,从而耽误了学习,影响了身体的健康发育进而滋生出消极情感;网络世界的无所顾忌、自由自在使得儿童逐渐乐意疏远有所约束的现实和周围环境,甚至逃避现实,网络成了他们理想的避风港。这样产生了良好的人机关系,却冷淡了人际关系,使其社会交往领域日趋狭窄,不利于发展健康的情感、良好的个性和铸造完善的人格。③网络环境不利于现实道德行为的产生。教育者在网上宣传其道德观点、道德信仰,学生能在短短几秒钟之内感知,这种快捷的方式对教育者及时宣传社会上英雄事迹、感人故事,让学生感受时代精神进而形成道德行为是有帮助的。但学生长时期在虚拟世界中收集资料、吸收知识,沉迷于仿真的世界,会养成他们渐渐疏远实际操作和表现,使学生失去一些了解生活、接触社会、实践书本知识的机会,会在网络环境中大讲空话而不愿意甚至厌烦在现实生活中实践。网络中存在的暴力信息也会诱使学生效仿、操作,使儿童产生一些不良社会行为,甚至违法犯罪行为,特别是网络世界的约束极少,儿童在其中可以随心所欲,这样会使他们对这些行为产生习以为常的心理,以致在现实中也习惯化地表现出来,抵消现实中正面的道德行为培养。

5. 学校环境教育的影响

学校教育是一种有目的、有计划、有系统地对学生品德发展施加影响的过程。学校教育也是学生品德发展的外部条件,它在学生品德发展中起着主导作用。这主要通过两个方面影响学生品德的发展。

(1)校风、班风和集体舆论的影响。校风和班风是指在群体成员中占优势的言行倾向和作风,它以一种潜移默化的影响作用于受教育者。集体舆论会对班集体成员的思想观念和行为方式产生很大的影响:首先,集体舆论会对个体的道德行为作出权威性的肯定或鼓励,否定或制止,是一种社会强化的"信号";其次,集体舆论直接影响个体道德认识的提高;第三,集体舆论是集体荣誉感的源泉。一个团结友爱、互帮互学奋发向上的班级,是一种放大的教育力量,能增强集体成员克服困难、改掉不良习惯的勇气,促进大家共同提高。

(2)学校教育活动与德育。学校教育活动以其目的性、计划性和组织性,能够适合学生心理发展特点的素质教育与德育课程,有利于学生品德的形成与发展,同时积极将德育贯穿渗透于各科的教学活动之中,必会对学生品德发展产生更大的影响。此外,还可以结合学生年龄的特点开展一些课外活动、校外活动、文艺演出、体育竞技等。这给学生们提供了扩大人际交往的机会,增进了同学之间的友谊,寻找到容易接受的、可供学习的榜样。这些活动不但增强了成员的集体主义意识,同时还培养了集体荣誉感和义务感,而且还锻炼了他们的意志,提高了克服困难的自觉性,增进了道德行为。所以说,实践活动是品德形成和发展的基础。

(3)教师教书育人的方式、方法及自身的楷模作用。由于教师对学生有一定的权威性,学生尤其是低年级的学生常以教师的行为、品德作为自己的标准。因此,教师本人的以身作则、为人师表,对学生的性格形成尤有意义。林崇德1980年调查研究了100个中小学先进班集体,发现根本的原因在于班主任所作出的主观努力和辛勤劳动。这些班主任善于通过集体力量形成正确的集体舆论、信念、情感、意志和行为习惯。正是这种集体力量,促使大部分正常学生形成良好的品德,同时也改造了品德不良的学生。由此可见,教师在发展学生良好品德上的主导作用是十分明显的。布拉德福德和利皮特也概括了教师的四种领导特征与可能导致的儿童青少年的反应,见表9.1。

表9.1 教师的四种领导特征及可能导致的儿童青少年的反应①

领导类型	领导特征	儿童青少年的反应
强硬专断型	1.时时实行监督,要求即刻接受一切命令。 2.认为表扬会宠坏儿童青少年,所以很少表扬。 3.认为儿童青少年不可能自觉学习。	1.屈从,心理上抵触和不喜欢这种方式。 2.常常推卸责任,易激怒,不愿合作,会背后伤人。 3.教师离开课堂,学习就松散。
仁慈专断型	1.意识不到自己是一个独断专行的人。 2.表扬并关心儿童青少年。 3.过于自信,以自己的看法作为班级工作的依据。	1.多数人喜欢这种领导。 2.在各方面信赖教师,缺乏创造力。 3.屈从并缺乏个性。
放任自流型	1.认为儿童青少年应该怎样就怎样。 2.很难作出决定,没有明确的目标。 3.既不鼓励也不反对,既不参加活动也不提供帮助或方法。	1.不仅道德差,而且学习差。 2.有许多"推卸责任""寻找替罪羊""易怒"行为。 3.没有合作,有时谁也不知道应该做些什么。
民主型	1.和集体共同制订计划和作出决定。 2.很乐意给儿童青少年以帮助和引导。 3.尽可能鼓励集体活动。 4.给予客观的表扬与批评。	1.更加喜欢学习,喜欢同伴和教师。 2.课堂活动的质和量都高。 3.能相互鼓励和独自承担责任。

可见,教师的权威乃是儿童青少年学习的动力。教师以民主的态度对待儿童青少年,他们就会向着情绪稳定、态度友好的方向发展;如果教师的

---

① 杨韶刚.道德教育心理学[M].上海:上海教育出版社,2007:256-257.

领导方式专制,就会导致儿童青少年情绪紧张、冷淡和攻击性;如果教师放任领导,就会使儿童青少年向着无组织、无纪律状态发展。因此教师的领导方式和态度在一定程度上影响了小学生的品德发展。

(二)内部因素

从内部因素来看,学生的身心发展水平和主观能动性影响着品德的形成和发展。

1. 学生的身心发展水平

学生的身心发展水平包括他们的年龄和身体生理的发展水平、思维发展水平、知识水平以及他们的实践活动的性质、范围和水平等。研究发现,首先,学生的认知水平,特别是元认知水平影响着品德的形成。其次,学生的自我意识也影响着个体品德的形成和发展。自我意识是主体对自身的认识以及对自己和周围人的关系的认识,由自我认识、自我体验和自我控制三种心理成分组成,是道德责任心形成的前提条件和升华责任感的内在动力。自我意识发展水平较高的个体,能正确认识自己,认识自我和他人、社会的关系,能明确自己在学习和社会中所处的地位和承担的任务,从而能主动去扮演好自己的角色;反之,自我意识发展水平低的个体,不能对自我进行准确的角色定位,也就不能形成相应的责任认识,更不可能产生相应的责任体验和行为,教育和社会实践也已经证明了这一点。

2. 学生的主观能动性

学生的主观能动性是指他们接受教育和进行自我教育的自觉性、主动性。主观能动性强的个体能在教育者的引导下进行自我教育,自觉地对自己进行调控和评价,不断提高自己的品德水平,而主观能动性比较弱的或具有消极态度定势的个体,则不愿意改变现状,排斥道德教育要求,更不会自觉地完善自己。

五、学生品德发展的特点

从青少年儿童品德发展的整个过程看,品德发展具有如下特点:

1. 阶段性特点

青少年儿童的品德发展过程在人生的每个阶段的开始和最后尽管不同,但从总体上看,呈现出相对稳定的特点。依据这些基本特点,我们可以把受教育者分为儿童期、少年期和青年初期等不同的教育阶段,并在制定品德规范、提出德育原则、选择德育方法的时,充分考虑处于儿童期、少年期和青年初期的受教育者不同的品德发展特点,设计和开展符合品德发展规律的活动。

2. 顺序性特点

青少年儿童品德发展是一个连续发展过程,存在着内在的时间上的顺序和水平上的次序。一般说来,只有抓好儿童期的德育工作,使儿童期受教育者的品德得到一定的发展,达到一定水平,才有可能抓好少年期的德育工作,使少年期受教育者的品德获得发展。只有培养和发展起了儿童、少年的品德,使其获得比较好的发展,才有可能顺利培养青年,使青年初期受教育者的品德获得发展。这种顺序是内在的,不能随意颠倒或割裂。

3. 长期性特点

从品德心理结构看,品德的构成是十分复杂的,要使品德各要素都得到良好的发展并实现合理的组织,不是短时间可以完成的,而需要长期培养和磨练。从品德心理形式要素的发展看,品德认识、品德情感、品德行为的发展都需要较长时间。另外,青少年儿童的品德形成和发展受着多种主客体因素的影响。而且这些影响常常出现矛盾或不一致,尤其是青少年儿童品德认识发展水平还不高,社会品德环境中还存在着消极因素,致使品德发展过程更加曲折和反复。

明确青少年儿童品德发展的长期性特点,有助于克服在德育效果评估和德育投资上的近视偏向与短期行为,使德育评估符合青少年儿童品德发展的特点,在德育投资以及人力配备上树立战略思想。同时,有助于消除在德育工作上企图一蹴而就、一劳永逸的思想倾向。

4. 差异性特点

青少年儿童品德发展上的差异性主要表现为以下三个方面：

(1)在相同的品德发展阶段,不同学生的品德发展水平存在差异。据我国一项初二年级学生在道德认识、道德言行和道德判断力方面的调查分析,他们的道德认识大致可以分为三级水平。第一级水平,基本掌握正确的道德知识,具有正确的道德观点,能够根据社会主义的道德标准评价自己和别人的言行。在进行判断时,既能考虑行为后果,也能联系行为动机。第二级水平的学生具有一些基本的道德知识,有一定判断是非的能力,能够对一些具体行为做出某些正确的判断。但是,道德知识贫乏狭窄,理解也比较肤浅,缺乏运用道德标准评价自己和别人行为的能力,判断水平较低。这一水平占到大多数。第三级水平的学生缺乏起码的道德知识,对道德概念的理解极其肤浅、模糊,甚至出现错误理解,是非界线不清,缺乏正确的道德判断能力。

(2)品德发展水平相同的学生,品德发展特点不同。处于少年期的学生,品德发展都具有复杂性特点,但不同人复杂的内容不同,有的是同学之间,特别是异性同学之间的关系上存在问题;有的是与教师、家长之间的关系上存在问题;而有的则是与朋友群体之间的关系上存在问题等。

(3)不同性别的青少年儿童,其品德发展存在差异。研究表明,在同一年龄阶段上,女生比男生成熟得早,爱学习,爱劳动,谦虚谨慎,守纪律,有礼貌、友爱互助;为集体做事自觉、积极、主动,但怕苦、怕累;对职业理想和生活理想的追求早于男生,而且往往考虑个人生理特点和体质条件。男生成熟得相对迟缓,但他们追求勇敢、顽强、诚实、公正等品质;考虑职业理想时,目标较高远,不考虑个人体质条件;为集体做好事或帮助别人时不怕艰苦;社会责任感较强,做错了事敢于承认错误,作自我批评;见义勇为,不计较个人利益和安危,但有时会有骄傲自满的情绪。

这里着重分析的是年轻一代各年龄阶段品德发展的阶段性或一般性特点,是共性。但在德育实践中,教育者还必须借鉴这些共性研究提供的框架做好个别研究工作,了解每个受教育者品德发展的个别特点,因材施教,区别对待,有的放矢。

第二节 品德发展的理论

关于人的品德是如何形成的,从古自今,学者们有着不同的认识。孔子就认为道德品质的形成是一个由知到行的过程。西方科学心理学兴起后,也从不同方面对人的品德形成和发展进行科学实证研究,提出了关于品德形成和发展的各种理论。

一、皮亚杰的道德发展理论

皮亚杰认为,儿童的道德发展是一个由他律逐步向自律、由客观责任感逐步向主观责任感的转化过程。根据公正观念的发展水平,分四个阶段:

第一阶段:前道德阶段(1—2岁),也称自我中心阶段。儿童处于感觉运动时期,行为多与生理本能的满足有关,无任何规则意识,因而谈不上任何道德观念发展。

第二阶段:他律道德阶段(2—8岁),儿童主要表现为以服从成人为主要特征的他律道德,故又称为服从的阶段。又可分两个阶段:(1)自我中心阶段(2~5岁),这一阶段儿童处于前运算思维阶段。其特点是单向、不可逆的自我中心主义,片面强调个人存在及个人的意见和要求。(2)权威阶段(5~8岁),儿童思维正由前运算思维向具体运算思维过渡,以表象思维为主,但仍不具备可逆性和守恒性。因此,这一时期儿童的道德判断是以他律的、绝对的规则及对权威的绝对服从和崇拜为特征。他们了解规则对行为的作用,但不了解其意义。他们常以表面的、实际的结果来判断行为的好坏。

第三阶段:自律或合作道德阶段(8~11、12岁)。儿童思维已达到具有可逆性的具体运算,有了自律的萌芽,公正感不再是以"服从"为特征,而是以"平等"的观念为主要特征,逐渐代替了前一阶段服从成人权威的支配地位。意识到准则是一种保证共同利益、契约性的、自愿接受的行为准则,并表现出合作互惠的精神。开始以动机作为道德判断的依据,认为公平的行为都是好的。关于惩罚,认为只有回报的惩罚才是合理的。

第四阶段:公正道德阶段(11、12岁以后)。这时儿童的思维广度、深度及灵活性都有了质的飞跃,此时才真正到了自律阶段。这一阶段的儿童开始出现了利他主义。他们基于公正感作出的判断已经不再是平等基础上的法定关系,而是人与人之间的道德关系。将规则同整个社会和人类利益联系起来,形成具有人类关心和同情心的深层品质。

二、科尔伯格的道德发展理论

科尔伯格是美国儿童心理学家,他应用两难故事法研究道德的发展问题。这种方法让被试听完一个包含着在道德价值上具有矛盾冲突的情境,然后要求初试对故事中的人物行为进行评论,从而了解被试进行道德判断所依据的原则及其道德发展水平。代表性的道德两难故事是"海因茨偷药的故事"。

通过大量的研究,科尔伯格提出了三水平六阶段理论,三水平是指前习俗水平、习俗水平、后习俗水平,六阶段是指每个水平中又可划分为两个不同的阶段。

(一)前习俗水平

这一水平的儿童的道德判断着眼于人物行为的具体结果和自身的利害关系。

阶段1:服从于惩罚的道德定向阶段。这一阶段的儿童以惩罚与服从为导向,由于害怕惩罚而盲目服从成人或权威。道德判断的根据是是否受到惩罚,认为凡是免受惩罚的行为都是好的,遭到批评、指责的行为都是坏的,缺乏是非善恶的观念。

阶段2:相对的功利主义的道德定向阶段。这一阶段的儿童对行为的好坏的评价首先是看能否满足自己的需要,有时也包括是否符合别人的需要,稍稍反映了人与人之间的关系,但把这种关系看成类似买卖的关系,认为有利益的就是好的。

(二)习俗水平

这一水平的儿童的特点是:能了解、认识社会行为规范,意识到人的行为要符合社会舆论的希望和规范的要求,并遵守、执行这些规范。

阶段3:人际和谐(或好孩子)的道德定向阶段。此阶段的儿童以人际关系的和谐为导向,对道德行为的评价标准是看是否被人喜欢,是否对别人有帮助,是否会受到赞扬。为了赢得别人的赞同,当个好孩子,就应当遵守规则。

阶段4:维护权威或秩序的道德定向阶段。此阶段的儿童以服从权威为导向,服从社会规范,遵守公共秩序,尊重法律的权威,以法制观念判断是非,知法守法。

(三)后习俗水平

该水平的特点是:道德判断超出世俗的法律与权威的标准,而以普遍的道德原则和良心为行为的基本依据。

阶段5:社会契约的道德定向阶段。这一阶段的儿童认识到法律、社会道德准则仅仅是一种社会契约,是大家商定的,是可以改变的,一般他们不违反法律和道德准则,但不用单一的规则去评价人的行为,表现出一定的灵活性。

阶段6:普遍原则的道德定向阶段。此阶段的个体判断是非不受外界的法律和规则的限制,而是以不成文的、带有普遍意义的道德原则:如正义、公平、平等、个人的尊严、良心、良知、生命的价值、自由等为依据。

三、班杜拉的社会学习理论

社会学习理论是由美国的心理学家班杜拉在20世纪60年代提出的。他通过大量的研究指出,人的许多态度或行为不是通过其行为的直接后果即直接经验获得的,而是通过间接经验获得的,认为学习新的社会行为更有效的方式是观察学习。观察学习是人们通过观察他人的行为及行为的后果而间接产生的学习,也称之为"社会学习"。

社会学习论认为,榜样能对学生的行为产生巨大的影响,模仿是学生向社会学习,形成品德的重要途径。当榜样的行为和说理教育一致时,品德教育会取得最佳的教育效果。当教育者光进行口头教育、自己却不能言行一致时,教育是难以奏效的,而且"身教重于言教"。这样,学生才能通过观察学习获得道德行为。

榜样应该具备以下五个条件,才能对学习者产生有效的影响:(1)榜样的示范要特点突出、生动鲜明,这样才能够引起学习者的注意;(2)榜样本身的特点(如年龄、兴趣爱好、社会背景等方面)与观察者愈相似,愈容易引起人们的观察学习;(3)榜样示范的行为对于学习者来讲要具有可行性,即学习者都能够做得到,这是最基本的条件,如果榜样的行为标准太高,使学习者产生"可望而不可及"之感,那么对学习者的影响会受到限制;(4)榜样示范的行为要具有可信任性,即学习者相信榜样做出某种行为是出于自然,而不是具有别的目的;(5)榜样的行为要感人,使学习者产生心理上的共鸣,这样学习者才会表现出相类似的行为。

在品德教育中,教育者应注意为学生提供良好的可供学习和借鉴的榜样,引导学生学习和保持榜样行为,并为学生创造再现榜样行为的机会,对好的行为给予及时的表扬和鼓励,对错误的行为则给予批评和教育。

第三节 德育概述

一、德育的内涵

德育有狭义和广义两种理解。狭义的德育指的是学校德育,即教育者根据一定社会或阶级的要求,遵循青少年思想品德形成发展的客观规律,有目的、有计划、有组织地对学生施加系统的思想、道德和政治影响,使一定的社会意识和道德规范转化为个体的思想品德的活动。广义的德育,泛指对人的品德产生影响的一切活动。广义的德育伴随着人的生命始终,与整个社会生产和生活活动有着密切的联系,包括家庭德育、社会德育、学校德育。

在学习中正确理解德育的概念,无论对德育的理论建设还是对德育的实践活动,都具有至关重要的意义。上述德育的定义,包含着这样几层意思:(1)德育是全面发展教育的有机构成部分,和智育、体育、美育、劳动教育等学校教育的其他组成部分一样,具有学校教育的一般特征,即目的性、计划性、系统性和周期性。(2)从德育的特殊矛盾来说,与其他教育内容相比,德育更多地反映的是一定社会的社会关系。它要解决的主要矛盾是如何根据个体思想品德形成和发展的规律,有目的、有计划地把一定社会的思想意识、政治准则、道德规范转化为个体的思想品德。从这一意义上说,德育是受一定社会的政治经济制度及其发展需要制约的。同时,德育是各个社会共有的社会教育现象,具有社会性;在阶级社会,德育又具有鲜明的阶级性;德育随着社会发展变化而变化,具有历史性。(3)人的自我意识是人与人之间形成道德关系和其他所有社会关系的内在心理基础。有"自我",才有自己与他人、个体与群体、主体与环境的分别;有"自我",才能谈得上对自然和社会现象的反映;有"自我",才会有真正属于人类的有意识、有目的并对他人产生影响的社会性行为。所以,学校德育不能满足于意识形态的灌输和行为规范的机械训练,必须着眼于唤醒和发展学生的自我意识,致力于正确的价值导向,培养学生自省、自律、自强的自我教育能力。

二、德育的意义

(一)德育是进行社会主义文明建设的重要条件

通过教育科学文化建设,可以开发人的智力,使人们掌握现代科学技术和文化知识,为形成良好的思想品德奠定基础。反过来,通过加强思想道德建设,可以提高人们的思想觉悟,为正确运用科学知识、服务社会指明方向,产生巨大的精神动力。

(二)德育是培养社会主义新人的必要条件

加强对青少年的思想道德教育,对他们的整个人生具有定向和奠基意义,是把青少年培养成社会主义新人必不可少的条件。

(三)德育是学校全面发展教育的基本组成部分,是实现教育目的的重要保证

德育作为全面发展教育的重要组成部分,可以确保其他各方面沿着正确的方向发展,在素质教育中起着灵魂和核心作用。只有抓好德育,才能有效促进青少年一代全面健康的发展。

三、德育的任务与内容

中华民族在长期实践中培育和形成了独特的思想理念和道德规范,有崇仁爱、重民本、守诚信、讲辩证、尚和合、求大同等思想,有自强不息、敬业乐群、扶正扬善、扶危济困、见义勇为、孝老爱亲等传统美德,有仁爱、民本、诚信、正义、和合、大同等人文理念,这些都为学校德育提供了丰富的资源、思想和方法。

新中国成立后,党在"为谁培养人""培养什么人"和"怎样培养人"等教育根本问题上进行了长期探索:在"为谁培养人"上,从新中国成立初提出的"为无产阶级政治服务"到改革开放后的"为社会主义现代化建设服务、为人民服务",再到新时代教育的"四为服务";在"培养什么人"上,从培养"有社会主义觉悟的有文化的劳动者"到改革开放后的"四有新人""社会主义建设者和接班人",再到新时代"担当民族复兴大任的时代新人";在"怎样培养人"方面,始终强调以"立德树人"为根本任务,构建形成了"德智体美劳全面培养的教育体系",坚持"教育与生产劳动和社会实践相结合",培养全

面发展的社会主义建设者和接班人①,最终形成了我国新时期德育工作的目标和内容。

(一)我国当前的德育目标

2019年印发的《国务院办公厅关于新时代推进普通高中育人方式改革的指导意见》中要求高中教育要"突出德育时代性。坚持把立德树人融入思想道德教育、文化知识教育、社会实践教育各环节。深入开展习近平新时代中国特色社会主义思想教育,强化理想信念教育,引导学生树立正确的国家观、历史观、民族观、文化观,切实增强'四个自信',厚植爱党爱国爱人民思想情怀,立志听党话、跟党走,树立为中华民族伟大复兴而勤奋学习的远大志向。积极培育和践行社会主义核心价值观,深入开展中华优秀传统文化教育,加强学生品德教育,帮助学生养成良好个人品德和社会公德。要结合实际制定德育工作实施方案,突出思想政治课关键地位,充分发挥各学科德育功能,积极开展党团组织活动和主题教育、仪式教育、实践教育等活动。"这一表述是对我国高中德育乃至整个教育德育任务的总概括。2020年教育部修订颁布的《普通高中思想政治课程标准》指出:"思想政治学科核心素养,主要包括政治认同、科学精神、法治意识和公共参与。"具体包括:

①具有政治认同素养的学生,应能够:认同走中国特色社会主义道路是历史的必然,坚信中国特色社会主义是国家富强、民族振兴、人民幸福的根本保障,坚定中国特色社会主义道路自信、理论自信、制度自信、文化自信;拥护党的领导,领会中国特色社会主义最本质的特征是中国共产党领导,中国特色社会主义制度的最大优势是中国共产党领导,党是最高政治领导力量;明确社会主义核心价值观是公民最基本的价值标准,自觉践行社会主义核心价值观,树立共产主义远大理想和中国特色社会主义共同理想。

②具有科学精神素养的学生,应能够:用马克思主义基本立场、观点和

---

① 冯建军."培养什么人、怎样培养人、为谁培养人"的中国答案[J].教育研究与实验,2021(4):1-10.

方法,观察事物、分析问题、解决矛盾;解放思想、实事求是,对经济、政治、文化、社会和生态文明建设的实践,作出科学的解释、正确的判断和合理的选择;感悟人生智慧,过有意义的生活;以锐意进取的态度和负责任的行动促进社会和谐。

③具有法治意识素养的学生,应能够:理解法治是人类文明演进中逐步形成的先进的国家治理方式,全面依法治国是国家治理的一场深刻革命,明确建设社会主义法治国家的基本要求;树立宪法法律至上、法律面前人人平等的法治理念;懂得权利与义务的关系,养成依法办事、依法行使权利、依法履行义务的习惯;拥有法治使人共享尊严,让社会更和谐、生活更美好的认知和情感。

④具有公共参与素养的学生,应能够:具有集体主义精神;遵循规则,有序参与公共事务;热心公益事业,践行公共道德,乐于为人民服务;积极参与民主选举、民主协商、民主决策、民主管理、民主监督的实践,体验人民当家作主的幸福感;具备善于对话协商、沟通合作、表达诉求和解决问题的能力,勇于担当社会责任。

2022年教育部颁布了《义务教育道德与法治课程标准(2022年版)》,将初中道德与法治课的核心素养确定为政治认同、道德修养、法治观念、健全人格和责任意识五个方面,总目标为:

①学生能够初步了解中国的基本国情、中华优秀传统文化的主要代表性成果,了解中国共产党的历史和革命传统、改革开放和中国特色社会主义的伟大成就,汲取党史、新中国史、改革开放史、社会主义发展史所蕴含的精神力量,热爱伟大祖国、中华民族、中华文化、中国共产党和中国特色社会主义,为自己是中国人而自豪;具有维护民族团结的意识,能够把个人发展和国家命运联系起来,维护国家利益和安全;能够理解社会主义核心价值观的内涵及其重要意义,并在社会生活中自觉践行;能够以实现中华民族伟大复兴为己任,增强做中国人的志气、骨气、底气,不负时代,不负韶华,不负党和人民的殷切期望;关心时事,热爱和平,初步具有国际视野和人类命运共同

体意识。

②学生能够了解个人生活和公共生活中基本的道德要求和行为规范,能够在日常生活中践行诚实守信、团结友爱、尊老爱幼等基本的道德要求;形成初步的道德认知和判断,能够明辨是非善恶;通过体验、认知和践行,养成良好的道德品质。

③学生能够具有基本的规则意识和安全意识,理解宪法的意义,知道与学生生活密切相关的法律,能够初步认识到法律对个人生活、社会秩序和国家发展的规范和保障作用;形成宪法法律至上、法律面前人人平等观念和权利义务相统一观念;遵守规则和法律规范,提高自我防范意识,掌握基本的自我保护方法,预防意外伤害,养成自觉守法、遇事找法、解决问题靠法的思维习惯和行为方式,初步具备依法参与社会生活的能力。

④学生能够正确认识生命的意义和价值,珍爱生命,热爱生活;初步具有自尊自强、坚韧乐观的心理素质和道德品质;具有理性平和的心态,能够建立良好的同伴关系、师生关系和家庭关系,树立正确的合作与竞争观念,具有团队意识和互助精神;具备积极向上、锐意进取的人生态度,能够适应变化,不怕挫折。

⑤学生能够关心集体、社会和国家,具有主人翁意识、责任感和集体主义精神,主动承担对自己、家庭、学校和社会的责任,自觉维护祖国统一和国家安全;能够主动参与志愿者活动、社区服务活动,具有为人民服务的奉献精神,勇于担当;能够遵守社会规则和社会公德,依法依规有序参与公共事务,具有公共意识和公共精神;敬畏自然,保护环境,形成人与自然生命共同体的意识。

(二)中学德育的主要内容

《普通高中思想政治课程标准(2017年版2020年修订)》在课程内容部分指出:"以发展中国特色社会主义为主线,设计必修课程的整体框架,包括四个模块。模块中国特色社会主义,依循历史进程,讲述为何开创和发展中国特色社会主义;模块经济与社会、模块政治与法治、模块哲学与文化,依托模块的基本原理,讲述如何坚持和发展中国特色社会主义。"《义务教育道德与法治课程标准》在初中部分设置了五个主题内容,分别是生命安全与健康教育、法治教育、中华优秀传统文化教育、革命传统教育和国情教育。综合高中和初中的课程内容,可以把中学德育的主要内容归纳以下方面。

1. 爱国主义教育

爱国主义是千百年来巩固起来的对祖国最深厚的一种感情。2023年10月通过的《中华人民共和国爱国主义教育法》,要求"国家在全体人民中开展爱国主义教育,培育和增进对中华民族和伟大祖国的情感,传承民族精神、增强国家观念,壮大和团结一切爱国力量,使爱国主义成为全体人民的坚定信念、精神力量和自觉行动","坚持思想引领、文化涵育,教育引导、实践养成,主题鲜明、融入日常,因地制宜、注重实效",明确指出爱国主义教育的主要内容包括:(1)马克思列宁主义、毛泽东思想、邓小平理论、"三个代表"重要思想、科学发展观、习近平新时代中国特色社会主义思想;(2)中国共产党史、新中国史、改革开放史、社会主义发展史、中华民族发展史;(3)中国特色社会主义制度,中国共产党带领人民团结奋斗的重大成就、历史经验和生动实践;(4)中华优秀传统文化、革命文化、社会主义先进文化;(5)国旗、国歌、国徽等国家象征和标志;(6)祖国的壮美河山和历史文化遗产;(7)宪法和法律,国家统一和民族团结、国家安全和国防等方面的意识和观念;(8)英雄烈士和先进模范人物的事迹及体现的民族精神、时代精神;(9)其他富有爱国主义精神的内容。

2. 理想信念教育

理想信念是个人的世界观、人生观和价值观在奋斗目标和国家发展愿景上的集中体现,是人们超越现实生活、追求理想世界的深层次价值追求,决定着人们的思想立场和行为方向。青少年学生正处于意识形态形成的关键时期,容易受到不良社会思潮的影响,对其加强理想信念教育显得尤为重要。习近平总书记指出"理想信念之火一经点燃,就永远不会熄灭",才能历经沧桑而初心不改、饱经风霜而本色依旧。加强青年理想信念教育,就是要引导广大青年树立科学合理的理想,将国家发展的远大理想与个人的学习、实践紧密联系起来,用初心砥砺信仰、用理论坚定信念、用实践增强信心,努力成为担当民族复兴大任的时代新人。

3. 法治教育

现代社会是一个法治社会,依法治国是我国的一项基本治国方略。加快建设法治社会,增强全民法治观念,加强青少年法治教育是其中重要一环。2016年,教育部、司法部、全国普法办印发《青少年法治教育大纲》,提出以培育和践行社会主义核心价值观为主线,以宪法教育为核心,把法治教育融入学校教育的各个阶段,并规定"初中阶段,采取道德与法治课中设置专门教学单元或者集中在某一学期以专册方式实施教学,保证法治教育时间;高中教育阶段,可以采取分册方式,将法治教育作为思想政治课的独立组成部分,或者加大法治教育选修课的课时"。

4. 中华优秀传统文化、革命文化和社会主义先进文化教育

习近平总书记指出:"文化是一个国家、一个民族的灵魂。文化兴国运兴,文化强民族强。"在追求民族独立和富强的过程中,中华民族形成了包括中华优秀传统文化、革命文化和社会主义先进文化在内的文化体系。中华民族优秀传统文化是中国人思想观念、风俗习惯、生活方式、情感样式的集中表达,集中体现了中国人独特的精神面貌、文明风尚、行为规范、思维方式、审美气质,是中华民族独特的精神标识,也是中国特色社会主义植根的文化沃土,是当代中国发展的突出优势。革命文化是中国共产党领导人民在革命、建设、改革的历史中创造的,是在革命、建设、改革实践中孕育形成的所有物质文化和精神文化的总和。中国社会主义先进文化是以马克思主义为指导进行的文化创新,是在新民主主义文化基础上建立,植根于中华优秀传统文化,立足于中国实际,吸收国外文化有益成果,通过不断的改革创新,形成的具有自己民族特性的先进文化。用"三种文化"培育青少年,凝其心聚其魂,才能够让他们安身立命,明白此身何属,从而承担起民族复兴的时代重任。

5. 集体主义教育

集体主义是一种主张个人从属于社会，个人利益应当服从集体、民族、阶级和国家利益的思想理论，也是一种精神。集体主义包括以下内涵：(1)从无产阶级和人民的根本利益出发，坚持集体利益高于个人利益；(2)在保证集体利益的前提下，把集体利益和个人利益结合起来；(2)在二者发生矛盾时，个人利益必须无条件服从集体利益。其最高标准是一切言论和行动符合人民群众的集体利益，因此集体主义是社会主义道德的核心。集体主义教育的基本内容是：教育学生关爱集体；培养学生善于在集体中生活、学习、工作的习惯；当个人利益和集体利益发生矛盾的时候要服从集体利益。

6. 社会公德教育

社会公德是人们在长期社会生活中形成的调节公共生活的道德规范，是维护社会正常秩序，使人们得以正常生产、生活和交往的道德准则。社会主义社会的公德教育，通过家庭、学校和社会的各种场合，以各种形式和方式，有目的地对学生施加影响，促使他们的道德认识、情感、意志和行为习惯获得发展。社会公德教育的内容包括：待人接物谦虚、热情、诚实、正直、尊重和关心别人，特别注重尊敬师长，尊敬老人，尊重妇女，爱护儿童，尊敬烈军属和荣誉军人，关心帮助鳏寡孤独和残疾人；遵守公共秩序，讲文明礼貌，讲整洁卫生，爱护公共财物，保护自然环境和国家资源，自觉履行对国家和社会的义务等。

7. 科学世界观、人生观和价值观教育

世界观是个体对整个世界的总体看法和根本观点，它决定了人们如何理解和解释自然现象、社会变迁以及生命的意义，正确的世界观能够帮助人在面对复杂的社会环境时保持清晰的认知，树立健康的生活态度，形成稳定的行为准则。人生观是一个人对人生目的、意义和价值的根本看法，指引我们如何度过一生，处理生死、苦乐、得失等问题，乐观向上的人生观能够鼓励我们积极面对挑战，而悲观消极的人生观可能导致我们对困难产生畏惧和逃避。价值观是个体对事物价值的判断和评价标准，涉及到道德、伦理和审

美等方面的看法,正确的价值观能够指导我们做出明智的决策,处理工作、友谊、爱情和家庭等问题,并且在面对道德伦理挑战时做出正确的选择。党的十八大以来,习近平总书记多次强调世界观、人生观、价值观的"总开关"地位,反复强调"世界观、人生观、价值观"之于人生的根本性地位,之于人的思想、行为、格局等的决定性作用。党的二十大报告也指出:"加强理想信念教育,引导全党牢记党的宗旨,解决好世界观、人生观、价值观这个总开关问题,自觉做共产主义远大理想和中国特色社会主义共同理想的坚定信仰者和忠实实践者。"科学世界观和人生观教育的基本内容是:对学生进行辩证唯物主义和历史唯物主义基本观点教育;教育学生正确认识人生的目的和意义,形成积极健康的价值观。

第四节 德育过程及规律

一、德育过程的概念

德育过程是教育者和学生双方借助于德育的内容和方法,进行教育的活动,是促使学生道德认识、道德情感、道德意志和道德行为发展的过程,是个体社会化与社会规范个体化的统一过程,是思想品德教育活动的延续和发展。因此,从这个角度来说,德育的过程实质上是有目的地促使个体在思想品德上的社会化,或者说使社会的道德、思想、政治个体化的过程,是将社会思想、道德内化为学生个体思想品德,形成完整的思想品德结构的运行过程。巴拉诺夫曾指出,学生通过接受、反映外界教育影响的刺激而形成动机,经过内心实现动机和相应行为形式结合使动机变为行为并养成习惯,最终才形成学生的个性。因此,德育过程的组织应根据学生思想品德形成的过程,正确处理校内与校外的、正式与非正式的、显性与隐性的影响。

在这一过程中:(1)学生在与外界相互作用中,即在活动与交往中接受教育影响,有意识组织教育性活动与交往是德育的前提。(2)外界教育影响通过学生思想内部矛盾运动起作用。学生的内部矛盾很多,其中教育者提出的教育要求所引起的学生的精神需要、动机与其现有思想品德的认识、情感动机、行为的是主要矛盾。因此,教育者必须调动学生接受教育的自觉性,使教育和自我教育结合。(3)在教育过程中,要进行反复的教育性活动与交往,反复教育与再教育,由量变实现质变质,从而形成新的思想品德。

德育过程与品德形成过程二者既相互联系又相互区别。从联系来看,德育只有遵循了人的品德形成规律,才能有效地促进人的品德形成发展,而人的品德的形成也只有在德育的帮助下,才能真正形成良好的品德。二者的区别在于,从学生的教育而言,德育过程是学生个体品德的形成发展过程,是在教育者有计划、有目的、有组织的影响下,学生形成教育者所期望的品德的过程,是系统的培养和发展学生品德的过程。教育者根据社会发展所提出的要求,依据学生身心特点,以适当的方式调动学生的主观能动性,从而将相应的社会规范转化为学生的品德,不断提高学生的道德水平。而品德形成过程是学生思想道德结构不断发展和完善的过程。品德形成过程属于人的发展过程,影响这一过程实施的因素包括生理的、社会的、主观的和实践的等多种因素。

二、德育规律

1. 学生的知情意行统一发展的规律

学生的品德由认知、情感、意志、行为四个基本要素构成,这四个要素不是孤立的,而是一个彼此相互联系的统一的整体,每一种因素都是不可或缺的。知(认识)是情(情感)、意(意志)形成发展的必要条件,是行(行为)的先导。情是知在内部升华为信(信念),在外部转化为行的中间环节,也是产生动机与需要的基础,起着中介作用,是一种内部的驱动力。德育过程的一般顺序可以概括为提高道德认识、陶冶品德情感、锻炼品德意志和培养品德行为。有人将德育工作概括为"晓之以理、动之以情、持之以恒、导之以行"。信念是人们对某种政治主张、思想观点、道德原则和规范的正确性坚信不疑,并有执行捍卫他们的强烈愿望和坚强决心。它是知、情、意发展到一定水平后结合升华的"合金"。信念一旦形成,就会使人的言论行动表现出坚定性和一贯性。因此,信念是思想品德形成中的关键因素。帮助学生确立正确的信念,是思想品德教育的中心环节。

2. 学生在活动和交往中形成思想品德的规律

学生品德的形成和发展,是在积极的活动和交往中逐步形成和发展的,又是在活动和交往中表现出来的;形成一定的品德,也是为了更好地适应和参与活动和社会交往。因此,教育者应把组织各种活动和交往作为学校德育教育的一项重要内容。另一方面,学生德育的形成和发展又受到广泛的社会影响,这些影响既包含积极因素,又带有消极因素,再加上青少年时期是个体成长的关键时期,这也需要学校教育工作积极开展各项活动,以促进学生品德的健康发展。

3. 学生思想内部矛盾转化规律

事物的变化和发展是内外因共同作用的结果。其中,外因是条件,内因是根据,外因通过内因而起作用。德育过程是社会道德内容内化为个体思想品德的过程,同时也是个体品德外显为道德行动的过程。这两个实现过程必然伴随着一系列的矛盾和斗争。因此德育中,要实现矛盾向教育者所期望的方向转化,教育者需要给学生提供良好的外部条件,更需要了解学生心理矛盾,进而促使其积极接受外界的教育影响,有效地形成新的、符合社会要求的道德品质。

4. 学生思想品德形成的长期性和复杂性规律

学生的品德形成是一个长期的、反复的、在矛盾中逐步发展提高的过程。首先,培养学生具有良好的思想品德,需要在实践中反复培养、实践,需要经历反复的培养教育或矫正训练,才能达到正确认识世界、认识自我的结果。其次,随着学生年龄的增长和社会发展,社会对学生的要求不断提高,这也必然对学生的思想品德水平要求也不断提高,而青少年学生的世界观并没有完全形成,思想还不稳定,容易出现思想进步缓慢、停滞不前或者道德水平时高时低,甚至是倒退等波动、反复现象。因此,在德育过程中,教育者既要注意学生思想品德形成的长期性,也需要注意学生思想品德形成过程中的复杂性。这就使得学生的思想品德教育工作更复杂、更艰巨,需要学校教育必须长期、反复地进行。

第五节 德育的实施

一、德育实施的途径

德育实施的途径是指对学生进行品德教育的各种活动和工作。目前,我国实施德育的途径多种多样,既包括传统的途径,也有适应社会发展需要的新途径。下面我们将重点介绍几种基本的德育途径。

1. 德育教学

所谓德育教学,就是专门让学生进行道德价值学习的活动,通过专门的德育课程,系统学习道德知识和理论,提高学生的道德认知与判断能力,促成学生的品德发展。目前,我国在各个阶段的教育过程中,都开设有专门的德育课程。

2. 学科教学

在德育实践过程中,人们越来越清楚地认识到,仅仅依靠德育课程并不能真正从根本上解决学生的思想道德问题,通过发挥学科课程中的教育作用,把德育融入各学科教学中去,结合学科的特点实施德育,具有十分明显的优势,也就是现在常说的"课程思政"。不同的学科在实现德育价值上又各具特色。如,人文学科凸显的是蕴含于其中的丰富的人文精神和社会价值,自然科学凸显的主要传播人类对真理的追求、唯物主义世界观等,艺术学科凸显德育的享用性。

3. 班主任工作

班主任是班级的组织者、教育者和指导者,在班级建设中发挥着重要作用,行使着多种职能。其中,对学生进行教育是班主任工作中的一项重要职责。班主任对学生进行德育,要全面深入了解学生;要充分发挥家长的作用,积极和家长配合,对学生进行教育。同时要发挥社会各种力量的作用,对学生进行教育。班主任要精心组织、培育良好的班集体,充分发挥班集体对学生的教育作用。除了关心他们的成绩之外,还有关注他们的品德、心理等方面的发展。在教育过程中要注意集体教育和个别教育相结合。

4. 课外活动与校外活动

课外活动和校外活动由于不受学校教学计划的限制,它可以在外部条件允许的前提下,让学生根据自身的兴趣、爱好自愿选择参加,自主的组织、开展丰富多彩的活动。同时在老师的帮助下制定一定的规则和纪律,并最终达到调节自身行为和处理人际关系的目的。这种生动活泼的活动,是向学生进行德育的一个重要途径。通过这些活动,对于激发学生的兴趣和爱好,调动他们参与活动的积极性,发挥他们的创造性,培养学生的集体意识及明辨是非、互助友爱、团结和责任意识等良好品德具有重要意义。

5. 共青团、少先队活动

作为青少年自己的组织,在未成年人思想道德建设中肩负重要职责,对少年儿童进行思想道德教育,是共青团、少先队组织服务广大队员健康成长的本质要求。通过自己的组织,有利于调动学生的积极性、主动性、创造性,有利于培养学生良好的道德品质。因此,在教育内容上,要通过开展健康有益、生动活泼、独具特色的活动,如夏令营、冬令营等活动,努力让爱国主义、集体主义和社会主义思想在青少年心灵里深深扎根,使优良品德和高尚情操在青少年日常行为中逐步形成,不断增强他们动脑动手的能力和适应社会的本领。在教育方式上,按照青少年身体特点,以正面教育为主,以激励为主,注重引导青少年自己管理自己,自己教育自己,自主开展活动,争当组织的小主人。正是从这个意义上说,共青团、少先队是青少年健康成长的摇篮,以独具特色的组织教育、生动活泼的实践教育、扎实有效的自我教育实现提高青少年的思想觉悟,培养良好品德的目的。

6. 劳动与社会实践

劳动与社会实践是培养全面发展的一代新人、提高民族素质的重要途径。学生的劳动观点、劳动习惯与热爱劳动人民的思想感情,只有在劳动实践中才能逐步形成。要指导学生学会自我服务性劳动和必要的家务劳动,组织他们参加一定的生产劳动,在劳动中切实培养学生热爱劳动、珍惜劳动成果的思想品德和行为习惯,发扬艰苦奋斗的作风。同时,还要积极他们组织参与社会调查、参加社会服务和军训等实践活动,开阔眼界、了解社会、增长才干,把理论与实践结合起来,增强辨别是非和自我教育的能力。

7. 校外教育

校外教育是对学生进行思想品德教育、培养健康良好品德的一个重要阵地。教育部门要建立校外教育的指导机构,并根据德育大纲的要求,有计划地建设与校内德育相配套的校外教育基地和场所。学校要主动与少年宫(家)、儿童少年活动中心、文化馆、博物馆、纪念馆、科技馆等校外教育单位建立联系,充分利用这些专门场所和教育设施,组织学生参加各种活动,在活动中接受教育。

8. 家庭教育

家庭对学生思想品德和心理素质的形成起着潜移默化的作用,是贯彻德育要求的重要渠道。习近平总书记指出:"家庭是人生的第一个课堂,父母是孩子的第一任老师。孩子们从牙牙学语起就开始接受家教,有什么样的家教,就有什么样的人。家庭教育涉及很多方面,但最重要的是品德教育,是如何做人的教育。"学校可以通过家访、家长会、家长接待日、举办家长学校、开展家庭教育咨询、建立家长委员会等多种方式,密切与家长的联系,指导家长提高家庭教育的水平,帮助家长增强对德育工作的重要意义的认识,使家长了解学校对学生的德育要求,争取家长与学校教育的良好配合。

二、德育原则

德育原则主要是根据教育目标和德育过程规律提出的指导德育工作必须遵循的基本要求。它反映了德育过程的规律性,是对德育实践经验的概括和总结。根据德育目标要求和德育过程原理,我国中学德育遵循的基本原则包括以下几条。

1. 知行并重原则

这一原则要求教育者在德育过程中既要加强对学生进行思想道德的理论教育,又要重视学生参加实践活动,让他们在实践中真正体验道德力量的作用,将提高学生对思想、道德问题的认识与指导他们的品德践行结合起来。具体来说,包括:(1)要指导学生学习马列主义基本观点等政治理论和社会主义道德伦理规范,提高学生的思想道德认识水平;(2)要求学生用学到的思想、道德准则知识来指导自己的实践行动,并通过行动、实践,加深对这些思想、道德准则的理解,丰富其体验,使认知、体验、践行结合,做到表里一致,言行一致,知情行统一;(3)教育者要起到表率作用。

2. 集体教育和个别教育相结合

这一原则要求,在德育过程中,教育者既要善于组织和教育班集体,又要善于利用班集体教育个别学生;通过集体来教育个人,又要通过个别教育来加强和影响学生集体,从而把集体教育和个别教育有机结合。

集体教育是共产主义道德的基本原则。学生的集体精神只有在集体中才能得到较好的培养。实践证明,集体是对学生进行德育教育的一个重要途径,应该充分发挥集体的力量来教育学生。集体又是由个体组成的,因此在发挥集体作用的同时,又要在保证所有学生的发展同社会发展的总方向相一致的基础上,针对学生的个别差异,有的放矢地进行教育。只有这样才能产生良好的教育效果,即在集体中通过集体教育每个成员,又通过对个别成员的教育影响集体。贯彻这一原则的基本要求有:(1)建立和培育良好的学生集体。在建立集体过程中,既要注意班级制度和教学管理,更要注意学生集体意识、集体情感、集体舆论的培养。(2)加强个别教育,引导学生在集体中树立团结友爱、乐于助人、平等交往意识,形成和发展热爱集体的荣誉感、自豪感、责任感。(3)在教育过程中实既现有面向集体的教育,又有根据个人特点个别施教,把教育集体和教育个人辩证地结合起来。

3. 正面教育与纪律约束相结合原则

这一原则要求,在德育过程中,教育者既有正面引导,启发自觉,调动学生接受教育的内在动力,又要辅以纪律来加以约束,使二者有机会结合。贯彻这一原则的基本要求是:(1)在教育方法上摆事实、讲道理,提高自觉性,并注意和必要的检查、督促结合起来;把坚持以表扬为主和必要的批评结合起来。(2)以正面引导说理教育为主,又辅以纪律约束,使二者结合起来。也就是把正面的思想教育,先进人物榜样教育,教育者的示范作用和要求学生遵守学生守则、学校规章制度等结合起来。(3)建立、健全学校的规章制度和集体公约等内容,并严格要求,认真执行,进而起到约束学生行为的作用。

4. 发扬积极因素,克服消极因素原则

这一原则指在德育过程中,教育者要善于发现、发扬学生身上的积极因素即发扬优点、长处、成绩,同时克服学生身上的缺点、短处、不足等消极因素,并依靠其积极因素,克服其消极因素。这就要求教育者一方面要全面地看待学生的积极因素和消极因素两个方面,辩证地看待他们的优点和缺点,公平实施教育,另一方面要知人善任,创造机会,让每个学生在

发挥长处中体验到价值感和荣誉感,引导其自觉反思,发现并及时改善自己的缺点。

5. 对学生的严格要求与尊重、信任相结合原则

这一原则指一方面要严格按照教育方针和德育任务,对学生进行教育,另一方面又要在民主平等的基础上关心学生的成长,尊重他们的人格,信任他们能在教师的指导下自主发展。贯彻这一原则的基本要求是:(1)教育者要有强烈的事业心、责任感和热爱学生的态度,要从内心真正关爱每一个学生,构建和谐的师生关系。(2)在尊重信任的前提下,在学生思想品德现状基础上,提出合理、明确、具体、力所能及的但经过努力可以达到的德育要求,并使之转化为学生自觉的努力目标,坚定不移地贯彻到底。同时又尊重学生人格,关心他们,相信他们通过自己努力能达到预期的教育要求。(3)教育者要对学生行为应做必要的指导与监督,对学生的思想言行中的错误、缺点要及时进行批评、教育等。(4)在严格要求的基础上对学生尊重、信任,充分发挥学生的自主性,调动其自我教育的积极性。

6. 言教与身教结合原则

指教育者在教育过程中不仅通过语言对学生进行说理教育,而且要以身作则,以自己的实际言行去教育、影响学生。贯彻这一原则的基本要求是:(1)良好的言教和身教可以使学生产生一种集体荣誉感与归属感,因此,这就要求教育者要增强自己作为教育者的观念,在思想作风、工作态度、言行举止上做学生的表率。(2)青少年时期是人身心发展的关键时期,作为教育者,应该注意自己的言行对于学生的影响。在言教方面要做到说得有理、说得精要、说得适时、说得恰到好处。(3)在教育过程中,言教固然重要,但是身教更为重要。因此,教育者在教育过程中要做到言行一致、身体力行、以身作则、时时刻刻严格要求自己,以实际行动感染、带动学生。

7. 教育影响的一致性、连贯性原则

这一原则指在德育工作中,教育者要调动学校、家庭、社会各方面的教

育力量,以德育目标为依据,互相配合形成统一的教育合力,发挥教育的整体功能,共同教育好学生。贯彻这一原则的基本要求是:(1)学校领导、教师、班主任、团队组织及一切员工在教育要求、步骤上保持一致,充分发挥学校集体的作用。(2)既要重视学校教育在青少年品德形成过程中的主导作用,又要重视社会各方面的因素对学生品德形成和发展的影响,充分发挥各要素的作用,相互配合,协调一致。(3)学校方面通过多种形式与家庭、社会联系,积极主动地协调好各方面的关系,构建"三位一体"的德育网络,并使学校内外的教育影响保持连续一贯。

三、德育实施的方法

德育方法就是指为了实现德育目标,实施德育内容所采用的具体途径、手段和方式,换而言之,是在德育过程中,教育者和受教育者为达到思想品德教育目的而采取的各种影响方式的总和。目前,我国最常用的德育方法主要有以下几种:

1. 说服教育法

说服教育法是通过摆事实、讲道理等方式,影响学生的思想意识,是提高学生认识、辨别是非、善恶、美丑的能力,形成正确观点的方法。它应是一种民主的、平等的、对话式的说服方法。说服教育法的方式可以分为两大类:一类是运用语言文字进行说服教育的方式,包括:讲述、讲解、讲演、报告、谈话、讨论或辩论,另一类是运用事实进行说服教育的方式,主要包括参观、访问、调查。

说服教育使用中必须遵循以下基本要求:

(1)要有明确目的性。这是说服教育能否起到实效的前提。说服教育要从学生的实际出发,针对他们的思想实际、年龄特点、个性差异及心理状态,针对要解决的问题,有的放矢地进行说服教育。这就要求教育者要事先了解学生的基本情况,根据对象特点确定说理的时机、场合、方式和具体内容,使谈话内容切中要害,起到启发和触动学生心灵的作用,切忌说服内容的一般化、空洞冗长和唠叨。

(2)要有感染性。即通过说服教育能激发学生的内在积极情感,以达到师生双方相互理解、相互宽容、真诚相待、彼此心理相容的教育目的。要使说服教育具有感染性,一方面需要教育者从关心和爱护学生的角度出发,尊重和信任他们,设身处地地为他们着想,循循善诱、彼此坦诚,而不能以惩罚等手段强迫对方接受自己的观点,另一方面要使说服教育具有知识性、趣味性,使学生通过学习到的知识、理论和观点而受到启迪、获得提高,选用的内容、表述的方式要生动有趣,喜闻乐见,能够给学生留下深刻的印象。

(3)要讲究科学性和艺术性。所谓科学性,即教育者所阐述的道理必须符合客观真理、符合客观事实,要对学生讲真话。所谓艺术性,即教育者要学会灵活运用说理的方法和方式。说服的成效,往往并不是取决于教育者说服的时间长短和内容的多少,而在于教育者是否在适当的时机能否采用灵活的教育方式,引起学生的共鸣。因此,这就要求教育者在教育过程中做到:所讲道理的客观性,所举事例的真实性和准确性,不要随意杜撰或歪曲事实;注意营造良好、适宜的外部环境。

2. 榜样示范法

榜样示范法是指把他人高尚的品德、模范行为和卓越成就呈现在学生面前,促使其形成优良品德的方法。

这种方法的特点是把抽象的道德规范和政治思想原理具体化、人格化、形象化,使教育更具有吸引力、说服力和感染力。同时,青少年学生的可塑性大,模仿性强,有了生动具体的形象作为榜样,便容易具体地领会道德标准和行为规范,容易受到感染,这样就有助于培养他们良好的道德品质和行为习惯。中学生学习的榜样很多,包括革命先烈、老一辈无产阶级革命家、社会主义建设时期的英雄模范和科技精英、国内外历史上的优先人物,以及学校教师、家长和和同学中的先进人物等。其中,历史伟人、民族英雄、革命前辈、思想家、科学家和其他各方面的杰出人物都是中学生最崇敬的榜样。

要充分、有效地发挥榜样作用,在德育中教育者应遵循以下要求:

(1)确立须真实可信的榜样。教育者在宣传榜样的事迹时,不能人为地夸大、拔高榜样形象,而应客观、真实、全面地展示其成长过程,了解其感人至深、令人敬佩之处,要如实地反映其真正具有的高尚的思想品德,这样才能客观地树立起学生心悦诚服的榜样,明确学生前进方向,产生学生前进的巨大动力。

(2)要帮助学生缩短与榜样之间的距离。教育者要善于找出榜样和学生之间的差距,并发现彼此之间的沟通的联结点。要引导学生学习榜样的内在精神,要把学习榜样与日常生活联系起来并转化为实际行动,而不是仅仅从形式上模仿其具体言行。同时,为了缩短学生与榜样之间的距离,教育者还要善于在学生身边寻找学习的榜样。因为这些榜样与学生生活在一起,经历相似、环境相同,易为学生接受。

(3)引导学生用榜样来调节自身行为,提高修养。榜样不是作为一种凌驾于常人之上的、外在的力量来规范人、约束人,而是生活在现实生活条件下的真实的人。因此,教育者不应把把榜样与中学生人为地隔离开来。在学习榜样时,应着眼于把学生对榜样的敬慕之情转化为学生自律的力量,把外在的敬仰转化为内在动力。为此,一方面教育者要善于激起学生对榜样的敬慕之情,并逐步巩固、加深这种情感,使他们在心灵深处对榜样产生爱慕、敬仰之情,只有这样才能使外在的学习榜样转化为学生的内在榜样。另一方面,教育者要经常组织参观、讨论等活动,帮助中学生深刻把握、体会榜样的思想言行对社会的意义和价值,加深他们对榜样的认识理解,进而达到自我教育、自我提高的目的。

3. 实际锻炼法

实际锻炼法又称实践法、练习法或训练法。它是指教育者根据德育任务精心组织各种实践活动,有目的、有计划、有组织地训练学生具有优良品德行为习惯的一种方法。锻炼法包括练习、委托任务和组织活动等。通过实际锻炼,可以加深道德认识,锻炼道德意志,形成道德行为习惯,使优良的思想品德日益巩固起来。运用这一方法时应注意以下几点要求:

(1)以日常生活的实践锻炼为主。实践活动是学生道德形成和发展的基础,所以实践活动应贯穿德育过程的始终。除了学生积极参与的校内外丰富多彩的各种活动之外,还有引导学生直接接触社会的实践活动、军训活动、探险、夏令营活动等。

(2)严格要求。有效地锻炼有赖于严格要求,可以帮助学生塑造意志力和毅力品质。而且学生在参加实际锻炼过程中,总会遇到这样或那样的困难,如果不严格要求,学生就很容易形成做事马马虎虎,搞形式主义,不利于学生的发展。

(3)保护积极性。教育者在德育过程中,要鼓励学生多做、多说、多学,要看学生的优点,发现他们的优势,并加以放大。对学生的实际锻炼要量力而行,交给学生任务要难易得当。要注意学生的性别特征、个性特征,做到由易到难、由简单到复杂,循序渐进。

(4)注意检查和监督。良好品德的养成必须经历一个长期而反复的过程。因此,对学生的锻炼,必须发挥检查和监督的作用,做到事事有监督,时时有检查,并引导学生长期坚持下去。

4.情感陶冶法

情感陶冶法是教育者有目的有计划地利用情感和美的环境因素,通过教育者的爱,以情感情、以景触情、以境陶情,对学生进行潜移默化、耳濡目染的熏陶、感化,使受教育者在道德认识和道德情感上逐渐完善的一种德育方法。情感陶冶法包括:人格感化、环境陶冶和艺术陶冶等。运用这一方法时要注意以下几点要求:

(1)创设良好的环境。良好的环境是陶冶情感的条件和工具。这种良好的环境包括:美观、安全的校园生活环境和朴实、团结、拼搏的学习环境,严肃、活泼、民主而纪律的班风、校风。

(2)加强教师文化的建设。教育者以身作则,为人师表,热爱学生,构建和谐师生关系,从而达到对学生进行长时间的定向熏陶、感染,逐渐达到陶情冶性的目的。

(3)德育与美育结合。教育者要善于移情性地理解学生,真实地热爱每一个学生,在学生的心灵深处找到同频共振区,这样才能扣动学生的心弦,发出和谐的共鸣。

(4)引导学生参与环境创设。良好的环境是师生双方共同创设的结果。这需要调动积学生的积极性和主动性,让他们参与到环境的创设当中。

5. 品德评价法

品德评价法是教育者根据德育目标的要求,对学生已经形成或正在形成的优良品德或不良品德,给肯定或否定,以促进学生良好品德的形成和巩固,预防和克服不良品德,从而促进学生的全面发展的一种教育方法。品德评价是品德发展的强化手段。这种方法的根本目的在于使学生通过评价来了解自身的优点与不足,明确今后品德修养的方向;能强化学生积极因素,矫正和克服消极因素;增强学生的是非观念和荣辱感,有利于鼓励学生积极向上,预防和克服不良品德的滋长。品德评价法有四种主要的方式:表扬与奖励、批评与惩戒、评比竞赛与操行评定。运用时要注意以下几点要求:

(1)评价要有明确的目的。教育者首先要明确无论采用哪种方式评价学生,其目的都是为了勉励学生进步,发扬优点,克服缺点。奖励只是对优良品行的一种鼓励,不应成为学生追求的目的;惩罚是教育的手段,而不是目的。

(2)评价要符合实际。在评价过程中和评价结果上,教育者都应该做到公正合理,实事求是,并能得到多数人认可。

(3)要重视发扬民主,让学生积极参与评价活动。教育者要明确学生不仅是评价的对象,更是评价的主体。要想法引导学生通过自我评价、他人评价和评价他人等方式,全面、客观地认识自己,提高自我认识、自我教育的能力。

6.心理咨询法

心理咨询法是运用心理科学知识和方法,以语言、文字等为媒介,通过询问、解答、劝告等方式,在心理方面给学生以辅导、帮助和教育,解决他们在学习、生活及人际关系等方面的心理问题,保持其心理健康,促进良好品德形成。

心理咨询法的特点在于教育者能根据学生的心理特点,施加积极的、有目的性、有针对性的影响,使其在信任与放松的心境中获得教益,从而淡化教育痕迹,同时能帮助学生消除心理障碍,防止心理疾病的出现,取得心理平衡,促进心理素质的提高。一个情感健康、意志坚强、有良好行为倾向的人,往往具有较好的品德。反之,只要其中任何一个方面出现障碍,都会直接或间接影响个体良好品德的形成和巩固。因此,教育者需要利用心理咨询这一方式帮助他们克服心理障碍,以保证他们的健康成长。随着心理健康教育在中小学的普及,心理咨询法已逐渐成为教育者工作常用的方法,并受到中小学生的普遍欢迎和认可。

心理咨询的形式很多,有个别或集体咨询、门诊咨询、书信咨询、电话咨询,也有咨询人员主动深入学生寝室、家庭,为学生排忧解难的现场咨询,还有利用学校黑板报、广播等大众传媒,针对学生中普遍存在的问题,进行的宣传咨询。

运用时要注意以下几点:

(1)教育者要学习和掌握心理学知识和心理咨询的方法、技能。心理咨询是一项复杂的工作,它不同于一般的谈心、安慰同情、忠告建议,更不是简单的命令、限制、批评指责。它具有系统的理论、科学的方法和专门的技巧,是一门科学,一项专业,并非任何人都能胜任此项工作。因此,在运用此方法前,教育者必须经过一定的学习和专业训练,通过培训或进修,以获得心理咨询方面的专业素养,从而富有成效地开展心理咨询工作。

(2)教育者应注意深入学生的内心世界和精神生活,从日常生活和行动中了解学生的心理。不深入学生的内心世界,就难以消除他们心理上的困惑、创伤等,更难以使德育工作具有针对性。有效地了解和掌握学生的心理特点,需要教育者真心的关爱学生、不断亲近和接触学生,善于与学生进行广泛交流,真正走进他们的内心世界。

(3)教育者还应适时地向学生介绍心理健康与保健方面的知识、方法,引导他们形成正确的世界观、人生观、价值观,帮助学生学会控制自己的情绪,学会自我调节,及时消除心理障碍,充分发挥个人的潜能,达到人格的健康发展。

7. 自我指导教育法

自我指导教育法是教育者指导学生在自我认识的基础上,充分发挥中学生的主体作用,促使他们自觉进行思想转化和行为控制的方法。指导自我教育法的特点在于能充分发挥学生的主体作用,激发学生的自觉性。通过激发学生的自我意识,培养和发展学生的自我教育能力,使他们从他律逐步过渡到自律,从而实现"教是为了不教"的教育目的。运用指导自我教育法应该注意以下几点要求:

(1)在指导学生自我教育的过程中,要正确处理好教师的主导作用和学生的主体作用之间的关系。对学生既尊重和信任他们,给予积极肯定和支持,鼓励他们自我成长,又要看到学生从幼稚到成熟需要一个过程,无论在思想、情感、意志和行为方面都呈现出不稳定性,需要教育者经常给予帮助、指导和督促。

(2)教育者要善于向中学生提出自我教育的尺度、标准和具体要求,指明自我努力的方向,并充分挖掘和利用学生自身的优点,不断激励他们树立进行自我教育的信心和力量。

（3）在肯定学生自我教育意愿和能力的基础上，教育者要启发帮助学生制定自我教育计划，使学生明确自我努力的方向。

（4）要协调好个体、小群体和班集体在自我教育中的相互关系和独特作用，使之相互促进，相辅相成。

德育方法是一个完整的、科学的体系。各种方法之间互相联系、互相渗透、互相促进，任何一种方法都不应脱离整个方法体系单独加以运用。任何的方法，如果它的作用不受其他方法的制约，就不可能成为行之有效的方法。而方法体系本身是不断地变化着、发展着的，不能固定不变。而且，由于受教育者的主观情况与客观条件千差万别，千变万化，在德育实践过程中，教育者应根据受教育者的实际情况、受教育者所处的环境条件来选择德育方法。因此，教师要熟悉全部德育方法并根据德育的具体任务，学生的年龄特征和具体的情况等因素，善于灵活地创造性地运用。

第六节　"三生"教育

所谓"三生"教育，就是对受教育者进行关于生存、生活和生命的教育，以使受教育者形成符合一定时代要求的生存观、生活观和生命观的过程。

一、生命教育

生命教育由美国学者杰·唐纳·化特士于1968年首次提出。其最初的目的是作为预防未成年人自杀的权宜之计被提出来的，希望能够解决青少年自杀率不断上升的这一残酷现实。然而人生命的全部不仅仅是生物的躯体，自然的生命仅仅是人生命存在的前提和物质载体，真正让人和动物区别开的是人类有丰富的精神生活。因而，生命教育有广义与狭义两种：狭义的生命教育指的是对生命本身的关注，包括个人与他人的生命，进而扩展到一切自然生命。广义的生命教育是一种全人的教育,它不仅包括对生命的关注,而且包括对生存能力的培养和生命价值的提升。

生命教育的目的,在于使学生认识人类自然生命、精神生命和社会生命的存在和发展规律,认识个体的自我生命和他人的生命,认识生命的生老病死过程,认识自然界其他物种的生命存在和发展规律,最终树立正确的生命观,领悟生命的价值和意义;要以个体的生命为着眼点,在与自我、他人、自然建立和谐关系的过程中,促进生命的和谐发展。

这就要求,在教育中,一是不仅要体现生命的整体性而且还要体现人的主体性,二是遵循人发展的规律、满足社会需求和帮助生命成长实施教育,三是教育的培养目标是引导人热爱人生,珍爱生命,构建健全的人格,充分开发人的生命潜能、培养人生智慧,为提高生命质量和终身幸福奠定基础。生命教育是帮助学生认识生命、尊重生命、珍爱生命,促进学生主动、积极、健康地发展生命,提升生命质量,实现生命的意义和价值的教育。

二、生存与安全教育

生存教育就是通过开展一系列的与生命保护和社会生存有关的教育活动和社会实践活动,向学生系统传授生存知识与经验,有目的、有计划地培养学生的生存意识、生存能力和生存态度,树立正确的生存价值观,从而促进学生生存质量的过程。

生存教育的目的,在于使学生认识生存及提高生存能力的意义,树立人与自然、社会和谐发展的正确生存观,帮助学生建立适合于个体的生存追求,学会判断和选择正确的生存方式,学会应对生存危机和摆脱生存困境,善待生存挫折,形成生存能力,解决好自己安身立命的问题。校园伤害事故不仅给中小学生的健康和生命构成了严重的威胁,也使得校园纠纷不断,学校要把一大部分的精力投入在这上面,从而影响了其他教学工作的顺利开展。为了避免不必要的纠纷与麻烦,有些学校干脆采取了"限制"与"回避"

政策。对可能存在风险的活动,像春游、集体的参观展览等尽量少开展,甚至不开展。对容易引发伤害的活动干脆取消,像学校的足球比赛、篮球比赛等,有的学校干脆连学生在放学后在学校踢足球都不允许。

对于这些问题,党和政府高度重视,相继制定和出台了一系列法规、文件,要求各级学校积极开展各种形式的安全教育,使学生逐步形成安全意识,掌握必要的安全行为和技能,引导学生自救知识,锻炼自护自救能力,使他们能够果断正当地进行自救自护,机智勇敢地处置遇到的各种异常情况或危险,最大限度地预防安全事故的发生和减少安全事件对中小学生的伤害,保障中小学生的健康成长。1996年,全国中小学生安全教育日制度创立,将每年3月份的最后一周的星期一为全国中小学生安全教育日,每年确定一个主题。

一般来讲,生存与安全教育的内容有以下几个方面:

(1)基本的安全常识,包括交通安全、校内外活动安全、消防安全、用电安全、卫生保健、家居安全、个人保护等方面的基本知识;

(2)应急防护措施,即在出现紧急情况后,如果正确应对,以最大程度地保护自己的基本行为规范;

(3)日常演练,即对学生进行定期或不定期地防护演练,使学生能较长时间牢记和掌握紧急情况下的基本防护行为;

(4)法律与制度规范,即向学生传授相关的法律规定和制度进行,使学生形成正确的法律和制度理念,并自觉遵守这些规范制度。

安全教育一般可以采用主题班队会、知识竞赛、墙报板报、音像制品、实况演习、文艺节目、安全倡议书等途径开展。同时,还可以组织学生参与到学校的安全管理工作中间,提高他们自我教育、自我管理和自我服务的能力。另外,学校也要积极争取相关部门的合作与支持,齐抓共管,积极整治校园周边环境,优化育人环境。

三、生活教育

生活教育是帮助学生了解生活常识,获得生活体验,确立正确的生活观,追求个人、家庭、团体、民族、国家和人类幸福生活的教育。

它的主要目的是:通过生活教育,让学生理解生活是由物质生活和精神生活、个人生活和社会生活、职业生活和公共生活等若干方面组成;帮助学生提高生活能力,培养学生的良好品德和行为习惯,培养学生的爱心和感恩之心,培养学生的社会责任感,形成立足现实、着眼未来的生活追求;教育学生学会正确的生活比较和生活选择,理解生活的真谛。

四、"三生"教育的开展

"三生"教育的开展是对长期以来我们的教育缺乏对最终目的的思考,对受教育者人生全面发展的关注的反思基础上形成的,是实施素质教育的内在需要,是全面推进素质教育的有效切入点。因此,应从组织形式、实施、考核、方法等方面予以认真考虑。

在组织形式上,要组织专任教师、班主任、辅导员、学生家长、社会有关方面人士、学生代表,积极探索课堂教学与班、团、队活动和专题讲座、小组学习、个人自学等结合的有效形式,实现课内学习与课外学习、校内教育与校外教育、学校生活与家庭生活、教师指导与学生自学、认知教育与行为实践的有机统一。

在课堂教学方面,提倡有条件的学校由多位教师组成教学小组进行专题教学,以及由主讲教师和辅助教师协同开展教学。具体教学方法上,要根据"三生教育"基本方法的要求,以树立正确的现代教育理念为先导,以理论联系实际为根本,以激发和调动学生学习的主动性、积极性为基础,以人文精神和科学精神的融合为核心,以加强实践环节、促进知行统一为关键,不断创新具体教学方法。要彻底改变单一灌输式、简单说服式、被动接受式、整齐划一式的方法,提倡启发式、互动式、因材施教式、主动发现式、渗透教育式、分类分层式的方式。要大力推行主体性学习、研究性学习、探索性学习和说理教育法、情境陶冶法、榜样示范法、实际锻炼法、疏导教育法、自我教育法等具体方法。

在考核评价方面,要根据学段特点和不同类型学校的培养目标及学生的年龄特征,特别是要根据不同层次学生的实际,确定"三生教育"的具体目标,建立多元的"三生教育"评价体系。对"三生教育"的评价,既要关注结果,又要关注方法,更要重视过程;既要强调终结性评价,又要强调诊断性评价,更要重视形成性评价;既要突出评价指标的多样化,又要突出评价方法的多样化,更要重视评价主体的多样化。

在实施方法上,要实施注意形成包括主体教育、认知教育、行为教育、差异教育、全面教育等在内的有机的方法体系,把教育的过程和受教育者主动积极地进行自我认知和行为实践的过程统一起来,培养和提高学生的自我教育、自我管理、自我服务、自我发展能力,同时着眼于知行统一,通过学校课堂教学、家庭教育和社会教育等,使学生对"三生教育"的意义、目的、内容、方法等有深刻理解,进而通过教师和家长的行为榜样来教育学生、感染学生、影响学生。此外,还应在面向全体学生,注意分类指导、分层实施和因材施教。

练习与思考

一、选择题

1. 某同学到爱国主义教育基地参观。该基地通过让参观者近距离感受烧红的烙铁等方式,体会反动派对革命志士的折磨,体现革命者的坚贞不屈与崇高精神。这种教育方法属于(　　)。

  A. 品德锻炼法   B. 情景模拟法

  C. 说服教育法   D. 实地探究法

2.某中学在"每月一星"的活动中,将表现好、进步快的学生照片贴在"明星墙"上以示奖励,并号召大家向他们学习。这种做法体现出的德育方法是(　　)。

A.说服教育　　　　　　B.情感陶冶

C.实际锻炼　　　　　　D.榜样示范

3.德育中常说的"动之以情,晓之以理,导之以行,持之以恒"反映了哪一德育过程规律?(　　)

A.德育过程是具有多种开端的学生知、情、意、行的培养提高过程

B.德育过程是促进学生思想内部矛盾斗争的过程

C.德育过程是组织学生活动与交往,统一多方面教育影响的过程

D.德育过程是长期的、反复的、逐步提高的过程

4."一把钥匙开一把锁"体现的德育原则是(　　)。

A.理论联系实际　　　　B.长善救失

C.教育影响的一致性　　D.因材施教

5.学校德育工作中经常采用的表扬与批评、奖励与处分的德育方法属于(　　)。

A.说服教育法　　　　　B.品德评价法

C.榜样示范法　　　　　D.品德陶冶法

二、思考题

某初二(3)班班主任李老师,一次在作业中偶然发现一位男生写给本班女同学的小纸条,其中透露出对该女生的爱慕之情,并约她周末去参加一个校外派对。李老师暗暗记在心里,先抽掉了纸条。在某天自习时她把该女生叫到办公室,在了解她的学习情况的同时,和她聊起了家庭生活,不经意地问她有没有谈恋爱或者对某个男生有好感。该女生回答说现在还没想过这些问题,当前最主要的想法还是要考上自己理想的高中。李老师又和她聊起来初中生可能会面对的未来生活,鼓励她努力学习,尽量避免受其他事

情的影响,并叮嘱她如果遇到什么困难,随时可以给自己反映或讨论,一起来帮助解决。

请根据本例,回答以下问题:

(1)你是否同意李老师的做法?为什么?

(2)当你知道学生可能在谈恋爱时,你会怎么处理?

(选择题参考答案:1. B 2. D 3. A 4. D 5. B)

第十一章 班主任工作

■ 关键问题

1. 班主任工作的性质、任务和内容。

2. 班主任的素养要求、选拔与培养。

3. 班级管理的意义,班级的性质与班级管理的特点。

4. 班级管理的内容与方法,班集体的特点与建设途径和班集体的发展阶段。

5. 课外活动的特点、意义、内容、形式与组织实施的要求。

6. 学生的权利与义务,学生伤害事故的归责原则与预防。

■ **思维导图**

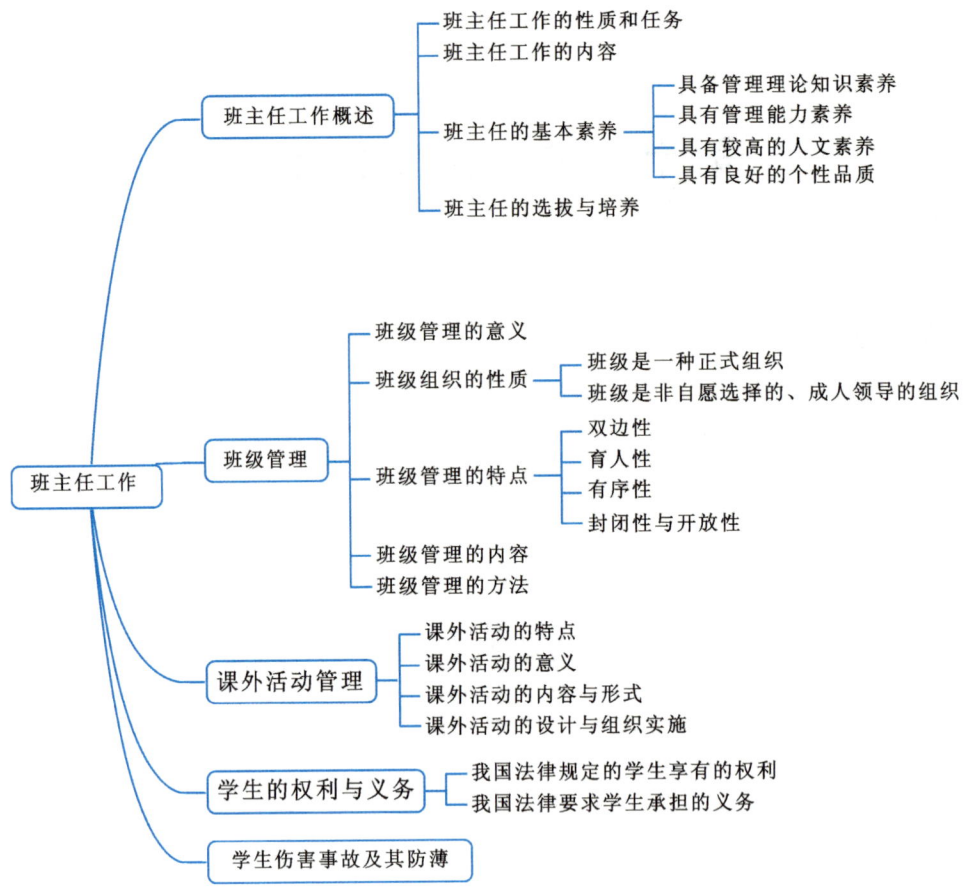

班级是学校的基本单位。班主任是受学校委派,管理班级的主体。了解班主任工作的内容和方法,明确班主任应具备的素质是搞好班主任工作的前提条件。班级管理是学校管理的重要组成部分。理解班级管理的含义、明确班级管理过程的特点和内容、掌握班级管理的方法对今后做好班级管理工作具有重要意义。

第十一章 班主任工作

第一节 班主任工作概述

一、班主任工作的性质和任务

2009 年,教育部印发《中小学班主任工作规定》,其中指出"班主任是中小学日常思想道德教育和学生管理工作的主要实施者,是中小学生健康成长的引领者,班主任要努力成为中小学生的人生导师。班主任是中小学的重要岗位,从事班主任工作是中小学教师的重要职责。教师担任班主任期间应将班主任工作作为主业"。这一规定明确了班主任工作的地位,并明确了中小学班主任作为中小学教师队伍的重要组成部分,应成为班级工作的组织者、班集体建设的指导者、中小学生健康成长的引领者和中小学思想道德教育的骨干。

文件同时指出,中小学班主任的职责与任务包括以下几个方面:

(1)全面了解班级内每一个学生,深入分析学生思想、心理、学习、生活状况。关心爱护全体学生,平等对待每一个学生,尊重学生人格。采取多种方式与学生沟通,有针对性地进行思想道德教育,促进学生德智体美全面发展。

(2)认真做好班级的日常管理工作,维护班级良好秩序,培养学生的规则意识、责任意识和集体荣誉感,营造民主和谐、团结互助、健康向上的集体氛围,指导班委会和团队工作。

(3)组织、指导开展班会、团队会(日)、文体娱乐、社会实践、春(秋)游等形式多样的班级活动,注重调动学生的积极性和主动性,并做好安全防护工作。

(4)组织做好学生的综合素质评价工作,指导学生认真记载成长记录,实事求是地评定学生操行,向学校提出奖惩建议。

(5)经常与任课教师和其他教职员工沟通,主动与学生家长、学生所在社区联系,努力形成教育合力。

二、班主任工作的内容

基于以上职责和任务,中小学班主任工作的内容包括:

1. 了解和研究学生

了解和研究学生的内容主要有两个方面。一是了解和研究班集体,包括集体的基本情况,如总人数、性别结构、生源状况、年龄分布等;班级的基本情况,如学习成绩的分部情况、学生思想品德的表现、班级取得的成绩与存在的问题等;班级的其他方面,如学生生活社区环境、学生家庭条件、学生在校外的表现等。二是了解和研究学生个人,包括学生的基本情况,如姓名、性别、年龄、健康等;学生的家庭情况,如父母的文化水平、职业、经济状况、居住条件等;学生的思想品德和学习情况,如遵规守纪、文明礼貌、集体观念以及学习成绩、学习态度、兴趣特长等;学生的个性情况,如智力特点、情感和意志特点、性格和气质的类型等。

了解和研究学生的过程中应遵循全面性、经常性和发展性三原则。全面性就是要全面地看待学生,既看到学生的优点,也看到学生的不足;既要看到校内的表现,也要看到校外的表现。经常性就是要把了解和研究学生作为班主任的常规工作,充分利用一切条件,做到常抓不懈。发展性就是要用发展的观点看待学生,既要看到学生的过去,也要看到学生的今天,还要预见到学生的明天。

了解和研究学生可以采用观察法、谈话法、调查访问等多种方法进行,总的要求是以关心、理解、尊重和信任为前提,并力争做到手勤、眼勤、腿勤、口勤、脑勤,在和学生的直接交往中了解学生的内心世界。

2. 组建和培养班集体

班级是学校教育和管理的基本单位,也是班主任进行教育工作的依靠力量和组织力量保证。一个良好的班集体对每个学生的健康发展有着巨大的教育作用。良好班集体的组建和培养,虽然会因学校、教师、学生等条件不同而方法各异,但基本都遵循着班集体的特点来进行。

(1)一般认为,良好的班集体具备四个基本特征:①有明确的共同目标,这是班集体形成的基础,也是班集体前进的动力和导向。②形成了有力的组织结构,这是班集体的核心。③具有共同的生活准则,这是班集体发展的保证。④形成了正确的舆论和良好班风。

(2)班集体建设可以分为组建、形成和成熟三个阶段。

①组建阶段。这是起始阶段。在这一阶段中几十个同学根据学校的安排,随机组成一个班级,班集体从组织形式上就建立起来了。但此时它实质上只是一个松散的群体,还未具备集体的特征。在新组建的班级中,同学之间、师生之间相互陌生,学生心里还没有班集体的概念,群体松散,班级吸引力差,共同目标和行为规范尚未形成。在这一阶段,班级活动都依赖班主任直接组织和指挥。实践表明,班主任在这一阶段如果抓不紧,教育引导不力,组织管理不严,班级很容易出现松弛、涣散现象。因此,有经验的班主任都十分重视从以下方面进行新班的组建工作。首先,抓紧时间全面了解学生,尽快掌握熟悉班级和学生的整体情况,注意发现、选择和培养积极分子。其次,建立班级规章制度,对学生的学习、生活提出切实可行的要求。再次,组织和开展班级活动,促进同学之间的交流,增进了解,提高班级的吸引力。

②形成阶段。班级经过一段时间的组建后,随着同学间的熟悉,群体的团结性慢慢形成,产生了一定的内聚力。良好的人际关系也开始形成,初步具有了和谐的班级氛围,学生越来越希望成为集体的一员,集体意识、集体荣誉感开始萌芽。在这种情况下,班主任要适时引导学生民主推荐班干部,组建班委;并通过精心指导和培养,逐步放手让学生干部自己组织开展班级工作,锻炼学生干部组织活动和独立工作的能力。另外,班主任还要重视班级规章制度的贯彻执行,培养学生自觉遵守班级行为规范的习惯,为良好班风形成打下基础。

③成熟阶段。在前两个阶段工作的基础上,班级群体已形成班集体。

集体的共同目标明确、集体规范完善、组织健全并具有号召力。班级成员之间亲密团结,互相关心,班级成为学生们共同的"精神家园",大家有强烈的归属感和依赖感。班集体本身的运转和经营,已经不需要外力的作用,而变成一个自治组织,发挥自我教育、自我管理的作用。

(3)根据班集体建设的三个阶段,班集体建设一般要做好以下几个方面的工作。

①确立班集体的奋斗目标。班集体的奋斗目标是指全班同学共同具有的期望和追求,是班级各项活动所要达到的预期目的的总概括。确立班集体的奋斗目标,就是要让班级全体学生明确班集体的发展前景,知道共同的努力方向,并为目标实现统一行动。目标的制定应遵循远期、中期、近期目标相结合的原则,因为逐步实现目标的过程会产生梯次激励效应,形成强大的班级凝聚力。班主任应与学生一样,充分研究本班学生的思想、学习、生活实际,在共同讨论的基础上,科学地制定出本班的奋斗目标,这样才能充分发挥班集体中每个成员的积极性,使实现目标的过程成为教育与自我教育的过程,并使学生感受到每一个集体目标的实现,都是大家共同努力的结果,要让他们分享集体的欢乐和幸福,从而形成集体荣誉感和责任感。

②建立强有力的、健全的班级组织机构。健全的组织机构不仅是班主任做好各项工作的有力助手,而且能够为学生提供发展和展示才能的机会,促进学生之间的交流与沟通,形成良好的人际关系与班级氛围。建立班级组织机构,首先要建立的是班委会。班委会的建立应遵循民主性、用其所长、教育与锻炼兼顾、关心爱护与严格要求相结合等原则。民主性原则要求无论是班委候选人的物色,还是班委人选的最后确定,班主任应广泛听取学生意见,充分发扬民主,真正由大多数信赖的学生组成班委会。用其所长原则,就是根据学生的兴趣爱好和优势潜能差异,充分利用学生所长来为班级服务。教育与锻炼相兼的原则要求,班主任应当把班干部培养作为教育学生的一个重要途径,以此为契机,强化服务意识和锻炼意识的教育。关心爱护与严格要求相结合的原则要求班主任要帮助班干部处理好学习与工作的

关系,要树立学生干部的威信,但对他们的缺点、错误,也不能迁就更不能简单指责批评,要注意工作方法指导,让他们摆正自己与同学之间的关系,戒骄戒躁,以自己的模范行动去取得全班同学的信任。

③建立健全必要的班级规则。班级规则是学生在班级所开展的各项活动,尤其是班集体活动中,应遵循的一种行为准则。它是班级每一个成员学习、生活的行为规范,是实现共同奋斗目标、建立优良班集体的有力保证。班级规则常以规章制度的形式出现。班级规章制度主要有两大类:一是学校制定的《学生手册》;二是在班主任倡导下,本班制定的一些制度和规范,如《班级工作条例》《主题班会制度》《综合素质测评制度》等。制度效能的发挥主要在执行。执行制度要把好检查监督关、处理关、教育关。

④培养正确的集体舆论和良好的班风。舆论是一种公众的意见和评价,集体舆论,就是集体中占优势,为多数人赞同的言论和意见。它以议论或褒贬等形式肯定或否定集体成员的言行,成为影响个人和集体发展的一种力量。正确的舆论是班集体不成文的言行规定,是形成和发展班集体的重要力量。班集体正确舆论导向的形成,有利于促进团结、鼓舞学生的上进心、发扬正气,有利于班级良好人际关系的建设。同时,它也是学生自我教育的重要手段。班风是班集体长期形成的、具有自身特点的、稳定的集体作风,是集体成员共同精神面貌的体现。主要表现在班级成员的思想、言行、风格和习惯上,是一个班级的"个性特征"。正确的舆论和良好的班风一旦形成,就会成为一种潜移默化的教育力量,就会无形的影响、支配集体成员的思想和行为。

⑤开展丰富多彩的集体活动。组建和培养良好的班集体、必须通过各种班级活动来实现。一个班集体只有在集体的活动中才能巩固和进步,这是因为集体活动可以产生凝聚力,能使每个学生的主体积极性得以发挥,能使师生关系不断密切。没有活动,学生就不会感觉到集体的存在,也就不会关心集体。因此,班主任要善于组织和引导学生开展丰富多彩的集体活动

和社会实践活动。

3. 做好个别教育工作

学生的发展不仅具有共性,还存在差异性、特殊性。所以,班主任在坚持统一教育的同时,还要做个别学生的工作。那么,班主任怎样才能做好这方面的工作呢?

要正确认识学生。一个班集体的学生,无论是学习成绩,还是思想品质都有积极、中间和落后的区别。学生表现出的优点、缺点,"好"与"差"不是绝对的,是暂时的和相对的,在一定条件下可以转化。学生的学习和思想品质虽有密切联系,但绝不是等同的。学习优秀的学生,不见得道德品质就好,后进学生身上也不是没有一点积极因素。因此,摸清学生情况,对学生进行正确地认识和分析,是做好学生教育工作的基础。

要对症下药,因材施教。学生出现问题的原因是多方面的,其中既有学生本身的因素,也有社会和家庭的原因,还可能有教育工作失误的原因等。做个别学生工作,就要找准原因对症下药,才能收到好的效果。班主任应根据不同学生的情况和特点,因人而异,用不同的方法,坚持具体问题具体分析。

要注重教育方法。班主任在正确、客观、全面地把握好学生思想的基础上,采用灵活多样的教育方式,才能使我们的教育行之有效,事半功倍。

4. 统一各个方面教育力量,做好"三结合"教育

学生的教育过程是一个集体作用的过程,促进学生全面发展的任务,不是一个教师能单独完成的,它需要各个方面的共同努力。

班主任要协调好各科教师与学生之间的关系。因此,作为班主任应想方设法协调好各科教师之间以及各科教师与学生之间的关系。班主任应采用各种方法,使各任课教师进一步了解学生,增进师生之间的情感,同时也能加强各科教师之间以及任课教师与班主任的交流,进而形成统一目标、协力做好教育、管理学生的工作。

班主任要做好学校、家庭和社会共同发力的"三结合"教育工作。当代

的教育是一个系统工程,学校教育在认真搞好校内教育的同时,要主动争取社会各界对学校各方面工作的支持,形成全社会共同努力、各部门通力协作的教育局面,为学生的健康成长创造良好的环境。

家庭教育的好坏对学生能否健康成长产生直接的影响。良好的家庭教育对学生的全面发展产生积极的影响,而不良的家庭教育则会产生消极的影响。班主任要与学生家长经常沟通,争取家长积极配合学校教育,也指导帮助家长做好家庭教育。班主任要做好与家长的沟通协调工作。与家校协调的常用方式主要包括:家访、班级家长会、家长学校、家长委员会、家长沙龙、班级网络。班主任在与学生家长沟通时应注意:①要全面了解学生的家庭状况。包括家庭成员的组成、父母的职业、父母对于子女的教育态度和期望以及学生在家庭中的地位等。②通过家访,与家长交流学生在学校和家庭中的情况。家访时,班主任应准备充分,目标明确,与家长交流学生情况时应一分为二,既要谈问题更要说优点,切忌只告状、只报忧、不报喜,或只报喜、不报忧等带有片面性的做法。同时,家访时应让学生本人在场。③定期召开家长会。家长会是班主任与家长进行沟通的有效方式。班主任通过定期召开家长会可以向家长汇报学校的教育教学情况以及学生的学习情况,及时听取家长意见,共同研究,改进工作,使学校、家庭在学生的教育问题上齐心协力。通过学校与家庭的协调,不仅能保证学校教育效能的充分实现,避免彼此因教育理念或内容方式的冲突与对立,导致对孩子的教育影响的相互抵消。而且,有利于孩子在教育合力作用下,迅速地健康成长,形成健全的人格品质。再者,也有利于在组织班级活动中,利用校外教育资源,使活动顺利进行,并达成预期教育目标。

社会教育是学校教育和家庭教育的有效补充。学校与社会的结合,主要指在学校教育过程中,学校广泛地开发利用社会教育资源,已成为实现学校教育目的、有效办学的重要保障。整合社会教育资源,自然也成为班主任教育管理班级的重要工作内容。社会教育资源,总体上包括社会文化资源、社区资源、网络资源等三种。这就要求班主任要做好与社会教育机构的沟通和协调工作,与社会有关机构一起为学生营造健康成长的环境。在协调过程中班主任应注意:①积极主动地与社会有关机构联系,以取得社会各方面的支持,为学生参加社会实践创造机会。班主任可以依靠学校的力量,与地方宣传、文化、教育管理部门,与街道办事处、社区委员会、村民委员会,与当地工会、共青团、妇联等群众团体联系,经常向他们汇报学生的思想学习状况、生活情况,共同研讨如何开展各项活动。另外,也可邀请老工人、老农民、离休干部、解放军以及各战线的先进人物担任校外辅导员,加强对学生的校外教育。②组织学生进行社会调查,参观企事业单位,从事力所能及的社会服务、公益活动,让学生在社会实践中得到锻炼和提高。③在社会实践活动中,加强对学生的教育和指导,让学生在接触社会生活的过程中,用正确的观点、方法,观察分析各种社会现象,提高鉴别善恶美丑的能力,增强社会适应力。

5. 做好工作计划和工作总结

班主任在每学期初,应依据学校的工作计划,结合本班学生的具体情况,制定班级工作计划。这样可以使班级管理工作有据可依,顺利进行。班主任的工作计划一般由三部分组成:①分析本班的情况,包括本班的历史情况和现状、本班的学生人数、年龄特点、思想品德、学习成绩分布和身体健康状况等。主要目的在于找出当前存在的主要问题。②明确基本任务,即写明本学期在德、智、体、美等教育方面,将采取什么方法,进行哪些工作,达到什么目标。③做好具体活动安排,明确写出活动主题、活动内容、组织方式和具体时间等。该计划应于开学初几天内拟定,一旦拟定应遵照执行。

为了不断提高工作质量,每位班主任在学期末还应写出工作总结。班主任的工作总结应运用教育科学理论分析概括,尽量使个人经验上升到理论高度,使总结过程成为自己业务水平提高的过程。总结的内容既要肯定成绩,更要指出存在的问题。同时,总结成绩与指出问题都要以学生典型事例来加以说明,有理有据才能真正有所收获。

6. 考核评定学生学习生活操行

评定学生操行通过写操行评语体现出来。操行评语是用文字化方式评价学生在校一学年内德、智、体、美、劳等诸方面的表现，具有生动、形象的特点。写操行评语的目的是鼓励学生发扬优点，改正不足，明确努力方向。操行评语既可以帮助学生正确认识自己的优点和不足，起到扬长避短的作用，激励学生积极向上，又可以使学生家长了解学生在校的表现，配合教师教育学生。教师写操行评语时应注意：①内容上重视对学生道德修养的评价，突出学生个性。②模式上应是"肯定"加"提示"，即找到优点加以肯定，同时鼓励纠正不足。③形式上散文化，表意要委婉，在人称上用第二人称。④语气上应深情、亲切、轻柔、舒缓。⑤作用上体现实效性。

写操行评语应考虑学生的年龄特点和认知水平。不同年龄阶段的学生，班主任的操行评语的风格和评价深度应有所不同，这样才能避免流于形式化。给学生写操行评语是班主任的一项重要工作，做好这项工作，能体现出班主任工作的育人魅力。

7. 学生职业生涯规划指导

中学生职业生涯规划，就是让中学生尽早认识自我、认识职业、认识教育与职业的关系、学会职业决策，从小根据自己感兴趣的职业目标，从知识、技能和综合素质方面锻炼自己的职业竞争力。无论是初中毕业生，还是高中毕业生，在毕业之时都会面临着升学与就业的选择与压力。但对这种人生的第一次选择，相当多的中学生处于盲目被动状态，往往对自己该如何选择没有任何想法，结果导致要么感叹"入错了行"，要么在就业多年之后仍在茫然探索中。因此，中学生恰当的职业生涯规划，对其升学和就业、成就未来的美好生活，有重要意义。

对于初中生，职业教育的发展在我国需求侧产业升级换代和经济高质量发展、实现更高质量更充分就业的客观需要以及破解供给侧教育结构性矛盾问题中具有积极作用。随着国家大力发展职业教育，建立现代化职业教育体系的步伐不断加速，国家已经建立了中、专、本的职业教育培养体系，构建形成了普通教育和职业教育的立交桥,开拓了技能人才成长的发展通道。在这种情况下,高等教育结构调整优化势在必行,国家通过稳步发展职业本科教育,开拓青年成才路径,引导广大青年走技能成才、技能报国之路很有必要。

对于高中生,2014年9月,国务院发布《关于深化考试招生制度改革的实施意见》启动新一轮考试招生制度改革。浙江、上海、北京、天津、山东、海南、江苏、福建、广东、重庆等省市陆续开展的高考综合改革试点,实行"3+3"或"3+1+2"模式,在赋予了学生充分的科目选择权的同时,也给学生带来了学业水平考试的科目选择、了解高校招生要求和自己未来学习的专业选择等问题。新高考招考模式正倒逼学校教育深入探索高中生涯规划,指导学生更多地认识自我与社会,谋划学业与职业方向。因此,及时开展生涯规划教育,有利于避免学生学习选择的盲目性,提高学习的主动性和自觉性。2020年,教育部出台的《普通高中课程方案(2017年版2020年修订)》中更是明确了高中教育的任务是促进学生全面而有个性的发展,为学生适应社会生活、高等教育和职业发展做准备,为学生终身发展奠定基础。

职业生涯规划主要帮助学生解决职业生涯中的"四定":定向(确定职业方向)、定点(确定职业发展的地点)、定位(确定自己在职业人群中的位置)、定心(稳定自己的心态)问题的有效途径。通过对自己职业生涯的规划,使学生在充分认识自己、客观分析环境的基础上,尽早确定自己职业发展的方向,科学树立目标,避免学习的盲目性和被动性;尽早标定自己的位置,避免"高不成低不就";有利于学生寻找差距,并采取有效的方法,按照自己的目标和理想有条不紊、循序渐进地努力,提高综合能力;促进学生在发展智商的同时,主动培养情商和逆境商,保持平常心,培养克服困难和阻力的恒心和毅力,使自己具有更强的就业竞争力,从而能够理智地做出职业决策。主要包括:

引导学生认识自己的能力和特长。在这一方面,可以借助一些职业能力倾向测验和人格测验。如美国的"一般能力倾向测验"鉴定了9种能力,分别为:一般学习能力、言语能力、数理能力、判断能力、图形知觉能力、符号知觉能力、运动协调能力、手指灵活度、手腕灵巧度。该测验可帮助确定在8大类32小类职业领域内的职业能力,被认为是职业指导中较好的测验。班主任可以根据这些能力的分类,引导学生了解自己的个性、学习方式和职业爱好,了解哪些是适合自己的专业和职业方向,在相应类别的职业中根据自己的兴趣爱好、人格特点、能力、价值观确立自己理想的职业目标,明确大致的职业方向。同时,提前了解相关职业需要的知识、技能和综合素质,然后根据自己的职业目标,制定相应的学习和社会实践计划,不断提升自己的文化知识、职业技能、综合素质,为将来的职业发展奠定扎实的基础。

在实践体验中增强对自我的认识。班主任要引导学生利用假期等时间参加各种各样的志愿者活动、职业体验、兼职、访谈等体验各式各样的职业,提高自己的职业能力和综合素质等;可以邀请一些在各行业中有精彩职业故事的家长来为学生讲述自己的职业生涯故事,请他们把自己的经历和经验告诉学生,给学生提供一个全方位地、近距离地接触机会,给学生以榜样的力量;给学生介绍各行业的发展、社会对人才的要求,帮助学生了解社会需求变化,找到进入职业人生的方式;在班级管理中要给更多的学生提供实践机会,锻炼学生组织协调能力、合作意识和合作能力等,给学生提供更广阔的发展空间。

针对升学,通常主要涉及两个方面,即指导内容和工作阶段。具体包括以下三个方面:①思想指导。教师应帮助学生树立正确的价值观和人生观,应结合国情教育,使学生在了解自己个性倾向的基础上,知道自己可以报考什么学校、攻读什么专业,选择一个既适合自己能力倾向,又能够符合社会经济发展需要的专业与方向,而不是单纯地追求学校和专业声誉、追求学历。②复习指导。主要包括:一是要根据学生的知识、智力、性格等方面的差异,将一般指导与个别指导相结合,长计划与短安排相结合,指导学生制订切实可行的复习计划,使学生克服情绪紧张、焦虑,确定好复习计划与重点难点,并根据复习情况不断调整;二是要做好各任课教师的联络协调工作,指导学生以教学大纲(或考试大纲)为纲,以统编课本为"本"进行复习,分配好各科教师的复习时间,为学生创造一个既紧张又和谐的复习心理环境;三是要指导学生进行解题技能训练。随着试题标准化工作的开展,教师要指导学生熟悉其解题要求,并进行必要的解题技能训练;四是要指导学生合理安排作息时间,使学生注意劳逸结合,一张一弛。③心理指导。一是要指导学生进行自我心理调控,要能取得任课教师和家长的配合,改善环境条件和生活方式,不要对学生频繁地使用鞭策激励性话语,并严格控制有关考试的流言,以免造成学生的情绪骚动。二是要指导学生会适应考场。学生面对陌生的考场,往往倍感紧张而影响考试情绪,为此可指导学生采用心理认同、置换、超脱等方法,以迅速适应考场。

针对就业,主要帮助学生逐步树立远大的理想,形成正确的世界观,做到了解社会、了解职业、了解自己,树立正确的劳动观、职业观、择业观。具体内容包括:①帮助学生初步了解社会分工、当地经济特点、相关的职业群在建设中的地位和作用,以及这些职业对劳动者素质(包括心理素质)的要求。②通过一些心理测验(兴趣、气质、能力等)帮助学生正确认识自己,帮助学生了解个人的智能水平和个性心理特征,指导他们选择今后就业的大致方向,帮助学生制定职业生涯规划,以提高学生学习和个性锻炼的针对性和主动性,并针对学生的具体特点,培养学生具备适合有关职业需要的职业兴趣、能力等。③培养学生毕业能根据社会需要和个人特点自觉选择职业和调整方向的能力等多项适应能力。④通过对学生的职业心理训练,培养学生的创业意识和刻苦精神,克服只靠国家安置和父母奔走的依赖心理,以及听天由命、消极等待的被动心理以及提高耐挫折能力,培养坚定的职业信念、意志和创造能力。

三、班主任的基本素养

班主任是学校管理学生的核心力量。因此,一名优秀的班主任,除了具备教师的基本素质以外,还应具备一个专业化管理者应有的特殊素养。

1. 具备管理理论知识素养

管理科学的发展使得管理知识已经足够系统化,促使管理活动更加专业化。掌握管理理论知识,就是要掌握管理理论的系统知识。从班级管理来看,这种知识包括三个层面:一是关于管理的一般性质与规律,二是教育管理领域的知识,三是班级管理理论知识。除此之外,对社会学、心理学、文化学等相关学科的知识也应有一定的掌握。

2. 具有管理能力素养

一名优秀的班主任,除了要具备渊博的知识以外,还要有不断汲取新知识、更新自身知识的能力,这样才能保证在教书育人的过程中做出杰出贡献。具体包括:

(1)领导能力。领导力指班主任要把全班几十个个性不同的学生组织起来,通过班级组织建设,营造出一个最适宜于学生身心健康发展的教育环境。要使所有学生都能得到全面发展,就必须具有班级目标设计的能力、对实现班级目标的途径和方法进行选择的能力、组织和引导学生并调度相应资源的能力等等。

(2)交流与交往能力。交流与交往能力指班主任一方面要通过与学生交流、交往来实现对学生的品德指导、学习指导和其他各方面的教育,另一方面还要通过与领导、同事、家长进行交流和交往,实现班级管理的控制与协调。

(3)应变能力。应变能力指班主任要能自如地应对管理情境中出现的各种问题,对偶发事件能从容、冷静、妥善地进行处理。所谓偶发事件,是指突然发生在教育教学活动或学生的日常生活中,严重影响学生个体或班集体的利益与形象、扰乱正常秩序、危及学生安全的事件。如:学生离校出走、打架斗殴、意外伤亡等。这些事件具有发生的突然性、破坏的严重性、处理的紧急性等特点。班主任如若能妥善处理,就能最大限度地保护学生和班集体的利益,教育和引导学生健康成长。

(4)研究能力。研究能力指班主任能够对管理现象进行敏锐地探知、认识、分析和解决的能力。

3. 具有较高的人文素养

一般来说,性格活泼开朗、兴趣广泛、多才多艺的班主任,与学生有较多的共同语言,易于与学生沟通,容易与学生打成一片,便于开展班级工作。反之,沉默寡言、不爱活动的班主任容易脱离学生,难于深入了解和教育学生。因此,广博的人文素养,有利于班主任通过满足学生求知欲望和好奇心来打开学生心扉,建立起教师的知识权威形象,也有助于教师了解学生的学习兴趣、个性倾向、发展条件等内容,从而更好地进行指导与教育。

4. 具有良好的个性品质

班主任的心理品质是指班主任对学生具有一定影响作用的内在心理因素,包括高尚的情操、坚强的意志、乐观的心境和完善的人格以及耐心、谦虚、友善、宽容、公正等等。这些是班主任与学生心灵沟通的桥梁,也是班主任在学生心目中享有威望的基础,更是塑造学生健康人格的必要条件。

四、班主任的选拔与培养

班主任是班级的主要管理人员。就一个班级而言,主要管理人员的素质和能力是决定班级管理水平和管理效益的关键性因素。一位优秀的班主任,就是一位教育专家。因而,学校应把好班主任的任免关,重视班主任的选拔和培养。

1. 班主任的选拔

《中小学班主任工作规定》第七条指出"选聘班主任应当在教师任职条件的基础上突出考查以下条件:(一)作风正派,心理健康,为人师表。(二)热爱学生,善于与学生、学生家长及其他任课教师沟通。(三)爱岗敬业,具有较强的教育引导和组织管理能力"。这一规定明确了班主任的选拔条件。除此之外,要能胜任班主任一职,还应具备如下条件:

(1)遵纪守法,热爱教育事业,具有无私奉献的精神。

（2）为人师表，知识广博，具有严谨治学、勤于进取的高尚品德。

（3）热爱学生，关心学生，能公平、公正地对待每一位学生。

（4）具备心理学知识，懂教育规律、教育理论。

（5）在某一门课的教学中，有自己独特的教法，深受广大同学的爱戴和拥护。

（6）一专多能，兴趣广泛，有一定的组织能力和管理能力。

（7）善于团结同志，在同事中具有较高的威望。

（8）具有健康的体魄和良好的心理素质。

2. 班主任的培养与专业化[①]

班主任专业化，近年来成为班主任工作研究的一个重要内容。有学者指出，班主任专业化是一个发展的概念。从群体层面看，它指班主任工作达到专业标准，获得专业地位、专业权利与专业资格的过程。从个体层面看，它指班主任个体获得专业发展、走向专业成熟的过程。因此，班主任专业化的过程是以教师专业化标准为基础，用专业的观念和标准对班主任进行选择、培养、培训、管理和使用的过程。通过这一过程使他们逐步掌握德育与班主任工作的理论知识，形成班集体建设与管理方面的能力和技巧，全面有效地履行班主任职责。因此，班主任专业化实质上是教师专业化在微观层次的深化和发展。它包括三个方面，即班主任在教育教学工作中特有的专业化思想、专业化知识和专业化管理。

（1）专业化的思想。班主任专业化的思想，包括热爱教育事业的情感、责任意识、奉献精神、职业道德、个性品质等。热爱教育事业的情感主要体现在，班主任对教育工作的热爱和投入的程度、对学生的关心热爱程度方面；责任意识主要体现在，班主任工作是否踏实肯干、工作过程是否细致周到、贯彻学校要求是否及时有效等方面；奉献精神主要体现在，班主任献工献时情况、忘我工作情况、爱心助学情况等方面；职业道德主要体现在，班主

[①] 彭方.关于加强中学班主任专业化建设的几点思考[J].教育探索,2010(10):93-94.

任履行岗位职责情况、恪守职业道德情况、处事是否公平公正等方面;个性品质主要包括班主任情感态度是否积极乐观、意志品质是否坚强有力、兴趣爱好是否广泛积极、性格是否真诚善良和开朗沉着等。班主任的专业化思想修养是班主任能否做好班主任工作的一个基础。

(2)专业化的知识和实践能力。班主任专业化知识能力包括其学历知识水平、能力结构水平、理论培训学习情况、研究解决实际问题的情况与成果。学历知识水平主要包括:班主任的学历水平、专业知识水平、所教专业知识以及相关知识掌握情况、教育教学活动中知识应用的情况;能力结构水平主要包括:班主任的组织能力、观察能力、表达能力、协调能力、自我调控能力、开展活动能力等,以及将这些能力综合运用发挥的情况;理论培训学习情况主要指,班主任参加教育教学理论及知识的学习培训情况(业务学习、岗位培训、专业知识进修出席及考试结业情况等);研究解决实际问题的情况与成果主要指,班主任在教育教学工作中所带课题情况、参加教育科学科研情况、论文著述发表情况、解决实际问题的典型案例情况等。

(3)专业化的管理。班主任专业化管理包括:班集体核心及健康风尚的形成,班集体学习成绩情况以及参加各种竞赛成绩情况,班集体参加学校及学校以上各项文、体、科、劳等活动的组织与领导,环境保洁与班容班貌建设工作,文明守纪、好人好事教育安排,家长在"帮学帮教"方面的建设工作,各方面教育力量的利用与协调,等等。这些工作关乎每个学生的全面成长,是每名班主任必须思考和实际操作的工作内容。

3. 提高班主任专业化水平的途径与方法

提高班主任专业化水平的途径主要包括以下几种:

(1)专家讲座。可以有针对性地结合中学班主任工作的实际,请教育专家或优秀班主任给班主任老师讲授教育学、心理学知识和班主任工作的基本常识和技能,重建班主任教师的知识体系和技能结构,使班主任老师能够按照教育规律和中学生身心发展规律科学地开展班主任工作。

(2)开展科研。教育理论研究在班主任专业化建设中起着先导作用。

只有把班主任工作中遇到的实际问题上升到教育科研的高度，用科研带动班主任工作，才能从根本上提高班主任队伍的素质和带班能力。为此，学校应结合班主任工作实际，认真组织教师学习班主任工作的理论与实践经验，同时开展校本科研和校际科研，提高其专业化水平。

（3）以会代训。学校可以举办不同年级的班主任经验交流会，交流做好班主任工作的经验，互相启发，互相带动，以会代训，取长补短，长善救失，使班主任获得交流和借鉴的机会。

（4）在做中学。优秀班主任的成长绝不是一蹴而就的，其专业素质和专业能力的培养是一个发生、发展、逐步完善的动态过程。从新任班主任到熟练班主任，再到有经验的班主任、有一定专长的班主任，最后发展为优秀班主任和专家型班主任，其各个阶段的知识储备、思维方式和专业能力都表现出鲜明的实践性特点。只有在班主任工作实践中不断学习，才能逐步完成对自身素质的塑造和突破，各方面的素质缺陷才能得到弥补。

提高班主任专业化水平的方法有：

（1）校本培训法。班主任专业化建设要立足于校本培训。加强班主任的在职培训是最现实的培训方法。中学班主任的工作涉及思想政治教育、时事政策教育、教育学、管理学、心理学、社会学及学生事务管理等诸多方面的工作和知识。校本培训以学校为培训基点，可以及时有效地解决上述方面出现的理论上的困惑和实践上的盲目等。

（2）目标激励法。学校应为每一位班主任确定其专业发展目标，以及目标达成后的相应奖励机制，以此激励班主任专业化水平不断提高。

（3）评比竞赛法。所谓评比，是通过检查比较来评定先进和落后；所谓竞赛，是通过竞争性的比赛，来分出优劣和奖励优胜。将评比和竞赛结果作为聘任班主任的依据，可以保证班主任的质量，促进其专业水平的提高。

（4）外送访学法。要轮流选送一些年轻、有培养前途的班主任外出学习、访问考察，不断从先进班主任的经历中提炼出自身专业化的体悟。

（5）典型引路法。典型是指具有某种代表性的人物和事件，它有鲜明而又生动的特点,易于引起共鸣和效仿。在学校大力宣传优秀班主任的先进事迹和教育教学经验,可以使每名班主任在专业化建设过程中学有榜样,赶有目标。

(6)制度保证法。健全班主任培养、班主任认证制度,为班主任专业化提供制度保障。班主任专业化的发展和完善,需要一整套完备的制度作为保障。要尽快健全班主任资格证书制度,通过班主任资格制度的严格实施,大力推进班主任的专业化。同时,在条件比较成熟时,制定"班主任教育机构认可制度""班主任教育水平等级评估制度"等,以促进班主任培养模式的多样性、灵活性和与全国性标准的统一,提高班主任培养、培训的质量。

第二节 班级管理

一、班级管理的意义

班级管理是指教师根据一定的目的要求,采用一定的手段措施,带领全班学生,对班级中的各种资源进行计划、组织、协调、控制,以实现教育目标的组织活动过程。班级管理的质量如何,对于班级活动顺利进行,对于学生的健康成长,对于实现学校管理的总目标,都具有重要意义。

1. 班级管理是开展教育教学活动的保障

班级管理是顺利开展教育教学活动的一个前提条件。班级管理就是通过各种措施,组织、协调、控制好各种教育资源,使学生们围绕班级活动的主要目标进行学习与活动,同时化解教学、活动中不可避免的矛盾和冲突,维持班级活动的秩序,创造良好的班级环境,促使教育教学活动的顺利进行。

2. 班级管理是促进学生健康成长的重要条件

班级是学生共同生活的基层组织,在共同的学习和活动中,师生之间、同学之间通过人际交往、思想沟通,彼此产生着潜移默化地相互影响。科学地进行班级管理,可以帮助教师创设一个适宜学生发展的优化心理环境和班级风气,使学生在良好的班级环境中掌握科学文化知识,学会做人的道理,身心和谐健康发展。

3. 班级管理是学校管理效益实现的基础

班级管理是具体贯彻学校管理意图的活动。学校管理追求的教育最大效益目标就是促进每个在校学生素质的全面健康发展。而有效班级管理的结果最直接的表现就是班级学生全面素质的健康发展和班级组织的高度成熟。由此可见,学校培养人才的数量与质量很大程度上取决于学校各个班级管理的成功与否。

二、班级组织的性质

作为学校基层组织,班级无疑是学校工作落实的终点,也是班主任与学生工作、学习的结合点。因此,理解班级组织的性质,对于班主任开展好班级管理工作十分必要。[①]

1. 班级是一种正式组织

在管理理论中,认为群体中存在着正式组织和非正式组织。

正式组织是指人们按照一定的规则,为完成某一共同的目标而根据正式程序组织起来的人群集合体,是具有一定结构、同一目标和特定功能的行为系统,具有明确的目标、任务、结构和相应的机构、职能和成员的权责关系以及成员活动的规范。班级中正式组织的结构体系,主要包括班主任、班委会、学生三个层次,他们组成一个金字塔结构,依次履行自己的职责。

非正式组织是指在共同的工作过程中,自然形成的,以感情、喜好、性格等为基础的、松散的、没有正式规定的群体。这些群体不受正式组织的行政部门和管理层次等的限制,也没有明确规定的正式结构,但在其内部也会形成一些特定的关系结构,自然涌现出自己的领导核心,并形成一些不成文的

---

① 李学农.班级管理[M].北京:高等教育出版社,2006:38-42.

行为准则和规范。根据结合方式的不同,班级非正式组织大致可以分为学习知识型、兴趣型、利益型、情感型、压力组合型、需要互补型等几种,但不论是哪种类型都有积极组织和消极组织之分。比如学习知识型的,既有学习好的学生团体,也有学习差的学生团体。同样,兴趣型的也有健康和不健康的兴趣爱好两种。还有各种类型兼有的复合型或混合型,例如几个爱好相同的学生形成了"统一战线",总是一起吃饭、一起学习、一起玩耍或一起捣乱。但是他们可以在情感上互相沟通,互相提醒,可以说他们是情感型,也可以说他们是兴趣型。

班级是学校中的正式组织。首先,它有一定的组织目标,并为实现这一目标而执行学校规定的任务,同时遵循学校的相应规范。其次,班级是按照一定的程序,即建立班级的基本规则而成立的,具有官方认可的基本结构。第三,班级成立之后,其职能和成员的权责关系、成员活动的规范也会相应建立,并有专人监督实施。这些都要求班级管理中首先要建立相应的组织机构和完善的组织制度。

2. 班级是非自愿选择的、成人领导的组织

学生进入学校以后,由学校根据一定的原则将其分配到一定班级,并配备班主任和任课教师。这一过程基本不体现学生的意志,因而在组建之初并不是学生自愿选择的结果。同时,由于中学生尚处于身心发展过程之中,是正在成长的人。虽然他们有强烈的探索周围世界的、表现自我的欲望,且有较少的社会羁绊和约束,但也往往缺乏走向自我中心、偏离甚至抗拒现有社会规范的顾忌。因而,中学生的班级不可能脱离作为成人社会代表的班主任和任课教师的引导与管理。虽然中学生已经具有一定的自治能力,但由于其自治能力尚处于发展之中,因此,作为班级的直接领导者、管理者和教育者,作为成人社会的代表,班主任在拟定班级目标、制定班级活动内容、引导班级发展的过程中,体现着特定社会的要求,履行着自己作为成人世界代表者的角色。这就要求班级管理之始,让学生形成班级归属认同及认可要班主任的管理成为必然。其后,随着学生能力的逐渐增强,再适度增加其

自治的参与程度。

三、班级管理的特点

1. 双边性

在班级管理过程中,管理的主体是"人",管理的对象也是"人",班级管理成效也主要体现在管理对象的身心和谐、全面发展方面。班级管理不是简单的单向关系,而是师生之间、生生之间的一种互动的双向关系,即具有双边性的特点。因此,在班级管理的过程中,要注重教师和学生的主体性,发扬民主,集思广益,不断提高管理效能。坚决反对片面强调教师权威的"教师－学生"的单项管理模式。

2. 育人性

我们都知道,班级管理是为班级教育、教学活动的顺利进行提供保障的。班级管理的各个环节都必须围绕提高教育质量的教育过程来进行,全方位地服务于教育人、培养人这一目标。所以说,班级管理过程具有育人性的特点。离开了这一主旨,班级管理将成为一种盲目的、无意义的活动。因此,管理者在班级管理过程中的各个阶段或环节中,无论采取何种管理措施,都要使之对学生产生积极的、潜移默化的教育作用。

3. 有序性

班级管理过程是一种持续进行的活动。班级管理目标确定之日起,是管理活动的开端;实现班级管理目标之日,则为完成活动的终点。就这个意义说,管理活动是有起点和终点的。在两点之间,管理过程不能中断,并应按一定的计划进行。过程中断或无故不照计划执行,必将实现不了预定目标。结果也必将影响教育教学活动的顺利进行,失去管理的意义。因此,班级管理过程应是有序的、分段推进、段段相连的过程。

4. 封闭性与开放性

从某种意义上讲,班级就是一个小社会、小单位。在班级管理过程中,为了维护班级的稳定秩序,必须发挥管理职能的作用,即管理之初须制定相应的管理计划、执行中应注意监督、结束后要及时检查总结,使整个过程有序进行,形成相对封闭的体系。这样也便于经过学校和教师筛选的优秀教育因素系统地影响学生。然而,学校它是社会大系统的一部分,作为学校的基本单位的班级,也无法与社会完全绝缘。学校的目标是教育学生、培养学生成才,班级管理的目标也是教育学生、培养学生,而学生的成长需要社会、学校、家庭、班级共同的努力。因此,管理者应既要保持班级管理过程的封闭性和独立性,又要重视班级同学校、社会、家庭之间的信息沟通和联系,实现封闭性管理和开放性管理的统一,共同为班级的稳定、学生的全面发展服务。

四、班级管理的内容

1. 教学管理

教学是学校的中心工作,管理好班级教学就成为班级管理的一项首要任务。班级教学管理工作主要有:

(1)明确班级教学管理的目标和任务。依据教学的规律和班级管理的目的,班级教学管理主要是协调控制课堂教学活动,协调班级任课教师的教学活动,控制教学的进度。

(2)建立行之有效的班级教学秩序。建立并维护好课堂教学秩序,才能保证教学工作高效正常运转。

(3)建立班级管理指挥系统。班级管理指挥系统主要包括三个方面:第一,以班主任为核心的班级任课教师群体。第二,以班长或学习委员为骨干,以班干部成员为辅助力量的教学沟通系统。第三,以各科学习代表或学习组小组长为中心的执行系统。

2. 学习管理

教学的对象是学生,学生的主要任务就是学习。指导学生学好功课,提高学习成绩和学习质量,也是班级管理的一项重要内容。指导学生学习应从以下几方面入手:

（1）激发学生的学习动机。学习动机是激发、指引和维持学生进行学习的直接原因和内部动力，对学生树立学习自觉性非常有帮助。

（2）端正学生的学习态度。日常教育教学活动中应帮助学生树立勤奋好学、刻苦钻研、勤于思考的学习态度。

（3）培养学生的学习兴趣。兴趣、好奇心是人类智慧活动的动力源泉。在学习过程中对学习感兴趣的学生会表现出积极的主动性，强烈的求知欲望和巨大的学习信心。

（4）指导学生掌握科学的学习方法。指导学生掌握科学的学习方法，帮助学生系统地掌握预习、听课、复习、作业练习等的方法；有意识地在课堂教学中培养和训练学生习得观察、思维、记忆和想象的方法。

（5）帮助学生养成良好的学习习惯。良好的学习习惯，如遇事独立思考、自觉阅读、合理安排时间等。这些习惯形成后就会成为一种无声的命令，对学生的一生都具有重大意义。

3. 德育管理

对学生进行思想品德教育是班级管理的重要内容，也是班级管理者的基本职责。德育在班级学生的全面发展和班级管理工作中起着方向、动力和保障的作用。班级德育管理涉及的内容广泛，包括班级德育目标的管理、班级德育活动的管理、班级德育过程的管理、班级德育评价的管理。班级管理者在管理过程中应秉持"以人为本"的原则，遵循学生身心发展的规律和年龄特点。只有这样，才能取得预期的德育效果，实现班级管理的德育目标。

（1）班主任要根据德育工作的总要求、学校德育工作的具体要求和学生的特点，在分析班级德育工作各方面基础的前提下，设定具有可行性的德育目标，形成短期和长期德育计划，为班级德育工作的开展树立起目标。

（2）在确定了目标和计划后，班主任要积极组织各种活动，创造德育环境和氛围，引导学生在活动中体验德育要求、激发品德需要，实现品德规范的内化和品德行为的外化，达到品德教育的效果。

(3)班主任要根据学生品德发展的进程,在学生品德发展特点,加强对学生知、情、意、行形成过程的分析,根据德育规律,及时消除影响学生品德形成的消极因素,运用各种德育方法,促进学生品德规范内化和品德行为外化。

(4)班主任还应通过建立和完善品德评价制度,运用评价方法,及时对学生的积极行为进行强化,满足学生的品德需要,固化德育效果,同时也对不符合德育要求的行为进行批评教育,防微杜渐,培养良好的班级德育氛围。

在德育管理过程中,班级管理者应秉持"以人为本"的原则,遵循学生身心发展的规律和年龄特点,只有这样,才能取得预期的德育效果,实现班级管理的德育目标。

4.课外活动管理

课外活动是指学校在学科教学活动之外,有目的、有计划、有组织地指导学生进行的多种多样的教育实践活动。课外活动具有非常重要的教育意义,从性质上来说,它是课堂教学活动的延伸和补充。丰富多彩的课外活动能够给学生提供充分的个性发展空间,帮助学生扩大知识面,促进各方面才能的发展。因此,"管"好课外活动是重要的也是必要的,应予以重视。课外活动管理可以从以下方面入手:第一,依据教育教学需要,从学生实际出发,制定班级课外活动计划。第二,安排丰富多彩、灵活多样的活动内容和形式。第三,遵循寓教于乐的原则。

5. 文化管理

班级文化是一个班级的灵魂,是每个班级所特有的。一个班级的文化环境对于学生的熏陶是潜移默化的,它具有自我调节、自我约束的功能。建设良好的班级文化是班级管理的实质性内容。班级文化包含了物质文化、制度文化和精神文化等。这些文化中有些是看得见的,有些是看不见的。因此,班级文化管理需要做方方面面的工作。如:教室墙壁如何美化、黑板报如何设计、装饰如何布置等。班级文化在教育学生、塑造学生、锻炼学生方面,比起单一的说教效果无疑会事半功倍,影响更加深远。

6. 班级生活管理

学校是学生走向社会的桥梁,在学校中学生不仅要学习知识,还要学习一些生活技能,获得社会生活的初步经验。因此,班级管理还有一项重要职责就是要教会学生学会生活、学会做人、学会与人融洽相处。在班级管理中,要对学生进行生活技能教育或进行生活习惯指导,教给学生一些最基本的生活基础知识和生活技能以及与他人沟通、相处的技巧,为他们将来走出校园、适应社会生活作好准备。

五、班级管理的方法

1. 班级管理科学化、制度化

班级管理应体现科学化、制度化的原则。第一,要有科学的管理思想。班级管理者应时刻牢记,管理是为了实现教育目标,管理与教育相结合,通过管理促进教育,而后又通过教育促进管理,一定会取得意想不到的收获。第二,要有科学的规章制度。以《学生守则》《学生日常行为规范》《学校一日常规》《班级管理条例》为准则,狠抓学生基本生活习惯、文明语言、举止行为、校内外学习行为、纪律道德,使常规制度化。另外,要有常规管理效果的监督机制。班主任可以依靠班级正式组织的力量,及时了解班内学生情况,适时加以引导,使学生在不知不觉中把常规管理制度落到实处,使班级常规管理更具科学性。

2. 树立典型、全面育人

一个班级学生很多,班主任不可能每天都管住每一个学生,要提高管理效果,树立典型是关键。第一,要树立正面典型,以班级中勤奋好学、积极上进的学生作为典型,进行积极的指导,指出他的闪光点和不足之处,要求他在各方面都起模范带头作用。第二,要树立思想和学习暂时落后的转变典型。对暂时落后的学生,要耐心启发,循循善诱,肯定和指出他的闪光点,增强他的自信心,并以正面典型激励他、启发他、关心他,引导其转变,并实现以一带十、点面结合。通过典型的树立,全面育人,使学生更佩服、尊重班级管理者,之后就可以很顺利地实施其他的班级管理措施。

3. 寓管理于各项活动之中

班级管理者应充分利用好开展各项活动的机会,在做好总指挥员的同时,寓管理于活动之中。根据开展活动的特点,制定开展活动的规则,来管理约束学生。通过活动的发动和组织,开展和总结,让学生在轻松和谐的气氛中养成良好的行为习惯;培养同学间融洽的人际关系,提高道德素质,陶冶学生的情操,形成集体主义荣誉感;激发学生的集体主义思想、爱国主义思想,从而更好地使学生树立远大理想;激发奋发学习的信心和热情。班主任在活动的安排和指挥中,巧妙地管理班级,从学生的语言、行为中折射出学生的内心世界,可使班主任寻找到管理好班级的新思路,促进育人活动的积极进行。

4. 巧用奖惩激励法

在班级管理过程中,表扬和批评、奖励和惩罚是非常有效的手段。巧妙使用,可以起到扶持正气、打击歪风邪气,鼓励先进、鞭策后进的作用,对形成良好的班级舆论,创造学生争相进步的班级氛围很有帮助。第一,表扬和奖励。美国心理学家威廉姆·杰尔逊说:"人性中最深切的需要就是渴望别人的赏识。"赞美和鼓励是一种投入少、收益大的投资,是驱使人奋进的动力源泉。在班级管理中用好表扬和奖励,对促进每位学生进步发展,形成班级凝聚力、良好的班风有巨大作用。班级管理者在运用表扬和奖励时应注意:要恰如其分,着眼于学生的发展变化;要及时;要创设条件,尽量发挥表扬和奖励的带动作用;要善于运用"背后表扬"。第二,批评和惩罚。批评是对学生错误思想和行为的否定评价。惩罚的实质在于让犯错误的同学了解并体验到错误行为的代价。运用批评和惩罚时应注意:管理者思想上要明确批评与惩罚的实质目的;要选择适当的时间、地点和场合;要注意措辞,对事不对人,避免讽刺挖苦、行为失态;遵循因材施"教"的原则。

5. 充分发挥班干部的辅助作用

第十一章 班主任工作

俗话说得好:"火车跑得快,全靠车头带。"要想管理好一个班级,班级管理者应注重培养一支高素质的班干部队伍。班干部是班级里师生之间信息沟通的桥梁,是班主任搞好班级管理工作的左膀右臂。在实际工作中,管理者应选好班干部,用好班干部,充分发挥他们在班级管理中的辅助作用。

(1)精心选拔班干部。选拔班干部应从素质、能力、知识三方面综合考虑。通常的做法是:①接手新班级后,用一到两周的时间观察、听取每一位同学在纪律、言行和学习等方面的情况。②利用课余时间和学生聊天,把自己想如何管理班级的一些做法有意识地说给学生听,并征求学生的意见和建议,争取得到学生的理解、支持和帮助。③基本确定班干部人选。④把班干部候选人的基本情况向全班通报,在班会上进行投票选举。⑤召开第一次班干部会议,根据每一位被选出来的班干部的特点进行分工,并听取他们对当前班级管理的一些具体看法。班干部确定下来后,要注意培养他们的管理能力,把班级管理的方法教给他们,相信他们,放手让他们去做。同时,要注意在全体同学面前树立班干部的威信,使他们既能成为班级管理的得力助手,也能成为同学们学习的榜样。

(2)严格要求、恩威并重。班干部是班级的"领头羊",是同学们学习的榜样,要经常告诫他们遵守纪律、努力学习,只有自己做得好才有资格要求其他同学。但是班干部毕竟也还是学生,工作能力有限,处理班级事务不成熟的情况也会时常发生,碰到难处理的问题时也容易泄气、打退堂鼓。这时,管理者应及时地为他们排忧解难,赞扬他们的工作做得很好,增强他们的信心,同时告诫他们遇到问题时不应放弃,要勇敢地面对,只有这样,自己才会得到锻炼和提高。

(3)明确职责、密切合作。班干部各自的职责要明确,也要密切合作,同心协力,共同维护好班长充当"副班主任"的角色。

(4)公开进行班务汇报。每周让班干部轮流在班会上对上周工作进行总结汇报。汇报时要详细具体,对自己管辖范围内出现的好人好事和不足之处,明确指出。这样一方面可锻炼学生干部的能力,另一方面也可避免班务不透明带来的"师生沟通不畅""班干部与学生之间相互猜疑"等问题的发生。

第三节　课外活动管理

一、课外活动概述

课外活动是指在课堂教学之外,由学校组织指导或由校外教育机关组织指导的,用以补充课堂教学,实现教育方针要求的一种教育活动,是根据受教育者的需要和努力以及教育教学的需要,在教育者的直接或间接指导下,来实现教育目的的一种活动。

课外活动又可以分为校内活动和校外活动,二者的区别在于组织指导者的不同。校内活动是由学校领导,教师组织指导的活动;校外活动是由校外教育机构组织指导的活动。这里应注意的是,校内活动并不仅仅限于学校范围之内,也可以是在校外组织活动,它与校外活动的区别只是在组织和领导方面的不同。一般来说,校内活动和校外活动统称为"课外活动"。

1. 课外活动的特点

(1)参与的自愿性、自主性。在课外活动中,学生可以根据自己的兴趣爱好和现有知识水平选择参加不同的活动。教师的职责是尽可能地创造条件,组织多种多样的活动供学生选择,并对不同的学生给予启发引导,指导他们参加适宜的活动。

(2)内容的灵活性、综合性。课外活动的具体内容是根据课外活动的目的,从现有设备条件、辅导教师的特点、能力以及学生的不同需要出发确定的。活动的组织形式也是多种多样的,它包括小组活动、群众性的调查参观、竞赛讲演、个人活动等。学生在参与活动中,不仅能获得综合运用各学科知识技能解决问题的机会,还可以得到其他多方面的综合锻炼。

(3)过程的开放性、实践性。课外活动不受学校工作计划和学校围墙的限制，活动的内容更贴近现实，为学生打开更广阔的生活实践领域。在活动中，学生的知识和技能主要通过自己设计、动手获得。那些经由辅导教师获得的知识和技能，学生可运用到实践当中来验证它的科学性，这样也就培养了学生的实践能力。

2.课外活动的意义

（1）多样有效的课外活动为学生提供了多样的活动条件和与其他人群接触交流的机会，能够促进学生的全面发展和社会化。

（2）自由的课外活动为学生提供了展示的机会和舞台，也为学生认识自我、认识社会，提供了参与和观察的机会，能够促使学生在社会化过程中个性的形成。

（3）课外活动的趣味性，缓解了紧张而程序固定的学校生活，可以给学生的学习生活增添乐趣。

（4）课外活动还有助于教师和学生认识发现自己的特长，为教师因材施教和充分发挥学生特长提供依据。

二、课外活动的内容与形式

班级课外活动内容非常丰富，具体包括：班会、科技活动、文体活动、节日纪念日活动、社会公益活动、课外阅读活动及其他活动。活动形式依据参加活动的规模，主要分为三类：集体活动、小组活动和个人活动。

1.班会

班会是比较固定的班级活动形式。一般都在课程表中，每周一次。由班主任、班委会成员或者其他同学来主持。班会依据是否有明确教育主题分为主题班会和常规班会两种形式。主题班会是班主任依据教育目标，指导学生围绕一定主题，由学生自己主持、组织进行的班会活动，它是班级活动的主要形式，通常进行主题教育；常规班会，又称为"班务会"，是班主任按照固定的日程组织安排的班会活动，主要是布置班级计划，讨论集体建设情况。

2. 科技活动

班级的科技活动可以通过科技班(队)会、科技参观、科技兴趣小组三种形式来进行。

3. 文体活动

联欢会是经常采用的文艺活动形式,其他还有生日会、朗诵或辩论赛、班级才艺展示或大赛等。班主任还可以组织各种文体小组利用课余时间开展小型体育竞赛,来达到锻炼身体、陶冶情操的教育目的。

4. 节日纪念日活动

利用中秋节、国庆节、父亲节、母亲节等中外传统节日或纪念日开展歌咏比赛、感念回忆等活动,进行爱国、感恩等相关主题教育。

5. 课外阅读活动

与各科教师相互配合,推荐阅读书目,建立班级图书室或图书角,定期或不定期召开读书心得交流会,开展好书推荐等活动,扩展学生的知识面,培养学生的阅读习惯。

6. 其他班级活动

其他班级活动包括:学习经验交流会、知识或智力竞赛、自我服务性劳动、社会公益劳动、社会调查或参观等。

三、课外活动的设计与组织实施

1. 班级课外活动的设计与组织实施的三个步骤

(1)选题。选题过程中的几个依据:一是班集体的奋斗目标和发展计划,看集体建设过程中对活动内容的需要。二是班集体的现实情况,是否有需要解决的"热点"问题。三是学校教育计划和活动安排。选题大致确定之后,班主任应广泛征求各学科老师和同学的意见,充分讨论,初步确立活动选题,商议活动开展的基本形式。

(2)制订活动计划。活动计划是由班主任和班委会成员共同制订的。活动计划应包括以下内容:活动的目的和内容、活动的基本方式和程序、活动时间地点安排、具体准备工作及组织管理等。

在制订活动计划时,还要注意两个方面:一是尽可能发动和安排全体学生积极参与,力求使每个学生都能在活动中找到相应的位置或体验的角色。二是考虑适当地借助外力,根据活动的主题和目的,邀请学校领导、科任教师、家长共同参与进来。

(3)活动实施与总结。活动实施是课外活动的中心环节。在活动开始之前,利用集体舆论营造活动氛围,调整全班同学的心理状态,将各种可能的干扰因素降到最低。在活动当天,要做好充分心理准备,应对活动过程中可能出现的偶发事件,保障活动的顺利进行。活动结束之后,要做好总结,可以开展小范围的座谈会,也可以广泛征求意见,然后形成书面总结。还要考虑后续活动及与下一项活动的衔接。

2. 课外活动的组织实施应做到的几个方面

(1)建立健全课外活动工作管理的组织机构,学校应依据学校课外活动工作计划,落实好负责人和负责机构,并由负责人和负责机构做出包括活动内容、活动时间、活动场地、负责教师、活动经费保障、工作进度、安全与服务保障、总结与责任等完备详细的实施方案并督促落实。

(2)建立精干有力的辅导队伍,并积极提高辅导队伍素质。课外活动的组织一定要配备精干有力的辅导教师队伍,并通过各种激励措施鼓励辅导教师积极投入,以取得良好的活动效果。同时,要注意加强辅导队伍培训和提高,使辅导教师视野开阔、敢于创新,形成一支思想好、业务强、作风正的辅导队伍。

(3)积极创设条件。课外活动的开展需要有一定的物质设备,如场地、仪器、图书、工具、原料等,学校应从实际出发,积极开拓和利用校外资源。

(4)协调好教学与课外活动的关系,保证课外活动的时间。

(5)加强对课外活动的管理,在保证活动的秩序、安全的基础上,争取课外活动的最佳效果。

第四节 学生的权利与义务

学生是教育的主体之一,在教育教学实践和认识的积极参与者,具有主观能动性、独立性、创造性和求成性等特点,并在教师指导下实现自己的全面发展。学生权利和义务,是指学生在教育条件下,依据教育法律法规所应享有的法定权利和应履行的法定义务。学生权利的实现和义务的履行,既是教育过程中学生主体地位实现的基础,也是正常教育教学秩序实现的保障。

一、我国法律规定的学生享有的权利

1. 国际法中确立的学生地位

1989年11月20日,联合国大会通过了《儿童权利公约》,强调儿童作为社会的未来和人类的希望,有着独立的社会地位和需要社会予以保障的权利,并提出了无歧视原则、儿童最大利益原则、尊重儿童基本权利原则、尊重儿童观点原则等四大原则。我国政府于1990年8月签署了《儿童权利公约》,1992年4月2日该公约对中国生效。

《儿童权利公约》中规定"儿童系指18岁以下的任何人,除非对其适用之法律规定成年年龄少于18岁"。从我国教育阶段来看,这一年龄段正是高中毕业时的年龄,因此其中关于儿童权利的规定,也适应于我国中小学生。

2. 我国法律赋予学生的权利

《中华人民共和国宪法》《中华人民共和国教育法》《中华人民共和国义务教育法》和《中华人民共和国民法典》《中华人民共和国未成年人保护法》等以及其他相关的政府行政法规,都规定了学生的相关权利。概括起来,除了作为公民应有的人身权、财产权等一般权利外,重点突出以下几个方面的权利:

(1)生存权。指儿童有权享有生命安全和基本生活保障的权利,包括

获得足够的食物、安全的饮用水、良好的生活环境和必要的医疗保障等，以确保儿童的生存和健康成长。又可以分为生命权、身体权、健康权等。生命权是自然人最基本、最重要的权利之一，它保障儿童的生命安全和生命尊严不受侵犯。任何组织或个人都不得侵害儿童的生命权。《中华人民共和国民法典》第1002条明确规定，自然人享有生命权，其生命安全和生命尊严受法律保护。权是指儿童享有保持身体健康并免受疾病或伤害困扰的权利。

(2)健康发展权。即政府、国家、学校、社会要给学生创造一个健康发展的环境，包括儿童获得必要的医疗保健服务、预防疾病和伤害的措施和健康的社会发展环境。《中华人民共和国未成年人保护法》明确规定学校应当与未成年学生的父母或者其他监护人从尊重未成年人身心发展规律基础上，强调要合理安排未成年学生的时间和假期生活，保障休息、体育和娱乐时间，提供必要的卫生保健条件，鼓励创作、出版、制作和传播有利于未成年人健康成长的各种图书报刊、电影电视和艺术作品等，建立良好的学校周边社会环境和秩序，对侵犯未成年人合法权益的行为进行舆论监督等。

(3)受教育的权利。《中华人民共和国宪法》第46条规定："中华人民共和国公民有受教育的权利和义务。国家培养青年、少年、儿童在品德、智力、体质等方面全面发展。《中华人民共和国教育法》第9条规定"中华人民共和国公民有受教育的权利和义务。公民不分民族、种族、性别、职业、财产状况、宗教信仰等，依法享有平等的受教育机会。"

(4)获得物质保障的权利。为了使学生顺利完成学业，国家有关法律法规对需要救济和奖励的学生获取物质保障的权利都做出了规定。《中华人民共和国教育法》第43条规定受教育者享有"参加教育教学计划安排的各种活动，使用教育教学设施、设备、图书资料"和"按照国家有关规定获得奖学金、贷学金、助学金"的权利。

(5)获得公正评价的权利。这项权利包括获得公正考评和学业证书两个方面：首先，学生有权利获得公正考评。教育及其管理部门要严格执行国家的教育方针政策和法规,对每个学生的学业成绩和品行一视同仁地做出公正考评。其次,学生有获得相应学业证书的权利。学生在思想品德方面合格的情况下,学完或提前学完教育教学计划规定的全部课程,经考核及格或修满学分,均有获得相应学业证书的权利,如毕业证、结业证、肄业证、学位证和其他写实性学业证书。

(6)获得尊重的权利。《中华人民共和国未成年人保护法》第4条规定:保护未成年人,应当坚持最有利于未成年人的原则。处理涉及未成年人事项,应当"尊重未成年人人格尊严;保护未成年人隐私权和个人信息"。第27条规定:"学校、幼儿园的教职员应当尊重未成年人的人格尊严,不得对未成年学生和儿童实行体罚、变相体罚或者其他污辱人格尊严的行为。"

(7)民主参与权。参与权是指儿童有权对影响其自身的事务发表意见并参与其中。这包括在家庭、学校、社区等场合中,儿童应有机会表达自己的观点和意愿,并参与相关决策的过程。

(8)获得法律救济的权利。这是公民的申诉权和诉讼权在学生身上的具体体现。《中华人民共和国教育法》第43条规定,学生有"对学校给予的处分不服向有关部门提出申诉,对学校、教师侵犯其人身权、财产权等合法权益,提出申诉或依法提起诉讼"的权利。

二、我国法律要求学生承担的义务

学生的义务是指学生依据教育法及其他有关法律、法规,在参加教育活动中必须履行的义务。依据学生就读学校的类别和年龄不同,学生的具体义务也不同,《中华人民共和国教育法》第43条对各级各类学校及其他教育机构的学生的基本义务作了规定,包括五个方面:

1.遵守法律、法规的义务

学生是国家公民的一员,和其他公民一样遵守法律、法规是一项基本要求。《中华人民共和国宪法》第33条规定:"任何公民享有宪法和法律规定的权利,同时必须履行宪法和法律规定的义务。"遵守法律和法规的义务对学生来说,还要强调遵守教育法律和法规。我国已颁布和施行了《中华人民共和国教育法》《中华人民共和国学位法》《中华人民共和国义务教育法》《中华人民共和国教师法》《中华人民共和国职业教育法》《中华人民共和国高等教育法》等有关教育的法律以及《学校体育工作条例》《学校卫生工作条例》《残疾人教育条例》等教育行政法规。

此外,国务院教育行政部门单独和与其他部委联合制定、施行了若干有关教育的规章,地方立法机关也依法制定了大量有关教育的规章。这些法律、法规和规章都涉及学生的权利和义务。学生作为最广泛的法律关系主体,必须同教育者一起知法和守法。

2. 遵守学生行为规范的义务

学生行为规范主要是指国家教育行政部门制定、颁发的关于学生行为准则的统一规定。包括《小学生日常行为规范》《中学生日常行为规范》《高等学校学生行为准则》以及《小学生守则》《中学生守则》《高等学校学生守则》等。这些规章集中体现了国家对不同教育阶段的学生的政治、思想、品德等方面的基本要求,各级各类学校的学生应当遵守相应的行为规范,养成良好的思想品德和行为习惯。

3. 遵守学校管理制度的义务

学校管理制度是国家教育管理制度的重要组成部分,是确保学校教育教学活动正常有序进行的基本措施,也是国家为实现教育权而赋予学校制定的必要纪律,是国家法律、法规的具体化。遵守学校的管理制度与遵守国家法律、法规在实质上是一致的。各级各类学校管理制度不同,但一般主要有四方面的内容:思想政治教育管理制度、教学管理制度、学籍管理制度(包括入学注册、成绩考核、登记、对升级、留级、转学、复学、休学、退学的处理、考勤、奖惩、毕业资格审查等管理规定)、其他制度(包括体育管理、卫生管理、图书仪器管理、校园及宿舍管理等方面的制度)。

4. 努力完成学业的义务

学习科学文化知识，完成规定的学业，使自己成为全面发展的社会主义建设者和接班人，是学生的首要任务，也是学生区别于其他公民的一项主要义务。对义务教育阶段的学生来说，这种义务是强迫的，具有强制性。对于非义务教育阶段的学生来说，其入学是自愿的，但在入学享有受教育权利后，也应承担努力完成学业的义务。履行完成学业的义务是学生享有获得学业证书的权利的前提。

5. 尊重师长的义务

尊重师长是我国的传统美德，是现代社会文明的标志，也是学生的基本义务。因为在教育活动中，教师是文化知识的传播者，承担着教书育人、培养社会主义事业建设者和接班人的使命，理应受到学生和全社会的尊重。对学生而言，也要自觉养成尊重师长的道德品质，服从师长的管教，协调与师长的关系，维护学校正常的教学秩序。

第五节　学校伤害事故及其防范

一、学校伤害事故的概念

2002年，"为积极预防、妥善处理在校学生伤害事故，保护学生、学校的合法权益"，教育部印发了《学生伤害事故处理办法》，其中第2条规定"在学校实施的教育教学活动或者学校组织的校外活动中，以及在学校负有管理责任的校舍、场地、其他教育教学设施、生活设施内发生的，造成在校学生人身损害后果的事故的处理，适用本办法。"这一规定从空间和时间上明确了学生伤害事故的内涵。其基本内涵可以理解为：一是事故必须是发生于中小学生接受学校教育期间。二是受害人为未成年在校受教育者。三是行为人已经对受害者造成了伤害的结果。四是伤害结果的发生与学校的教育教学活动有关系。五是学校对伤害结果的发生如果有过错的,对此要承担部分或全部责任。①

二、学校伤害事故的类型

学生伤害事故就其产生而言,可以分为两大类。一类是意外事故,这类事故发生的原因不是由于当事人的故意或过失,而是由于不可抗力。在这类事故中,由于当事人对意外事件的发生并无过错,根据过错责任原则,就不具备法律责任的负责条件。另一类学生伤害事故是过错事故。这类事故通常是指由于一方当事人(学校、教师)的违法行为而导致另一方当事人(学生)人身伤害后果的事件。与意外事故不同,违法行为是这类事故的必要条件。所谓违法行为,是指国家机关及其工作人员、社会团体、企业事业单位和公民违反法律规定,从而导致社会关系和社会秩序受到破坏的有过错的行为。它表现为违法者已有预计、明知故犯、疏忽大意、不履行法定义务,或者超越了法律规定的权利界限,做了法律所禁止的事情或是没有做法律所要求的事情。

从责任承担的方式上来看,可分为学校直接责任事故、学校间接责任事故、学校无责任事故。学校直接责任事故是指由于学校的过错造成的学生伤害事故,及事故的发生与学校的过错行为之间有着直接的因果关系。学校对直接责任事故要承担主要或全部责任。学校间接事故是指事故的直接原因不在学校,而由于其他当事人过错造成学生的人身伤害事故,即事故的发生是由于其当事人过错发生的,学校由于某些过错或管理不力,客观上为事故的发生或伤害程度的加重提供了条件。对于此类事件,学校视其具体情况承担次要法律责任。学校无责任事故是指在事故发生过程中没有任何过错,因而也不承担责任的事故。

---

① 陈鹏,祁占勇.教育法学的理论与实践[M].北京:中国社会科学出版社,2006:446-455.

三、学生伤害事故的责任认定

目前,人们普遍关注的是学校对在校学生的人身伤害事故究竟应负什么法律责任?从最近几年我国各级人民法院的司法判例来看,可归纳为以下几点。

1. 学校对在校学生不承担监护责任

监护是民法上为无民事行为能力人(8周岁以下)和限制行为能力人(8~18周岁)设定的监督保护人的一项民事法律制度。其中监督保护人称为监护人,被监督保护人称为被监护人。监护权是一种身份权,一般因为监护人与被监护人之间具有特定身份关系而产生。我国《中华人民共和国民法典》第27条的规定"父母是未成年子女的监护人。未成年人的父母已经死亡或者没有监护能力的,由下列有监护能力的人按顺序担任监护人:①祖父母、外祖父母。②兄、姐。③其他愿意担任监护人的个人或者组织,但是须经未成年人住所地的居民委员会、村民委员会或者民政部门同意。"第29条规定"被监护人的父母担任监护人的,可以通过遗嘱指定监护人。"第30条规定"依法具有监护资格的人之间可以协议确定监护人。协议确定监护人应当尊重被监护人的真实意愿。"另外,被监护人的人身权利、财产权利以及其他合法权益处于无人保护状态的以及没有依法具有监护资格的人,由被监护人住所地的居民委员会、村民委员会、法律规定的有关组织或者民政部门担任临时监护人。可见,目前法律规定中没有将学校纳入监护人的范围。因此,《学生伤害事故处理办法》第7条明确规定:"未成年学生的父母或者其他监护人应当依法履行监护职责,配合学校对学生进行安全教育、管理和保护工作。学校对未成年学生不承担监护职责,但法律有规定或者学校依法接受委托承担相应监护职责的情形除外。"

2. 学校对学生承担教育与管理责任

根据《教育法》第29条、《中华人民共和国教师法》第8条、《未成年人保护法》第13至19条、《学生伤害事故处理办法》第5条、第7条的规定,学校对学生承担教育与管理责任。从教育责任来看,学校必须执行国家教育教学标准,保证教学质量,对学生进行学业评定,促进学生全面发展;从教育权利责任看,学校必须为学生提供符合安全标准的校舍、场地、其他教育教学设施和生活设施,制止有害于学生的行为和其他侵害学生人身权、财产权的行为,抵制有害于学生健康成长的现象,为学生提供安全健康的学习环境。即学校只能承担在其特定的场地、场所、进行活动时保护和照顾被监护人身体健康的管理责任。这种责任是法律所规定的,是学校必须依法履行的。除此之外,学校不能管理被监护人的财产,代理学生进行民事活动,也不能代理学生进行民事诉讼活动。即使对学生健康的保护与照顾,也是在特定场合、特定活动中的保护与照顾。未成年人的父母仍然对其子女有不可推卸的保护与管理责任,未成年人的父母仍是其法定的监护人。根据法律规定,监护人要对被监护人的侵权行为造成他人伤害的,或者由于被监护人的过错行为造成自己受伤的行为承担法律责任,只有学校有过错时学校才承担相应的法律责任。

四、学生伤害事故的归责原则

侵权人因自己的行为或物件致他人损害后,就应依据一定的根据使其负责,这就是归责。归责原则是归责的根据和标准,是确定行为人的侵权责任的基本准则,也是制定侵权法的指导思想。因此,正确地掌握归责原则有利于学校事故的公正处理。

归责原则是司法机关处理侵权纠纷所应遵循的基本原则。学生伤害事故纷繁复杂,侵权纠纷千差万别,大量的案件很难援引现行的具体规定来处理。因此需要借助于直接体现侵权立法政策和方针的、抽象的归责原则来处理各种侵权纠纷。从一定的归责原则出发,就能理解和掌握整个侵权法规的功能和目的,就能正确使用侵权法,制裁各种侵权行为,保护学生和学校的合法权益。我国侵权法的归责原则是由过错责任原则、过错推定原则、无过错原则和所组成的体系。

(1)过错责任原则。这是指以过错作为归责的构成要件,同时,以过错作为行为人责任范围的重要依据。我国《民法典》第1165条规定:"行为人因过错侵害他人民事权益造成损害的,应当承担侵权责任。"

(2)过错推定原则。这是指根据已知事实进行推理和确定过错责任,也称为"过失推定",即原告能证明其所受到损害是由被告所致,而被告不能证明自己没有过错,则应推定被告有过错并承担民事责任。我国《民法典》第1165条规定:"依照法律规定推定行为人有过错,其不能证明自己没有过错的,应当承担侵权责任。"

(3)无过错责任原则。无过错责任也称为"无过失责任",是指当损害发生后,既不考虑加害人的过错,也不考虑受害人过错的推导法定责任形式。其目的是补偿受害人的损失。《民法典》1166条规定:"行为人造成他人民事权益损害,不论行为人有无过错,法律规定应当承担侵权责任的,依照其规定。"这一规定是无过错责任原则的法律依据。

(4)公平责任原则,是指损害双方的当事人对损害结果的发生都没有过错,但如果受害人的损失得不到补偿又显失公平的情况下,由人民法院根据具体情况和公平的观念,要求当事人分担损害后果。《民法典》第1186条规定:"受害人和行为人对损害的发生都没有过错的,依照法律的规定由双方分担损失"。

根据教育部颁布的《学生伤害事故处理办法》第8条规定:"学生伤害事故的责任,应当根据相关当事人的行为与损害后果之间的因果关系依法确定。因学校、学生或其他当事人的过错造成的学生伤害事故,相关当事人应当根据其行为过错程度的比例及其与损害后果之间的因果关系承担相应的责任。当事人的行为是损害后果发生的主要原因,应当承担主要责任。当事人的行为是损害后果发生的非主要原因,应当承担相应的责任。"可见,学生伤害事故应根据过错责任原则来确定行为人的侵权责任。根据这一原则,在学校事故处理过程中,应当由受害人就加害人的过错举证,即谁主张谁举证。受害人对于损害的发生也有过错的,可以减轻侵害人的民事责任,但受害人的轻微过失一般并不影响加害人的责任。而加害人的主观过错程度对其赔偿的范围有一定的影响。同时,行为人只对自己的行为过错负责,而不对第三人过错所致的损害负责。

五、学校的法律责任的认定

学校因下列情形之一造成学生伤害事故的,应依法承担相应的责任。

(1)学校的校舍、场地、其他公共设施,以及学校提供给学生使用的学具、教育教学和生活设施、设备不符合国家规定的标准,或者有明显不安全因素的。

(2)学校的安全保卫、消防、设施设备管理等安全管理制度有明显疏漏,或者管理混乱,存在重大安全隐患,而未及时采取措施的。

(3)学校向学生提供的药品、食品、饮用水等不符合国家或者行业的有关标准、要求的。

(4)学校组织学生参加教育教学活动或者校外活动,未对学生进行相应的安全教育,并未在可预见的范围内采取必要的安全措施的。

(5)学校知道教师或其他工作人员患有不适宜担任教育教学工作的疾病,但未采取必要措施的。

(6)学校违反有关规定,组织或安排未成年学生从事不宜未成年人参加的劳动、体育运动或者其他活动的。

(7)学生有特异体质或者特定疾病,不宜参加某种教育教学活动,学校知道或者应当知道,但未引起重视的。

(8)学生在校期间突发疾病或者受到伤害,学校发现,但未根据实际情况及时采取相应措施,导致不良后果加重的。

(9)学校教师或其他工作人员体罚或者变相体罚学生,或者在履行职责过程中违反工作要求、操作规程、职业道德或者其他相关规定的。

(10)学校教师或者其他工作人员在负有组织管理未成年学生的职责期间,发现学生行为具有危险性,但未进行必要的管理、告诫或制止的。

（11）对未成年学生擅自离校等与学生人身安全直接相关的信息，学校发现或者知道，但未及时告知未成年学生的监护人，导致未成年学生因脱离监护人的保护而发生伤害的。

（12）学校有依法履行职责的其他情形的。

六、学生及其监护人的法律责任认定

未成年学生及其监护人由于过错，有下列情形之一，造成学生伤害事故，应承担相应的法律责任。

（1）学生违反法律法规的规定，违反社会公共行为准则、学校的规章制度或者纪律，实施按其年龄和认知能力应当知道具有危险或者可能危及他人的行为的。

（2）学生行为具有危险性，学校、教师已经告诫、纠正，但学生不听劝阻、拒不改正的。

（3）学生或者其他监护人知道学生有特异体质，或者患有特定疾病，但未告知学校的。

（4）未成年学生的身体状况、行为、情绪等有异常情况，监护人知道或者已被学校告知，但未履行相应监护职责的。

（5）学生或者未成年学生监护人有其他过错的。

七、学生伤害事故中学校免责条件

免责条件是指法律责任免除的合法条件。按照我国《中华人民共和国民法通则》和《学生伤害事故处理办法》的有关规定，学校可以免除法律责任的情况主要有第三人的过错、不可抗力、意外事件和在学校教育与管理之外发生的学生伤害事故。

（1）第三人的过错，是指除原告和被告之外的第三人对原告损害的发生或扩大具有过错，这种过错包括故意和过失。例如，学校由于管理不善导致学生在玩耍时被打伤，作为打架一方的肇事学生就是第三人。在这类案件

中,第三人的过错是减轻或者免除被告责任的依据,因为第三人的过错或者与被告共同引起损害的发生,或者单独构成侵权,因此第三人也应当作为被告向原告负赔偿责任。第三人虽有过错,但原告可能并没有向其提出请求或者对其提起诉讼,而仅对学校提起诉讼,并要求其承担责任,被告应就第三人对损害的发生有过错提出举证,以求免责或者减轻责任。

(2)不可抗力,是指独立于人的行为之外,并且不受当事人的意志支配的力量,它包括某些自然现象(如地震、台风、洪水、海啸等)和某些社会现象(如战争等)。不可抗力作为免责条件的依据是,让人们承担与其行为无关而又无法控制的事故的后果,不仅对责任的承担者来说是不公平的,也不能起到教育和约束人们行为的积极后果。但是,不可抗力作为免责条件,必须是不可抗力构成了损害结果发生的原因。只有在损害完全是由不可抗力引起的情况才表明被告的行为与损害结果之间无因果关系,同时表明被告没有过错,因此应免除责任。

(3)意外事件,是指非当事人的故意或者过失而偶然发生的事故。不可预见性、偶然性和不可避免性是意外事故的基本条件。例如,因连日暴雨,导致学校旧墙突然倒塌,将学生砸伤。由于是意外天灾导致,在当时情况下,当事人不可能预见到发生的事情,因此没有过错,可以免除责任。

(4)学校教育与管理之外发生的学生伤害事故,主要是指在学校无不当行为的情况下,学生自行上学、返校、离校途中,或学生自行外出、擅自离校期间发生的,或在放学后、节假日或者假期等学校工作时间之外,或学生自行滞留学校或者自行到校发生的学生人身伤害事故。

八、学生伤害事故的责任形式和制裁方式

学生伤害事故的责任形式主要是侵权民事责任,其制裁方式也相应是民事制裁方式。民事责任形式是指违反民事义务的人承担的民事责任。侵权民事责任形式是因侵权行为而产生的,是侵权损害所产生的法律后果。其基本形式有:停止侵害;排除妨碍;消除危险;返还财产;恢复原状;赔偿损失;消除影响、恢复名誉;赔礼道歉等。民事制裁是指人民法院依法对违反民

事法律应负民事责任的行为人所采取的民事制裁、处罚措施。一般包括：训诫；责令其悔过；收缴进行非法活动的财物和非法所得以及罚款、拘留等。

有关责任人的行为触犯刑律的，则必须移送司法机关依法追究刑事责任。

练习与思考

一、选择题

1. 以下不属于了解和研究学生的过程中应遵循的原则的是(　　)。

   A. 全面性　　B. 经常性　　C. 发展性　　D. 科学性

2. 不属于职业生涯规划主要帮助学生解决职业生涯"四定"的是(　　)。

   A. 确定职业方向

   B. 确定职业发展的地点

   C. 确定自己在职业人群中的位置

   D. 确定家人能够提供的帮助

3. 某班几位喜欢打篮球的同学组成了一个球队，经常课余切磋球艺，但偶尔也在班级事务中作为同学们的利益代表发言。这种情况属于(　　)。

   A. 班级中的正式组织　　B. 班级中的不良现象

   C. 班级中的非正式组织　　D. 应该坚决杜绝的现象

4. 班主任在班级管理中，总是希望学生能够取得更好地发展，这反映了班级管理的(　　)特点。

   A. 管理性　　B. 育人性　　C. 服务性　　D. 教育性

二、思考题

1.《中小学班主任工作规定》中规定的中小学班主任的职责与任务有哪些？

2. 班集体建设需要做好哪些工作？

(选择题参考答案：1. D　2. D　3. C　4. B)

第十二章　教师及其专业发展

■ 关键问题

1. 教师的职业性质、特点、角色和地位。
2. 教师的素养构成。
3. 教师专业化的含义及专业发展的策略。
4. 教师的权利与义务。

■ 思维导图

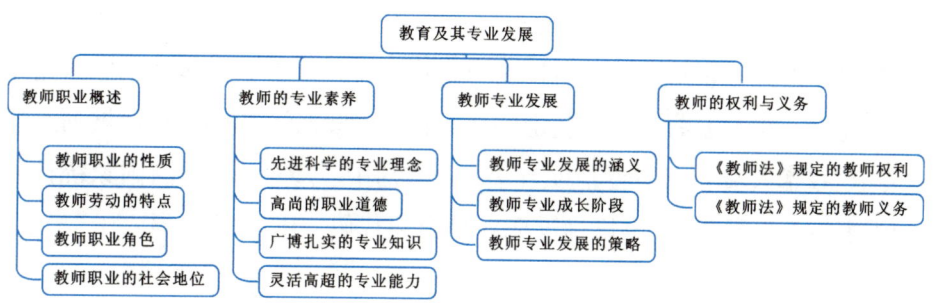

教师是教育活动的组织者和领导者,教师的学识、能力以及法律赋予教师的权利和职责,决定了教师在教学活动中的主导作用。没有教师生命质量的提升,很难有高的教育质量;没有教师精神的解放,很难有学生的主动发展;没有教师的教育创新,很难有学生的创新精神。教师持续、有效地获得专业发展,对学生和学校的健康发展都非常重要。①

---

① 栗洪武,肖世民,陈晓端,康伟.学校教育学[M].西安:陕西师范大学出版社,2007:31-47.

第一节 教师职业概述

一、教师职业的性质

我国《中华人民共和国教师法》(以下简称《教师法》)规定:"教师是履行教育、教学职责的专业人员,承担教书育人、培养社会主义事业建设者和接班人、提高民族素质的使命。"这一规定,可以从以下几个方面来把握:

(1)明确了教师是专业人员。即教师和医生、律师等行业一样,是从事专门职业活动的,必须具备专门的资格,符合特定的要求。这些要求是:①教师要达到规定的学历。②教师要具备相应的知识。③教师要符合与其职业相称的其他有关规定,如语言表达能力、身体状况等。1966年10月,联合国教科文组织发表的《关于教师地位的建议》也明确指出:"教育工作应被视为专门职业,这种职业是一种要求教师具备经过严格并持续不断地研究才能获得并维持专业知识及专门技能的公共业务。"世界上大多数国家采用了这一建议。在国际劳工组织制定的《国际标准职业分类》中,教师被列入了"专家、技术人员和有关专业工作者"的类别中。1986年,我国国家统计局和国家标准局发布的《国家标准职业分类与代码》中,教师被列入了"专业、技术人员"这一类别。

(2)规定了教师的职责是教育教学,以区别于其他人员。这就是说,只有直接承担教育教学工作的人员才是教师。否则,在学校里的其他人员,如行政管理人员、后勤服务人员、校办产业公司人员、教学辅助人员等,由于不直接从事教育教学工作,未直接履行教育教学职责,就不能定为教师,而分属教育职员或其他专业技术系列。但要指出的是,在学校及其他教育机构中承担其他职责的同时,也承担教育教学职责,并达到教师职责基本要求的人员,也可以确定为教师。

(3)规定了教师的使命就是教书育人,培养社会主义建设者和接班人,提高民族素质。这是就教师工作的目的而言的,教师的一切工作都要服从于这个目的。2018年中共中央国务院印发《关于全面深化新时代教师队伍建设改革的意见》,明确提出"突显教师职业的公共属性,强化教师承担的国家使命和公共教育服务的职责,确立公办中小学教师作为国家公职人员特殊的法律地位"。

二、教师劳动的特点

教师的劳动属于精神生产,劳动对象又是人,劳动的成果主要体现在青少年的健康成长上,这就使得教师的劳动与其他劳动相比有质的差别。这种差别决定了教师劳动有以下几个方面的独特性:

1. 复杂性和繁重性

这一特点的内涵是指教师的劳动不是简单的重复,而是复杂的塑造人的灵魂的工作;不是轻松的活动,而是繁重的脑力劳动。这是因为:第一,教师的劳动对象是具有主观能动性的人。在教育过程中,学生不是消极被动地接受教师的加工和塑造,而是以独立的个体人格参与教育过程,并且直接影响着教师的劳动效果。所以,教师必须树立发展多样性的教育观念,研究每个学生发展的个别差异,以便因材施教,而不能像工人生产那样,按照统一的图纸、模具、操作规程加工产品。第二,教育任务的多元性。就总体任务而言,教师既要促进学生全面发展,形成良好的个性,又要使学生的特殊才能得到充分发挥;就某方面的任务而言,教师的工作也是多元的。如,在智育上,教师既要传授知识,又要发展学生的能力。这就要求教师树立全面的教育质量观,面向全体学生,以发展学生的综合素质的目的进行教育和教学。第三,影响学生发展的社会因素的多样性。学生在接受学校教育的同时,还要受到来自家庭、社会其他方面的影响。其中有些影响是积极的,有些则是消极的。这就要求教师协调各方面的教育影响,统一各方面的教育力量,形成合力,增强教育效果。第四,教师劳动过程的复杂性。教师的工作既是一种复杂的脑力劳动,也是一种复杂的体力劳动,需要具备丰富的专业知识与一系列的专业技能和技巧才能完成任务。

2. 创造性和灵活性

这一特点的内涵是指教师的工作尽管有一些基本的原则和要求,但针对每个学生的教育来说,没有现成的操作规程。教育必须根据学生的具体情况,灵活地运用教育原则,创造性地设计教育方法。这一特点体现在:第一,对不同学生要区别对待,因材施教。每个学生都是一个特殊的实体,教师要具体研究,区别对待,"一把钥匙开一把锁"。第二,对各种教学方法要灵活地选择和组合。学生掌握知识是一个复杂的心理活动过程,而传授知识又没有固定的模式可以遵循。这就要求教师针对学生和教材的特点,灵活地、创造性地设计和组织教学活动。第三,灵活运用教育机智,及时恰当地处理教育情境中的偶发事件。在教育教学过程中,尤其是中小学,因学生年龄小,自制力和分析预见行为后果的能力都很差,随时可能发生一些预料不到的事件。这就要求教师果断、机智、灵活地予以解决,化消极因素为积极因素,并利用机会教育学生。

3. 主体性和示范性

这一特点的内涵是指教师的劳动,除了运用教育手段作用于教育对象外,还要给学生做出示范,以自己的主体形象影响和感化学生。在某种意义上,以主体示范感化学生的方法,不仅是作为一种教育手段,更重要的是对其他教育手段还有放大或缩小的作用。如果教师具备了社会所期望的高尚的职业道德情操,深受学生尊重,就会增强其他教育手段的影响;如果教师不注意自身的修养,在学生中没有威信,就会削弱所采取的其他教育手段的力量。

4. 长期性和长效性

这一特点的内涵是指教师的劳动不可能在短期内获得效果,必须坚持不懈,反复施教,促进学生一步一步地成长。这是因为:第一,人的成长是自然发育和社会化的统一过程,既要受到生理器官成熟程度的制约,又要受到心理素质成熟程度的影响。无论是哪方面的成熟,都需要较长时间的积累过程。第二,学生掌握文化科学知识,形成一定的道德观念,智力和能力发展到一定的水平,都需要长期地反复培养。第三,教师的劳动最终体现在学生未来的发展上。虽然教师的劳动在就读的学生身上也能显现出部分效果,但从最终意义上讲,则集中体现在学生未来发展的成就上。

5. 个体性和集体性

这一特点的内涵是指教师的劳动过程呈现为个体的性质,而劳动的结果又呈现出集体的性质。从劳动过程看,教师的备课、上课、课外辅导以及对学生的集体培养都是以个体的方式进行的。这种个体形式几乎使每个教师养成了自己独特的教育艺术和风格;从劳动结果看,教师劳动的效果体现在学生身上,而学生的进步并非某一个教师单独工作的结果,而是教师集体努力的成果。另外,在每个教师个体活动的背后,又有许多教育工作者的劳动服务。如,前人总结的经验可以吸取和借鉴,同事与同行在教学计划、教学大纲、教科书、实验、资料等方面做了大量的基础工作等。所以说,学生的全面和谐发展是教师个人努力与集体合作的结晶。

三、教师职业角色

教师职业的属性除表现在性质和特点与其他职业不同外,还表现在职业角色的不同。所谓职业角色是个人在一定的社会规范和职业中履行一定社会职责的行为模式,每个人在社会中同时扮演许多角色。教师所扮演的角色与其他角色相比更加丰富,但主要扮演着六种角色:

1. "传道者"角色

教师承担着国家和社会赋予的传递社会传统道德、价值观念的使命,其教育教学活动不是随意的。道之所存,师之所存焉。虽然在现代社会,道德观和价值观具有多元性,但教师的道德和价值观总是代表着居于社会主导地位的价值观与道德观,并用这种观念引导学生。

2. "授业、解惑者"角色

唐代文学家韩愈就曾说过:"师者,所以传道、授业、解惑也。"教师是社会各行各业建设人才的培养者。为了培养社会所需要的人才,一方面,教师要不断地学习和整理人类长期积累的知识经验,使之系统化,并在此基础上不断钻研和创造,丰富人类的知识宝库;另一方面,不断研究了解学生,探讨和设计适合他们的教育方法,以最高的效率把知识传授给学生,解决学生学习中的困惑,启发他们的心智,形成学生自己的知识结构和技巧。

3. 示范者的角色

教师不仅以科学的教育方法塑造学生,还以自己的言行影响感化学生,使学生在潜移默化中受到熏陶。教师的学识、各种观念、为人处世的态度都是学生学习的榜样。从某种意义上说,教师的职务就是以自己为榜样来教育学生。所以,从古至今总是把教师的德行放在首位。

4. 管理者的角色

教师是教学活动的组织者和管理者。就一项具体的教学活动而言,教师还可能是领导者。教师的这种角色主要表现在:确定具体的教学活动目标、建立班集体制度、贯彻各项规章制度、维持班级纪律、组织班级活动、协调人际关系、控制和评价教学活动等。

5. 父母与朋友角色

教师往往被学生视为自己的父母或朋友。低年级学生倾向于把教师看作是父母的化身,对教师的态度有点像对父母的态度;高年级学生愿意把教师当作自己的朋友,希望在学习、生活、人生等方面得到教师的指导,在痛苦与忧伤、幸福与欢乐中得到教师的理解和分享。

6. 研究者角色

教师面对的是充满生命活力和千差万别的学生个体,传授的内容又是不断发展变化的人文、科学知识。这就要求教师必须以一种发展变化的视角对待教育对象和内容,不断研究和创新。

第十二章 教师及其专业发展

四、教师职业的社会地位

教师作为专业人员,其社会地位一般来说由政治地位、经济地位及职业声望等方面构成。

教师的政治地位主要表现为,教师在民族以及国家政治生活中教师发挥的作用以及占据的地位。我国自古就重视教师的作用,孔子就被称颂为"至圣先师""万世师表","天地君亲师"的排序更把教师的地位提到了无比的高度。《荀子·大略》中把尊师与国家的兴亡联系在一起,曰"国将兴,必贵师而重傅……国将衰,必贱师而轻傅"。新中国成立后,教师作为知识分子被明确为工人阶级的一部分,选举教师为人大代表、政协委员、表彰优秀教师,授予"特级教师"光荣称号。随着社会不断发展,教育地位的提升,教师政治地位的提高成为提高教师职业社会地位的前提。党的十八大以来,习近平总书记始终高度重视教育事业发展,对教师队伍建设寄予殷切希望。总书记在不同场合多次指出,广大教师责任重大、使命光荣,并强调全社会要关心关爱教师,弘扬尊师重教的良好风尚。在2018年全国教育大会上的讲话中,习近平总书记强调"教师是人类灵魂的工程师,是人类文明的传承者,承载着传播知识、传播思想、传播真理,塑造灵魂、塑造生命、塑造新人的时代重任。"2020年9月教师节来临之际,习近平向全国广大教师和教育工作者致以节日祝贺和诚挚慰问,强调广大教师要"不忘立德树人初心,牢记为党育人、为国育才使命,不断作出新的更大贡献。"这些对教师的肯定,都使教师的政治地位不断彰显和加强。

教师的经济地位是指,教师的经济待遇在社会职业体系中所处的相对高度,包括社会物质财富的分配、占有和享用的状况,以及待遇、生活水平、行业吸引力等。它是教师社会地位最直接和最基础的指标。我国法律在教师工资、住房、医疗、退休和退职等方面都做出了规定。在工资待遇上,《教师法》明确规定:"教师的平均工资水平应当不低于或者高于国家公务员的平均工资水平,并逐步提高。建立正常的晋级增薪制度""中小学教师和职业学校教师享受教龄津贴和其他津贴"。在住房上,《教师法》规定:"地方各级人民政府和国务院有关部门,对城市教师住房的建设、租赁、出售实行优先、优惠。县、乡两级人民政府应当为农村中小学教师解决住房提供方便。"在医疗上,《教师法》规定:"教师的医疗同当地国家公务员享受同等的待遇,定期对教师进行身体健康检查,并因地制宜地安排教师休养"。在退职和退休上,《教师法》规定:"教师退休或退职后,享受国家规定的退休或者退职待遇""县级以上地方人民政府可适当提高长期从事教育教学工作的中小学退休教师的退休金比例"。近年来,随着教育事业的深入发展,教师在教育优质发展中作用日益凸显。为此,国家多次反复强调,要始终将教师队伍建设作为投入重点予以优先保障,"不断提高教师地位待遇,真正让教师成为令人羡慕的职业"。

职业声望是社会公众对某一职业的意义、价值和声誉的综合评价,具体体现在职业形象的优劣、职业吸引力的大小、职业的稳定性和威信等方面。教师的职业声望是其社会地位的综合体现,直接影响着教师群体的职业权利的实现及教师个体的心理状态。职业声望的高低取决于教师对社会所做的贡献、教师的教育程度和经济收入的高低、教师的工作条件、职业道德和辛劳程度等。此外,还受到社会发展水平及传统文化的影响。随着近年来教师政治地位和经济地位的不断提升,教师的职业声望也在高涨。2018年瓦尔基基金会(Varkey Foundation)编制的覆盖全球35个国家和地区的《全球教师地位指数》(Global Teacher Status Index)调查显示,中国在全球教师地位排名中遥遥领先,81%的受访者认同尊师重教理念,稳居全球榜首,而国际平均水平为36%,中国社会对于教师受尊敬程度的积极认知也在五年间持续上涨,由2013年的75%增至2018年的81%;一半的中国家庭会鼓励他们的孩子未来从事教师职业。①

---

① 佚名.《全球教师地位指数》报告:中国人最尊师重教[J].中国德育,2019(1):5.

■ 拓展资料

关于教师角色的传统隐喻思考

在对教师角色的这些传统隐喻中,除赞扬教师的优秀品质和崇高的地位之外,也隐含了很多传统教育观念对于教师职业的一些误解:

1. 教师是蜡烛

肯定:奉献与给予。

不足:忽视教师的持续学习与成长,淡漠教师内在的尊严与劳动的欢乐。

2. 教师是园丁

肯定:田园式的宽松环境;重视学生的成长历程;注意了学生发展的个性差异;强调教师作用的发挥。

不足:存在着淘汰制(间苗);有人为的强制性(修剪)。

3. 教师是人类灵魂的工程师

肯定:工程师肯定了职业的重要;灵魂则关注到了教师对人心灵的发展。

不足:暗示一种固定、统一的标准,忽视了学生的差异性;整齐划一,批量生产。

(资料来源 栗洪武,肖世民,陈晓端,康伟主编《学校教育学》,陕西师范大学出版社,2007,第36页。)

第二节 教师的专业素养

教师专业素养,是指教师顺利从事教育教学活动所必需的基本品质或基础条件。2012年,教育部为构建教师专业标准体系,建设高素质专业化教师队伍,研究制定了《幼儿园教师专业标准(试行)》《小学教师专业标准(试行)》《中学教师专业标准(试行)》。这是对幼儿园、小学和中学合格教师专业素质的基本要求,是教师开展教育教学实践、提升专业发展水平的行为准则,也是引领教师专业发展的基本准则,是教师培养、准入、培训、考核等工

作的重要依据。根据这些标准,中学教师的专业素养可以概括为以下几点:

一、先进科学的专业理念

专业理念是教师作为专业人员,依据教育发展规律、社会发展要求和国家教育方针政策,在专业实践和专业发展中应当秉持的价值导向。中学教师应该具有"学生为本""师德为先""能力为重""终身学习"四个基本理念。

1. 学生为本

学生是教育的对象,也是学习的主体,是未来社会发展的主力军。教育教学活动的开展必须根据学生的身心发展特点,激发学生的积极主动性,着眼于学生全面发展和未来发展的可能。这就要求教师们必须坚定树立学生为本的理念,尊重每一个学生,处理好集体教学与个体差异、统一要求与个性发展的关系,努力为每一个中学生提供适合而有效的教育,引导学生的学习乐趣,保护中学生的求知欲和好奇心,引导学生学会学习,养成良好的学习习惯,培养学生的广泛兴趣、动手能力和探究精神,从而为其全面发展奠定良好的基础。

2. 师德为先

教育是对学生身心发展施加影响的过程。这种影响不仅表现在直接的教育教学过程中,也体现在师生日常的活动和交往中。"学高为师,身正为范"是这种影响的集中概括。这就要求教师在自己的工作和生活中,随时要注意自身言行对学生的影响,把师德修养放在首要位置,关心爱护学生,爱岗敬业,随时随地保持积极向上奋进不息的精神、互敬互帮和谐相处的品质、遵纪守法严守底线的毅力和豁达开朗不躁不馁的心态,潜心业务,甘为人梯,团结协作地促进学生全面发展。

3. 能力为重

教师的教育教学是通过行动来完成的,具有相应的教育教学能力是确保教育教学得以最终落实的基础所在,也是高质量教师队伍的首要体现。教师的能力素养,不仅体现在学科教学的备课、上课、作业批改等教学能力中,也体现在开展班级管理和其他教育活动、人际交往以及自我发展等方面。这需要广大教师不仅要不断提升自己的专业能力,更要在管理能力、人际交往和自我专业发展上不断进步。要善于观察和总结,互相学习,积极实践,从而适应教育教学中各种活动的要求。

4. 终身学习

随着信息技术的飞速发展和知识更新换代速度的不断加快,每个人在工作和生活中都会面临着需要解决的新问题,因而终身学习成为每个人应对这种需要的必须。同样,教育领域中学生的发展、技术的应用、内容的更新、理念的变化,也要求教师必须了解社会发展前沿与趋势,熟悉学生发展特点,掌握教育教学中出现的新理念、新技术和新方法,从而能够以更高的思想站位、更开阔的学术视野,指导学生的学习和发展,否则就会陷入"以其昏昏使人昭昭"的尴尬境地。

二、高尚的职业道德

职业道德的概念有广义和狭义之分。广义的职业道德是指,从业人员在职业活动中应该遵循的行为准则,涵盖了从业人员与服务对象、职业与职工、职业与职业之间的关系。狭义的职业道德是指,在一定职业活动中应遵循的、体现一定职业特征的、调整一定职业关系的职业行为准则和规范。不同的职业人员在特定的职业活动中形成了特殊的职业关系,包括职业主体与职业服务对象之间的关系、职业团体之间的关系、同一职业团体内部人与人之间的关系,以及职业劳动者、职业团体与国家之间的关系。

教师的职业道德,是教师和其他教育工作者,在从事教育教学活动中必须遵守的道德规范和行为准则,是教师的立业之基,从教之要。教师能否立德修身以及如何立德修身,是新时代师德师风建设的关键。党的十八大以来,习近平总书记高度重视师德师风建设,对广大教师提出了"四有好老师""四个引路人""四个相统一"等明确要求,强调"评价教师队伍素质的第一标准应该是师德师风"等。

同时教育部多次出台文件加强师德师风要求。2008年修订的《中小学教师职业道德规范》就提出了爱国守法、爱岗敬业、关爱学生、教书育人、为人师表、终身学习等职业道德要求,并划出了"不得有违背党和国家方针政策的言行""不得敷衍塞责""不讽刺、挖苦、歧视学生,不体罚或变相体罚学生""不以分数作为评价学生的唯一标准""不利用职务之便谋取私利"等行为红线。

2014年1月,教育部在《中小学教师违反职业道德行为处理办法》中划定了十条"师德红线",包括:(1)在教育教学活动中有违背党和国家方针政策言行的。(2)在教育教学活动中遇突发事件时,不履行保护学生人身安全职责的。(3)在教育教学活动和学生管理、评价中不公平公正对待学生,产生明显负面影响的。(4)在招生、考试、考核评价、职务评审、教研科研中弄虚作假、营私舞弊的。(5)体罚学生或以侮辱、歧视等方式变相体罚学生,造成学生身心伤害的。(6)对学生实施性骚扰或者与学生发生不正当关系的。(7)索要或者违反规定收受家长、学生财物的。(8)组织或者参与针对学生的经营性活动,或者强制学生订购教辅资料、报刊等谋取利益的。(9)组织、要求学生参加校内外有偿补课,或者组织、参与校外培训机构对学生有偿补课的。(10)其他严重违反职业道德的行为应当给予相应处分的。教师若有以上十类中"触线"行为,所受到处分包括警告、记过、降低专业技术职务等级、撤销专业技术职务或者行政职务、开除等。

2018年,教育部正式印发实施《新时代中小学教师职业行为十项准则》《中小学教师违反职业道德行为处理办法(2018年修订)》等文件,提出十条针对性的要求,包括坚定政治方向、自觉爱国守法、传播优秀文化、爱岗敬业、关爱学生、诚实守信、廉洁自律等方面。每一条既提出正面倡导,又划定师德底线。其中,坚定政治方向、自觉爱国守法、传播优秀文化等是共性要求,爱岗敬业、关爱学生、诚实守信、廉洁自律等几个方面,结合高校、中小学、幼儿园教师中的不同表现、存在的问题及在不同阶段教师队伍的差异性,提出不同要求。

第十二章 教师及其专业发展

通过这些措施,进一步明确了新时代教师职业规范,针对主要问题、突出问题划定基本底线,加强师德师风建设,是建设政治素质过硬、业务能力精湛、育人水平高超的高素质教师队伍的重要举措,也为教师严格自我约束、规范职业行为、加强自我修养提供基本遵循。

三、广博扎实的专业知识

专业知识是中学教师开展专业工作的重要条件,形成合理的专业知识结构,有助于中学教师的专业发展。按照《中学教师专业标准(试行)》的要求,中学教师要形成合理的专业知识结构,就应具备以下专业知识。

《中学教师专业标准(试行)》中要求,中学教师应该掌握中学教育的基本原理和主要方法;掌握班级、共青团、少先队建设与管理的原则与方法;掌握教育心理学的基本原理和方法,了解中学生身心发展的一般规律与特点;了解中学生世界观、人生观、价值观形成的过程及其教育方法;了解中学生思维能力、创新能力和实践能力发展的过程与特点;了解中学生群体文化特点与行为方式。这些知识可以归结为三类:

(1)教师的条件性知识,主要是指教育学和心理学知识。要成为一位好教师,不但要有扎实的专业知识结构,还要了解和遵循教育工作的规律与学生身心发展规律,掌握教育学、心理学、生理学等基本教育理论和知识。所以,条件性知识是教师成功教学的重要条件,当代教学工作的特殊性要求教师跟上教育理论研究的步伐,把教育理论的最新研究成果引入教学过程。

(2)教师的本体性知识,指教师所具有的、特定的专业知识。只有具备一定专业知识水准,教师才有可能进行有效的教学;要培养学生对所学内容的分析能力,教师必须理解学科知识是如何创立、构建并与其他学科相联系的;而且,教师的专业知识应具有一定的广度和深度。这类知识又可以分为:①学科知识,即中学教师掌握该学科知识体系的知识、学科基本内容知识和学科联系知识,理解所教学科的知识体系、基本思想与方法,掌握所教学科内容的基本知识、基本原理与技能,了解所教学科与其他学科、社会实践及共青团、少先队活动等之间的联系。②学科教学知识,即要掌握所教学科的课程标准和学科课程资源开发与校本课程开发的主要方法与策略,了解学生在学习具体学科内容时的认知特点,掌握针对具体学科内容进行教学和研究性学习的方法与策略等。③通识性知识,主要包括人文科技常识、国情知识、艺术知识等。

(3)教师的实践性知识,是教师在面临实现有目的的教学行为中所具有的课堂情境知识以及与之相关的知识,也就是教师教学经验的积累,这类知识具有很强的情境性和经验性。例如,在教学过程中,教师积累了一些有关学生的知识,就能了解、分析学生的心理活动和思想状态,在特定的教学情境中做出相应的反应。另外,优秀教师的教学实践性知识,还包括不断学习和掌握现代技术手段,如使用计算机辅助教学等,主要解决的则是教师用什么工具和媒介来实现知识教授的问题。

在这些知识中,通常初入职教师的知识结构以原理知识为主,包括学科的原理、规则等,还有一般教学法的知识,均属于明确的知识;有经验的教师在教学实践中逐步积累了案例知识,包括学科教学的特殊案例、个别经验等;专家型教师则不同,他们还具备丰富的策略知识,即将教育学、心理学、教学论等原理运用于特殊案例中的教学策略,其核心是教学实践反思。所以,教学的案例知识和策略知识,很大部分是教师的亲身经验,以默会知识居多。

四、灵活高超的专业能力

专业能力是中学教师开展教育教学工作的实践素养与技术条件。教师的专业能力,不仅体现在学科教学的备课、上课、作业批改等教学能力中,也体现在开展班级管理和其他教育活动、人际交往以及自我发展等方面。这里重点介绍以下几种能力:

1. 教学能力

教学能力是一名教师的核心也是基本能力。高超的教学能力不仅能大幅提升学生的学习能力,更能使学生在学习中感受到教学之美和教师的魅力,从而在知识、能力、情感、审美等多方面得到熏陶和发展。根据教学的环

节,教师的教学能力可以分为以下几方面:

(1)教育教学设计能力。这是教师备课的基础。教师要根据课程标准的要求,结合教材和学生的实际,充分考虑教学场地、教学条件及个人特长,创造性地采用适当的教学模式和教学方法,合理利用教学资源,形成科学的教学方案。

(2)组织实施能力。课堂教学实施,是完成教育教学任务的关键。没有高质量的教学实施,就没有高质量的教学效果。要组织实施教学,教师需要具备:①教学情境创设能力,即中学教师应该具备创设适宜的教学情境,根据中学生的反应,及时调整教学活动的能力;学习指导能力,即调动中学生学习积极性,结合中学生已有的知识和经验激发学习兴趣并发挥中学生主体性,灵活运用教学方法,促使学生快乐、高效地进行学习。②语言表达能力,包括要有较强的口语表达能力,口语表达科学准确、简洁易懂、逻辑严密、生动有趣,适应学生的年龄特点和知识水平,与教学内容所负载的情感协调,能吸引学生;要有较强的文字表达和板书能力,文字功底好,能写一手好字,板书结构好,既能反映教学全貌,又能突出重点;要有丰富、大方的体态语言,能充分恰当地运用身体的位置、姿势、动作与表情来表达自己的思想感情。③组织管理能力,包括善于与学生交往的能力,善于发动学生积极参与学习活动、激发学生学习动机的能力,善于营造课堂教学气氛的能力,善于组织形式多样的教学活动的能力,善于管理课堂教学中学生学习行为与纪律的能力,善于反馈、调控课堂教学效果的能力,善于评价课堂教学、激励学生学习的能力,善于处理突发事件的应变能力等。④运用教学媒体和信息技术的能力,要善于运用传统教学媒体与现代信息技术媒体,能运用实验设备、录音机、电视机、幻灯机、投影仪、多媒体技术、网络技术等进行教学。⑤激励评价能力,即根据学生的课堂表现,对学生的学习给予恰当地评价和指导的能力,以及引导学生进行积极自我评价的能力等等。

(3)开展思想教育的能力。任何教学都有教育性。教师要能充分挖掘课堂教学内容中的思想教育因素,积极地把思想教育融入学科教学之中,使学生在学习学科知识的同时,感受知识促进社会发展和改变人类生活的奇妙,对我国及世界各国文化先贤对人类社会发展所起的作用有深刻理解,对世界科技发展趋势和我国中国特色社会主义建设面临的各种挑战产生紧迫感和使命感,从而有意识地把所学运用于实践,自觉进行创新创业创造,为实现中华民族伟大复兴的中国梦奠定坚实的基础。

(4)研究反思的能力。教学是一门艺术,同样的任务可以有不同的完成方式,效果也可能有较大的差异。而反思发展能力,就是教师在工作中,不断通过思考已经完成的工作,通过收集相关信息,进行反复衡量评价,找出更加完善办法的能力。这种能力又与教师对教育教学工作中的现实问题与困难的探索和研究紧密联系在一起。只能经过不断地反思,才能实现对冗杂经验的沉淀和总结,提炼出适合于自己的教学理念、教学方法、教学手段甚至是教学模式,实现自我能力的不断提升。

2. 班级管理能力

班级管理是教育教学的重要环节。要使一个由不同个性、不同来源甚至不同发展水平的学生群体,成为具有共同奋斗目标、强有力的班级领导机构和正确的集体舆论以及具备良好班风的班集体,教师必须具备以下几种能力:

(1)领导能力,就是影响别人、让别人跟从的能力。在班级管理中,教师的领导能力就是通过班级组织建设、班级目标设计和实现班级目标的途径和方法进行选择,把全班个性、基础、志趣不同的学生组织起来,为实现班级目标而奋斗的能力。这种能力一方面是职位本身赋予的能力,另一种是自己本身的个人魅力对别人的影响力。

(2)交流与交往能力,指教师在班级管理过程中,需要通过与学生交流、交往来实现对学生的品德指导、学习指导和其他各方面的教育,通过与领导、同事、家长进行交流和交往,实现班级管理的控制与协调。缺失这种能力,教师即使教育教学水平再高,也可能难以得到同事和学生的普遍认可,导致不能有效团结同事、激励学生,达不到应有的管理效果。

第十二章　教师及其专业发展

(3)应变能力,指教师在教育教学中要能自如地应对管理情境中出现的各种问题,对偶发事件能从容、冷静、妥善地进行处理。俄国教育家乌申斯基曾说:"不论教育者怎样研究了教育学理论,如果他缺乏教育机智,他就不可能成为一个优秀的教育实践者。"①教育教学是一个复杂的系统,其中充满变化和问题,事先如何周密设计,教师总会碰到许多新的"非预期性"的教学问题。教师若是对这些问题束手无策或处理不当,课堂教学就会陷入困境或僵局,甚至还会导致师生产生对抗;而富有教学智慧和机智的教师面对偶然性问题和意外的情况,总能灵感闪现,奇思妙策在瞬间激活,机动灵活地实施临场应变。

第三节　教师专业发展

一、教师专业发展的含义

20世纪80年代以来,教师专业化形成了世界性的潮流,极大地推动了许多国家教师教育新理念和新制度的建立。1986年,美国的卡内基工作小组、霍姆斯小组相继发表《国家为培养21世纪的教师作准备》《明天的教师》两个重要报告,同时提出以教师的专业性作为教师教育改革和教师职业发展的目标。80年代末,英国开始实施教师聘任制和教师证书制度,教师专业化进程进一步加快。1989—1992年,经济合作与发展组织(OECD)相继发表了一系列有关教师及教师专业化改革的研究报告,如《教师培训》《教师质量》《学校质量》《今日之教师》等。1996年,联合国教科文组织召开的第45届国际教育大会上对教师专业化达成了一致认识,在其通过的《关于教师地位的建议书》中提出:"在提高教师地位的整体政策中,专业化是最有前途的中长期策略……教育工作应被视为一种

---

① 郑文樾,冯天向.乌申斯基教育文选[M].北京:人民教育出版社,1991:127.

专业。这种专业要求教师经过严格且持续不断地研究，才能获得并维持专业知识和专门技能，从而提供公共服务。教育工作还要求教师对教导之学生的教育和福祉具有个人的和共同的责任感。"此后，在教师专业化运动的影响下，社会要求高质量的教师不仅是有知识、有学问的人，而且是有道德、有理想、有专业追求的人；不仅是高起点的人，而且是终身学习、不断自我更新的人；不仅是学科的专家，而且是教育的专家，具有像医生、律师一样的专业不可替代性。现在，教师专业化已经成为促进教师教育发展和提高教师社会地位的成功策略。

1. 职业专业化标准

教师专业化之所以成为可能，并在逐步实现中，是因为教师职业具有专业化的一切特征。国际上职业的专业化有6大标准：①专门知识。②有较长时期的专业训练。③专门的职业道德。④有自主权，能根据自己专业进行判断和决策。⑤有组织，如行会组织、学会组织等，有行业自身实行监督控制的约束。⑥要终身学习。

2. 教师专业特征

对照上述标准，教师专业具有以下特征：①有较高水平的专门知识和技能，掌握学科领域发展的前沿。②经过较长的专业训练，包括所教学科的课堂实习。③有较高的职业道德，敬业爱生。④有较高自主权，组织教学，创设学习环境，有较强的判断力以评价学生和自身。⑤实行教师资格证书制度管理。⑥终身学习，不断更新专业知识和技能。

3. 教师职业的不可替代性

教师作为一种职业，具有专业化的一切特征，体现为国家的学历标准、必备的教育知识和教育能力、职业道德的要求、严格的教师资格管理和制度等。所以，这个职业具有不可替代性：一是教师不仅是一种行业，更是一种专业，具有像医生、律师一样的专业不可替代性。二是教师专业化发展的重点不在于学习专业知识，而在于提高专业能力和专业品质。三是大学文化与中小学文化的融合是教师专业化发展的必要条件。四是教师专业化发展

第十二章　教师及其专业发展

的首要条件是对教育、学校乃至自身的存在与发展的深入理解。五是高质量的教师不仅是有知识、有学问的人,而且是有道德、有理想、有专业追求的人,是高起点和终身学习、不断自我更新的人。六是教师专业化发展的过程是教师认识自我价值的过程,也是不断履行现实要求的过程。七是教师专业化发展的主要途径是对教学进行持续不断地实验和批判性反思。八是在师生共同的生活世界中教学相长:学生在教师的发展中成长,教师在学生的成长中发展。

4. 教师专业化的基本条件

教师专业化的直接表现就是教师资格的获取。为此,我国《教师法》第10条规定:"中国公民凡遵守宪法和法律,热爱教育事业,具有良好的思想品德,具备本法规定的学历或者经过国家教师资格证考试合格,有教育教学能力,经认定合格的,可以取得教师资格。"它包括以下四项基本条件:①必须是中国公民。这是取得中国教师资格的先决条件,凡符合规定条件的中国公民才有权申请教师资格。虽然外国公民符合规定条件,也可以进入中国学校或其他教育机构任教,但并不等于他们取得了中国教师资格,他们在中国任教须经过一定的审批手续。②必须具有良好的思想道德品质。这是取得教师资格的重要条件,这一要求主要表现在全面贯彻执行党的教育方针政策,热爱教育事业,实事求是,探求真理,忠于职守,爱护学生,作风正派,团结协作等。③必须具有规定的学历或国家教师资格考试合格证书。学历是一个人受教育程度和文化素质的重要标志,是从事一定层次工作的重要条件。④必须具有教育教学能力。教育教学能力是教师完成教育教学任务的必备条件,主要包括语言表达能力、选择和运用教育教学方法的能力、课堂管理能力、组织活动的能力和教育教学研究能力等。此外,教师的身体和心理健康状况也应符合有关规定。

二、教师专业成长

美国教师教育专家赫伯特认为,教学的魅力之一是教师的发展是无限的,就像教师在教之前无法提前知道学生能学多少。

教师专业成长是教师的职业理想、职业道德、职业技能不断成熟、提升和创新的过程。它是个体在其整个职业生涯中依托专业组织,通过终身专业训练,习得教育专业知识技能,实施专业自主,表现专业道德,不断增长专业能力的过程与实践,主要包括教师的专业成长过程和促进教师专业成长的教师教育。教师专业的成长可以分为以下几个阶段:

第一阶段:"非关注"阶段。这是指进入正式教师教育之前的阶段,可以从一个人进入接受正式教师教育前,甚至追溯到他的孩提时代。这时,虽谈不上教师专业能力的发展,但在与教师专业能力密切相关的一般性能力,尤其是在语言表达能力、交往能力和组织管理能力方面,为正式执教奠定了基础。

第二阶段:"虚拟关注"阶段。这一阶段专业发展的主体师范生的身份是学生,至多只是"准教师"。尽管在经过师范学习的实习期后,师范生有了自我专业发展反思的萌芽,但仍有"虚拟性",是对虚拟教学环境中个人专业结构欠缺的反思。

第三阶段:"生存关注"阶段。这是指入职初期阶段,是教师专业发展的一个关键时期。这一阶段的突出特点是"骤变与适应"。这种环境的骤变从反面激起了初任教师强烈的自我专业发展的忧患意识,迫使他们特别关注专业发展结构中的最低要求和专业活动中的"生存"技能。所以,指向的内容主要是"生存"技能。

第四阶段:"任务关注"阶段。随着教学基本"生存"知识、技能的掌握,教师的自信心也日渐增强,由关注自我的生存,转到更多地关注教学上来;由关注"我能行吗",转到关注"我怎样能行"上来。但这一转向,在很大程度上受到职业阶梯、他人评价等某些外在因素的制约,这也同时反映了自我专业发展意识还较弱,发展尚不成熟。

第五阶段:"自我更新关注"阶段。教师的专业发展动力不再受到外部评价或职业升迁的牵制,直接以专业发展为指向。教师已经可以自觉地依照教师专业发展的一般路线和自己目前的发展状况,有意识地自我规划,谋求最大限度地自我发展,成为教师的日常专业生活的一部分,成为一种专业生活方式,经常保持专业发展的"自我更新"取向。这一时期,教师的自我专业发展意识是一种自觉的意识,而且单纯地指向专业结构的改进和提高,其主要特征是自信和从容。同时,"自我更新关注"的教师,在学生观上的一个重要转变是认识到学生是学习的主人,教师除了让学生理解所教的内容之外,还意识到要鼓励学生自己去发现、构建"意义"。在教学观上,教师不再把教学看作是"教给"学生如何去理解的过程,而是帮助学生去理解、构建"意义"的过程;教学不再仅限于帮助学生学习知识,而且要在师生互动过程中使得学生获得多方面发展。教师知识结构发展的重点转到了学科教学法知识及其在教学实践中的应用上来,不再把专业知识作为重点。个人实践知识是这一阶段教师知识拓展的又一重要方面。[①]

三、教师专业发展的策略

教育要发展,关键在教师。2018年中共中央、国务院发布的《关于全面深化新时代教师队伍建设改革的意见》中首次提出了"教师是教育发展的第一资源"的价值论断和到2035年要"培养造就数以百万计的骨干教师、数以十万计的卓越教师、数以万计的教育家型教师"的目标,从而为所有教师的专业发展提出了更高要求。如前所述,通过教师专业发展,首先能帮助教师。教师通过回答"我是一个怎样的教师"、对教师自身专业行为或素质进行个体评价以及职业动机、工作满意度和工作任务的厘清,不仅能较准确地把握自我形象、职业动机、个体的教育理论、职业的未来前景,认识教师专业自我,更能理解"作为教师必须做什么"和"作为一个优秀教师必须做些什

[①] 叶澜,白益民,王枬,陶志琼.教师角色与教师发展新探[M].北京:教育科学出版社,2001:267.

么"的职业责任,为教师职业形象确立令自己和社会信服的内在根源,并不断把对教师职业形象的自我认识付诸职业生活实践,从而使自己成为其专业生活的享有者和创造者,并在此基础上进一步促进学生的学业进步和全面发展。

教师专业发展可以从以下几个策略着手:

(1)学习反思:实现自我超越。未来的教师应当成为学习型的人,具有现代教育理念,精通教学内容,掌握现代教育技术和方法,并以积极健康的人格魅力和高超的教学技艺指导学生学习。具体来说,一要确立现代化学习观,二要采用多元化的学习方式,三要博学多才。

(2)实践探索:改善心智模式。心智模式是根深蒂固于心中的假设、成见、甚至是图像、印象。在教育工作中,它影响着个人如何对待外在客观世界、如何采取行动;决定自己什么可以做,或不可以做;什么时候做,到底怎样做。教师要适应新课程改革的需要,就必须在新课程教学实践中自觉审视自己的内心世界,在反思、研究、创新中不断修正、完善自己的心智模式。具体来说,一要开展行动研究,反思教学实践,二要改革课堂教学,提高实践技能,三要追求实践智慧,富有教学机智。

(3)培训提升:建立共同愿景。教师的共同愿景是实现专业发展。为此,中小学教师应积极参与新课程培训,真正认识到自己的切身利益与培训目标的达成休戚相关,自觉地把专业发展的共同愿景与培训目标紧密联系起来,加快角色转变,改进工作方式,尽快实现专业提升。具体来说,一要加快角色转变,二要放快转型步伐,三要尽快专业发展。

(4)合作交流:整合团体智慧。团体智慧高于个人智慧。教师要实现共同愿景,就必须通过合作来发挥团体智慧。在合作中,每一个教师可以自由交谈,并且在思想碰撞中发现别人的远见,找到有碍团体发展的消极因素,进而通过发挥集体的智慧优势加以解决。那么,教师之间如何通过合作与交流来整合团体智慧呢?一要加强集体备课,二要加强互动研讨,三要加强课题合作。

(5)科学研究:学会系统思考。系统思考是以系统动力学为理论基础的一种思维方式,它要求掌握对问题整体运作的本质,以提升组织整体运作的群体智力。在新课程改革中,教师要学会系统思考、科学研究,从宏观的视角动态把握课堂教学的进程,及时吸收学生的反馈信息,密切关注、深刻洞察学生德智体美等各方面的渐变,用系统的、发展的、鼓励的眼光支持和促进学生健康成长。具体来说,一要学会系统思考,二要学会教学研究,三要学会教育科研。

总之,教师职业素质的养成是一个不断积累与发展的过程。既需要一个时间周期,也需要教师不断总结经验,反省自我,钻研教育教学过程,最终成为一个专业素质相对成熟的专业人员。

第四节 教师的权利和义务

一、《中华人民共和国教师法》规定的教师权利

依据《中华人民共和国教师法》规定,我国教师享有以下权利:

1. 教育教学权

作为教师,有权依据所在学校的教学计划、教育工作量等具体要求,结合自己教学特点自主地组织课堂教学;有权依据教学大纲的要求确定教学内容和进度;有权针对不同的教育教学对象,在教育教学的形式、方法、具体内容等方面进行改革和实验。任何人不得非法剥夺教师这一基本权利。不具备教师资格的人不得享受这一权利。

2. 科学研究权

作为教师,在完成规定的教育教学任务的前提下,有权进行科学研究、技术开发、撰写学术论文、著书立说;有权参加有关的学术活动,参加依法成立的学术团体,并在其中兼任工作;有权在学术研究刊物上发表自己的学术观点,并开展学术争鸣。教师在行使这一权利时,要注意处理好教学与科研

的关系,使其相互协调促进,更好地提高教育教学质量。

3. 指导评定权

作为教师有权根据教育规律和学生身心发展特点因材施教,有针对性地指导学生的学习,并在学生的升学、就业等方面给予指导;有权对学生的思想品德、学习、文体活动、劳动等方面给予客观公正地评价;有权运用正确的指导思想与科学的方式方法,促使学生个性和能力充分发展。但是,教师在行使这项权利时,应把严格管理、严格要求与关心爱护学生结合起来,以激起学生主导接受教育、主导发展的内在动力。

4. 报酬待遇权

作为教师,有权要求所在学校或主管部门根据国家教育法律以及教师聘任合同的规定,按时足额地支付工作报酬;有权享受国家规定的福利待遇,如住房、医疗、寒暑假带薪休假、退休金等。社会各方面也要采取有效措施,依据法律的规定,切实保障教师这一基本权利的行使。

5. 民主管理权

作为教师,有权通过教职工代表大会、工会等组织形式以及其他适当方式,参与学校民主管理,讨论学校改革、发展等方面的重大事项,保障自身的民主权利和切身利益,推进学校的民主建设。同时,教师在行使民主管理权时,应遵循民主集中制的原则,以充分发挥对学校工作的监督作用。

6. 进修培训权

由于现代社会和科学技术飞速发展,要求教师及时更新知识,提高素质。所以,作为教师,有权参加进修或其他多种形式的培训,以提高思想政治觉悟与业务水平。教育管理部门和学校应为教师进修、培训创造条件,切实保障教师权利的实现。但要注意,教师进修、培训权利的行使,要在完成本职工作的前提下有组织、有计划地进行,不得影响正常的教育教学工作。

二、《中华人民共和国教师法》规定的教师义务

我国《教师法》第2章第8条专门对教师的义务作了具体规定:

第十二章 教师及其专业发展

1. 遵守宪法、法律和职业道德,为人师表

教师要教书育人,就应模范地遵守宪法和法律,还要在教育教学工作中,自觉培养学生的法制观念和民主精神。教师职业是一种专门职业,有自身的职业道德准则,教师应当自觉遵守职业道德准则,做到敬业爱岗,热爱学生,诲人不倦,博学多才,关心集体,团结奋进。2008年修订的《中小学教师职业道德规范》明确规定了教师的职业道德。

2. 贯彻国家教育方针,遵守规章制度,执行学校的教学计划,履行教师聘约,完成教育教学任务

现代社会教育事业的一个重要特点就是公共性和国家性,教师这一职业角色就意味着代表国家履行职责。为此,教师在教育活动中应当全面贯彻国家关于教育必须为社会主义现代化建设服务,必须与生产劳动相结合,培养德、智、体等方面全面发展的社会主义事业的建设者和接班人的方针;同时,国家教育方针的原则性要求,又具体体现在教育管理部门和学校的规章制度、教学计划、教学大纲中,所以教师也要自觉遵守这些规章制度,认真完成教学计划和教学大纲规定的任务,严格履行教师聘任合同中约定的教育教学职责。

3. 对学生进行宪法所确定的基本原则教育,爱国主义、民族团结教育,法制教育,思想品德、文化和科学技术教育,组织带领学生开展有益的社会活动

这是对教师教育教学工作内容的全面规范,也是全面发展教育的集中体现。宪法所确定的基本原则有党的领导原则、人民主权原则、尊重和保障人权原则、民主集中制原则、权力监督和制约原则、法治原则等。对学生开展这些原则的教育,是了解我国社会主义制度的基础,也是培养学生政治意识和政治能力的保证。爱国主义、民族团结教育,法制教育,思想品德、文化和科学技术教育,是德育和智育的主要内容,也是学生全面发展的基本途径。

4. 关心爱护全体学生,尊重学生人格,促进学生在品德、智力、体质等方面全面发展

虽然学生在教育活动中处于受教育的地位,但其人格尊严不容受到侵犯。为此,作为教师要特别关心爱护全体学生,对学生一视同仁,不因民族、性别、残疾、学习成绩等因素歧视学生。尤其是对那些有缺陷的学生,应给予特别关怀,以满腔热情的态度教育和指导。绝不能采取简单粗暴的方法,不能侮辱、歧视学生,不能体罚或变相体罚学生,不能公布学生的隐私。

5. 制止有害于学生的行为与侵犯学生合法权益的行为,批评和抵制有害于学生健康成长的现象

保护学生合法权益和身心健康成长,是全社会的共同责任。教师的这项义务具有特定范围,主要是制止在学校工作以及与教育教学相关的工作中,侵犯学生的合法权益的违法行为,并且批评和抵制社会上有害于学生健康成长的不良现象。

6. 不断提高思想政治觉悟与教育教学业务水平

教师肩负着提高民族素质的使命,教育教学工作又是一项专业性很强的工作,这就要求教师具有较高的思想觉悟和业务水平;加之社会的进步和科学技术的飞速发展,也要求教师不断提高自身的素质,跟上时代的步伐。所以,教师应加强学习,调整知识结构,提高思想觉悟和教育业务水平,以适应工作的需要。

练习与思考

一、选择题

1. 教师社会地位最直观的表现是( )。

　A. 经济地位　　B. 法律地位　　C. 专业地位　　D. 政治地位

2. 有教师形容自己的工作是"上得了课,破得了案,搞得了宣传,当得了保姆"。这反映了教师工作的( )特点。

　A. 复杂性　　B. 创造性　　C. 示范性　　D. 长期性

3. "道之所存,师之所存焉"说明教师的角色首先是(　　)。

　　A. 真理发现者　　B. 榜样示范者　　C. 传道者　　D. 服务者

4. "要给学生一瓢水,自己先要有一桶水",这是针对教师的(　　)素养而言的。

　　A. 通识性知识　　B. 条件性知识　　C. 竞争性知识　　D. 本体性知识

5. 张老师为了验证甲教学方法与乙教学方法是否对学生学习有差异,于是开展了一学期的实验,数据表明甲教学方法的效果更好一些。这说明张老师具有较强的(　　)。

　　A. 教学反思　　B. 管理能力　　C. 教学研究能力　　D. 写作能力

6. 某校要求每位老师每学期必须认真阅读两本教育类书籍,在期末时还要组织交流讨论。该校采取的促进教师专业发展的策略是(　　)。

　　A. 科学研究　　B. 实践探索　　C. 学习反思　　D. 培训提升

二、思考题

1. 应如何理解教师职业的地位?

2. 教师劳动的特点有哪些?

3. 在当前条件下,如何应用信息技术促进教师的专业发展?

4. 请结合自己的学习和生活经验,谈谈如何提升自己的师德修养。

5. 请搜集有关师德师风失范的媒体报道,分析当前加强师德师风建设的主要方向。

(选择题参考答案:1. A　2. A　3. C　4. D　5. C　6. C)

主要参考书目

1. 石中英.公共教育学[M].北京:北京师范大学出版社,2021.
2. 冯建军.现代教育学基础[M].南京:南京师范大学出版社,2019.
3. 袁振国.当代教育学[M].北京:教育科学出版社,2020.
4. 易连云,唐智松,么加利.教育学原理[M].重庆:西南师范大学出版社,2020.
5. 庞守兴.教育学基础[M].北京:北京大学出版社,2021.
6. 夏小红.教育学[M].南京:南京大学出版社,2020.
7. 《教育学原理》编写组.教育学原理[M].北京:高等教育出版社,2019.
8. 丁永强,陈培霞.教育学[M].开封:河南大学出版社,2019.
9. 吴文刚,张其志,刘崇民.教育学基础[M].上海:上海交通大学出版社,2019.
10. 柳海民.教育学原理[M].北京:高等教育出版社,2019.
11. 傅建明.教育学基础(中学)[M].北京:北京大学出版社,2018.
12. 石佩臣.教育学基础理论[M].北京:教育科学出版社,2018.
13. 郑志辉.简明教育学教程[M].上海:华东师范大学出版社,2017.
14. 司晓宏,张立昌.教育学教程[M].北京:高等教育出版社,2011.
15. 王道俊,郭文安.教育学(第七版)[M].北京:人民教育出版社,2016.
16. 柳海民.教育学概论[M].北京:北京师范大学出版社,2015.
17. 王彦才,郭翠菊.教育学[M].北京:北京师范大学出版社,2010.
18. 栗洪武,肖世民,陈晓端,康伟.学校教育学[M].西安:陕西师范大学出版社,2007.
19. 郝文武.教育哲学[M].北京:人民教育出版社,2006.